外 语 学 界

FOREIGN LANGUAGE ACADEMIA

（第 8 卷）

《外语学界》编委会　编

知识产权出版社
全国百佳图书出版单位
——北 京——

图书在版编目（CIP）数据

外语学界. 第 8 卷/《外语学界》编委会编. —北京：知识产权出版社，2024.5
ISBN 978 – 7 – 5130 – 9209 – 8

Ⅰ.①外…　Ⅱ.①外…　Ⅲ.①外语教学—文集　Ⅳ.①H09 – 53

中国国家版本馆 CIP 数据核字（2024）第 029861 号

责任编辑：王海霞　　　　　　　　　　责任校对：谷　洋
封面设计：商　宓　　　　　　　　　　责任印制：孙婷婷

外语学界（第 8 卷）

《外语学界》编委会　编

出版发行：知识产权出版社 有限责任公司		网　　址：http：//www. ipph. cn	
社　　址：北京市海淀区气象路 50 号院		邮　　编：100081	
责编电话：010 – 82000860 转 8790		责编邮箱：93760636@ qq. com	
发行电话：010 – 82000860 转 8101/8102		发行传真：010 – 82000893/82005070/82000270	
印　　刷：北京中献拓方科技发展有限公司		经　　销：新华书店、各大网上书店及相关专业书店	
开　　本：720mm ×1000mm　1/16		印　　张：18.75	
版　　次：2024 年 5 月第 1 版		印　　次：2024 年 5 月第 1 次印刷	
字　　数：366 千字		定　　价：98.00 元	

ISBN 978 – 7 – 5130 – 9209 – 8

目　录

❏ 非洲文明与艺术

中非合作展望

新世纪以来中国与安哥拉经贸合作浅析

浙江越秀外国语学院　刘成富

南京大学外国语学院　陈可心

【摘　要】21 世纪以来，中安经贸合作以"安哥拉模式"为牵引，以"一带一路"倡议为契机，在互利互惠中实现了共同发展。中国政府与企业全方位、多领域地参与到安哥拉的战后重建中，中安合作发展快、程度深、示范效应明显；在新冠疫情背景下，中安经贸合作呈现稳步发展态势；在未来，中安在矿产资源、农林渔业、食品加工业等多个领域的合作都极具潜力。在梳理中安经贸合作的历史与现状并展望双方合作前景的基础上，本文拟通过回溯以中铁为代表的中企在安哥拉开展的基建项目，展开进一步的探讨，以期从中汲取成功经验，并针对中安经贸合作中存在的诸多风险，提出一些风险防范建议。

【关键词】安哥拉；经贸合作；成功经验；风险与建议

一、引言

中非经贸合作是构筑新时期中非合作关系的基石。其中，中安经贸合作发挥着至关重要的作用。中国是世界第二大经济体，是安哥拉的第一大贸易伙伴。中安双方共同探索出的"安哥拉模式"曾使安哥拉一跃成为非洲经济增长最为迅速的国家之一，该模式也因此成为中国与非洲其他国家合作的典范。当然，这一模式必然会随着非洲的经济发展而面临转型升级。中安经贸合作拥有辉煌的昨日，中国对战后的安哥拉在基建等方面进行了卓有成效的援助，双方在经济社会方面的互补发展意义深远，已成为彼此不可或缺的战略合作伙伴。自 2020 年 3 月下旬安哥拉出现首例新冠病毒感染确诊病例以来，新冠疫情不断蔓延，直至 2021 年 9 月，安哥拉的疫情形势依然十分严峻，这也给中安的经贸合作带来了巨大的考验。中安经贸合作是否经得起危机的考验？是否具有广阔的前景？中安合作的历史经验又会给予我们怎样的启示？这些都是值得关注的问题。因此，本文将在梳理中安经贸关系发展的历史进程、分析新冠疫情背景下安哥拉的现状与中安经贸合作情况、展望中安经贸合作前景的基础上，以罗安达铁路与本格拉铁路项目、洛比托港的修复与扩建项目、特变电工安哥拉 SK 项目等中企在安哥拉开展的基建项目为着眼点展开探讨，旨在从中汲取成功经验。最后，我们将就中安经贸合作所面临的内外舆情问题、语言障碍与文化隔阂、不稳定的政治与社会环境以及经济结构单一等诸多风险逐一展开分析，以期从现实问题出发，寻求解决路径，提出一些风险防范建议。

二、中安经贸合作的过去、现在与未来

（一）中安经贸关系发展进程与"安哥拉模式"

安哥拉，全称为"安哥拉共和国"，位于非洲西南部，东接赞比亚，西濒大西洋，南连纳米比亚，北邻刚果（布）和刚果（金）。国土面积 124.67 万平方公里，人口 3077 万，石油、天然气、矿产资源、森林资源与水产极为丰富。[①] 15 世纪到 20 世纪中叶，安哥拉一直被葡萄牙殖民者占据，直至 1975 年 11 月 11 日，安哥拉人民解放运动（以下简称"安人运"）宣布成立安哥拉人民共和国。独立后不久，安哥拉国内的主要党派（安人运、安盟）为了争夺执政权而展开武装斗争。从 1975 年葡萄牙统治者撤出安哥拉，到 2002 年反对派武装领袖被政府军杀死，双方签署和平协议，这场内战持续了 27 年，安哥拉的基础建设遭到严重破坏，整个国家满目疮痍，各项事业百废待兴，发展资金严重缺乏。

中安两国建交于 20 世纪 80 年代，到了 90 年代初，中安开启了能源合作。2002 年安哥拉内战结束后，中国政府与企业积极参与安哥拉的战后重建，中安能源合作开始步入深入发展的新时期，开创了互利共赢的"安哥拉模式"，即基于安哥拉的特定国情而采取的以当地石油换中国贷款的合作模式。该模式以 2004 年中安两国政府签署的贷款框架合作协议为标志，这份协议在传统的"信贷与工程"上加入了石油担保和还款机制，约定在安哥拉没有抵押品、偿还能力不足的时候，可以用未来开采出来的石油进行偿付，是"石油、信贷、工程"一揽子合作（刘明德、杨舒雯，2019：2）

---

① 对外投资合作国别（地区）指南：安哥拉（2020 年版）[R/OL].（2021－02－03）[2021－09－16]. https：//www. yidaiyilu. gov. cn/wcm. files/upload/CMSydylgw/202102/202102030438012. pdf.

在这一模式下，安哥拉成为中国在非洲最稳定的石油来源国，不仅中国的石油供应得到保证，中国企业同样从中获得巨大的收益。这一模式还满足了安哥拉政府获取重建资金和改善基础设施的迫切需要，2001—2010 年，安哥拉的经济年均增长率高达11.1%，一跃成为非洲经济增长速度最快的国家之一。2013 年，双边贸易额达 360 亿美元，约占安哥拉外贸总额的 40.0%，与 21 世纪初相比增长了近 50 倍。"安哥拉模式"的实施使中国企业能够获得包括原油在内的原材料，为中国的工业产品打开了市场，中国企业得以在伙伴国投资。反过来，中国的合作伙伴也可以获得优惠条款下无附加条件的信贷额度，并从自然资源的销售中获益（Jurenczyk，2020）。2002—2019年，中国共帮助安哥拉修复了 2800 千米铁路、2 万千米公路，建造了 10 万套社会住房以及超过 6 所学校和医院，为安哥拉的经济和社会发展提供了有力支持（CGTN，2019）。安哥拉驻华大使若昂·萨尔瓦多·多斯桑托斯·内图在 2021 年更是表示，中安合作已经涉及经济社会生活的各个方面，中国在安哥拉完成的几个关键的基础设施和社会经济项目，在过去 10 年中帮助改善了安哥拉人民的生活水平（中国发展网，2021）。我们看到，中国对安哥拉在基础设施等方面的援助卓有成效，双方在经济社会方面的互补发展意义深远。

但是，自 2014 年以来，由于国际油价下跌，安哥拉长期依赖石油产业的弊端开始显现。2016—2018 年，安哥拉进入连续三年的经济衰退期。2018 年，中安签署信贷协议，中国国家开发银行向安哥拉提供 20 亿美元的贷款，用于支持该国的经济发展。自 2018 年以来，洛伦索政府一直在采取结构性改革措施，促使安哥拉的经济实现多样化。2019 年 1—12 月，中安双边贸易额为 257.1 亿美元，同比下降 8.35%（商务部西亚非洲司，2020）。尽管中安贸易额有所下降，2019 年安哥拉依旧成为中国在非洲的第二大贸易伙伴，中国则成为安哥拉的第一大贸易伙伴国、第一大出口目的地国与第一大进口来源国。

综上所述，中安经贸合作以"安哥拉模式"为牵引，以"一带一路"倡议为契机，建立了牢固的历史、社会与经济联系，在互惠互利中实现了合作共赢。自 2016年起，安哥拉的经济整体呈现出一定的脆弱性。为了改善这一状况，安哥拉政府致力于多方位地推动经济多样化，以增强其对外部冲击的抵御能力。与此同时，中安两国的经贸合作关系不断深化，持续推进，双方已成为彼此不可或缺的战略合作伙伴。

（二）安哥拉的现状与中安经贸合作

自 2020 年 3 月下旬安哥拉出现首例新冠病毒感染确诊病例以来，新冠疫情不断蔓延。2021 年 4 月底，安哥拉卫生部部长卢图库塔宣布安哥拉已进入第二波新冠疫情高峰，严重程度已超过 2020 年 10 月的第一波疫情高峰。《驻安哥拉使馆防控新冠疫情周报（8.30—9.5）》显示，安哥拉第三波疫情尚未见顶，罗安达解封将增加防疫复杂因素。该周中国在安哥拉同胞新增确诊人数激增，同时已连续两周向国内输入新增病例或无症状感染者。截至当地时间 2021 年 9 月 15 日，安哥拉累计确诊 51407 例，累计治愈 45507 例，累计死亡 1360 例，现存确诊病例 4540 例（AllAfrica，2021）。到了 9 月下旬，安哥拉新冠疫情急速恶化，确诊与死亡病例数量居高不下，中国公民感染病毒人数也在激增。9 月 27 日至 10 月 3 日这一周，安哥拉新增确诊病例 3822 例，累计确诊 58943 例；新增治愈 919 例，累计治愈 48192 例；新增死亡 76 例，累计死亡 1577 例；现存确诊病例 9174 例。由此可见，安哥拉 2021 年的疫情形势十分严峻，全力打好疫情防控战势在必行。

在新冠疫情的背景下，安哥拉政府采取了一系列紧急特别措施，目的是通过管控某些社会活动的开展来有效防控疫情，涉及人员管理、职业安全、健康和保护私营企业等诸多方面，意在防止新冠疫情扩散，减轻疫情带来的经济与社会影响（孟乔乔，2021）。但是，安哥拉脆弱的经济还是遭受了新冠疫情的打击，扶振安哥拉经济仍然是一项艰巨的任务。2020 年安哥拉的经济形势较为严峻，财政收入减少直接导致项目迟滞、通胀严重、债务高企、外汇紧缺等现象，阻碍了国家经济发展和人民生活水平提高。石油几乎是安哥拉出口创汇的全部来源，占安哥拉政府财政收入的 2/3。疫情暴发后，石油价格与产量双降，导致安哥拉国内生产总值（GDP）急剧萎缩和债务飙升，人均 GDP 比 2014 年下降了 1/4（经济学人，2021）。但到了 2021 年 9 月 1 日，安哥拉政府对罗安达自 2020 年 3 月以来第一次解除封锁，这将对安哥拉本季度末与第四季度的经济活动有一定的促进作用。结束多年的经济衰退，安哥拉的经济增长预计在 2021 年恢复，2022 年加速增长。国内和国外封锁措施的缓解有助于稳固需求动力，新的石油部门法案将促进投资增长。2021 年安哥拉的国内生产总值预计增长 0.80%，2022 年预计增长 2.90%（Focus Economics，2021）。

在中安经贸合作方面，2022 年，中安双边贸易额为 273.40 亿美元，同比增长 16.30%。其中，中方对安出口 40.90 亿美元，自安进口 232.50 亿美元，同比分别增长了 65.00% 和 10.60%。2023 年 1—11 月，中安双边贸易额为 208.13 亿美元，其中，中方对安出口 38.56 亿美元，自安进口 169.57 亿美元。中国主要从安哥拉进口原油，向安哥拉出口机电产品、钢铁及其制品、鞋类等。自 2023 年 12 月起，中方给予安哥拉 98% 税目输华产品零关税待遇（中华人民共和国外交部，2021）。在能源合作上，2020 年我国石油总消费量为 7.37 亿吨，其中进口石油 5.42 亿吨，进口石油占比达 73.54%。近几年，我国石油对外的依存度都在 70% 以上，这一比例短时间内难以改变。2020 年我国从安哥拉进口的石油总量为 4179 万吨，占全部进口石油的 7.71%（正眼视界，2021）。安哥拉将其生产的一半石油卖给了中国，可以说是中国石油安全的重要屏障。此外，2020 年我国对外承包工程业务克服新冠疫情带来的不利影响，总体保持平稳发展。值得注意的是，我国对外承包工程业务的市场相对集中，亚洲与非洲地区的业务占八成以上（央广网，2021）。安哥拉是中国在海外的最大工程承包市场之一。中国企业已经克服了疫情带来的困难，在安哥拉的投资问题上表现出强烈的意愿（LUSA，2021）。2021 年 8 月，安哥拉国家工商会与中非经贸合作促进创新示范园签署《合作备忘录》，旨在加强经济合作、推动技术转让、促进投资（新华网，2021）。综上所述，安哥拉的经济虽然受到疫情的一定冲击，但是中安经贸合作，尤其是能源合作在新冠疫情背景下仍然呈现较为稳定的发展态势。

（三）中安经贸合作的潜力

安哥拉作为撒哈拉以南非洲的第三大经济体和最大吸收外资国家之一，是我国在非洲的第二大贸易伙伴、全球第四大石油进口来源国、主要对外承包工程市场和重要融资合作伙伴。安哥拉的自然环境十分优越，其水源充足、土地肥沃、可耕地面积广，具有较大的经济发展潜力。中安经贸合作的开展已具备较好的基础且有较大的潜力。安哥拉国家电视台新闻部副主任保罗表示，尽管不是"一带一路"倡议合作伙伴，安哥拉的发展战略仍可与中国的"一带一路"倡议对接，这将带动融资、产能和装备制造等领域的合作，为安哥拉的发展带来更多机遇（中国记协，2016）。关于"一带一路"倡议的发展，世界银行集团公平增长、金融与制度副行长西拉·帕扎巴西奥格鲁表示："'一带一路'交通走廊具有显著改善参与国的贸易、增加外国投资和改善公民生活条件的潜力，但前提条件是中国和走廊沿线经济体进一步深化政策改革，提高透明度，扩大贸易，增强债务可持续性，减少环境、社会和腐败风险。"（世界银行，2019）中国企业应以"一带一路"倡议为契机，深化中安合作，但同时也要警惕并积极防范各类风险。

2018 年以来，安哥拉政府采取了一系列措施改善营商环境，"出台新的私人投资法，取消最低投资额限制和安方持股要求，增加享受税收优惠的投资行业。出台竞争法，鼓励市场竞争，实施新的海关税则和签证制度，鼓励国家生产和出口，为投资者来安投资提供更多便利。"[①] 2019 年 12 月，来华访问的安哥拉财长薇拉·达夫斯（Vera

---

① 对外投资合作国别（地区）指南：安哥拉（2020 年版）［R/OL］．（2021 - 02 - 03）［2021 - 09 - 16］. https://www.yidaiyilu.gov.cn/wcm.files/upload/CMSydylgw/202102/202102030438012.pdf.

Daves）女士表示，我们在不断努力，提高安哥拉经济对外部冲击的抵御能力，我们欢迎中国民营企业在安哥拉投资，从而进一步开发我们在公路、铁路和能源设施方面的巨大潜力，扩大两国合作领域，使双方互利互惠（张梅、苗佳雨，2020）。安哥拉国家贸易部长若弗雷·范－杜嫩（Joffre Van－Dunem Junior）则表示，安哥拉正在进行经济转型和现代化建设，主要考虑经济多样化的需要，以使其保持可持续发展，并提升私营部门参与度（张梅、周佳，2019）。安哥拉近年来一直在进行改革，以促进投资和提高（安哥拉在吸引投资方面的）竞争力，且已经开始进行国有资产/公司私有化计划，旨在为投资人提供非常有竞争力的机会。私有化计划在 2018 年被首次提出。在安哥拉政府计划在 2022 年以前向私人资本开放的 195 家公司中，截至 2021 年 4 月，已经有 39 家走完了这一程序（La Tribune Afrique，2021）。除此之外，安哥拉颁布了私人投资法并推出了新的竞标法，安哥拉驻华大使若昂·萨尔瓦多·多斯桑托斯·内图认为，新的相关法律让安哥拉的投资环境更加开放，更加有利于外国投资者（中国发展网，2021）。

在石油合作方面，安哥拉是撒哈拉以南非洲第二大石油生产国，是一个典型的以石油产量大、消耗量小为主要特征的石油净出口国。中国与安哥拉的石油合作具有高度的互补性。中国石油工业资金雄厚，拥有大量的专业人才和先进的技术设备，但面临着能源消耗量巨大的困境。而安哥拉原油储量丰富，洛伦索政府急需提升本国炼油能力，增加附加值（刘明德、杨舒雯，2019）。中国从安哥拉进口石油，可以扩大石油供应来源，分散风险，保障石油安全。对于安哥拉来说，中国可以提供炼油方面的知识和技术，有助于安哥拉石油工业的独立，提升自生产能力。除了石油合作方面的进一步深化发展，安哥拉的矿产、海洋等资源也十分丰富，与中国在矿产资源、农林渔业、食品加工等领域的互补性极强。例如，在农业领域，安哥拉拥有超过 500 万公顷的可耕地。直到 1970 年年末，安哥拉都是非洲第二大咖啡生产国，该国还出口玉米等。但长期的内战与农业发展投资的缺乏阻碍了农业发展，安哥拉政府正采取一系列举措以期重振农业领域（La Tribune Afrique，2020）。在木薯贸易合作方面，安哥拉为非洲第三大木薯生产国，年产量超过 1100 万吨。在寻求经济多样化发展的过程中，安哥拉启动了一项农村综合发展计划，其中包括增加木薯生产量，希望成为木薯淀粉的出口国，而中国则是世界上最大的木薯干片进口国（La Tribune Afrique，2021），中安在木薯领域的合作具有十分广阔的前景。

综上所述，安哥拉正在积极改善营商环境，投资环境也愈加开放，这为两国合作在更多领域的拓展创造了有利条件。作为发展中国家，安哥拉在经济投资方面的需求非常多元。中安经贸合作潜力巨大，仍有许多领域有待深入挖掘与拓展。中国的投资

人势必要把握住这一机会，推动中安经贸合作更上一个台阶，帮助安哥拉顺利完成经济转型，实现优势互补与共同发展。

三、中安经贸合作项目与经验

2020 年，在安哥拉经营的中资企业共有 100 余家，集中在建筑、商贸、地产与制造业等领域，开展投资合作的主要企业包括中信建设、中石化、青岛佑兴、广德国际、浙江永达与海山国际等。[①] 在"安哥拉模式"下，中安两国的石油企业开展了深入合作，中石化等国企更是通过与安哥拉本土石油公司组建合资企业等方式，进入了安哥拉石油勘探与开发领域（汪巍，2020）。除了能源合作，在基础设施援建方面，中国的投资在安哥拉的经济恢复方面也发挥了重要作用。尤其是中国铁建，这一世界建筑纪录的创造者展现了中国企业"走出去"的典范。下面将介绍以中国铁建为代表的中企在安哥拉开展的基建项目，以期从中汲取成功经验。

（一）罗安达铁路与本格拉铁路项目及其经验

27 年的内战导致安哥拉境内的铁路线路几乎全部被炸毁。2004 年，安哥拉全面启动战后重建工作，中国铁建二十局集团承担了全长超过 1800 千米的罗安达铁路和本格拉铁路的建设任务。在安哥拉铁路施工过程中，中国技术全面取代了欧洲标准。2009 年，全长 548 千米、投资 4.17 亿美元、连通首都罗安达与重要城市马兰热的罗安达铁路正式建成通车。同样，于 2007 年开工建设、2014 年全线完工、全长 1344 千米、横贯安哥拉全境的本格拉铁路也如期实现通车目标。安哥拉前总统多斯桑托斯曾四次为两条铁路的阶段性开通剪彩（中国铁道建筑总公司，2014）。他表示，本格拉铁路展示了中国技术与中国标准，让世界感受到了中国精神与中国力量，安哥拉政府及外国同行均对其高性价比和工程质量给予肯定，并决定为此竖立纪念碑（中国青年报，2015）。

中国铁建股份有限公司前董事长孟凤朝认为，"企业要发展，质量是基础，创新是关键。只有大力加强自主创新与精细管理，才能实现企业在向中高端迈进的同时，保持中高速增长。"凭借自主创新实力与精细管理能力，中国铁建不断刷新着中国对外承包工程单体合同额的最高纪录（刘军涛，2015）。由此可见，对质量的精益求精，

---

① 对外投资合作国别（地区）指南：安哥拉（2020 年版）［R/OL］．（2021 - 02 - 03）［2021 - 09 - 16］．https://www.yidaiyilu.gov.cn/wcm.files/upload/CMSydylgw/202102/202102030438012.pdf.

对创新的不懈追求，是中国企业"走出去""扎下来""叫得响"的珍贵品质与重中之重。如中国铁建前总裁张宗言所言，中国企业要坚定"走出去"的信心与决心，引领"中国制造"、"中国建造"与"中国创造"在海外赢得更好的业绩和口碑。而这种口碑的形成，离不开中国企业一步一个脚印的务实态度与追求卓越创新的智慧。

（二）洛比托港的修复与扩建项目及其经验

除了道路建设，中国企业在基础设施方面对安哥拉的援助还涉及港口的修复与扩建。其中，洛比托港的修复与扩建可谓推动安哥拉经济恢复和发展的一个关键点。洛比托港位于安哥拉西海岸的中部，濒临大西洋的东南侧，是安哥拉境内仅次于罗安达的第二重要港口，也是安哥拉、赞比亚等国家内陆地区矿石资源对外输出的出口。洛比托港的修复与扩建项目由中国港湾工程有限责任公司（以下简称"中国港湾公司"）负责，于2008年开工，2013年竣工交付使用，其间克服了国际金融危机带来的种种困难。该项目包括一座414米长的现代化集装箱码头，以及一座310米长的现代化矿石码头，均是最先进等级的码头（盛玮，2015）。

当时，其他国家的公司认为中国港湾公司的设计施工过于保守，纯属浪费材料。但同样面临大雨的考验，中国港湾公司设计施工的坡面保护和排水措施经受住了考验，码头完好无损，而与中国港湾工地相邻的一家外国知名公司的工地虽然节省了成本，但在大雨面前不堪一击，造成了重大财产损失。中国港湾公司洛比托港口修复与扩建项目总经理助理张化强表示："我们一直秉承质量重于泰山，质量就是企业生命的理念。"一般公司要求施工质量合格率为100%，优良率90%就可以，而中国港湾公司大部分项目要求所有施工优良率必须达到100%。正是中国港湾这种对质量不懈追求的态度，得到了安哥拉业主和咨询工程师等各方的认可。洛比托港口已经成为安哥拉规模最大、设备最先进的码头（盛玮、龙腾宙，2015）。由此可见，质量堪称企业的生命，中国企业要做到真正的"走出去"，离不开对质量的孜孜以求，离不开对中国标准的严格把控，这不仅是企业立足的根本和长远发展之道，更代表着中国的大国形象，对于增强中国的国际影响力和话语权具有深远意义。

（三）特变电工安哥拉SK项目及其经验

随着"一带一路"倡议的提出，越来越多的中国企业走上了国际舞台，国际工程承包业务已成为中国对外投资的重要组成部分。特变电工新疆新能源股份有限公司（以下简称"特变电工"）作为我国变压器行业的首家上市公司，是我国重大装备制造业的核心骨干企业、世界电力成套项目总承包企业与国家级高新技术企业。在国际工程承包建设方面，特变电工成果颇丰，由其承建的安哥拉北部电网索约—卡帕瑞400kV 输变电建设工程（以下简称"SK 项目"）是特变电工在安哥拉的首个大型输变电成套项目。在特变电工承接 SK 项目之前，安哥拉电力发展落后，全国总装机容量仅 150 万千瓦，全国输电线路总里程不足 1000 千米，只有不到 20% 的人口可以得到电力供应。SK 项目是安哥拉北部电网的重要输变电工程，工程共涉及新建 8 个变电站、7 条输电线路和 N'zeto 配电网络，覆盖安哥拉北部电网的北部地区（周芝娜，2021）。

该项目开展时所面临的主要障碍为缺乏国际化复合型人才与本土化管理经验，同时在政治、经济、人员等方面存在诸多风险。特变电工在项目实施中采取了包括"注重前期预防，规避项目风险""保证工程质量，树立产品声誉""健全海外组织架构，加强海外工程管理""培养复合型人才，提升企业管理水平""遵守劳工政策，避免劳资纠纷"在内的策略，逐一攻克难关，最终联通了安哥拉基础电网，推动了该国工业发展，在国际市场上扩大了特变电工产品的影响力，为特变电工在非洲深入布局奠定了基础。这一成功经验给我们带来了不少启示：企业应注意前期调研，加强风险管理；树立全球意识，抢抓市场机遇；推进技术创新，保持产品优势；树立优质企业形象，建立良好品牌信誉；坚持"以人为本"，培养国际化人才（周芝娜，2021）。通过这种积极的努力，中国企业才能更好地发挥优势，更好地"走出去"，增强国际竞争力与影响力。

四、中安经贸合作中的风险

安哥拉营商环境存在诸多短板，具体表现在社会治安问题突出，抢劫、绑架案件数量与日俱增，行政部门效率不高，物资供应不足，物价畸高、外汇紧缺且管制严重，文化差异等。① 接下来，我们将就中安经贸合作所面临的内外舆情问题、语言障碍与文化隔阂、政治与社会环境不稳定以及经济结构单一等诸多风险逐一展开分析，以期从现实问题出发，寻求解决问题的路径。

（一）内外舆情问题

作为国家实施"走出去"战略和"一带一路"倡议的中坚力量，对外承包工程

① 对外投资合作国别（地区）指南：安哥拉（2020 年版）［R/OL］.（2021 - 02 - 03）［2021 - 09 - 16］. https：//www. yidaiyilu. gov. cn/wcm. files/upload/CMSydylgw/202102/202102030438012. pdf.

企业时刻处于国际舆论的焦点之下，常常遭遇不实报道与不利言论。"一带一路"共建国家和地区的舆论环境十分复杂，无论是中资企业对海外市场的开拓，还是委内瑞拉北部平原铁路项目、蒙内铁路等一些重大项目，都遭遇过西方媒体的不实报道（曹妍，2021：84）。除了国际舆情问题，安哥拉境内的民众在劳工雇用问题上也对中资企业有所不满。中安大部分合作项目由于诸多复杂因素，雇工主要为中国人。安哥拉民众认为这样既无法给当地人提供足够的就业机会，也不能将技术转让给当地人。这种舆论对安哥拉政府的决策造成了一定的影响。上述因素均在一定程度上造成了国外民众对中资企业的不信任，值得我们进一步关注。

（二）语言障碍与文化隔阂

安哥拉的官方用语为葡萄牙语和本地的民族语言：姆班杜语（Umbundu）、金班杜语（Kimbundu），法语与英语的使用局限在少数受过良好教育的安哥拉人中。中国企业在海外的管理人员一般用英语进行谈判，在安哥拉务工的一般工作人员则只会讲中文。语言不通给双方的交流造成了障碍，使技术、战略层面的交流无法顺利进行，企业的合作与生产受到影响；普通工人与当地群众无法进行日常交流，相互理解困难，更不用说深度的文化交流了，中国企业与周边环境的隔阂因而不断加深，难以融入安哥拉的本土社会（刘明德、杨舒雯，2019：8）。小语种人才的稀缺与语言上的障碍不仅会增加项目运行中的风险，也会造成理解上的困难与文化上的误解，这显然不利于中资企业的本土化与长远发展。随着"一带一路"建设的迅速推进，对小语种人才的需求呈井喷式增长态势，如何破解这一现实困境而不至于影响"一带一路"倡议的步伐，是我们需要思考的问题。

（三）政治与社会环境不稳定

安哥拉境内的党派竞争并未随内战的结束而终止。自 1975 年安哥拉独立以来，安人运一直为执政党。在 2022 年大选正式拉开帷幕前，罗安达的街头竟然出现了支持安人运的政治宣传品，这引发了安哥拉主要反对党安盟的强烈谴责（DW，2021）。为了实现"自由和公平的选举"，安盟于 2021 年 9 月举行游行，并得到了其他政治组织和民间社会团体的支持（African News，2021）。这无疑加剧了安哥拉的政治不稳定性。近年来对安哥拉政府的腐败指控及其经济状况的恶化，将对其社会稳定造成巨大的威胁。安哥拉的腐败问题较为严重且行政效率低下，这不仅妨碍了其经济转型与可持续发展，还增加了政治动荡的风险。在前总统多斯桑托斯执政期间，腐败问题一直存在，财富聚集在少数人手中，据称有数十亿美元从国有公司被盗用。洛伦索总统上任后承诺要根除腐败（African News，2021），但是许多安哥拉民众对此表现得较为悲观："反腐败运动似乎是有选择性的——与现任政府关系密切的人被排除在外。"（经济学人，2021）党派竞争愈演愈烈，腐败问题难以解决，变革程度有限，安哥拉内政与社会环境的这种不稳定性难免给中安的经贸合作带来一定的负面影响。

（四）经济结构单一

安哥拉虽然在积极寻求经济多样化，但其经济结构仍然较为单一，对石油过度依赖。根据世界银行的数据，安哥拉的石油出口额占其总出口额的 90% 以上（Climate Home News，2021）。倘若没有一个稳定且庞大的市场，这种依赖性将是致命的，所幸中国是全球最大、最稳定的市场之一。但安哥拉的经济结构依然不够合理，石油作为安哥拉的支柱产业发展迅速，而其他产业的发展却相对滞后，高依赖性使安哥拉极易遭受国际石油价格波动的影响与冲击，经济收入缺乏稳定性，而国际油价又往往受到大国博弈的影响。安哥拉由国家主导的石油经济向私营部门主导的增长模式转变是一个复杂而漫长的过程，石油部门在这一过渡时期将继续发挥重要作用（The World Bank，2021）。石油行业的任何变化都会极大地影响安哥拉的经济，宏观经济的不稳定会直接影响投资者的决策，不利于中安经贸合作的稳定发展。

五、中安经贸合作的风险防范建议

中国驻安哥拉大使馆经商参赞李永军曾指出："企业来安哥拉投资要做好充分的市场调研，在安哥拉生产经营谋求发展的企业则应理性面对这些客观障碍，主动提高风险识别、风险防范和风险管控能力，通过自身综合竞争力的提高，有效化解和抵御各类风险。"[1] 下文将针对上述问题，从多个角度对中安经贸合作的风险防范提出几点建议。

（一）讲好中国故事，积极应对舆情

面对错综复杂的国际舆论环境，中资企业应以更加生动、有效的方式讲好中国故事，为企业发展创造有利的舆论环境。具体而言，中国企业应致力于"对接受众偏

---

[1] 对外投资合作国别（地区）指南：安哥拉（2020 年版）[R/OL].（2021 – 02 – 03）[2021 – 09 – 16]. https：//www. yidaiyilu. gov. cn/wcm. files/upload/CMSydylgw/202102/202102030438012. pdf.

好，创新话语表述体系""采用本土化原则，尊重当地风俗文化""因地制宜选择传播策略，响应多元利益者诉求""加强媒体创新与融合，精准投放内容""与第三方开展合作，拓展公共传播资源"（曹妍，2021：85－86）。中国企业应加强与当地媒体和非政府组织的沟通与合作，充分发挥公共外交的作用，及时化解不必要的矛盾。中国企业在积极进入安哥拉市场的同时，还要将技术带到安哥拉，让安哥拉看到中国的诚意，推动安哥拉的发展，提高中资企业在安哥拉的接受度（刘明德、杨舒雯，2021：7），这样才能赢得安哥拉民众的理解与信任，真正解决安哥拉境内与国际上的舆情问题。

（二）培养外语人才，消除文化隔阂

在中国企业"走出去"的过程中，文化冲突往往是最隐秘、最深层次、最难以突破的障碍。为了在世界市场的多元文化环境中取得成功，中国企业必须增强文化敏感性，积极理解不同文化的差异，尊重当地的文化、风俗习惯与宗教信仰，考虑当地的社区情况，使用当地人习惯的方式来阐述中国企业的文化理念。而语言与文化密不可分，语言障碍的解决可以说是消除文化隔阂的第一步。中国企业要加紧在国内培养葡萄牙语以及当地民族语言人才，主动减少交流障碍；在中资企业内部，应针对安哥拉员工或者当地居民开办中文培训班。中国也应积极地与安哥拉政府开展文化交流活动，消除两国之间的文化隔阂，以加深中安合作（刘明德、杨舒雯，2021：8）。在语言的碰撞交流与文化的深度交融中，中国企业才有可能真正在当地扎根，中安的经贸合作才有望实现长远发展。

（三）加强风险管理

国际工程面临着各种各样的风险。中铁四局安哥拉分公司总经理、党委副书记杨立胜在实践中提炼出了做好风险管理的五个步骤，即"开展项目可行性分析""重视合同审查与合同谈判""加强工期风险管理""加强资金风险管理""加强疫情风险管理"（马莹、焦英博，2021）。中铁十七局集团电气化工程有限公司安哥拉分公司总经理刘志刚则从实操层面总结了国际工程项目风险管理的评估、培训、建设、投标报价与劳务分包的五个阶段。他指出，只有做好这些风险管理，才能为中国企业在海外走稳走远保驾护航（王晓波，2019）。安哥拉的高政治风险与不良社会治安更是要求中方建立风险预警机制，制定好应急预案，以保证中国公民的人身安全，并将中国企业的财产损失降到最低（刘明德、杨舒雯，2021：7－8）。中国企业需要密切关注安哥

拉国内政治发展走向，警惕可能面临的政治稳定性风险，做好风险管理的评估与预防工作。

（四）开展全方位合作

中安合作应超越石油，努力开展全方位的合作。投资者可以选择农业、教育、技术和职业培训、科学研究与创新、专业卫生机构和服务、渔业、矿产开采、木材、纺织品和鞋类、餐饮、旅游、电力、信息技术、电信、建筑和公共工程等被政府确定为优先发展的重点领域（Afrik 21，2021）。此外，安哥拉财政部部长薇拉·达芙斯（Vera Daves）强调，私营企业必须成为安哥拉摆脱石油依赖、实现经济多样化和经济增长的"主要推动力"。洛伦索总统更是表示："安哥拉政府正在采取措施改善营商环境，减少对石油经济的依赖，吸引外国直接投资安哥拉多种自然资源和其他经济领域。"这些领域包括农林牧副渔业、工业、运输业、建筑业、旅游业等。安哥拉政府在2021年年初还呼吁中国增加在可再生能源领域的投资，安哥拉已经开始实施一项政策，旨在摆脱对石油的过度依赖（王晓波，2019）。因此，中资企业可以根据企业性质与自身优势，抓住机遇，利用安哥拉的政策优势，进入上述利润空间更大的行业，积极拓宽投资领域。

六、结语

中国与安哥拉的经贸合作经历了辉煌的昨日，是极具潜力的优势互补与互利共赢的历史性抉择。中安双方共同探索出的"安哥拉模式"成为中国与非洲其他国家合作的典范。在新冠疫情背景下，安哥拉自2016年以来的脆弱经济再一次受到冲击，但双方均能克服困难，安哥拉的经济形势在2021年有恢复的趋势，中国经济的稳步发展也将给安哥拉的发展带来机遇。总而言之，中安的经贸合作关系克服了疫情的影响，稳步向前推进、不断深化。展望未来，中安在诸多领域的合作都具有广阔的前景，双方可以超越石油，积极开展全方位的合作。寻求经济多样化的安哥拉更是为两国投资合作在更多领域的拓展创造了有利条件。中国的投资人势必要把握住这一机会，帮助安哥拉顺利完成经济转型。中安双方应不断拓展合作领域，创新合作方式，促成双方的多领域、深层次合作，推动中安经贸合作转型升级，促进共同发展。此外，中国企业要努力讲好中国故事，积极应对舆情，培养外语人才，消除文化隔阂，加强风险管理，开展全方位合作，最终实现双方的互利互惠、共同发展。最后，中国企业的"走出去"与在异国土壤的"扎下根"，离不开对质量与创新的孜孜以求，离不开对风险的有效防范。中国企业要在讲好中国故事的过程中，推动中安经贸合作再上新台阶。

参 考 文 献

[1] 刘明德，杨舒雯. 全球影响力分析框架下中国和安哥拉的能源关系研究 [J]. 中外能源，2019，24（11）：1 - 9.

[2] JUREŃCZYK Ł. Analysing China's "Angola Model"：A pattern for Chinese involvement in Africa? [J/OL]. Strategic Review for Southern Africa，2020，42（2）：43 - 62.

[3] CGTN. Chinese investment in Angola exceeds $20 billion [EB/OL]. (2019 - 09 - 27) [2021 - 09 - 16]. https：//news. cgtn. com/news/2019 - 09 - 27/Chinese - investment - in - Angola - exceeds - 20 - billion - - KkluSMHALC/index. html.

[4] 中国发展网. "一带一路"成为照亮中国和安哥拉双边合作前路的"灯塔"：访安哥拉驻华大使若昂·萨尔瓦多·多斯桑托斯·内图 [EB/OL]. (2021 - 04 - 01) [2021 - 09 - 16]. http：//www. chinadevelopment. com. cn/xc/2021/0401/1720818. shtml.

[5] 商务部西亚非洲司. 中国—安哥拉经贸合作简况（2019 年）[EB/OL]. (2020 - 03 - 05) [2021 - 09 - 16]. http：//xyf. mofcom. gov. cn/article/tj/hz/202003/20200302942088. shtml.

[6] AllAfrica. Angola：Covid - 19 - Angola Reports 360 New Infections, 94 Recoveries [EB/OL]. (2021 - 09 - 15) [2021 - 09 - 16]. https：//allafrica. com/stories/202109160139. html.

[7] 孟乔乔. 安哥拉疫情常态化下的社会安全治理措施与经验 [J]. 现代世界警察，2021（5）：72 - 73.

[8] 经济学人. 洛伦索总统的改革取悦了 IMF，但普通的安哥拉民众呢？[N/OL]. (2021 - 03 - 10) [2021 - 09 - 16]. https：//www. essra. org. cn/view - 1000 - 2167. aspx.

[9] Foucus Economics. Angola Economic Outlook [EB/OL]. [2021 - 09 - 16]. https：//www. focus - economics. com/countries/angola.

[10] 中华人民共和国外交部. 中国同安哥拉的关系 [EB/OL]. (2021 - 08 - 01) [2021 - 09 - 16]. http：//new. fmprc. gov. cn/web/gjhdq_676201/gj_676203/fz_677316/1206_677390/sbgx_677394/.

[11] 正眼视界. 我国进口石油的占比是多少？进口量排名前十的国家是怎么分布的？[EB/OL]. (2021 - 02 - 10) [2021 - 09 - 16]. https：//baijiahao. baidu. com/s？id = 1691297594833817514&wfr = spider&for = pc.

[12] 央广网. 商务部发布《2020 年度中国对外承包工程统计公报》"一带一路"国家业务占比过半 [EB/OL]. (2021 - 09 - 09) [2021 - 09 - 16]. http：//finance. cnr. cn/jjgd/20210909/

t20210909_525596181. shtml.

［13］ LUSA. Angola：Country's H1 China trade up 23.9% on year at US $ 10.55B – China ambassador ［EB/ OL］. (2021 – 08 – 24) ［2021 – 09 – 16］. https：//www.macaubusiness.com/angola – countrys – h1 – china – trade – up – 23 – 9 – on – year – at – us10 – 55b – china – ambassador/? __cf_chl_managed_tk__ = pmd_VfpNv829c7uCy.mL0Mbj4xz6kRx6R2TFDf6PfVJLck4 – 1631784837 – 0 – gqNtZGzNA1CjcnBszQeR0.

［14］ 新华网. Angola signs MoU with China – Africa industrial park to boost trade ties［EB/OL］. (2021 – 08 – 19)［2021 – 09 – 16］. http：//www.xinhuanet.com/english/africa/2021 – 08/19/c_1310136807.htm.

［15］ 中国记协. 访华感受 ｜ 尽管不是共建国家，安哥拉也愿意对接"一带一路"［EB/OL］. (2016 – 10 – 26) ［2021 – 09 – 16］. http：//www.xinhuanet.com/zgjx/2016 – 10/26/c_135781400.htm.

［16］ 世界银行. "一带一路"经济学：交通走廊的机遇与风险［R/OL］. ［2021 – 09 – 16］. https：// www.shihang.org/zh/topic/regional – integration/publication/belt – and – road – economics – opportunities – and – risks – of – transport – corridors.

［17］ 张梅，苗佳雨. "努力提高抵御外部冲击的能力"：专访安哥拉财政部长薇拉·达夫斯（Vera Daves）［J］. 中国投资（中英文），2020（2）：52 – 57.

［18］ 张梅，周佳. 致力扭转单一化发展格局：专访安哥拉贸易部长若弗雷·范杜嫩（Joffre Van – Dunem Junior）［J］. 中国投资（中英文），2019（24）：40 – 45.

［19］ La Tribune Afrique. Angola：l'Etat privatise une banque pour tester l'intérêt des investisseurs pour ses grandes entreprises ［EB/OL］. (2021 – 04 – 20) ［2021 – 09 – 16］. https：//afrique.latribune.fr/ finances/banques – assurances/2021 – 04 – 20/angola – l – etat – privatise – une – banque – pour – tester – l – interet – des – investisseurs – pour – ses – grandes – entreprises – 882810.html.

［20］ La Tribune Afrique. Avec la France，l'Angola vise le transfert technologique pour devenir « une puissance agricole » africaine ［EB/OL］. (2020 – 10 – 14) ［2021 – 09 – 16］. https：//afrique.latribune.fr/economie/strategies/2020 – 10 – 14/avec – la – france – l – angola – vise – le – transfert – technologique – pour – devenir – une – puissance – agricole – africaine – 859795.html.

［21］ La Tribune Afrique. Agro – industrie：le plan de l'Angola pour devenir exportateur d'amidon de manioc ［EB/OL］. (2021 – 01 – 14) ［2021 – 09 – 16］. https：//afrique.latribune.fr/economie/strategies/2021 – 01 – 14/agro – industrie – le – plan – de – l – angola – pour – devenir – importateur – d – amidon – de – manioc – 872116.html.

［22］ 汪巍. 中国与安哥拉石油合作呈跨越式发展趋势［J］. 国际工程与劳务，2020（3）：48 – 49.

［23］ 中国铁道建筑总公司. 中国铁建承建本格拉铁路竣工 中国铁路标准非洲落地［EB/OL］. (2014 – 08 – 13) ［2021 – 09 – 16］. http：//ysp.net.sasac.gov.cn/n2588025/n2588124/c3779067/ content.html.

［24］ 中国青年报. 中铁建承建安哥拉铁路通车 为中企海外修建最长铁路［N/OL］. (2015 – 02 – 15) ［2021 – 09 – 16］. https：//www.chinanews.com/m/stock/2015/02 – 15/7065598.shtml.

［25］ 刘军涛. 中国标准 一路领军（中国品牌 中国故事）［EB/OL］. (2015 – 06 – 06) ［2021 – 09 –

16］．http：//finance. people. com. cn/n/2015/0606/c1004 – 27112828. html.

［26］盛玮. 中企帮安哥拉在战后挺立：蹚着地雷修复公路［N/OL］. (2015 – 04 – 13) ［2021 – 09 –
16］. http：//www. cccnews. cn/mtjkj/201504/t20150417_37497. html.

［27］盛玮，龙腾宙. 中企打造安哥拉精品码头：成对外贸易枢纽［EB/OL］. (2015 – 04 – 15)
［2021 – 09 – 16］. https：//finance. huanqiu. com/article/9CaKrnJJYPT.

［28］周芝娜. 特变电工国际工程承包成功之路［D］. 乌鲁木齐：新疆财经大学，2021.

［29］曹妍. 讲好中国故事 助力"走出去"企业行稳致远［J］. 国际工程与劳务，2021 (3)：
84 – 86.

［30］DW. Angola：UNITA pede remoção imediata de propaganda eleitoral do MPLA［EB/OL］. (2021 –
09 – 15) ［2021 – 09 – 16］. https：//www. dw. com/pt – 002/angola – unita – pede – remo% C3%
A7% C3% A3o – imediata – de – propaganda – eleitoral – do – mpla/a – 59185960.

［31］African News. Angola：Opposition supporters protest electoral law change［EB/OL］. (2021 – 09 –
12) ［2021 – 09 – 16］. https：//www. africanews. com/2021/09/12/angola – hundreds – of – opposi-
tion – supporters – protest – electoral – law – change/.

［32］African News. Angola ex – President Dos Santos returns home months before election［EB/OL］.
(2021 – 09 – 15) ［2021 – 09 – 16］. https：//www. africanews. com/2021/09/15/angola – ex –
president – dos – santos – returns – home – months – before – election/.

［33］Climate Home News. Angola's oil dependency thwarts its exit from the group of poorest nations［EB/
OL］. (2021 – 02 – 12) ［2021 – 09 – 16］. https：//www. climatechangenews. com/2021/02/12/
angolas – oil – dependency – thwarted – exit – group – poorest – nations/.

［34］The World Bank. The World Bank Group supports Angola's efforts to reduce poverty and promote eco-
nomic growth by working with the government，development partners and civil society［EB/OL］.
［2021 – 09 – 16］. https：//www. worldbank. org/en/country/angola/overview.

［35］马莹，焦英博. 做深耕国际市场的"长期主义者" 访中铁四局安哥拉分公司总经理、党委副
书记杨立胜［J］. 项目管理评论，2021 (2)：32 – 35.

［36］马莹，焦英博. 山高人为峰，海阔心无界 访中铁十七局集团电气化工程有限公司安哥拉分公
司总经理刘志刚［J］. 项目管理评论，2019 (6)：36 – 38.

［37］王晓波. 安哥拉：经济多样化发展机遇［J］. 中国投资 (中英文)，2019 (22)：57 – 59.

［38］Afrik 21. NGOLA：le gouvernement invite la Chine à investir dans les énergies renouvelables［EB/
OL］. (2021 – 01 – 12) ［2021 – 09 – 16］. https：//www. afrik21. africa/angola – le – gouverne-
ment – invite – la – chine – a – investir – dans – les – energies – renouvelables/.

Analysis of China-Angola Economic and
Trade Cooperation Since the 21st Century

Abstract：Since the 21st century，with the Angola model as driving force and the Belt and

Road Initiative (BRI) as opportunity, the China – Angola economic and trade cooperation has achieved mutual benefit and common development. Chinese government and enterprises have participated in the post-war reconstruction of Angola in all – round fields and wide spheres. Relations between Angola and China have developed rapidly, and a high level of cooperation between the two countries has created a positive demonstration effect. Under the background of COVID – 19, the bilateral cooperation has been developing steadily. In the foreseeable future, there is great potential for Sino-Angolan cooperation in various fields, such as mineral resources, agriculture, forestry and fishery, and food processing industry. Based on the history and current situation of Sino-Angolan economic and trade cooperation and the prospect of cooperation between the two countries, this paper aims to learn successful experiences from the infrastructure construction projects which have been undertaken in Angola by Chinese enterprises, represented by China Railway Construction Corporation, and further proposed strategies aimed at prevent risks in Sino – Angolan economic and trade cooperations.

Key words: Angola, economic and trade cooperation, successful experiences, risks and strategies

作者简介: 刘成富, 浙江越秀外国语学院非洲大湖区研究中心执行主任, 南京大学文科二级教授, 兼任江苏省翻译协会会长、中国法语教学研究会副会长、中国非洲问题研究会常务副会长, 研究方向为法国文学、非洲问题。

陈可心, 南京大学外国语学院法语系, 法语专业硕士, 主要从事翻译理论、法语文学方向的研究。

中非职业教育合作赋能"一带一路"高质量建设：动因、特征与展望[*]

深圳大学外国语学院　王　蕾　赵　燕

【摘　要】中非职业教育交流合作对于"一带一路"倡议下中非合作的深化发展具有重要推动作用，非洲国家需要发展技术人力资源，以实现新型工业化和经济社会转型；"一带一路"倡议下走出去的中资企业也急需本土化技术人才，以实现在海外市场的布局和投资。在此背景下，中非构建了多元主体互动框架下的教育交流合作模式，开展了多类别的务实型教育交流合作内容，并打造了"鲁班工坊"等教育品牌赋能"一带一路"高质量发展。中非职业教育间的交流合作为"一带一路"倡议下的经贸合作保驾护航，职业教育的国际化助推中国国家软实力提升，同时，"数字非洲"建设和数字技能职业培训相互促进。最终，中非人文交流的深化将促进人类命运共同体的建设。

【关键词】"一带一路"；中非职业教育；国家软实力；鲁班工坊；人类命运共同体

一、引言

2022 年年底，非洲大陆人口总数为 13.9 亿，并且将保持持续增长态势，预计到 2050 年，非洲大陆人口总数将增加 1 倍左右，达到 24.8 亿。2017 年第 28 届非盟首脑会议的主题为"通过投资青年利用人口红利"，重点关注青年发展，利用人口红利带动非洲发展（王笑非，2018：7-9）。到 21 世纪中叶，非洲将有 10 亿名 18 岁以下的儿童和青少年，几乎占全世界 0~18 岁年龄组儿童和青少年总数的 40%（联合国儿童

* 本项目为 2022 年度深圳市哲学社会科学规划课题"总体国家安全观视域下深圳中资企业海外利益安全风险防控体系建设研究"（SZ2022B022）的阶段性成果。

基金会，2022）。青壮年是人口红利的保证，但收获人口红利的机会在时间上是有限的。2020 年，每 5 个非洲人中就有 3 个年龄在 25 岁以下；到 2050 年，这个年龄段的非洲人将达到总人口的 50% 左右。但是，这种年轻和活跃人口的高比例不会永远持续下去（联合国儿童基金会，2022）。教育是发展非洲人力资本的重要手段，而职业教育可以带来合格的、可就业的劳动力，满足劳动力市场对技术和能力的需求，利用人口优势带动非洲发展、减贫及刺激经济进步。但非洲职业教育的发展一直处于停滞不前的状态，直到近 20 年来才逐渐引起非盟及各国的重视，在非洲各国进行职业教育改革并积极寻求国际合作。改革开放以来，中国职业教育实现了跨越式发展，取得了举世瞩目的成就，为中国经济社会转型和新型工业化发展提供了强有力的人才支持。在"一带一路"倡议下，中国与非洲的联系更加紧密，这为教育国际化、中国职业教育"走出去"以及中非职业教育合作提供了历史新机遇。

二、非洲职业教育发展的历程及面临的挑战

（一）非洲职业教育发展的历程

非盟在其《非洲教育二·十行动计划（2006—2015 年）》中，认识到职业教育和培训作为经济增长的辅助机制对人民的重要性。所以该行动计划制定了以下目标：重新思考非盟成员国的教育体制，使青少年能够获得义务基础教育，使他们能够掌握基本的、一般的职业技能，形成终身学习文化和创业精神，以适应不断变化的世界（En Faveur de L'emploi des Jeunes，2022）。在 2007 年召开的部长级会议上，非盟通过了《非洲职业技术教育和培训振兴战略》，旨在为国家的职业教育政策和行动提供一个战略政策框架以及一套切实可行的建议，提高职业教育和培训的质量。尽管决策者和主要利益相关方普遍接受 2007 年战略，但在执行方面几乎没有取得进展。在国家级别缺乏具体行动的主要原因是财政和人力资源有限，以及针对明确制定的国家或区域计划采取行动的政治承诺有限或不足。2009 年，《非洲青年宪章》正式实行，其中第 13 条中教育与能力提升所占篇幅较大，对成员国政府提出了诸如提升科学技术培训参与率、通过创立培训中心等机构拓宽职业培训的渠道等要求。该宪章在人力资本层面旨在降低各国的文盲率，提升非洲青年的信息化、数字化等素质，使劳动力资源符合市场需求，从而提高各成员国青年的竞争力与就业率。该宪章对各成员国政府政策的制定有一定的参考作用，但无具体法律约束力。各成员国实际制定政策时大多心有余而力不足，国家层面教育财政、人力投入仍未满足需求（L'Union Afrique，2006）。

虽然非洲的经济增长率很高，但矛盾的是，这种增长并没有转化为就业，失业率

也没有下降。其结果就是非洲经济很难应对每年为数百万新进入劳动力市场的人（估计有 1000 万人）提供体面工作的艰巨任务。越来越多的年轻人受教育程度低、缺乏技能和就业机会，这威胁着各国的稳定，从而影响了国家的发展。据估计，在非洲约 2 亿青年人口中，近 1 亿青年男女是文盲和失业者或从事低收入工作。因此，劳动力质量仍然很低且数量不足。在这种社会背景下，2014 年 6 月，非盟国家元首和政府首脑会议在马拉博举行并发布了《促进青年就业的职业技术教育大陆战略》，该战略更深入地探讨了职业技术教育政策建立和发展的框架，以促进国家发展、社会凝聚力增强、政治稳定、减贫和区域一体化。在此基础上，2017 年，非盟执行理事会在第 31 届会议上审议了将 2018—2027 年作为非洲技术、职业和创业领域年轻人培训与就业十年的提案。随着科学技术的高速发展，劳动力市场对劳动者提出了新的要求：掌握信息技术、电子通信与数字化技术，而非洲大陆由于发展起步晚，与国际社会仍存在较大的数字鸿沟。在新的社会背景下，联合国教科文组织、非盟与非洲联盟发展署三大组织于 2021 年 3 月发布了非洲职业教育数字化的倡议。该倡议通过创建泛非培训项目、启动国家数字化转型网络、在非洲国家设立信息通信技术（ICT）日和职业技术教育与培训（TVET）数字化日、设立区域经济共同体（REC）数字化转型卓越奖，以及建立一种机制来分享知识和监测非洲数字化转型的进展五项举措，旨在推动非洲范围内职业教育的数字化转型（Vanessa Ngono Atangana，2022）。

（二）非洲职业教育发展面临的挑战

1. 基础设施及师资力量薄弱

非洲地区的战争、冲突和其他自然灾害在很大程度上摧毁了所涉国家的职业教育和培训系统。尽管许多国家为加强职业教育和培训做出了巨大努力，但职业教育和培训系统的基础设施依然陈旧，资源匮乏，在数量和质量上都不足。造成这种情况的原因是有经验的教员和其他工作人员的流失，他们往往得不到及时的补充。

2. 资金支持不足

青年失业和就业不足问题日益严重，这成为阻碍大多数非洲国家社会经济发展的主要问题之一。没有与就业有关的技能，年轻人就无法从提供体面收入的就业机会中获益。就个人而言，职业教育和培训花费不菲，但目前只有少数非洲非政府组织政府能够在保证高质量培训水平的前提下为职业教育和培训提供资金，且针对学生的补贴并没有反映在职业教育和培训部门的预算分配中。

3. 培养目标与市场需求失衡

非洲的职业技术能力建设体系与劳动力市场的关联薄弱，虽然人们对职业教育和培训以需求为导向的必要性有了相当的认识，但许多国家的现实表明，职业教育往往是殖民时代遗留下来的，主要以供应为导向。缺乏明确的技能培养目标是许多非洲国家职业教育的主要弱点之一，技能供求不匹配导致"毕业即失业"现象在非洲比较普遍。另外，职业教育过于强调理论和证书，而不是技能发展和能力测试，这突出了教育和劳动力市场技能需求之间的差距。同时，教师培训不足、教材过时和缺乏培训材料等因素叠加在一起，降低了职业教育在实现劳动力市场标准所要求的知识和技能目标方面的有效性。

4. 不平等现象遍布

第一，性别上的不平等，女性在传统上由男性主导的职业部门中的代表性不足。第二，地理、经济上的不平等。经济上的不平等对技术和职业教育的影响比性别更大。在许多非洲国家，家境贫困的年轻人无力支付培训机构的费用。同时，好的技术和职业学校通常位于经济发达的城市，尤其是大城市，农村地区人民获得高质量培训和技能的机会有限。

5. 职业技术教育缺乏社会威望和吸引力

在许多国家，职业教育仍然是被父母、公众甚至一些政治家视为学业表现不出色的人的选择。这是由于职业教育某些课程的入学要求较低、毕业生的职业发展前景有限。此外，将职业教育作为中学或大学第一阶段的技能培训，限制了各级教育对职业教育的充分认识。2019 年，非洲每 10 万人中接受职业技术教育与培训的平均人数为762 人，而全球为 801 人。在 15—24 岁的年轻人中，接受职业教育的比例为 3%（联合国儿童基金会，2022）。

非洲大陆的职业教育和培训战略需要为职业技术教育提供一个范式转变，其基础是职业教育和培训使年轻人做好准备，成为创造就业机会的人，而不是求职者，从而使受职业技术教育的权利得到公众的认可。增加职业教育和培训设施的成本很高，这是非洲各国政府面临的挑战之一，但这也是实现非盟《2063 年议程》愿景、促进就业和投资的关键。所以，近年来，非洲各国也在积极寻求国际交流与合作机会，以期从国际层面获取更多的援助和支持，而中国正是非洲职业教育的重要合作者之一。

三、中非职业教育合作的动因

立足于中非合作论坛和深入实施"一带一路"倡议的时代背景，职业教育是伴随着中国企业"走出去"的产物，已成为中国对非教育援助和合作的主要领域。"故交如真金，百炼不回色"是中非合作的底色，"授人以鱼不如授人以渔"是中国政府对非教育援助的基本原则。中国对非职业教育援助走出了具有民族特色与国家精神的发展模式，其动因主要来源于政治、经济、人文三个方面。

（一）政治因素：推进"一带一路"高质量建设的需要

中国与非洲历来是休戚与共的命运共同体，也是合作共赢的利益共同体。与非洲国家务实团结合作，是中国对外政策的重要基石。非洲是"一带一路"倡议的历史和自然延伸，成为推进"一带一路"倡议的重要合作伙伴，也是当前世界政治经济格局中的重要一环。从 2000 年到 2021 年 11 月，中非合作论坛已经持续召开了八届部长级会议，对非职业教育合作一直是论坛的重要内容，具体举措包括对非提供奖学金、加强中非大学合作、帮助非洲职业院校培训师资、提供来华培训名额、打造高端人才交流平台，以及在非设立鲁班工坊为当地创造就业机会等。结合"一带一路"倡议，2016 年教育部在《推进共建"一带一路"教育行动》中提出对合作国家教育加强援助，发挥教育援助在"南南合作"中的作用，调动整合各方资源，为合作国家培养师资以及各类技术人才，开展设备仪器、教学教案和配套师资培训一体化援助，并加强教育实训基地建设，统筹多方经费，实现职业教育共同发展。除了建设鲁班工坊，我国领导人还提出"未来非洲—中非职业教育合作计划"等合作倡议，将"一带一路"建设对接联合国《2030 年可持续发展议程》和非盟《2063 年议程》，契合新发展格局下非洲各国经济发展新的增长点与关切点，共同打造合作共赢中非命运共同体。综上所述，中国政府从政策构建、设施互通上推动中非职业教育合作，以"授人以渔"的方式培养当地"建设者"，真正从非洲人民的实际出发，解决当地教育发展的实际问题。因此，中非职业教育合作符合非洲各国的根本利益需要和我的国家战略利益需要。

（二）经济因素：为中资企业"走出去"提供本土人力资源

在国家"一带一路"倡议逐步落实和延伸的背景下，中国企业积极布局海外市场，开展对外投资。非洲的 53 个国家和地区拥有丰富的自然资源，特别是石油和矿产品。非洲的农业、基础设施建设、能源开发与利用、交通运输业、家电业、纺织业、服务业、房地产和通信业都具有巨大的发展潜力。基于产业转移、资源获取、规避贸易壁垒、投资回报高等原因，中非经济合作的深度和广度得到了进一步提升，非洲成为中国企业开拓国际市场的重要组成部分。但"走出去"的中资企业大多感到非洲技能人才十分匮乏，因而投资非洲充满希望和挑战，为了实现双赢，需要以先进、适用的技术和管理经验增强非洲国家的自主建设能力，为中国企业"走出去"培养本土化技术技能人才，为自身提供充实有力的人力资源支撑，从而降低企业运营成本，提高经济效益，因此，开展职业教育的重要性不言而喻（杨林燕，2009：22）。

（三）人文因素：提升我国的教育国际影响力

职业教育合作推动中非人文交流，为中非友好合作增添了新的内涵。教育被认为是"外交政策的第四个维度"，它能使一个国家的形象得到提升（史密斯，2002：4）。教育在共建"一带一路"倡议中具有基础性与先导性作用，开展国际教育交流与合作有助于提升我国在合作国家的话语权和影响力。我国职业教育经过几十年的发展，在办学理念、办学模式、办学规模、师资力量以及产业合作等方面已经有了质的提升，完全可以将积累的发展经验及先进模式推出国门，帮助其他国家提升其职业教育水平（熊建辉，2016）。自实施"一带一路"倡议以来，为了加快我国的职业教育发展进程，政府对职业教育国际化提出了重点要求和方向指引，先后颁布《国务院关于加快发展现代职业教育的决定》《国务院关于推进国际产能和装备制造合作的指导意见》等一系列政策文件。特别是在《国务院关于印发国家职业教育改革实施方案的通知》中，突出强调职业教育标准体系将覆盖大部分行业领域、具有国际先进水平（国务院关于印发国家职业教育改革实施方案的通知，2019）。中非职业教育合作不仅能推动我国职业教育的国际化发展、增强我国职业教育的国际影响力，还能促进中非思想对话与知识共享，为人类命运共同体构建贡献智慧。

四、中非职业教育交流合作的特征

海上丝绸之路为中非之间打开了通商之路，"一带一路"倡议得到了非洲国家的积极支持和踊跃参与。截至 2023 年，在 53 个与中国建交的非洲国家中，有 52 个国家以及非盟委员会已经同中国签署了共建"一带一路"的合作文件，在非洲基本实现了"一带一路"合作的全覆盖（曾爱平，2021）。大部分非洲国家常年受基础设施不完善、产业结构单一、产品附加值低等问题掣肘，经济发展缓慢，由此产生的高贫困率与不平等问题不利于社会稳定，进一步阻碍了经济的发展。为了破解此恶性循环，推动本国经济发展，尼日利亚、埃及等非洲国家政府主张加快基础设施网络建设，加快工业化进程，推动农业现代化。这些主张的实现都需要相当数量的技术人才作为支撑。但大多数非洲国家或受殖民历史的影响，或受国内长期政局动乱的波及，教育体系落后、师资严重不足且教育质量低下。如此条件下难以培养出足以承担国家发展重任的高素质人才。因此，中非职业教育交流合作顺应了中非合作的时代战略，符合"一带一路"倡议的时代逻辑与实践需求。中非职业教育交流始于 2000 年的中非合作论坛，20 多年的发展加之"一带一路"倡议的推进，其交流合作呈现多元主体互动框架下的多层级交流合作、丰富的务实型教育交流合作以及通过"鲁班工坊"等职业教育品牌赋能"一带一路"高质量发展等特征。

（一）构建多元主体互动框架下的交流合作模式

中非教育交流合作在国际组织、多边政府、教育行政主管部门以及多元教育组织之间展开，具体包括国际组织如联合国教科文组织、中央及地方政府、院校、科研机构、企业等，各单位之间形成了交叉协作的互动网络。依据中非职业教育交流合作的战略定位、参与层次及互动关系，多元主体协同参与的整体性、系统性和动态性互动框架逐步形成。这一框架明确了中非职业教育交流合作系统中的主导力量、协调机制和能动因素，为多元主体协同参与提供了规范、有序的体制保障，大批项目取得了实质性进展。

在多元主体互动框架中，各主体可划归为支撑主体与核心主体两部分。

支撑主体主要包括国际组织、中央及地方政府，其在中非职业教育交流合作中主要发挥战略定位与协调互动的作用。①国际组织和中国携手，提升中国在该领域的国际影响力。联合国教科文组织和中国在 2019 年签订协议，建立了中国援非信托资金（CFIT）（联合国教科文组织，2019），携手推动非洲高等职业教育发展，为该区域的国家培养具备创新能力的技术型劳动力。②中国—非盟区域层面的教育交流合作，该层面主要商定合作倡议。典型代表有《中非合作论坛 – 约翰内斯堡行动计划（2016—2018）》和《中非合作论坛 – 达喀尔行动计划（2022—2024）》（外交部，2021）。这些行动计划都将职业培训作为战略合作目标之一，为推进中国和非洲国家之间的教育合作奠定基础。2021 年，习近平总书记在中非合作论坛第八届部长级会议开幕式主旨演讲中提出"未来非洲—中非职业教育合作计划"。依照该计划，中国职业教育"走进非洲"，将中国标准、优质师资资源推广到非洲，树立中国职教品牌，这将成为我国职业教育国际化发展的时代需求。③中非各国国家层面的教育交流合作，该层面主要关注合作国之间具体教育项目的推进。同时，国家之间的经贸合作往来也促进了学生项目的发展。一些教育项目创设了"学习＋实习实训"培养模式，使留学生不仅掌握专业知识，也学习岗位技能，同时加强汉语和中国文化的学习，形成了"人文＋技能"的项目培养特色（中国新闻网，2021）。

核心主体主要包括合作院校以及中资企业，其在中非职业教育交流合作中开展具体的务实性合作。该层面以促进院校间合作、发展具体专业为目的，同时企业的加入提高了所开设专业的市场适应性，并在一定程度上解决了学生的就业问题。中国在非建成的 12 家"鲁班工坊"中，基本都采用校际合作或政、企、校联合的办学方式（中国新闻网，2022）。

多元主体框架下的中非交流合作模式整合了中非优质资源，为非洲培养了一批具有专业知识和技能的劳动者，并为"南南合作"提供了合作模式，其意义和价值不仅是区域性的，更是全球性的。

（二）开展丰富的务实型教育交流合作

1. 接受非洲国家委托培养人才

虽然中非职教合作项目卓有成效，但建立适应国民经济发展需求的教育体系仍是长期而艰巨的任务，制约产业发展的原因：一是工种繁多而技术人员奇缺，众多技术人员的职业技术培训会极大地增加非洲企业的用工负担；二是中资企业依托在非业务所开展的培训，其师资条件往往无法满足劳动学习者所需的系统化教学要求。为此，非洲通过高效、及时的"委托培训"方式填补技术短板，培养不同领域的专项人才。例如，卢旺达政府委托金华职业技术学院为其培养留学生，主修汽车检测与维修、通信网络与设备、酒店管理等专业，直接对接卢旺达市场需求，提高了职业培训供应与雇主需求之间的匹配度。这是一种双向人才培养模式，来华人员不仅提高了自身的技能，还促进了双边人文交流和人才流动。

2. 举办中短期人力资源培训项目

自中非合作"八大行动"计划提出以来，我国已经为非洲国家举办各类培训项目，以开设海外研修班为主要方式的人力资源培训是加强中非技术交流合作的一大亮点，将丰富的劳动力转化为优质生产力径直对接市场需求，缓解非洲的技术人员供需矛盾。非洲第一条跨国电气化铁路——埃塞俄比亚亚吉铁路的建成通车，就是通过实施三期埃塞俄比亚铁路运营技术海外培训班，依托当地铁路公司需求和国内技术人员

专业知识支持，围绕亚吉铁路现场管理、运营、维护三大主要任务，累计开展培训达120天后的成果。最终，课程期满，学员能够熟练掌握铁路运营技术理论，也积累了现场实操经验（中非合作论坛，2021）。

3. 派遣专家去非洲实地指导

秉承"授人以渔"的互惠理念，对非派遣专家是中国长期以来对非发展援助的主要形式之一，尤其是对非农业技术转移。自2000年中非合作论坛机制建立，2006年中国政府宣布援非八项政策提出三年内向非洲派出百名高级农业专家，到2012年启动的延续高级农业专家项目的农业技术专家组，再到2021年驻拉各斯总领事储茂明指出的：中国将为非洲援助实施10个减贫和农业项目，向非洲派遣500名农业专家，在华设立一批中非现代农业技术交流示范和培训联合中心，鼓励中国机构和企业在非洲建设中非农业发展与减贫示范村，支持在非中国企业社会责任联盟发起"百企千村"活动（中华人民共和国驻拉各斯总领事馆，2021）。可见中国政府向非洲派遣农业技术专家的实践贯穿了中国对非农业援助体系构建的整个过程。以"中国—FAO—马达加斯加南南合作项目"为例，中方选派八名技术专家赴非就杂交水稻、小反刍兽、农业综合经营、农业机械四个领域和当地农业部门合作展开调研培训（农业农村部对外经济合作中心，2021）。最终，不仅使当地水稻种植技术得到了改善，还为当地培养了相关技术人员，成为可持续发展的人力资源，而这也成为全球可借鉴的减贫案例。

4. 协同开发非洲国家职业标准

失学儿童增加、基础教育的不平等、职业教育供给与需求不匹配、国民教育体系不完善等都是非洲教育领域难以攻克的难题，亟待一套相对合理、完善的国家职教体系，来满足日益膨胀的劳动力市场需求。为此，中职院校依据中国经验及标准，为非洲国家开发行业岗位职业标准及配套人才培养方案，按照非洲国家的相关流程注册认证，与配套人才培养方案一并纳入其国家职业教育体系。2022年6月15日，第一批坦桑尼亚国家职业标准开发项目启动大会通过视频连线方式在坦桑尼亚和中国同步举行。第一批立项建设单位共有43所中国职业院校，参与制定坦桑尼亚54个岗位职业标准和配套人才培养方案。中国职业院校为坦桑尼亚开发行业岗位职业标准及相关培训项目，针对坦桑尼亚国家重点行业职业技能岗位，优选中国同等数量的职业技能岗位标准，按照坦桑尼亚国家相关流程注册认证，与配套人才培养方案一并纳入坦桑尼亚国家职业教育体系。国家职业标准开发项目将为建立新的教育标准奠定基础，促进坦桑尼亚职业教育和培训的发展。同时，该项目有助于培养大量人才和技术工人，确保职业教育毕业生满足国际市场需求，进一步提高坦桑尼亚的工业化水平（谢昊，

2022)。这是中国首次大规模整装批量式直接为一个非洲国家开发和修订职业标准，推广了中国职业建设的标准，对中国职业教育的国际化发展具有里程碑意义。

5. 组织学生来华交流实习

非洲国家选派学生赴中国职业教育机构留学是双方职教合作的重要组成部分，经过多年的实践，已取得了积极的成效。以黄河水利职业技术学院为例，为了帮助水利工程管理专业的留学生学好专业课程、达成学习目标，该校构建了"一条主线、两种能力"的国际化课程体系。"一条主线"围绕培养国际化高端技术技能人才的目标展开，"两种能力"则涵盖专业技能和职业素养。这种新型应用型人才培养模式适应了当代需求，同时利用非洲的"人口红利"优势，将非洲人力资源转化为高效生产力。中非职业教育合作在促进国际人才流动、促成中国技术"走出去"的同时，赋予来华留学生技能与知识，并推进非洲人才回流以推动本国经济建设。

（三）打造"鲁班工坊"等职业教育品牌赋能"一带一路"高质量发展

自"一带一路"倡议提出后，中非职业教育交流合作便上了一个新台阶。2018年9月3日，中国国家主席习近平在中非合作论坛北京峰会的开幕式上发表主旨讲话时提出：中国将在非洲设立10个"鲁班工坊"，向非洲青年提供职业技能培训。自此，"鲁班工坊"建设项目上升为国家战略，成为具有深远意义的政治任务。自2019年3月28日非洲第一家"鲁班工坊"正式揭牌以来，"鲁班工坊"给非洲大陆注入全新动力，将中国标准推向国际，从职业教育入手助力非洲各国的全方面发展，成为又一张响亮的"中国名片"。

如前文所述，非洲职业教育面临的困境在于基础设施及师资力量薄弱、资金支持不足、培养目标和市场需求失衡、职业技术教育缺乏社会威望和吸引力等，而"鲁班工坊"的设立在很大程度上直接回应了这种困境。①"鲁班工坊"以职业素养为基础，不仅注重专业知识与专业技能的教授，还秉承了中国自古以来"立德树人"的教育观，力求培育德才兼备的全方面人才，戒除当地劳动人口长期以来"无故缺勤率高""迟到早退"等陋习，使之能更好地适应现代化企业的工作节奏。②"鲁班工坊"不局限于培养学生，还注重培养高质量的本地师资，辅助非洲各国教育体系改革。以马达加斯加"鲁班工坊"为例，其以双方合作院校为突破口，输出中国经验和中国方案，从课程开发、课程资源建设、教师培训等方面入手，系统地提升职业教育教学质量，打造马达加斯加职业教育"增长极"，并辐射其他院校，将中国职业教育与当地国民教育体系和国家职业资格证书体系相融合，实现了中国职业教育的教育标准、教育模式、教育技术在全球的推广应用（陈红、梁娈，2022：41－46）。这激发了当地教育领域的内生动力，有利于其摆脱教育发展高度依赖外国投资的困境，进而建设一个具有非洲特色的、本土化的教育体系；也契合了《埃及2030年愿景》、南非《学后教育与培训白皮书》等非洲国家的战略发展目标。③"鲁班工坊"在非洲产业转型升级，与非洲国家产能合作符合现实发展需要。按照"当地需要什么我们提供什么"的基本原则，立足职业专业设置与当地区域产业结构的深度对接，在增强市场竞争力的进程中发挥着积极的作用。非洲大陆幅员辽阔，自然资源丰富，但许多国家受限于本国落后的工业，对自然资源的利用仅停留于原材料出口，附加值低且市场竞争力弱，易受国际市场影响。面对各国的发展需求，"鲁班工坊"根据各国自然资源的不同，因地制宜地设置了不同的专业。例如，"鲁班工坊"在乌干达设置了"黑色冶金技术"专业，在南非则设置了"增材制造技术"专业，这样的培养方案有利于各国延长产业链，提高自然资源利用率，在一定程度上也有利于实现基础设施建材的自给自足，降低工程成本。④"鲁班工坊"的设立为中非合作助力，为中非两地行业、企业培养掌握职业标准的本土人才，为非洲培养高素质的技术技能人才，保证了中资企业在当地的可持续运转，同时解决了当地青年的就业问题。基础设施援建与中企在非投资在中非合作中占有相当大的比重。"鲁班工坊"助力了当地的人才培养，大部分毕业的高素质人才均进入当地的中资企业工作，如乌干达"鲁班工坊"便以中乌姆巴莱国家级工业园为载体；吉布提"鲁班工坊"服务于亚吉铁路和吉布提港口；尼日利亚"鲁班工坊"则是基于莱基自贸区业务。这既体现了"鲁班工坊"的国际化育人和校企合作理念，又推动了中国优秀产能"走出去"，实现了中非双方的产能对接合作，推动了非洲各国的基础设施网络建设，最终助力了当地经济的可持续高速发展。

迄今，中国已在非洲大陆上设立了12所"鲁班工坊"，专业设置由机械制造到自动化，由物流商贸到物联网云计算。通过对非洲当地青年以及院校师资进行培训，所设专业紧贴所在国需求，以及服务中资企业解决当地青年就业问题，得到了学生、教师、当地政府的一致好评，"鲁班工坊"的品牌效应逐渐显现，长此以往必能逐渐改变非洲当地对职业教育的看法。可见，中非双边职业教育交流合作上的成效已经得到非洲国家的认可，释放了教育外交的积极能量。国家软实力是依靠吸引力达到目标的能力（约瑟夫·奈，2013：18），主要体现在国家硬实力背后的文化价值和形象塑造上（唐小松，2006，42－46）。教育是国家软实力的重要构成部分，职业教育交流合作促进了中非之间的相互联通，为中非合作贡献了教育合作的力量并促进了中非社会文化合作，是"一带一路"倡议背景下面向非洲教育外交实践的成功运作。

五、中非职业教育合作的展望

21 世纪以来，"中非合作论坛"的持续召开为我国开展对非职业教育援助与合作提出了明确、具体的要求。中非职业教育合作持续服务国家"一带一路"教育行动计划、对接中国发展教育国际化的诉求、建设职业教育合作评估机制、促进共建人类命运共同体，并进一步开拓国际视野，从国家战略角度出发，实现中非职业教育合作在"一带一路"倡议中的科学规划，在国际化进程中提升双方合作的广度和深度。

（一）为"一带一路"倡议持续合作保驾护航

非洲国家的职业教育与普通教育相比更贴近民生，因为职业教育直接关系就业和生存问题，对提高劳动力市场中边缘人群的就业率、减少贫困和保证可持续发展更为有效。中国已与 50 多个非洲国家签订"一带一路"倡议合作文件，与多国建立了产能合作机制，大量劳动密集型中资企业进入非洲，创造了众多的就业岗位（程莉，2022：72 - 75）。职业技能教育是一项庞大的配套工程，中国职业教育精准对接非洲劳动力市场和人才需求，服务中资企业"走出去"和非洲经济发展战略，有针对性地开设具有中国特色的课程体系和培养模式，深化产教融合，通过短期师生互访和交流，以及设立平台、合作办学、独立办学等方式进行深度合作，并形成职业教育国际知名品牌。同时为非洲培养高素质技术型人才，增加非洲人才储备，聚焦高科技、信息化、互联网化、绿色发展等重点领域。所以，中非职业教育在未来将进一步深化产教融合，立足地区与产业，因地制宜地设计适合自身经济产业发展需要的职教规划或方案；有效衔接人才培养链、产业链和创新链，为区域经济高质量发展提供人才和智力支撑，赋能区域产业；依托中非交流合作框架与平台，共同开发优质教育资源，培养高素质的技术人才，继续发挥在人文交流和经济发展中的先导性、基础性和广泛性作用，为中非友好合作的可持续发展保驾护航。

（二）教育国际化助推国家软实力提升

教育在国家软实力竞争中意义重大。教育国际化是国家文化输出的媒介与载体，有助于构筑国家文化安全防线并推进国家文化"走出去"战略（中国教育报，2013）。随着中非贸易发展、合作援建等项目的开展，硬实力提升迅速，但是软实力的提升相对不足。根据 2021 年"非洲晴雨表"的调研，71% 的受访者选择英语作为最重要的国际语言，只有约 2% 的受访者选择了中文（AFR，2020）。中国历史上的"一带一路"不是以武力推行的，古代中国繁盛的文明对丝绸之路各国有着强大的吸引力，提供了种类丰富的公共产品，其中包括文化、伦理道德、汉字、服饰、饮食、建筑，甚至是制度。通过孔子学院、"鲁班工坊"的设立以及中非合作办学，可以有效推动中华文化"走出去"，将其传播到非洲，进而影响其经济建设、社会就业。之所以强调软实力建设，是因为从根本上讲，认同感来源于对核心价值体系的肯定，要想让周边国家信服，必须建立中国自身富有感召力的核心价值体系。结合历史与文化，中国的精神世界价值如"大同之道""君子之道""中庸之道"值得通过教育广泛对外传播。发达国家均通过教育扮演其他国家和地区的启蒙者，中国职业教育国际化将有效应对软实力方面的挑战，展示大国担当，增强国际影响力，助推国家软实力的提升与进步。

（三）智库合作推动职业教育合作评估机制

中非智库作为国家各领域知识精英的聚集平台，为中非双方学者、专家、政府等官方与民间机构提供沟通与交流的渠道，有利于加强中非双方的政治互信与深入了解，推动中非人文交流，对中非人员、机构、思想和学术交流等发挥了智力先行的作用（王珩、于桂章，2019：62 - 68）。近年来中非智库论坛的持续召开，完善与拓展了中国与非洲的合作机制和合作领域，为中非合作的可持续发展提供了必要的保障。智库合作将加强中国职业教育发展经验的对外传播，有利于结合非洲各国的国情，探索适合非洲的职业教育发展道路，推动非洲地区的人才培养与就业。此外，职业教育合作的成果评估体系目前还不完善，其评估机制将成为未来的建设重点。2021 年 11 月，由中国教育国际交流协会启动的"未来非洲—中非职业教育合作计划"重点关注职业教育的标准制定和能力建设，从而建立起完整的职业教育评估机制；2022 年 4 月，中外职业教育合作知名品牌"鲁班工坊"发布了关于运营项目的认定和评估标准，涉及办学基础、场地建设、师资队伍、教学资源、校企合作以及办学成效等多项指标要求（中国教育国际交流会，2022）；2022 年 5 月，中非职业教育联合会宣布正式成立，并致力于加强中非教育合作和人文交流。这些都有利于未来中非职业教育培训合作标准和评估机制的建设与完善，从而推动中非在人才培养、师资培训、课程共建等多领域的深化合作。

（四）"数字非洲"建设和数字技能职业培训相互促进

随着信息技术在全世界范围内的扩张和发展，越来越多的国家（包括非洲国家在内）都将数字经济发展作为提升其经济竞争力、实现经济转型的关键。非洲经济增长与"数字非洲"建设呈现相互交织的发展趋势。在此背景下，中国互联网企业积极开拓非洲市场，中非数字经济合作在硬件配套、软件支持、数字服务以及技术创新四个方面逐步推进且持续发展，数字经济已经成为中非合作新的增长点（牛东芳、沈昭利、黄梅波，2022：66－87）。2021年10月29日，中国国家主席习近平在中非合作论坛第八届部长级会议的开幕致辞中，将"数字创新工程"列为中非共同实施的"九项工程"之一。如前文所述，非洲的劳动力市场也对劳动者提出了新的要求：掌握信息技术、电子通信与数字化技术。因此，中非数字经济合作要推进创新就要加强数字人才合作，探索数字技能职业培训，并推出数字化职业技能培训项目。一方面，中国和非盟双方可共同打造一批共享的数字技能培训平台和基地，在非洲内部根据数字技术基础设施的不同提供个性化的技能培训；另一方面，建立多方协同合作的不同层级的交流合作平台，包括国家级、区域级、校级合作的数字创新中心，并完善管理和评估机制。最后，推进产研结合，加强中国在非互联网企业的数字化转型以及和科技创新基地的合作，加强数字化环境建设，推动非洲数字人才的培养，并达到人才反哺企业发展的目的，为"数字非洲"的建设添砖加瓦。

六、结语

当今世界正在经历新一轮大发展和大变革。大国间的战略博弈正在全面升级，国际体系和国际秩序也在深度调整，人类文明发展在面临新机遇、新挑战的同时，不确定及不稳定因素也日益增加。"一带一路"倡议可以从根本上推动构建人类命运共同体，体现了中国积极参与全球治理和塑造国际秩序、国际格局的能力。中国从自身能力和大国责任出发，切实投入努力并从现实入手推进这一伟大理念的实现：积极参与全球治理，与联合国、二十国集团、亚太国家峰会、中非合作论坛、国际货币基金组织等密切合作，为多边、多区域以及全球各层面的国际协定和国际规则的制定贡献中国方案与中国智慧。中国特色的大国外交旗帜鲜明地支持更加公平、公正、合理的国际秩序，支持全球治理从"西方治理"逐步向"东西方共同治理"转变。国之交，就是与民相亲，唯有以心相交，才能走得更远。在非洲，中国通过职业教育进一步丰富对非援助与合作，并加强与其他援助国和国际组织的沟通与交流，铺就中非"民心相通"的桥梁，共同打造文化共兴、文明互鉴的中非命运共同体。自提出"一带一路"倡议和构建人类命运共同体理念以来，与中国"志同道合"的非洲国家越来越多，中非交往越来越密切。中国将持续保障国际社会的共同利益，优化现有的国际体

系，增强全球治理能力，未来中国在非洲前进的道路将会越来越宽广。

参 考 文 献

[1] 王笑非. 第二届中非人口与发展会议综述 [J]. 人口与计划生育. 2018 (8)：7 - 9.

[2] 联合国儿童基金会. 非洲教育转型：基于循证的概况简述及对长期改进的建议 [EB/OL].
[2022 - 03 - 19]. https：//www. unicef. org/media/107971/file/Africa% 20Education% 20Report%
20Summary% 20CH% 20. pdf.

[3] En Faveur de L'emploi des Jeunes. Stratégie continentale pour l'enseignement et la formation techniques
et professionnels (EFTP) [EB/OL]. [2022 - 03 - 27]. https：//au. int/sites/default/files/press-
releases/35308 - pr - tvet - french_ - _final. pdf.

[4] L'Union Afrique. African Youth Charter [EB/OL]. (2006 - 06 - 02) [2022 - 08 - 29]. https：//
au. int/en/treaties/african - youth - charter.

[5] Vanessa Ngono Atangana. L'UNESCO et l'UA lancent une initiative pour digitaliser la formation professi-
onnelle en Afrique [EB/OL]. (2021 - 03 - 08) [2022 - 08 - 18]. https：//www. agenceecofin.
com/formation/0803 - 85945 - l - unesco - et - l - ua - lancent - une - initiative - pour - digitaliser -
la - formation - professionnelle - en - afrique.

[6] 杨林燕. 中国企业对非洲投资研究：动因，模式及其效应 [D]. 厦门：厦门大学，2009.

[7] 史密斯. 全球化与后现代教育学 [M]. 郭洋生，译. 北京：教育科学出版社，2002.

[8] 熊建辉. 构建"一带一路"教育共同体 [N]. 中国教育报. 2016 - 08 - 25 (05).

[9] 国务院关于印发国家职业教育改革实施方案的通知 [EB/OL]. (2019 - 02 - 13) [2022 - 05 -
17]. https：//www. gov. cn/gongbao/content/2019/content_5368517. htm.

[10] 曾爱平. 构建更加紧密的新时代中非命运共同体 [EB/OL]. (2021 - 11 - 27) [2022 - 03 -
15]. http：//www. qstheory. cn/qshyjx/2021 - 11/27/c_1128107413. htm.

[11] 联合国教科文组织. 教科文组织与中国签署协议支持非洲高等职业教育 [EB/OL]. (2019 -
10 - 17) [2022 - 03 - 18]. https：//zh. unesco. org/news/jiao - ke - wen - zu - zhi - yu - zhong -
guo - qian - shu - xie - yi - zhi - chi - fei - zhou - gao - deng - zhi - ye - jiao - yu.

[12] 外交部. 中非合作论坛—达喀尔行动计划 (2022—2024) [EB/OL]. (2021 - 12 - 02) [2022 -
06 - 18]. http：//russiaembassy. fmprc. gov. cn/web/wjdt_674879/wjbxw_674885/202112/t20211202_
10461174. shtml.

[13] 中国新闻网. 中非 140 余家单位加入中非 (南) 职业教育合作联盟 [EB/OL]. (2021 - 12 -
14) [2022 - 07 - 03]. http：//www. chinanews. com. cn/gn/2021/12 - 14/9629625. shtml.

[14] 中国新闻网. 天津高校参与发起中非职业教育联合会12 所院校线上签约 [EB/OL]. (2022 -

05 – 17）［2022 – 06 – 26］. http：//www. chinanews. com. cn/cul/2022/05 – 17/9756850. shtml.

［15］中非合作论坛. 专业主题涵盖多合作领域　真实亲诚理念贯穿项目始终援外培训讲好中国故事［EB/OL］.（2021 – 12 – 28）［2022 – 07 – 03］. http：//www. focac. org/zfzs/202112/t20211228_10476535. htm.

［16］中华人民共和国驻拉各斯总领事馆. 非洲将从"九项工程"中获益：驻拉各斯总领事储茂明署名文章［EB/OL］.（2021 – 12 – 06）［2022 – 07 – 15］. http：//lagos. china – consulate. gov. cn/chn/zlsxw/202112/t20211206_10462690. htm.

［17］农业农村部对外经济合作中心. 中国—FAO—马达加斯加南南合作项目获全球减贫案例奖［EB/OL］.（2021 – 12 – 31）［2022 – 07 – 18］. http：//www. fecc. agri. cn/nnhz/202112/t20211231_395127. html.

［18］谢昊. 坦桑尼亚启动中方参与的国家职业标准开发项目［EB/OL］.（2022 – 06 – 17）［2022 – 07 – 03］. https：//www. yidaiyilu. gov. cn/p/253502. html.

［19］陈红，梁变. 中国与马达加斯加职教合作路径探索［J］. 职业技术，2022，21（4）. 41 – 46.

［20］奈. 软实力［M］. 马娟娟，译. 北京：中信出版社，2013.

［21］唐小松. 中国公共外交的发展及其体系构建［J］. 现代国际关系，2006（2）：42 – 46.

［22］程莉. "一带一路"倡议下中非职业教育合作发展对策研究［J］. 江苏航运职业技术学院学报，2022，21（1）：72 – 75，100.

［23］中国教育报. 教育：国家软实力提升的助推器［EB/OL］.（2013 – 03 – 18）［2022 – 06 – 08］. http：//www. moe. gov. cn/jyb_xwfb/xw_zt/moe_357/s7093/s7193/s7196/s7197/201303/t20130318_148753. html.

［24］AFR. Josephine Appiah – Nyamekye Sanny and Edem Selormey. African regard China's influence as significant and positive，but slipping［EB/OL］.（2020 – 11 – 17）［2022 – 07 – 28］. https：//afrobarometer. org/publications/ad407 – africans – regard – chinas – influence – significant – and – positive – slipping.

［25］王珩，于桂章. 非洲智库发展与新时代中非智库合作［J］. 浙江师范大学学报（社会科学版），2019，44（3）：62 – 68.

［26］中国教育国际交流协会. 鲁班工坊运营项目认定标准（试行）［EB/OL］.（2022 – 04 – 14）［2022 – 06 – 28］. https：//www. ceaie. edu. cn/uploads/attached/file/20220414/414257769213789. pdf.

［27］牛东芳，沈昭利，黄梅波. 中非共建"数字非洲"的动力与发展路向［J］. 西亚非洲，2022（3），66 – 87，158.

Sino – African Vocational Education Cooperation Enables High – quality Construction of the "Belt and Road"： Motivation，Characteristics and Prospect

Abstract： Sino – African vocational education communication and cooperation play an important role in promoting the deepening and development of Sino – African relations under the "Belt and Road" initiative. African countries need develop technical human resources to realize new industrialization, economic and social transformation. Meanwhile, Chinese enterprises who have gone abroad under the "the Belt and Road" initiative also need local technical personnel to realize the layout and investment in overseas markets. Under this background, China and Africa have established multi – level educational communication and cooperation under the framework of multi – agent interaction, and carried out multi – category practical educational communication and cooperation, and created "*Luban* workshop" and other educational brands to enable the high-quality development of the "Belt and Road". The communication and cooperation between China and Africa's vocational education provide an escort for the economic and trade cooperation under the promotion of the "Belt and Road". The internationalization of vocational education will promote the improvement of China's national soft power. At the same time, "Digital Africa" construction and digital skills vocational training promote each other. Finally, the deepening of cultural communication between China and Africa will promote the construction of a community with a shared future for mankind.

Key words: The Belt and Road, Sino – African vocational education, national soft power, Lubanworkshop, community with a shared future of mankind

作者简介: 王蕾, 深圳大学外国语学院副教授, 非洲研究中心负责人, 主要从事性别研究、跨文化交际研究以及非洲研究。

赵燕, 深圳大学外国语学院讲师, 西语系系主任, 主要从事区域与国别研究以及城市环境史研究。

后疫情时代湖南对非农业贸易与农业投资

湖南农业大学经济学院　文春晖　陈晓锋

【摘　要】本文通过收集后疫情时代（2020—2022 年）湖南与非洲之间的农业贸易数据和投资数据，采用比较优势指数（RCA）计算农产品比较优势和农机出口比较优势；描述湖南对非农业投资现状，探讨湖南对非农业投资新模式。研究发现：在湖南对非农产品贸易方面，湖南对非农产品进出口额上升趋势显著；非洲农产品较湖南具有比较优势；湖南对非农机出口具有一定的出口比较优势。在湖南对非农业投资方面，湖南对非农业投资政策逐步完善，投资量不断上升，投资方式逐渐丰富；在湖南对非农业投资中，私人企业的重要性更加突出。基于此，我们不仅需要从其他视角去挖掘湖南与非洲农业贸易的潜力，也需要构建湖南对非农业投资的新模式。

【关键词】湖南省；非洲；农业贸易；农产品贸易；农机贸易；比较优势；农业投资

一、引言

　　新冠疫情的冲击给全球农业发展带来了不确定性，对非农业贸易遭遇严峻挑战，与此同时，对非农业投资的周期延长，风险增大，效益降低。伴随着后疫情时代的来临，对非农业贸易回暖，贸易格局发生变化，对非农业投资前景向好。帮助解决非洲农业发展所遇到的问题一直是中非农业合作的重要目标。自首届中非合作论坛开始，中非合作相关机制就一直不断地健全完善，至今合作方式已经从无偿援助转向援助、贸易与投资相结合，合作内容也从粮食作物生产环节向全产业链拓展，合作形式更是从碎片化项目合作迈向了机制化合作（唐丽霞等，2020：3 - 20）。中非农产品贸易额总体呈增长趋势，2020 年后，受席卷全球的新冠疫情影响，中国出口受限但进口额仍呈现增长态势，即便如此，中国与非洲的农产品贸易仍存在较大的顺差（李海峰、杨颖红，2022：99 – 102）。由于非洲经济发展相对落后，中非农业供应链也相对较为脆弱，疫情引发的生产能力下降与社会动荡是导致出口产品需求不确定性风险的因素之一。非洲各国发展问题暴露之后，有助于其调整经济发展策略，改变对外贸易格局，加快疫情后的经济复苏（黄梅波、张宇宁，2022：19 – 39）。

早期对湖南省农产品贸易的研究便指出湖南省是中国农业大省之一，其农业基础雄厚，尤其是自然资源丰裕，农村劳动力十分充足，却不是农产品出口大省（赵立华、唐春秀，2015：105 – 110）。近年来，湖南省的生产要素投入虽然逐年增加，但要素投入结构不合理，农业要素成本呈持续增长态势，出现了农产品成本和机会成本大幅提高的问题，造成农产品市场竞争力受到双重挤压。湖南农业的结构特征也较为明显与单薄，导致农产品的市场竞争力弱，能够走向世界的知名农产品品牌更少（许烜等，2020：113 – 115）。湖南农机出口潜力大、前景广，2014 年湖南农机出口额增速已经居全省机电产品出口额增速首位，在追求出口增量的同时，农机产品出口效率是后疫情时代农机贸易发展的重点，农机产品出口效率与伙伴国签署自由贸易协定（FTA）、商业自由度、贸易自由度、货币自由度、财政自由度和政治稳定正相关，与伙伴国关税和投资自由度负相关（黄孝岩、李国祥，2022：28 – 36）。

农业贸易与农业领域投资之间存在长期均衡的关系，良好的农业贸易前景会增强湖南对非农业投资的信心。2019 年在三亚召开的首届中非农业合作论坛，强力扭转了自 2015 年峰值后下滑的中国对非农业投资流量，促进了对非农业投资的增长，并实现了连续两年投资流量正增长（金晔等，2022：19 – 26）。中非农业投资合作的重点是支持非洲国家提高农业自主发展能力，促进非洲农业产业发展，从而实现互惠互利。2021 年 9 月在湖南长沙开幕的第二届中国—非洲经贸博览会为湘非贸易开辟了新篇章，湖南省中非经贸合作促进研究会的成立与中非经贸合作促进创新示范园的打造更是为湘非贸易与投资提供了更多的可能性与保障。

现有文献大多研究中国与非洲的农业贸易、投资往来，且研究时间较为久远，很少有文章在后疫情时代从一个省份的角度出发进行研究。基于此，本文将通过更为详细的数据，探究湖南与非洲农业贸易之间的关系、投资的发展。

二、湖南对非农业贸易

（一）湖南对非农产品贸易

1. 湖南对非农产品贸易整体情况

随着后疫情时代的来临，"湘非"贸易合作持续深化，湖南和非洲各个国家均在不断增长的双边贸易与投资中受益，湖南与非洲农产品贸易迎来了前所未有的发展机遇。重视湖南对非农产品贸易研究，对于促进"湘非"经济的持续发展，以及加强"南南"合作等都具有重要的战略意义。

本文采用 2020—2022 年湖南省与非洲各国之间的农产品贸易数据展开研究，数据来源于中国海关、长沙海关和国研网数据库。依据 HS 偏贸易口径的分类方法将农产品分为四大类：第一类为动物及其产品（活动物、乳品、蛋品等）；第二类为植物及其产品（食用蔬菜、茶、谷物等）；第三类为油脂类产品（动植物油脂、食用油脂调制品等）；第四类为饮料、酒类、醋、烟草等加工产品。①

农产品贸易是湖南对非贸易的重要组成部分且拥有广阔的上升空间。从 2020—2022 年的平均数据来看，湖南对非贸易中的农产品出口额和进口额分别占湖南农产品出口总额和进口总额的 1.86% 和 0.10%；湖南对非农产品出口额和进口额也分别仅占湖南对非出口商品额和进口商品额的 0.90% 和 0.10%。其原因包括农产品本身相较于其他商品不具有贸易价格优势，且非洲大多生产原始农产品，价格低廉，在湖南进口农产品份额中占比较低，与此同时，湖南提供给非洲更多的是物质和技术支援，一部分出口到非洲的农产品走的是人道主义路线。

湖南对非农产品贸易增长迅速。如图 1 所示，湖南对非农产品进出口额从 2020 年的 3633.6 万美元增长到 2022 年的 5530.8 万美元，增长率达到 52.2%。

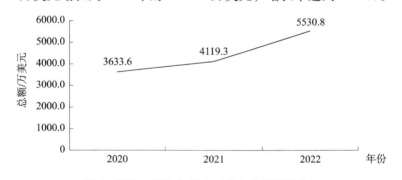

图 1　2020—2022 年湖南对非农产品贸易情况

来源：国研网数据库，网址：http://www.315611.com/.

湖南主要从非洲进口可可、咖啡豆、辣椒、芝麻、热带水果等农产品。2022 年，湖南从埃塞俄比亚进口咖啡豆等制品达 53.6 万美元，从卢旺达进口辣椒等香料达 40 万美元，从莫桑比克进口芝麻等油料作物 31.9 万美元，从南非进口水果达 246.4 万美元。湖南主要向非洲出口第二类、第四类农产品，2022 年，湖南对非出口第二类农产品 3820.0 万

---

①　来源于《商品名称及编码协调制度》。

美元，其中以水稻、茶叶、中药等为主；对非出口第四类农产品 940.8 万美元，其中以烟草、饮料为主。两类农产品出口额分别占湖南对非出口农产品总额的 80.1% 和 19.7%。

2. 湖南与非洲农产品出口比较优势分析

重视湖南农产品出口比较优势的研究，有助于湖南和非洲各国农产品在国际贸易中提高市场占有率、增加合作机会、降低成本以获取利润空间。伴随着社会变革，经济增长方式发生改变，依靠先天要素禀赋所形成的农产品贸易比较优势会逐步弱化，而依据科学技术创新所带来的高附加值农产品会成为贸易比较优势中的主流。智慧经济时代和后疫情时代的到来，为湖南和非洲贸易提供了新的机遇与挑战，而比较优势理论已经由静态比较优势向动态比较优势转变，人们更看重的是未来湖南对非农产品贸易的变化趋势。

本文采取显示性比较优势指数（RCA）来衡量湖南与非洲农产品比较优势，此指数由巴拉萨（Balassa）首次提出。

具体计算公式为

$$RCA_{ij} = (X_{ij} - M_{ij})/(X_{ij} + M_{ij})$$

式中，X_{ij} 是 i 国 j 产品对世界出口额；M_{ij} 是 i 国 j 产品从世界进口额。RCA_{ij} 的取值范围为 $-1 \sim 1$，$RCA_{ij} = -1$ 表示该国对该产品只进口不出口；$RCA_{ij} = 1$ 表示该国对该产品只出口不进口；$RCA_{ij} > 0$ 表明该国的该产品具有比较优势，$RCA_{ij} < 0$ 表明该国的该产品没有比较优势；RCA_{ij} 指数越接近 1，表明该产品的国际竞争力越强。

湖南和非洲农产品比较优势在 2020—2022 年不断上升，但是非洲农产品比较优势上升趋势更为明显，且三年内一直高于湖南农产品的 RCA 值。如图 2 所示，湖南农产品的 RCA 值从 2020 年的 -0.36 上升到 2022 年的 -0.26，非洲农产品的 RCA 值从 2020 年的 -0.17 上升到 2022 年的 0.27，并在 2022 年达到正值，意味着非洲农产品

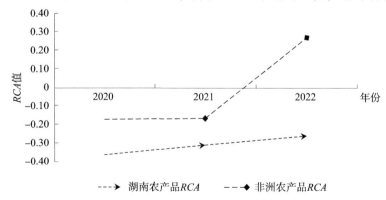

图 2　湖南和非洲农产品显示性比较优势指数的变化趋势

已经具有整体比较优势。

(二) 湖南对非农机贸易

1. 湖南农机出口到非洲的整体情况

农业机械化是推动农业现代化的重要基石，湖南非常重视农机创新研发、对外出口，加快打造农机发展新高地。2022 年数据显示，湖南规模农机企业达到 152 家，主营收入接近 300 亿元，占全国的 1/10 左右。湖南省政府重点培育高产值农机企业，带动中小产值农机企业的发展，引领湘产农机"走出去"。非洲农业水平较低，一部分原因是缺乏农业机械，农业生产依然以人力和简易工具为主，造成了农作物产量低下，质量无法得到保障，非洲农业要得到有效发展，农业机械是刚需，伴随着湖南农业机械对非洲的出口，在一定程度上解决了非洲农业机械缺乏的问题。

本文采用 2020—2022 年湖南省和非洲各国的农机贸易数据，数据来源于中国海关、长沙海关和国研网数据库。为了方便数据统计，依据 HS 偏贸易口径的分类方法，按照 8 位制，将农机分为四类：第一类为农业、园林及林业用整地或耕作机械；第二类为收割机、脱粒机，包括草料打包机、割草机，以及蛋类、水果或其他农产品的清洁、分选、分级机器；第三类为农业、林业、家禽饲养业或养蜂业用的其他机器，包括装有机械或热力装备的催芽设备等；第四类为种子、谷物或干豆的清洁、分选或分级机器等。[①]

如图 3 所示，2020 年，湖南对非农机出口额为 378.3 万美元；2021 年上升到 403.6 万美元，增幅为 6.7%；2022 年上升到 579.8 万美元，较 2021 年增加了 43.7%。从出口额和增幅上看，湖南农机出口到非洲具有广阔的市场前景。

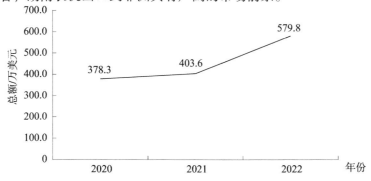

图 3　2020—2022 年湖南对非农机贸易情况

---

① 来源于《商品名称及编码协调制度》。

四类农机中，第一类和第二类农机产品出口额上升明显，农业、园林及林业用整地或耕作机械出口额从 2021 年的 12.3 万美元上升到 2022 年的 35.1 万美元，增幅达到 185.4%；收割机、脱粒机、农产品分选机器等的出口额从 2021 年的 31.7 万美元上升到 2022 年的 92.0 万美元，增幅达到 190.2%。

2. 湖南对非农机出口比较优势分析

重视湖南农机出口比较优势的研究，有利于提高湖南农机与非洲农业的匹配程度，挖掘湖南农机出口潜力和弥补非洲农业机械的空缺。伴随着湖南农业机械化水平和农机装备水平的稳步提高，截至 2020 年，湖南省主要农作物机械化水平已经达到 52.0%。在满足湖南本地农机需求的基础上，开拓农机海外销售市场，是湖南农机产业、企业发展的有利途径。后疫情时代对出口限制的减少加上非洲农业机械化的需求，为湖南农机出口到非洲创造了有利的条件。

农机出口比较优势 RCA 的计算公式为

$$RCA_{ij}^{k} = (X_{ik}/X_i)/(X_{wk}/X_w)$$

式中，X_{ik} 是湖南省对非洲农机的出口额；X_i 是湖南省对非洲所有商品的出口额；X_{wk} 是湖南省对世界农机的出口额；X_w 是湖南省对世界所有商品的出口额。$RCA \geq 1$ 表示湖南省对非出口农机具有贸易出口优势，$RCA < 1$ 表示湖南省对非出口农机不具有贸易出口优势。

由图 4 可以看出，2020—2022 年的 RCA 值一直徘徊在 1.0 附近，2020 年湖南对非农机出口比较优势最为明显，2021 年下降到 0.8，2022 年有所回升，数值趋近 1.0，说明这几年湖南农机出口到非洲市场具有一定的比较优势。

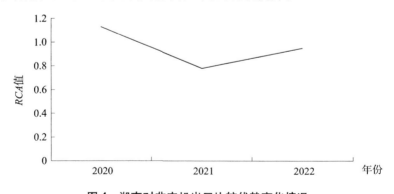

图 4　湖南对非农机出口比较优势变化情况

（三）农产品贸易与农机贸易之间的互补模式分析

通过上文的研究发现，后疫情时代（2020—2022 年）非洲农产品的比较优势高于湖南，更多丰富的农产品资源有待被开发；湖南的农机出口到非洲具有一定的比较优势，且在 2022 年有增长的趋势。

湖南进口非洲农产品可使双方受益，非洲出口农产品有利于改变先前非洲主要依靠出口能源和矿产资源的贸易形式，促进非洲经济均衡发展。非洲农产品出口也是非洲人民收入的重要来源之一，尤其是热带经济作物，包括棉花、剑麻、花生、油棕、腰果、咖啡、可可等，其产量和贸易量在全球占据很大的比重，这对于提高当地人民的生活水平具有重要作用。对于湖南而言，由于非洲大陆靠近赤道，从非洲进口农产品能够满足湖南农产品市场对热带农产品的需求。由于非洲农产品质量优良，相较湖南本土农产品具有一定的竞争力，对消费者的选择会造成一定的影响，本着优胜劣汰的市场原则，可以促进本地农产品质量和竞争力的提升，推动湖南农业转型升级。湖南出口农机同样可使双方受益，湖南制造业力量雄厚、农机发展水平高，面对内部市场的饱和趋势，农机"走出去"是促进农机行业转型升级的重要途径。与此同时，农机出口到非洲，提高了非洲的农业机械化水平、农民的生产效率，创造了更多的就业机会，带动了其他产业的发展。

农产品贸易和农机贸易有着协同发展、相互促进的关系，如图 5 所示。湖南农机出口到非洲，在促进非洲农业发展的同时，也为湖南本土产业、企业创造了收入，有更多的资金进口非洲农产品，以此填补本地农产品市场的空缺，同时为非洲带来了收入。双方在资金往来中不断提高农业发展水平、人民生活品质，也在一定程度上促进了湖南与非洲农业产业合作。

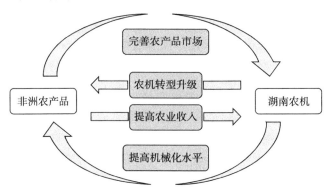

图 5　农产品与农机贸易互补模式

在农机贸易与农产品贸易互补过程中，为了提升农业贸易之间的资金融通效率，亟须打造现代农业产业链，涵盖农机出口与农产品进口，科学地管理产业链中的资金流，缩短农业资源的需求响应时间和市场变化时间，促使资金流向有需要的部门。与此同时，湖南政府与非洲当地政府应针对农产品贸易、农机贸易出台扶持政策，提高

农产品、农机进出口的便利程度，降低贸易成本。

三、湖南对非农业投资

（一）湖南对非农业投资现状

中国（湖南）自由贸易试验区于 2020 年建成，打造了更高水平的对非开放平台，拓展了湘非农业合作交流的渠道，塑造了地方对非合作示范区的优势。湖南主办的"2022 年非洲国家驻华使节走进中非经贸深度合作先行区"活动在长沙市举办，15 个非洲国家派遣驻华使节来湖南进行分享交流。非洲大多数国家经济以农业为主，外来农业投资是解决非洲农业发展缓慢问题的重要途径，非洲拥有优质农产品的优势，希望和湖南的农业技术、资金、人才投资结合起来，提高农产品附加值，满足市场需求。

1. 对非农业投资政策逐步完善

后疫情时代的到来，带来的是全球粮价的上涨，2022 年，全球粮价创下了 2014 年以来的新高。而非洲作为最贫穷的大洲，粮食危机凸显，联合国粮食及农业组织发布的《2022 年世界粮食安全和营养状况》报告显示，2021 年非洲饥饿人口为 2.78 亿，占人口总数的 20.2%，地区冲突、气候变化以及新冠疫情等因素引发的经济衰退导致非洲饥饿人数持续上升（金晔等，2022：19 - 26）。2003 年非盟峰会通过了非洲农业综合发展计划（CAADP），目的是促进自身农业发展，提高农业生产力，吸引全球对非农业投资和汲取先进的农学经验。该计划涉及非洲国家每年将 10% 的财政预算投入农业领域，稳定各国农业产量增速，保障粮食安全。

助力非洲农业发展，增加对非农业投资，湖南与非洲已就此达成共识。习近平总书记在 2021 年中非合作论坛第八届部长级会议上提出了"九项工程"，其中就包括投资驱动工程，意在帮助非洲减贫惠农。湖南立足"一带一部"区位优势，积极投身"一带一路"建设，积极探索中非农业深度合作新路径，致力成为中非经贸深度合作的先行者、推动者。近年来，湖南先后与马达加斯加、马里、马拉维、尼日利亚等非洲国家建立了农业产学研合作平台和产业创新与交流平台，从传统的单方面农业支援转型为双方互利共赢的农业合作机制，秉持了"授人以鱼不如授人以渔"的理念。在 2022 年中国（湖南）农业产业"走进非洲"推介对接会上，精准对接 14 个非洲国家，在农产品贸易、农机投资等领域有望达成合作。

湖南省致力于打造中非农业合作的"湖南样板"，对接非盟《2063年议程》，聚焦非洲农业发展，改善湖南对非农业投资环境，湖南省财政部为此保驾护航，政策资金双管齐下，持续深化湖南对非农业投资。对非农业投资政策的完善，保障了双方合作的利益，在公平公正、合作共赢的基础上加快了湘非经贸合作的进程。

2. 对非农业投资流量不断上升

2000 年，使用非洲当地水稻测交组育而成的杂交水稻组合的成功研发，不仅保障了非洲当地的粮食安全，也开启了湖南对非农业投资的序幕。自 2016 年以来，湖南省长沙市有多达 24 个投资项目分布在非洲，项目投资额达到 4.4 亿美元，其中一部分农业投资项目分布在乌干达、尼日利亚等非洲国家。

随着后疫情时代的到来，湖南对非农业投资的限制在减弱，近几年，中非签署了《湖南省人民政府与马达加斯加共和国农业畜牧业和渔业部农业合作备忘录》《布维灌溉项目 EPC 合同协议》等农业对非合作项目，签约金额达 27.4 亿美元。到 2022 年，湖南有 110 家企业在非洲投资，尤其是在农业领域开展了多项合作，助力非洲实现农业现代化。近几年，湖南袁氏种业公司将先进的水稻种植技术带到了尼日利亚、马达加斯加等国，大力投资打造集杂交水稻育、繁、推、加工等为一体的全产业链体系，2021 年，袁氏种业公司协同湖南交通国际经济工程合作公司与马达加斯加签下价值 1.68 亿美元的杂交水稻本土化项目，欲建设 4000 公顷杂交水稻种植基地和与之配套的种子加工厂、水稻示范基地等基础设施，并组织科研人员对马达加斯加农民进行杂交水稻技术培训。2021 年，在娄底市及双峰县补贴农机"走进非洲"投资政策的扶持下，在娄底市与坦桑尼亚初步签订的友好城市备忘录中，双方达成 1287.86 万元人民币的贸易合作，其中农机对非投资额占了 1/4。

发展农业，尤其是发展非洲农业离不开资金的投入，只有突破农业发展面临的资金瓶颈，才能吸引投资而来的技术、经验和人才。对非农业投资流量的上升，为非洲农业发展提供了新鲜的血液，加速了非洲当地农业产业结构的升级进程，也会给湖南的一些企业带来发展机遇。

3. 对非农业投资方式逐渐丰富

早期湖南对非农业投资采取的是简单的粮食供应模式，近年来已经发展为共同探讨农业政策、粮食安全、农业贸易、农业机械等农业与粮食领域的投资合作模式。早期的投资模式以政府主导，企业协同参与，到后来企业在对非农业投资中的力量和重要性得到显著上升，产业链企业抱团投资非洲成为湖南对非农业投资的主流。其中，民营企业由于在海外投资受限较少、经营方式更加灵活，逐渐成为活跃的投资主体（翟雪玲、张雯丽，2013：43 - 46）。

从 2012 年湖南对利比里亚进行农业援助，就开始展现出湖南对外农业投资援助的魄力和决心，开创了"以省包国"援外模式，在"南南合作"中贡献了巨大的

"湖南力量"。2022年，湖南省召开了非洲农业产业链拓展合作大会，湖南粮食集团、湖南粮油集团、隆平农业发展股份有限公司等多家湘企参会，就农业综合开发、农业技术、农业机械、农业人才等多方面进行交流合作。

在把市场蛋糕做大的同时，可以拓宽湖南对非农业合作渠道，多领域的投资将激发非洲地区的就业需求，提供更多的岗位机会。对非农业投资方式的丰富，会吸引更多的湘企乃至其他地区的企业到非洲开辟投资渠道，不仅能够优化湖南省的农业结构，还能解决非洲农业发展中的多个问题。

（二）湖南对非农业投资模式创新的可能性

1. 以私营企业投资为主、私营公助，创造高效率

湖南省政府和非洲国家政府在对非农业投资中起着指引作用，私营企业投资则起着主要作用。就农业发展而言，农业操作的标准化程度较低、涉及面较广、地区差异较大，加上影响因素较多，导致农业投资绩效难以被精准地衡量，这也是农业一般由家庭经营而非政府经营的原因之一，农业的重要性使农业生产不需要政府监督并强制执行。相较于其他产业，农业更适合由私营企业投资，尤其是在后疫情时代，针对私营企业对外投资的限制减少，更能体现私营企业农业投资者的积极性和情感专注度。就私营企业农业投资的优势而言，其具有灵活性与可持续性，在私营企业投资过程中，利润是促使投资达成的关键所在。灵活性在于非洲农业发展过程中存在某一领域的空缺，而利润驱使私营企业能够很快地捕捉到这些空缺；可持续性在于利润是建立在良好预期的基础上，促使私营企业具有持续投资的动力。非洲农业发展的滞后性和复杂性要求政府为投资企业提供必要的政策扶持和资金补贴，政府的援助具有较高的社会效益，可以帮助私营企业净化投资环境，从而保护投资者权益。

在对非农业投资中，湖南省政府针对非洲农业基础性设施进行投资，私营企业针对非洲农业竞争性领域进行投资，而非洲农业战略性领域则由私营企业在湖南省政府的牵头下进行投资。湖南省政府的决策以及资源配置搭配私营企业的执行力，能够提高后疫情时代对非农业投资的效率。

2. 湖南农业技术、人力资源与非洲土地相结合，实现双边共赢

疫情对非洲农作物产量乃至整个农业产业产生了巨大的影响，而发达的农业技术能够有效地减弱疫情对农业的消极作用，稳定粮食产量，保障粮食安全。湖南农业技术众多，2021年湖南省主推18项农业技术，涉及种植业、林业等领域。湖南农业技术发展迅速，在对非农业投资中，多项农业技术取得重要成就，种业、耕种、农机等

技术在非洲应用广泛。水稻杂交技术促进了杂交水稻种子的非洲本地化生产及本地化育种，稻谷耕种技术帮助非洲农户提高了粮食收成，农机技术可促进非洲农业项目增产增效。湖南不仅拥有先进的农业技术，还拥有丰富的人力资源。据统计，2020 年湖南农业技术推广人员达到 32000 人，通过培训、指导等方式促进农业发展并提高农民的生产能力；2022 年统计得出，十年来，湖南省有 3 万余名农村科技特派员，累计创办、领办、协办科技型企业和合作组织 1.8 万家，培训人员 410 万人，推广新技术 8200 项，引进新品种 9100 项，带动 89 万户农户增收。①

再先进的农业技术也需要应用到土地上，非洲拥有丰富的土地资源，据统计，非洲的土地面积至少占全球的 20.4%，非洲的优质土地很多，只是没有得到有效的利用，目前非洲各国耕地总面积为 245 万平方公里，却只占非洲土地总面积的 8.1%。同时非洲粮食产量低，非洲人口约 14 亿，而亚洲坐拥 46.4 亿人口，人均粮食产量却是非洲的 2 倍多。②

湖南在农业技术上的投资可以帮助非洲当地开拓耕地、提高粮食产量，在人力资源上的投资可以帮助非洲当地农民提高农学经验、提升农业管理水平等。与此同时，湖南对非农业投资可使投资的社会价值、利润得到最大的体现，开创了双赢的局面。

四、湖南对非农业贸易与农业投资建议

（一）后疫情时代针对促进湖南与非洲农业贸易的建议

1. 调整农业产业结构

在湖南对非农业贸易中，应根据市场需求调整农产品进口和农机出口结构。在保障双方粮食安全的基础上，调整进口非洲农产品方向，让更多消费者享受到非洲的优质农产品；稳定进口非洲农产品增速，提升湖南农产品的市场竞争活力；扩大进口非洲农产品范围，满足湖南消费者的多样化需求。在农机"走出去"的大趋势下，调整湖南农机的生产方向，重视小型农机对非洲农业发展的适配性和重要性；稳定湖南农机出口增速，提高非洲农业机械化水平；扩大湖南农机的出口范围，满足非洲农业的差异化需求。

2. 完善农产品、农机产业链相关配套设施体系

疫情对农业产业链发展造成了不利的影响，但也带来了机遇：疫情的冲击加快了

---

① 湖南：3 万余名农村科技特派员服务乡村［EB/OL］.（2022 - 08 - 11）［2023 - 07 - 24］. https：//m. gmw. cn/baijia/2022 - 08/11/1303086762. html.

② 数据来源：联合国数据库（https：//comtradeplus. un. org）；世界银行数据库（https：//databank. world-bank. org/home）.

产业链中不合理、抗风险能力低等环节的淘汰进程，市场资源逐渐向优质环节靠近。湖南农业已经发展到以精细农业为总定位，以打造十大农业优势特色千亿产业为目标，其中涉及的不只是农产品、农机生产，而是包含从原料、加工、生产到销售的全部环节，因此产生的相关配套设施体系众多。延长并完善农业产业链，可以提高湖南农产品、农业机械的经济附加值，产业之间的关联性越强，产业链越精密，其中的资源配置越合理，越有利于整合不同优势环节的企业，控制农业贸易成本，保证农产品、农机质量，提升对非农业贸易进出口额。

3. 重视电商平台对农业贸易的推动作用

湖南与非洲跨境电商农业贸易，作为一种无接触式经济形态，在贸易便利化程度高、降低成本的同时，还降低了外贸行业的准入门槛，有助于将非洲优质农产品和湖南农业机械的影响力辐射到更大的范围。

（二）后疫情时代针对湖南对非农业投资的建议

1. 完善湖南对非农业投资的政策设计

加强湖南省政府对非洲各国农业政策、当地农业发展情况的了解，与当地企业、民间组织建立良好的关系，传达互利共赢的理念；制定更加完善的非洲农业投资鼓励政策，放宽农业开发项目的贷款条件，并提供技术和资金上的援助；坚决打击破坏非洲农业发展的行为，严惩造成农业资源浪费的投资企业，净化对非农业投资的环境；在外汇管制、就业保护、进口限制、市场控制和价格限定等方面加强双方规则与标准的对接，提出适应非洲国家的农业投资合作领域治理方案（金瑞庭、张一婷，2022：81-94）。

2. 规避对非农业投资风险

湖南需要积极搭建对非农业投资平台，利用互联网优势，及时、可靠地分享投资非洲农业的信息，最大限度地消除信息不对称的风险。逐步形成湖南对非农业投资的协调机制，加强双方之间的信息沟通，根据两地实际情况的变化及时调整投资方案，避免造成资源浪费、效率低下的风险。非洲农业企业发展模式较为单一，产业链较为简单，大多面临资金风险，提高投资方的资本保障、投资判断能力和管理能力有利于规避对非农业投资风险。

3. 持续发挥湖南私营企业对非农业投资的优势

湖南对非农业投资的私营企业须加快实现产业集群化，减少中小私营企业在对非农业投资过程中抗风险能力弱、资金和技术匮乏等缺陷，形成投资成本较低的规模经济效应。提高私营企业对非农业投资决策的可控性，通过市场反映的信息随时调整投资决策，尽量避免决策失误的情况出现；提高私营企业对非农业投资运营的灵活性，

投资方式应随着投资环境灵活变动来为投资企业降本增效；提高私营企业对非农业投资收益的可持续性，绿色农业的发展前景广阔，其带来的收益属于可持续发展范畴，适合拥有这部分技术的湘企进行投资。

五、结语

本文通过收集后疫情时代（2020—2022 年）湖南与非洲农业贸易数据，得出以下结论：①湖南与非洲农产品进出口额上升明显，增速加快，双方农产品贸易前景广阔；②通过计算湖南与非洲农产品比较优势 RCA 值，发现非洲在三年内的 RCA 值均高于湖南，且 RCA 值在 2022 年为正值，表明非洲农产品整体拥有比较优势；③通过计算湖南对非农机出口比较优势 RCA 值，发现湖南农机具有一定的出口比较优势。本文还通过研究后疫情时代湖南对非农业投资现状和对非农业投资新模式，得出以下结论：①湖南对非农业投资政策逐步完善，投资流量不断上升，投资方式逐渐丰富；②湖南对非农业投资中私营企业的重要性更加突出。

参 考 文 献

［1］唐丽霞，赵文杰，李小云. 中非合作论坛框架下中非农业合作的新发展与新挑战［J］. 西亚非洲，2020（5）：3 – 20.

［2］李海峰，杨颖红. 中非农产品贸易结构与竞争优势分析［J］. 商业经济，2022（2）：99 – 102.

［3］黄梅波，张宇宁. 新冠肺炎疫情对中非供应链合作的影响［J］. 中国非洲学刊，2022，3（1）：19 – 39.

［4］赵立华，唐春秀. 湖南农产品出口竞争力分析［J］. 湖南科技大学学报（社会科学版），2015，18（3）：105 – 110.

［5］许烜，宋微，曹学琳，等. "一带一路" 背景下湖南绿色农业发展策略［J］. 北方经贸，2020（10）：113 – 115.

［6］黄孝岩，李国祥. 中国对 RCEP 成员国农机产品出口效率和潜力研究：基于随机前沿引力模型［J］. 价格月刊，2022（8）：28 – 36.

［7］金晔，林青宁，毛世平. 深化中非农业投资合作面临的挑战与对策［J］. 国际贸易，2022（10）：19 – 26.

［8］翟雪玲，张雯丽. 中国农业 "走出去"：特点、问题及发展思路［J］. 国际经济合作，2013（7）：43 – 46.

［9］ 金瑞庭，张一婷. 推动全球经济治理体系改革的基本思路和战略举措［J］. 宏观经济研究，2022（4）：81－94，144.

［10］ BALASSA B. Trade liberalization and revealed comparative advantage［J］. The manchester school of economics and social studies，1965，33（2）：99－123.

Agricultural Trade and
Investment of Hunan Province Towards Africa in the Post Pandemic Era

Abstract：This article collects agricultural trade and investment data between Hunan province and Africa in the post pandemic era（2020－2022），and uses the Comparative Advantage Index（RCA）to calculate the comparative advantage of export agricultural products and agricultural machine；Describe the current situation of Hunan province's investment towards African agricultural and explore new models of Hunan province's investment towards African agricultural. In terms of agricultural product trade between Hunan province and Africa，the import and export volume of agricultural products from Hunan province to Africa is showing a significant upward trend；African agricultural products have comparative advantages than Hunan province's；Hunan province has a certain comparative advantage in exporting agricultural machinery to Africa. In terms of Hunan province's investment towards African agriculture，Hunan province's investment policies towards African agriculture are gradually improving，investment volume is constantly increasing，and investment methods are gradually becoming more diverse. The importance of private enterprises in Hunan province's investment towards African agricultural is even more prominent. Therefore，we not only need explore the potential of agricultural trade between Hunan province and Africa from other perspectives，but also need construct a new model for Hunan province's investment in Africa's agriculture.

Key words：Hunan province，Africa，agricultural trade，agricultural product trade，agricultural machinery trade，comparative advantage，agricultural investment

作者简介：文春晖，湖南农业大学经济学院教授、博士生导师，中非农业发展与合作基地执行副主任，研究方向为产业经济、中非农业发展与合作。

陈晓锋，湖南农业大学经济学院 2022 级硕士研究生，研究方向为农村金融。

关于中塞"一带一路"经济合作的研究

南京大学外国语学院　褚蔚霖

【摘　要】2012 年马基·萨勒（Macky Sall）就任塞内加尔总统后，积极推行"振兴塞内加尔计划"，在中国"一带一路"倡议的号召下，与中国建立了多方合作，使塞内加尔国内经济经历了十年的强劲增长。然而，受到全球新冠病毒大流行和俄乌冲突的影响，塞内加尔的经济增速逐渐放缓，其地理位置及历史文化背景的桎梏加大了经济增长的难度。2021 年，萨勒总统推出了"塞内加尔数字 2025"计划，将推动数字经济作为国家重点发展方向，就数字经济领域与中国建立进一步的合作。中塞不断加深的经济合作是否能扭转塞内加尔的经济态势？又将面临怎样的挑战？本文拟就这一问题进行深入分析和研究。

【关键词】中塞合作；"一带一路"；"黑人性"

一、引言

2012 年，马基·萨勒就任塞内加尔总统后，提出以"振兴塞内加尔计划"为主要发展纲领。截至 2016 年，塞内加尔的经济水平仅次于尼日利亚、科特迪瓦和加纳，成为西非第四大经济体，其主要经济合作伙伴分别是法国、印度、意大利、中国和美国。2019 年连任总统后，萨勒不得不面临新的挑战。在经历了十年的强劲增长之后，塞内加尔的经济受新冠病毒感染疫情大流行的影响出现了负增长，第二、第三产业受到冲击，经济增速逐渐放缓。2020 年 11 月，萨勒改组了政府，新任的政府官员更加年轻、多元，有利于疫情背景下的发展需求，这一政治举措使塞内加尔国内经济在 2021 年开始反弹。然而，由于其国内粮食和能源严重依赖外部供应，2022 年，受到俄乌冲突的打击后，其经济增速再度放缓。根据国际货币基金组织的统计，在外部需求疲软、食品和能源价格飙升、金融环境收紧以及美元走强的背景下，塞内加尔国内生产总值增长率从7.2%放缓至1.2%（非洲经济发展银行，2023）。2021年，萨勒在"振兴塞内加尔计划"的基础上推出了"塞内加尔数字2025"计划，将推动数字经济作为国家重点发展方向，在"一带一路"倡议下，就数字经济领域与中国建立了进一步的合作。不断加深的中塞合作是否能推动塞内加尔国内经济的发展，恢复其经济活力？又将面临哪些挑战？

二、合作的挑战与机遇

中塞关系源远流长。塞内加尔开国总统桑戈尔（Léopold Sédar Senghor）是世界著名诗人和作家，1974年访华时，他与毛泽东主席就中塞两国的文化进行了交流，他提倡的"黑人性"思想提升了塞内加尔和非洲人民的民族自豪感与自信心。自2005年中塞复交以来，两国人民相互支持、友好合作，50年的平等交往和文化互信缔结了中塞人民的深厚友谊。2012年萨勒总统就任后，中塞更是在经济方面不断加深合作。而今，全球跨文化合作呈现多领域、多层次的多元特性。中塞的政治互信促使两国完成了从长期友好合作伙伴关系到全面战略合作伙伴关系的跨越，同时，鉴于塞内加尔国内经济发展的桎梏及全球环境的多方影响，中塞合作也面临着严峻的挑战。

（一）"一带一路"倡议与平等互利的中塞关系

中国国家主席习近平在2018年对塞内加尔共和国进行国事访问的前夕，在塞内加尔《太阳报》发表署名文章，题为《中国和塞内加尔团结一致》。文中提到"中国同包括塞内加尔在内的广大非洲国家从来都是休戚与共的命运共同体"（人民日报，2018），这一信息明确传达了中塞合作以构建人类命运共同体推动全球变革的战略目标。为了造福中国与塞内加尔的经济和民生，习近平总书记在发言中倡导与塞内加尔共建"一带一路"，"目的是促进基础设施建设和互联互通，对接各国发展战略，实现共同发展"（人民日报，2018）。共同构建"一带一路"的合作理念，促进了塞内加尔的繁荣发展，顺应了"振兴塞内加尔计划"的国家目标，因此，萨勒总统表示愿意积极参与"一带一路"建设，并同中国签署共建"一带一路"合作文件，使塞内加尔成为首个加入"一带一路"倡议的西非国家。2018年召开的中非合作论坛北京峰会更是把共建"一带一路"的倡议与非洲各国的发展战略相结合，得到了包括塞内加尔在内的许多非洲国家的高度认同，为中塞的多方合作夯实了理论基础。

塞内加尔处在经济发展的重要阶段，中塞携手共建"一带一路"，实现共同发展、共同繁荣。"一带一路"倡议具有丰富的文化内涵，在中塞平等互利的文化合作中，"一带一路"是"和平之路、繁荣之路、开放之路、创新之路和文明之路"（习近平，2018：300）。在惠及民生、和平发展的前提下，中塞双边合作已经在多个领域取得了阶段性成果。

科技合作体现了中塞合作政策的创新性。长久以来，中国为两国的农业合作向塞内加尔输送了大批农业专家，桑戈尔任总统时期，中国开始派遣农业专家援助塞内加尔，帮助其研发水稻和蔬菜种植技术，提高自主发展能力。2008年3月，中塞签订在塞内加尔播放中国广播和电视节目的协议，标志着中塞科技合作已经从传统农业科技领域转向现代高科技领域。2010年8月，中国国际广播电台在塞内加尔正式开播，完成了中塞科技的跨领域合作，让中国文化"走进塞内加尔寻常百姓家"。

文化合作体现了中塞合作政策的包容性。中国帮助塞内加尔建造的国家大剧院、黑人文明博物馆和竞技摔跤场等文化项目为传承和发扬塞内加尔文化传统做出了重要贡献。中国非洲问题研究会常务副会长在答新华社记者问时明确了中塞文化合作的意义。他强调，达喀尔大学的孔子学院成立于2012年12月，已经成为中塞文化交流的动力，让塞内加尔的青年认识中国，学习中国文化，并借此平台开展文化交流，实现两国文化的共融和人民情感的共鸣。

教育合作体现了中塞合作政策的可行性。中国非洲问题研究会常务副会长在采访中简述了中塞教育合作的成果，建议两国积极开展学术交流，推动中塞文化交流向深层次发展。中国创建了数十个非洲研究中心，掀起了研究非洲的热潮，尤其是北京大学和南京大学的非洲研究中心，在中国和非洲国家（特别是非洲法语区）的文化交流中发挥了重要作用。事实证明，塞内加尔每年有近800名留学生在中国学习，随着两国人民的交流日益加深，往来中塞两国经商、旅游的人数以20%以上的速度递增。（中国政府网，2018）

经济合作体现了中塞合作政策的平等互利原则。中国为两国的经济合作提供了大量的基础建设和稳定的融资平台，中国是塞内加尔第二大贸易伙伴和第一大融资来源国，双边贸易额在十余年间扩大了16倍（中国政府网，2018）。为了解决塞内加尔1/7人口的饮水问题，中塞合作实施了乡村打井工程，将建设251口水井和1800千米管线，帮助塞内加尔完善国内基础设施建设。中塞合作建设了方久尼大桥、捷斯—图巴高速公路等项目，促进了塞内加尔的经济繁荣，使两国文化交往不断加深。

中塞合作获得的成功和塞内加尔包容开放的文化特质密不可分，"一带一路"的文化理念为中塞实现跨文化合作提供了理论基础，它提倡中塞两国由双边合作带动多边合作、构建更加完善的合作平台，以多元合作促进广泛的全球经济、文化和教育等

合作，进而推动中非"一带一路"文化建设，助推中非合作得到长足的发展。

（二）中塞合作面临的问题

作为"振兴塞内加尔计划"第二阶段的发展目标，2021年，萨勒推出了"塞内加尔数字2025"计划，将推动数字经济作为国家重点发展方向。这一数据中心位于塞内加尔首都达喀尔附近的加穆尼亚久工业区，其启动运营标志着"智慧塞内加尔计划"向前迈出重要一步，将为其国内各个部门提供强有力的技术支撑，确保塞内加尔的数字主权，为智慧城市、智慧农村、政务服务、医疗教育、金融贸易等行业的信息化管理奠定了坚实的基础。该战略主要包含面向普通大众的开放型数字网络服务、为公民和企业提供便捷服务的电子政务、促进创新与价值创造的数字产业发展、加速优先经济部门的数字化进程四大任务，旨在推动塞内加尔在数字领域成为非洲领先的创新型国家。尽管中国为其数据中心的建设提供了充裕的融资支持，这一计划的发展仍将受到非洲整体发展环境的制约，以及技术方面的挑战。

鉴于现实层面的困难较多，非洲经济一体化较难实现，对中塞深入经济合作造成了阻碍。独立后不久，非洲国家开始宣扬主权观念，希望建立更为牢固、稳定的国家机构。在非洲传统文化观念中，人的社会身份往往比个人身份更受重视，人生只不过是寻求个人与集体之间协调一致的过程，由此形成了非洲人民以群体为本位的共同体意识。近年来，随着此类"非洲群体意识"的再现，非洲人民呼吁建立更为团结的非洲大陆。为了推动非洲区域一体化，许多国家通过制定大量条约，走上了经济一体化的道路。然而，这条道路不仅面临社会冲突和经济桎梏，还直面政治制约和法律挑战。这条道路的终点是非洲经济共同体。对此，非洲联盟（African Union）已成立八个非洲地区性经济共同体，为建立非洲经济共同体做准备。非洲国家普遍认同需要加强经济一体化，以促进国家的经济增长和发展，但对于如何实现这一目标仍存在争议。鉴于有效的经济一体化往往是国家、法律体系、法律和制度之间的纵向关系和横向关系在完善的法律框架内得到良好组织与管理的产物，塞内加尔在实现非洲经济一体化的道路上还需要从宪法、国际公法和国际私法等更为宽泛的角度进行考察，不断提升国内经济产业的广度和深度，为中塞合作提供更为广阔的合作空间。

塞内加尔的工业化水平也是制约其经济发展的主要因素，对中塞合作提出了较高的技术要求。目前，国内外诸多学者就塞内加尔工业化的发展历程、发展现状和问题、影响因素等方面提出了看法，并对其发表了深刻的见解和建议。国内学者才大颖从中非合作的战略角度提出建议，关于如何从非洲和全球尤其是中国角度促进非洲工业化的发展，他认为非洲关于工业化的产业定位还是十分模糊，市场也缺乏活力，因此需要考虑和选择全新的路径，且与中国的交往并非单方面援助而是共赢（才大颖，2015：9－10）。由此看来，塞内加尔现阶段工业化发展的问题，必须结合时代背景下的非洲工业化水平，研究非洲实现工业化的百年发展历程，分析非洲目前的工业化发展程度以及影响其工业化的主要因素，对非洲工业化未来的发展提出对策和建议，助推塞内加尔的工业化发展进程，使中塞合作走上可持续发展的道路。

三、投资与文化环境

"中国特色社会主义不是从天上掉下来的，而是在改革开放 40 年的伟大实践中得来的。"（习近平，2020：70）谈及"一带一路"倡议为中国社会建设带来的机遇，习近平总书记认为，中国的发展离不开党的领导和人民的奋斗，历史和现实是贯通的。从国际和国内相关联、理论和实际相结合的历史视角研究塞内加尔的经济形势，也不能忽略其文化与环境因素。

塞内加尔共和国地理环境优越，位于撒哈拉以南的西部非洲，毗邻大西洋，是被殖民时间最久、融入法国文化最深的非洲国家之一。民族、语言的多样性特点催生了文化的多元化，促进了塞内加尔和周边国家的经济、文化以及教育领域的合作，建成了跨时空、跨地域的文化枢纽，是全球化视域下不可或缺的文化拼图，更是中塞深化双方合作至关重要的因素。从这一角度出发考察中塞经济合作的前景，需要深度关注塞内加尔兼容的文化特质，总结中塞合作经验，重新审视中塞合作关系。

中国社会科学院西亚非洲研究所所长张宏明聚焦国内的非洲研究，指明研究的发展必须"深耕基础理论研究"（张宏明，2020：126－142）。因此，研究中塞经济合作的渊源，难免要追溯塞内加尔的历史文化背景。如今，国内学界关于塞内加尔的研究已经取得众多成果，《列国志：塞内加尔　冈比亚》、《塞内加尔：资源、环境与发展》、《塞内加尔共和国港口》和《塞内加尔高等教育研究》等著述深入研究了塞内加尔的历史与现状，讨论了其发展中的问题。除此之外，国外的研究也立足多个领域，从不同视角对塞内加尔文化进行深入剖析，阐述了塞内加尔文化的多元特性。

（一）殖民历史的伤疤

从地缘政治角度来看，塞内加尔是撒哈拉沙漠以南非洲直接进入大西洋欧洲（尤其是法国）的第一块陆地。1659 年，法国诺曼底公司代理人建立了圣路易，1677 年，寻找新殖民地的法国海军将荷兰人赶出了戈雷岛。1783 年，法国和英国签署了第一个瓜分西非海岸势力范围的条约，英国给予法国"对塞内加尔河及其附近地区以完全的和无条件的占有权，包括圣路易、波多尔、戈雷、阿尔京和波滕迪克等堡垒，以及冈比亚河的占有权"（阿勃拉莫娃，1983：247）。至此，法国终于将这片觊觎已久的沃土收入囊中。尽管 1794 年的法国大革命曾颁发废奴法令，宣布"所有居住在法国殖民地的人不论肤色都是法国公民，享有宪法规定的所有权利"（郑家馨，2000：289）。随着 1802 年拿破仑恢复殖民地的奴隶制，塞内加尔不可避免地被卷入同美洲人的三角奴隶贸易的泥潭。1848 年，法兰西第二共和国建立，公开承诺废除殖民地的奴隶制，承认圣路易、戈雷等地居民的法国公民权，至此，塞内加尔的殖民风气和奴隶贸易才得到遏制。1962 年 7 月，阿尔及利亚独立，宣告了法国在非洲的政治撤退，实现了非洲法属殖民地的非殖民化。撒哈拉沙漠以南非洲国家的独立，标志着法国殖民体系的终结，塞内加尔的地缘政治地位也随之改变，从边缘走向了非洲文化地理的中心。

塞内加尔的民族和语言呈现多元化特性。当代塞内加尔有六种法定语言，分别是沃洛夫语、谢列尔语、迪奥拉语、富拉尼语、索宁克语和曼丁哥语。民族文化和地理空间的关系密不可分，以上六种语言都属于"尼日尔—科尔多凡语系，这个语系是从塞内冈比亚大陆扩展到东、南部非洲的"（罗斯，2015：9）。法国统治时期对塞内加尔文化实施了同化政策，普及殖民地的法语教育，促使法语成为塞内加尔的通用语言，打破了民族语言在非洲大陆存在的地理空间壁垒。对此，克鲁泡特金认为，"地理学不可避免地要参与到种族和民族问题的研究中，能够、而且不应该以种族主义为基础，而是以地理学对刻板印象和偏见的认识与挑战能力为基础（安德森，2009：443）。由此可见，谈论种族和民族的话语就是谈论地理的话语，研究民族地理学不仅需要观照非洲本土居民的居住空间，还需要等同的文化象征。殖民统治和奴隶贸易将非洲殖民地的民族语言在地理学范围内强行切割，造成了黑人居住空间和民族语言的割裂，被殖民贩卖或移居他乡的黑人通过各自的民族语言保留了民族文化象征，寄托了非洲黑人深刻的民族情感，体现了非洲大陆的民族文化精神。

（二）从"黑人性"到"兼收并蓄"的民族文化

非洲民族语言是民族文化的表征，"黑人性"则是黑人精神文化的核心内容。塞内加尔国父桑戈尔曾深入解读"黑人性"，将之界定为："黑人世界的文化价值的总和，正如这些价值在黑人的作品、制度、生活中表现的那样"（Léopold，1967：3 – 20）。"黑人性"运动萌生于 20 世纪 30 年代的法国巴黎，第一次世界大战后，随着非洲各国民族意识的觉醒，捍卫民族文化的运动应运而生。1934 年，三名黑人大学生——来自塞内加尔的列奥波尔德·塞达·桑戈尔（Léopold Sédar Senghor）、圭亚那的莱昂·达马（Léon Damas）和马提尼克的艾梅·塞泽尔（Aimé Césaire），在巴黎共同创办了《黑人大学生杂志》，"黑人性"一词最早出自塞泽尔在 1939 年发表的长篇诗歌《还乡笔记》，其后，桑戈尔在《黑人性是什么》（Léopold，1967：3 – 20）一文中进一步赋予其理论意义。最初，"黑人性"理论旨在倡导黑人价值、复兴非洲民族文化、恢复黑人的名誉与尊严，以及共同抵抗殖民主义同化政策。从文化认同的角度来看，"黑人性"作为一种运动和学说在其形成与发展的过程中不可避免地受到当时黑人世界的思潮及与之相关思潮的影响。具体来说，有两股潮流对"黑人性"的倡导者产生了较大的影响。正如桑戈尔所说的，"黑人性"代表的是黑人所有精神文化的总和。

从文化地理学层面分析，"有关融合和杂糅的后殖民著述提出了一个跨越黑人/白人种族二元论的'第三空间'概念。对霍米·巴巴来说，文化杂糅鼓励某种根本的增值，'产生出不同的东西，新的、未能认出的东西，协商和表征的新领域'。这种新的'第三领域'从殖民相遇以及最新的全球化、移民和聚落的历史进程中浮现出来"（安德森，2009：453）。从塞内加尔文化地理学的层面来看，"第三空间"已经超出了黑人居住的具体地理范畴，上升到黑人文化空间的建构，这种建构以"黑人性"为民族情感的象征，以杂糅的文化身份为纽带，建构以黑人群体为主体的黑人文化空间。"承认黑人主体的历史和文化经历存在极大的多样性与差异，将不可避免地使'种族'观念逐渐弱化和淡化"（Stuart，1996：442 – 451）。"黑人性"运动推动了泛非主义和非洲中心主义的兴起，构建了"黑人"的主体定位、社会体验和文化认同的多样性。

非洲"黑人性"精神作为黑人群体主流文化体系的中流砥柱，在非洲社会形态的构建上一直发挥着十分重要的作用。它为原先因遭受殖民掠夺而贫穷虚弱的非洲大陆注入活力，源源不断地激发非洲黑人在精神文明与物质文化方面的创造能力，在为广袤的非洲大陆带去丰富的物质财富的同时，不可避免地输入了大量的外来文化，这些新兴的思想与非洲主流的"黑人性"精神不断碰撞，激发了多元文化的火花，重构了多元化的黑人文化空间。在文化地理学的视角下，"黑人性"意识形态文化的扩散冲击了非洲殖民文化体系，改变了塞内加尔的社会结构，创造出具有多元特性的文化景观。

塞内加尔的"黑人性"思想催生出多元的文化景观。第一，在"黑人性"的文化驱动下，塞内加尔的殖民文化体系受到冲击，当地沃洛夫人原有的族群等级划分体系发生了变化，从殖民时期按照社会地位划定族群等级转向民族独立后按照个人技术能力划分等级。第二，塞内加尔人的信仰从殖民地"教会"传播的"圣书"文化过渡到与万物有灵论并存。第三，文化的扩散创造了新的人种，殖民者与塞内加尔黑人的后裔接受了杂糅的文化身份，成为全新的"希纳雷"（文云朝，1992：56）黑人族群。第四，塞内加尔独立后，自 16 世纪出现的殖民地欧式建筑混杂了现代建筑风格，形成全新的文化风貌，凸显了塞内加尔杂糅文化的多元特性。

文化地理学视域下的跨国经济往往是社会性的，可以通过"商品消费和生产之间多重场所的联系，考察'文化空间的重塑'"（安德森，2009：76）。这种文化空间的重新塑造能够通过社会经济、文化和教育等层面得以实现，这种实现往往伴随着文化的多元化特征。非洲物质文化的不断充裕引发现代黑人群体人生观与传统价值观的改变，向非洲各国以"黑人性"为主的传统精神文化发起挑战。现代非洲黑人群体价值观的改变首先体现在物质层面，非洲传统民族文化的复兴促进了非洲社会的经济发展，加速了"消费社会"的产生，完成了黑人从基本社会物质需求向追求"消费符号"的转化，创造了非洲国家全新的物质文明代码，重塑了黑人文化的经济空间。传统的"黑人性"精神文化在与欧洲宗主国文化融合的基础上，又不得不与新兴的外来文化再次融合，促进了非洲民族文化的克雷奥尔化与多元化，创造了杂糅的、多元化的非洲文化空间和文化间隙。

塞内加尔的文化政策经历了非洲民族文化的重构，已经逐渐转变为跨国文化。自17世纪塞内加尔被法国殖民，非洲法属殖民地逐渐形成法语区，冲击非洲不成体系的本土语言，威胁非洲民族文化的发展。被殖民时期塞内加尔文化的二元对立转变为后殖民时期的杂糅文化和多元文化，流散在世界各地的黑人群体逐渐受到"黑人性"和民族文化的感召，将文化身份从欧洲主体转变为黑人主体。至20世纪五六十年代，随着反殖民浪潮和现代化的发展，法语在非洲得到迅速推广，伴随而来的是泛非地区民族意识的觉醒和对黑人文化身份的认同，泛非地区的黑人在文化杂糅和多元理论的阈限重塑黑人文化地理空间，实现了黑人族群跨文化、跨地域的情感交流。

塞内加尔的教育发展与法国的殖民文化不无关系，大量教会学校的建立使法语成为塞内加尔，甚至是广泛的法属非洲地区至关重要的文化媒介。殖民地时期，塞内加尔的教育是由当地宗教集团代理的，"法国在撒哈拉沙漠以南非洲的教育战略从本质上来说有三大原则：行政集权原则、同化原则和功利原则"（谢克，2016：153），确切地说，就是殖民教育采取集权的形式强化法国的殖民统治，同化殖民地黑人，并通过教育让殖民地黑人高效率地服务于法国的殖民统治。这种教育体系是殖民主义话语霸权的体现，它通常以欧洲中心论为主旨思想，向殖民地人民传播宗主国文化。法国教育实施的跨文化、跨地域的文化战略拒绝将黑人视为平等对话的主体，企图抹除撒哈拉沙漠以南非洲地区的民族文化。然而，法国的这一教育实践是不成功的，塞内加尔的教育政策并未实现维护殖民统治的目的，恰恰相反，它激发了殖民地黑人的反抗，唤起了黑人的民族自豪感，呼吁"黑人性"政治—文化运动，在跨文化、跨地域的"黑人全球文化空间"内找到了共同植根非洲大地的文化身份认同。随着非洲在世界范围内开展的人才对外输出战略，加速了泛非地区黑人文化表征的克雷奥尔化，形成了非洲新一代人特有的多国文化与多元文化。

塞内加尔在构建文化多元性的过程中对抗西方话语霸权，改变了被边缘化的民族身份，重构了黑人的文化空间，通过"黑人性"运动使黑人民族产生了文化共鸣。这一文化经验不仅为处于全球化进程中的其他非洲国家树立了跨文化发展的范本，也为中国与非洲国家的合作带来了启发。

（三）塞内加尔的独立与经济发展

殖民时期法国文化的输出对塞内加尔的经济活动和产业结构产生了巨大的影响。塞内加尔是法国对西非殖民地投资的桥头堡，塞内加尔经济在法属西非联邦殖民地中处于领先地位，1948—1957 年，法国在塞内加尔的官方投资和私人投资分别占其在西非投资总额的67% 和78.2%（文云朝，1992：56）。由此可见，塞内加尔经济发展的动力主要依赖法国投资。从经济发展结构来说，塞内加尔这一时期的产业结构单一，主要产物是花生和棉花。其中花生产量在1950 年达到100 万吨，出口量居世界第二位。到1959 年独立前夕，塞内加尔输出的花生占其出口总额的87%，而进口的消费品占其进口总额的68%（文云朝，1992：58）。畸形的殖民地经济结构严重地制约了国内的经济发展，致使塞内加尔一方面沦为法国廉价原料的供应地，另一方面又成为法国商品的倾销市场。

随着"黑人性"文化的扩散，塞内加尔实现了民族独立，桑戈尔倡导以"黑人性"思想为指导建设"民主社会主义"，实施多项政策调整畸形的产业结构，积极发展国内经济。自1960 年以来，塞内加尔为摆脱对法国经济的过度依赖实施了多次改革，然而，其"农业占国内生产总值的比重不断下降，粮食不能自给，而工业产值呈持续上升趋势"（文云朝，1992：142）。由此可见，塞内加尔民族独立后虽然累积了一定的工业基础，但仍属于农业国。受到殖民地经济结构的制约，其粮食生产风险、农业发展缓慢以及外债负担沉重等问题仍然是阻碍国民经济发展的重要因素，至2016 年，塞内加尔仍被列为世界上45 个最不发达国家（LDC）之一。

在经济地理学的视角下，殖民时期塞内加尔和法国的经济合作限制了国内经济活动的空间组合类型，体现了塞内加尔经济发展对法国的依赖性，这种缺乏自主性的经济环境成为塞内加尔独立后发展国民经济的阻碍。面对严峻的经济形势，塞内加尔从法国单一经济模式转向多元化经济。新时代，塞内加尔的国家经济发展政策显现出"去法国化"的特质，通过对外贸易和发展援助吸收外来直接投资，在世界范围内积极开展多元合作。

四、结语

综上所述，中国与塞内加尔在跨文化合作中面临共同的发展任务，对打造人类命运共同体有共同的追求。中塞应以积极共建"一带一路"倡议为合作平台，加强战略对接，夯实文化合作。中塞合作的成功范例证明，"一带一路"思想的深化，将不断惠及中塞合作领域，帮助两国人民加深了解、增进友谊、深化合作，促进两国实现更好的发展。

塞内加尔的文化源远流长。理解塞内加尔文化，深化中塞国际发展合作，需要意识到塞内加尔文化的兼收并蓄，以及中塞合作交流的多样性（张振克，2018：128 – 129）。中国与非洲大陆的命运休戚相关，中塞相似的历史书写与悲惨的民族境遇给两地人民带来了共通的身份认同感，让身处不同地域、不同文化的中非两地人民实现命运的共融和情感的共鸣，引发深刻的民族共情。平等互信的中塞关系，有利于加深两地人民的文化认同，沟通人民之间的宝贵情谊；有利于中塞两国深化"一带一路"文化的理论实践，为构建和平发展、合作共赢的人类价值体系提供整体性、系统性的方案。

参 考 文 献

［1］ Perspectives macroéconomiques ［EB/OL］.（2022 – 05 – 06）［2023 – 08 – 14］. https：//www. afdb. org/fr/countries/west – africa/senegal/senegal – economic – outlook.

［2］ 习近平. 中国和塞内加尔团结一致 ［N］. 人民日报，2018 – 07 – 21（01）.

［3］ 习近平. 促进"一带一路"国际合作 ［M］//习近平新时代中国特色社会主义思想三十讲. 北京：学习出版社，2018.

［4］ 中国政府网. 习近平在塞内加尔媒体发表署名文章 ［EB/OL］.（2018 – 07 – 20）［2023 – 08 – 18］. https：//www. gov. cn/xinwen/2018 – 07/20/content_5308062. htm.

［5］ 才大颖. 关于非洲工业化的战略思考 ［J］. 轻工标准与质量，2015（6）：9 – 10.

［6］ 习近平. 习近平谈治国理政：第三卷 ［M］. 北京：外文出版社，2020.

［7］ 张宏明. 中国的非洲研究 70 年评述 ［J］. 中国非洲学刊，2020（1）：126 – 142.

［8］ 阿勃拉莫娃. 非洲：四百年的奴隶贸易 ［M］. 陈士林，马惠平，译. 北京：商务印书馆，1983.

［9］ 郑家馨. 殖民主义史：非洲卷 ［M］. 北京：北京大学出版社，2000.

[10] 罗斯. 塞内加尔的风俗与文化 [M]. 张占顺, 译. 北京: 民主与建设出版社, 2015.

[11] 安德森, 等. 文化地理学手册 [M]. 李蕾蕾, 张景秋, 译. 北京: 商务印书馆, 2009.

[12] LÉOPOLD S S. Qu'est – ce que la négritude? [J]. Études françaises, 1967 (3): 3 – 20.

[13] STUART H. Critical dialogues in cultural studies [M]. London and New York: Taylor&Francis, 1996.

[14] 文云朝. 塞内加尔: 资源、环境与发展 [M]. 北京: 气象出版社, 1992.

[15] 谢克. 法国在非洲的文化战略: 从 1817 年到 1960 年的殖民地教育 [M]. 邓皓琛, 译. 北京: 商务印书馆, 2016.

[16] 张振克. 让非洲文化 "走进寻常百姓家" [J]. 人民论坛, 2018 (30): 128 – 129.

Reflections on Economic Cooperation between China and Senegal

Abstract: After Macky Sall was selected as president of Senegal in 2012, he actively enforced the Emerging Senegal Plan (PSE), establishing multi – lateral cooperation with China, which led to a decade of strong domestic economic growth. However, Senegal's economic growth has been slowing down because of the COVID – 19 virus pandemic and the outbreak of Russian-Ukrainian war, and the difficulties of economic growth have been compounded by its geographic location and historical and cultural background. In 2021, the launch of President Sall's "Senegal Digital 2025" project makes the promotion of the digital economy a national priority and establishing further cooperation with China in the field of digital economy. Can the deepening economic cooperation between China and Senegal turn around Senegal's economic dynamics, and what are the challenges ahead? This paper provides an in – depth analysis and research on this issue.

Key words: Sino – Senegalese cooperation, "the Belt and Road", Negritude

作者简介: 褚蔚霖, 南京大学外国语学院法语系博士生, 主要从事法语语言文学研究、非洲区域文化研究。

从医疗援外看翻译如何讲好中国故事

——以安徽省援也门医疗队为例

安徽外国语学院东方语言学院　　周玉森

【摘　要】2023 年是中国援外医疗队派遣 60 周年。60 年来，中国累计向非洲、亚洲、美洲、欧洲、大洋洲的 76 个国家和地区派遣医疗队员 3 万人次，诊治患者 2.9 亿人次，赢得了国际社会的广泛赞誉。安徽省援也门医疗队有近半个世纪的历史（1970—2012），累计向也门（南）派遣医疗队员 1173 人，诊治患者 900 多万人次。医疗队员以精湛的医术、高尚的医德和优良的服务态度，深受受援国政府和民众的爱戴，为受援国卫生事业和人民健康做出了贡献，进一步巩固和发展了我国与广大受援国之间的传统友谊，加强了我国与受援国之间的团结与合作，提升了我国的国际地位、树立了良好的国际形象，用实际行动讲好了中国故事，为推动构建人类卫生健康共同体做出了贡献。本文主要阐述了翻译在整个援外医疗工作中的重要作用，对于在受援国讲好中国故事，积极宣传中国医疗队的工作业绩，扩大中国医疗队的对外影响，翻译的作用不可小觑。

【关键词】医疗援外；翻译；中国故事；人类卫生健康共同体；安徽省援外医疗队

一、引言

习近平总书记高度重视援外工作。2008 年，时任国家副主席的习近平访问也门，专程看望中国援也门医疗队员，称赞他们在中也人民之间架起了友谊的桥梁，希望他们为促进中也友好做出新的更大贡献（新华社，2008）。

2023 年 2 月 9 日，习近平总书记给第 19 批援助中非共和国的中国医疗队队员回信指出："中国人民热爱和平、珍视生命，援外医疗就是生动的体现。希望你们不忘初心、牢记使命，大力弘扬不畏艰苦、甘于奉献、救死扶伤、大爱无疆的中国医疗队精神，以仁心仁术造福当地人民，以实际行动讲好中国故事，为推动构建人类卫生健康共同体做出更大贡献。"（新华网，2023）

《中国的对外援助》白皮书指出，援外医疗队是指中国向受援国派出医务人员团队，并无偿提供部分医疗设备和药品，在受援国进行定点或巡回医疗服务。援外医疗队已经成为中国公共卫生外交与大国担当的名片。1963年1月，中国第一个对外宣布派遣医疗队赴阿尔及利亚，从此开创了中国对外医疗援助的历史。随同医疗队派遣，中国政府也捐赠药品和医疗器械。中国援外医疗队自此逐步发展。1978年改革开放后，中国对外交往范围不断扩大，向其他发展中国家派遣援外医疗队数量也逐年增加。

2023年是中国援外医疗队派遣60周年，60年来，中国累计向非洲、亚洲、美洲、欧洲、大洋洲的76个国家和地区派遣医疗队员3万人次，诊治患者2.9亿人次（中国日报网，2023），赢得了国际社会的广泛赞誉。目前，援外医疗队在全球56个国家的115个医疗点工作，其中近一半在偏远艰苦地区（光明网，2023）。

援外医疗队由国家卫生健康委统筹安排派遣，全国有27个省（区、市）承担着派遣援外医疗队的任务。援外医疗队的专业组成多样，以内科、外科、妇科、儿科、眼科、耳鼻喉科、骨科、泌尿科、神经外科、皮肤科、针灸、护理等临床科室为主，既有西医，也有中医，既有检验、药剂等辅助科室，也有放射、B超、CT等检查诊断专业，还配有翻译、厨师、司机等非医疗专业人员。95%以上的医疗队员具有中级、高级专业技术职称。医疗队员一般两年轮换一次，2012年以后，部分医疗队员每年轮换一次。除住房一般由受援国提供外，医疗队费用主要由我国财政承担。随着医疗队的派出，我国每年还向受援国赠送部分药品和医疗器械（文秘帮，2022）。

医疗援外是建设人类卫生健康共同体的重要组成部分，是我国外交工作的重要内容，是对外交往的重要桥梁和纽带，是一项政治性、技术性很强的任务，也是我国对外医学交流的一个重要窗口。习近平总书记多次针对援外医疗队工作发表重要讲话，包括翻译在内的援外医疗队员必将牢记党和祖国的重托，不辱使命，不断增强责任感和使命感；不断发扬中国医疗队精神和国际人道主义精神；不断促进受援国医疗卫生事业发展，改善医疗条件，提高人民健康水平，以精湛的医术和高尚的医德，全心全意地为受援国人民服务，以实际行动讲好中国故事，为进一步巩固和发展与广大受援国之间的传统友谊，提升中国的国际地位和树立良好的国际形象，做出新的更大贡献。

二、大爱无疆，开启向也门提供医疗援助之路

1966 年 6 月，为了巩固和加强与发展中国家的传统友谊，由辽宁省负责选派的中国第一批援外医疗队抵达阿拉伯也门共和国（北也门）首都萨那。中国援也门医疗队由南北两部分组成。1970 年 1 月，由安徽省负责选派的援也门医疗队抵达也门民主人民共和国（南也门）首都亚丁，从此开启了中国向也门提供医疗援助之路。中国援也门医疗队是我国援外医疗队中规模最大的一支，也是最早派出的医疗队之一（国务院新闻办公室网站，2018）。

以安徽省援也门医疗队为例，其专业组成齐备，含内科、外科、妇科、儿科、眼科、耳鼻喉科、骨科、泌尿科、神经外科、皮肤科、针灸、放射、护理等临床科室，早期还配有检验、药剂等科室，同时配备翻译、厨师、司机等人员。医疗队总部设在亚丁，1970—1985 年，安徽省援也门医疗队设立亚丁人民医院、阿比扬（省立医院）、赛永（地区医院）三个分队。由于医疗队在也门的影响迅速扩大，应也门政府的邀请，1986—2012 年，安徽省不断向南也门增派医疗队员，在原来的基础上，逐步增设了卡登地区医院、拉哈杰省立医院、阿特戈省立医院和木卡拉省立医院等医疗分队，每个医疗分队均以中国医生为核心力量，定期组织巡回医疗服务，并经常组队深入偏远地区巡诊。例如，应南也门卫生部邀请，亚丁医疗分队经常去亚丁石油医院巡诊，并向当地医疗机构赠送医疗用品，以期改善当地民众的就医条件。

1990 年 5 月，阿拉伯也门共和国（北也门）和也门民主人民共和国（南也门）统一，中国援也门医疗队仍由南北两部分组成，一直沿袭到 2012 年。到 2012 年，安徽省共派遣 20 批医疗队，共计 1173 名队员，累计诊治患者 900 多万人次。同年，按照原国家卫生部调整部署，安徽省改向南苏丹派遣医疗队，同时，不再承担卫生援助也门（南）任务，中国援也门医疗队由辽宁省统一派遣。

三、30 载翻译生涯，奉献祖国援外事业

1980 年 10 月 27 日，笔者随安徽省组建的第六批中国援外医疗队第一次赴南也门，担任阿拉伯语翻译工作。

30 载翻译生涯，用细节记忆着红海之滨的故事，以行动传递着中也人民的友好情谊。根据国家医疗援外工作需要，1980—2010 年，笔者先后 5 次随中国援外医疗队赴也门，担任阿拉伯语翻译和医疗队的管理工作，为祖国的援外事业奉献了青春年华。

在工作中，笔者充分运用专业知识，通过也门各种媒体和渠道，不失时机地宣传医疗队，用实实在在的医疗业绩讲好中国故事，增强了中国医疗队在受援国的影响力，促进了中也在医疗卫生领域的合作。同时，笔者坚持以文化人，展现文化自信，积极宣传中国文化，让受援国更多、更好地了解中国文化，较好地树立了中国援外医疗队的对外形象。

在也门工作期间，笔者曾多次担任中国驻也门使领馆首席翻译，并负责记者招待会等的翻译任务；多次协助使领馆承担我国访问也门党政、卫生、贸易等高级代表团的翻译任务；多次协助中国驻也门各专家组，出色完成工作、商务谈判等翻译任务，增强了中国公司和企业的对外宣传，为中也双边贸易创造了可观的经济和社会效益，为巩固和加强中也双边贸易合作关系打下了扎实的基础。

在 5 次援外工作中，笔者亲身经历过也门内战，与队友们一道抢救也门伤病员，并临危受命，承担过中国医疗队的复派和组建工作。

四、主动作为，讲好中国故事

作为一名翻译，而且是援外工作翻译，想要在国外独当一面，应具备过硬的政治素养、严谨的工作作风、深厚的双语转换能力、高度的责任感和饱满的工作热情，为国家援外事业贡献力量（王静，2019：235）。翻译在援外医疗队工作中举足轻重，就知识面和能力而言，翻译是杂家。而对于援外医疗队的翻译来说，既要有扎实的语言功底，又要有杂家的文化知识；既要有外交官的个性品质，又要有丰富的社交经历；既要有跨文化交际能力（历晓寒，2021：233 – 234），又要有敏捷的反应能力；既要有准确的判断能力，又要有处变不惊的应变能力。援外医疗队的翻译不仅负责医疗队的对外联络与交往，而且要扮演好"发言人"的角色，主动作为，不辱援外医疗光荣使命和祖国人民的重托，讲好中国援外医疗队故事。

（一）广交朋友：讲好中国故事的初衷

笔者初次赴也门工作的地点是哈达拉毛省赛永医疗分队，这里距离哈达拉毛省省会木卡拉 300 多千米，距南也门首都亚丁 900 多千米，当时通信不发达，医疗队没有安装固定电话设备，需要每周在固定时间到也门有关部门利用发报机喊话，向使馆请示、汇报工作，别无其他对外交往，生活上有困难也只能向使馆申请帮助。医疗队与地方政府官员之间没有交往，在医疗队派往赛永地区的 10 多年间，没有与哈达拉毛省政府官员交往过。据老队员反映，赛永地区政府官员对医疗队的态度不冷不热。

"以心相交者，成其久远。"习近平总书记常说，国与国友好的基础是否扎实，关键在于人民友谊是否深厚（李忠发、李建敏，2015）。他还要求中国外交官要多走出去，广交朋友，深交朋友（贾秀东，2015）。援外医疗队员不仅是医生，也是白衣"外交官"。要改变医疗队与地方政府官员之间没有交往的被动局面，必须志存高远，积极开展医疗队外交，走出去，主动拜访地方政府官员，让上层更多地了解医疗队，关心医疗队，进而更好地开展中也医疗卫生合作，更好地为也门人民的生命健康服务，促进也门卫生事业的发展。

"路虽远，行则将至；事虽难，做则必成。"在我国驻南也门使馆的支持下，从20世纪80年代初开始，我方逐渐打破僵局，开始了拜访哈达拉毛省政府官员的破冰之旅，消除了误会，改变了以往那种也门地方官员与医疗队无交往的被动局面，还经常受哈达拉毛省卫生厅邀请，派员去周边地区医院考察，医疗队的对外影响不断扩大，居住和生活环境明显改善，其他分队都向赛永医疗分队投来羡慕的目光。此举也得到了使馆的充分肯定和高度赞扬。

作为一条经验，此后，安徽省援也门医疗队抵达也门后的第一件事，就是广泛开展外事交往，主动宣传，彰显中国援外医疗队特色，让也门民众更好地了解中国医疗队。总队长主动拜访卫生部部长，各分队长主动拜访当地政府官员，如省长、卫生厅厅长，以及所在医院的院长，汇报医疗队员的组成情况和专业特色，并赠送医疗器械和药品。此举得到了也门地方政府官员的认可和赞扬，为增进中也医务人员之间的友谊与了解、改善医疗队生活环境和条件产生了积极的作用。

精诚所至，金石为开。此后，每逢医疗队队员新老交接之际，也门地方政府官员都会亲临医疗队驻地接见医疗队全体队员。也门电视台、报纸等各大新闻媒体都会对此做跟踪报道，向社会和民众发布中国医疗队抵达也门的消息。医疗队的高难度手术、重大抢救手术等屡见也门报端，并经常得到也门电视台的采访报道。如1996年6月，在我卫生部代表团访问也门之际，笔者应邀与也门《10.14报》记者塔哈·海德尔共同撰稿，在该报1996年6月10日第7版，以《高尚的人道主义服务，忘我的工作精神》的醒目标题，整版报道了中国援也门医疗队亚丁分队全体队员，详细报道了亚丁分队的专业组成情况，高度赞扬了中国医生的精湛医术和忘我的工作精神。也门人民对中国医生的信赖和敬仰跃然纸上，中国医疗队在也门人民心中产生的影响巨大，中也两国人民之间的情谊之深可见一斑。

（二）建章立制：讲好中国故事的支点

建立会谈、拜访制度，有助于增进医疗队与所在医院之间的了解，密切双方之间的卫生合作关系，增强医疗队员和也门医护人员之间的友谊，更有助于开展医疗工作。

在笔者的建议下，各医疗分队与所在医院院方建立月会谈制度，规定在每月第一周的周一，医疗分队队长与翻译约见院长，会谈内容包括通报医疗队上一个月的医疗工作情况，各科开展手术例数、重大手术和抢救人数、各科完成门/急诊就诊人数、出入院人数，以及麻醉、检查科室完成工作量等；拟开展哪些重大手术，需要院方给予哪些配合与支持等问题；对也门医生的带教情况；在工作和生活中遇到的亟待解决的问题等。同时听取院方对医疗队的工作提出的合理化意见和建议。

此外，每月预约拜访医疗队所在省份的省长、卫生厅厅长、地区卫生局局长等。拜访的目的主要是汇报医疗队上一个月的医疗工作情况，与院方的合作情况，医疗队在工作和生活上需要地方官员协助解决的问题，以及帮助我驻也门使领馆约见地方政府官员等事宜。

事实证明，会谈和拜访制度的建立，不仅融洽了中也双方医务人员之间的关系，改善了工作氛围，减少了相互之间不必要的误解，而且深化了中也卫生领域的合作，增进了中也两国人民之间的友谊。

（三）依托媒体：讲好中国故事的途径

中国援外医疗队在也门治愈了大量的常见病和多发病，成功地完成了许多重大外伤医疗抢救任务，创造了一个又一个医疗奇迹，在过去近半个世纪的医疗援外工作中，为也门人民的生命健康和医疗卫生事业的发展做出了不可磨灭的贡献。一批批医疗队员凭借精湛的医术和高尚的医德，以及青春、热血甚至生命，赢得了也门政府和人民的高度赞誉与真诚友好，为祖国和人民赢得了荣誉。

努力拓宽对外宣传途径，通过新闻媒体广泛宣传中国援也门医疗队的工作业绩，是援外医疗队翻译永恒的研究主题。翻译主动作为，与也门政府官员、合作对象等保持密切沟通和联系，与新闻媒体广交朋友，对于扩大医疗队在也门的影响，讲好中国援外医疗队故事，让广大也门民众更好地了解中国医疗队，增强中也医疗卫生领域的合作，巩固中也传统友谊能够产生积极的促进作用。

也门新闻媒体与中国医疗队有着密切合作的传统友谊，近半个世纪以来，原南也门党报《10.14报》、原北也门党报《9.26报》、《共和国报》，也门地方报《天天报》、《萨达报》、《道路报》，《工人之声》周刊，亚丁广播电台，以及新华通讯社等及时跟踪报道了中国医疗队在也门的工作业绩、重大抢救手术以及首例病例等。受篇幅所限，现仅将部分报道以标题的方式列举如下。

也门新闻媒体等对中国医疗队的部分报道（1986—2004 年）①

序号	报刊名称	标题	报道时间	作者	译者
1	《10.14 报》	《西娜又笑了（记一次神经外科重大抢救手术）》	1986.11.7 第 4 版	也门记者	笔者
		《我国成功开展眼病患者复明手术（报道眼科吴义龙医生）》	1987.1.24 第 1 版	也门记者	笔者
		《也中医生并肩合作　大量手术获得成功——采访赛永地区卫生局》	1987.8.7 第 4 版	也门记者	笔者
		《中国针灸及其疗效》	1988.3.24 第 3 版	笔者	笔者
		《崇高的人道主义义务　忘我的工作精神——访亚丁医院中国医疗队》	1996.6.10 第 7 版	也门记者	笔者
		《探讨增派中国医疗队和培训也门医务人员的可能性》中国卫生部援外办公室主任牛忠俊先生在也门访问期间接受《10.14 报》记者采访	1996.6.14 第 2 版	也门记者（部分内容由笔者供稿）	笔者
		《阿比洋省省长接见中国卫生部代表团一行》	1996.6.14 第 2 版	也门记者（部分内容由笔者供稿）	笔者
		《驻阿比洋中国医疗队在简陋的条件下取得优异成绩　一年来成功开展外科手术 1456 例》	2004.12.12 第 7 版	也门记者（部分内容由笔者供稿）	笔者
2	新华通讯社	《中国医生吴义龙治愈一名也门眼病患者，使其重见光明》	1987.1.28	新华通讯社编发	笔者
3	《工人之声》周刊	《角膜移植术获得成功——亚丁人民医院首例》	1987.8.27 第 10 版	也门记者（部分内容由笔者供稿）	笔者
4	《共和国报》	《173 名中国医疗队援在也门工作，并在东南部省份成功开展 1546 例大手术》	1996.1.14 第 3 版	也门记者（部分内容由笔者供稿）	笔者

① 以上报道资料在国家卫健委和安徽省卫健委均有存档。

续表

序号	报刊名称	标题	报道时间	作者	译者
5	《天天报》	《中国卫生部代表团访问也门》	1996.6.12 赛永讯	也门记者	笔者
		《阿比洋省拉兹医院中国医生成功开展10公斤重囊肿切除术》	2004.7.1 第7版	也门记者	笔者
		《阿比洋省拉兹医院中国医生成功开展肾固定术》	2004.7.6 第3版	也门记者	笔者
		《阿比洋省拉兹医院为一例女童成功开展植骨术——访中国医疗队阿比洋分队长周玉森》（笔者任翻译兼分队长）	2004.7.14 第8版	也门记者（部分内容由笔者供稿）	笔者
		《拉兹医院中国医生成功开展骨移植手术》	2004.8.25 第6版	也门记者	笔者
		《阿比洋省省长接受本报采访，赞扬拉兹医院中国医疗队所做出的成绩》	2004.8.14 第3版	也门记者	笔者
6	亚丁广播电台	《阿比洋省卫生厅厅长萨利姆医生接受亚丁广播电台记者采访 在讲话中高度赞扬中国医疗队在拉兹医院发挥了中坚作用》	2004.6.17	也门记者	笔者

"国之交在于民相亲，民相亲在于心相通。"也门新闻媒体对中国援外医疗队的密集报道折射出也门民众的心声，医疗队员被也门人民亲切地称为"الدكتور صيني"（音译为"杜克图尔 隋尼"），意为"中国医生"。"中国医生"在也门远近闻名，除了承担所在医院的主要医疗任务，医疗队所在医院还是其他医院转诊的首选医院，以致邻国患者都慕名而来。队员们很少有完整的休息日，下班和节假日在驻地接待也门患者几乎成为常态。无论什么时候，只要有患者来求医，队员们总是热情接待，让患者满意而归。

中国医疗队在也门不畏艰难、服务热情、工作认真、一丝不苟、医术精湛，可谓家喻户晓、有口皆碑，赢得了也门各级政府、官员的高度赞誉，与也门人民结下了深厚的友谊，深受也门人民称道，是也门人民的"好朋友，好伙伴"。医疗队所到之处，都能听到"صيني تمام!"（音译为"隋尼，塔玛姆"，意为"中国人，好！"）的呼喊声。

中国医疗队还在也门留下了许多可歌可泣的动人故事，颇具代表性的有曾三赴也门的医疗队队员，现清华大学医院管理研究院院长、高级顾问，中国医学科学院、北

京协和医院准聘长聘教授刘庭芳，他曾为也门患者献血，还为一名大面积烧伤女孩献皮，成功地挽救了女孩的生命，在也门被传为佳话。

每逢中也两国重大节假日，如中国的传统春节、阿拉伯国家的开斋节，省长、卫生厅厅长等官员都会亲临中国医疗队驻地慰问医疗队员，并送来慰问品。每逢医疗队员期满回国，或新队员抵达也门，当地政府都要举行隆重的欢送或迎接仪式，并向老队员颁发荣誉证书和纪念品。

（四）"授之以渔"：讲好中国故事的拓展

"授人以鱼，不如授之以渔"。中国医疗队在也门，变的是队员的新老交替，不变的是与也门医护人员之间的传帮带。医疗队队员除了日常的医疗工作，还要开展医疗技术培训，为也门留下了一支不走的医疗队。主要体现在以下三个方面：

第一，临床带教。医疗队队员无论是临床、麻醉、放射科医生，还是病房、手术室护士，都有一项重要的任务，就是手把手地带教也门医护人员。也门临床医生无论是毕业于本国医学院校，还是留学于中国或其他国家，经中国医疗队一批一批带教过的医护人员后来都成为当地医院的技术骨干，有的医护人员还可以用简单的汉语与中国医生进行工作交流。

第二，专题讲座。应所在医院的邀请，已开展针灸、普外、心血管内科等专题讲座，麻醉、放射等科室医疗队员还被邀请到亚丁大学医学院讲课。通过一批接一批的临床带教和专题讲座，医疗队所在医院的医护人员在理论和实践上得到了系统的培训，促进了他们的成长，使他们的医疗技术和诊断水平显著提高，从而能够更好地为也门人民的健康服务。

第三，编写教材。例如，第13批亚丁分队眼科医生李军积极地收集也门眼病资料，用英文编写《也门眼病图谱》一书，该书于1997年2月在也门出版，被时任也门卫生部副部长克里姆评价为："填补了也门眼科学的一个空白。"后来，该书也被作为也门医学院校的教学参考书。

（五）以文化人：讲好中国故事的创新

文化交流是民族文化发展和繁荣的生长点，中阿文化交流源远流长、底蕴深厚。借助援外医疗平台，让世界读懂中华文明，对中华文化有更多的了解，是援外翻译应尽的职责和义务。对于一名语言工作者而言，外语不是一个工具，它本身就肩负着传播文化、宣传文化，乃至研究文化、传承历史的责任。因为语言是人类文明世代相传

的载体，是相互沟通理解的钥匙，是文明交流互鉴的纽带，对文化传承和发展举足轻重（吴岩，2021：3–6）。

图书是文化的主要载体与传承方式之一，文化的外宣翻译是实施中国文化"走出去"战略的有效路径。在历次的也门工作期间，笔者不仅通过也门报纸、电视台等新闻媒体及时地报道中国医疗队工作、重大抢救手术、首例病例等情况，而且在也门《10.14 报》上发表过阿拉伯语诗歌，还经常在也门其他报刊上发表中国古代寓言故事、幽默故事等译稿。并在也门翻译出版《中国古代寓言故事》一部，于 1997 年由也门《10.14 报》新闻出版社出版，也门文化部驻亚丁分部次长费萨尔为该书作序，并向笔者颁发荣誉证书。也门《10.14 报》《天天报》《道路报》等纷纷报道了该书的出版消息，并给予了高度评价，称该书为也门文库填补了空白，有助于也门人民更好地了解中华文化。

我驻亚丁总领馆向也门文化旅游部发布赠书照会，并对该书的出版和传播中华文化给予了充分的肯定。国内《阿拉伯世界》《援外通讯》等刊物均发布了该书出版的消息。可见通过宣传中国文化，不仅增进了中也两国人民之间的友谊和了解，而且扩大了中国援外医疗队在受援国的影响，对于讲好中国故事，让中华文化走向世界，提升中华文化的影响力与文化自信，搭建民心相通、文明互鉴的桥梁发挥了积极的作用。

此外，笔者结合翻译工作实际，出版了《阿拉伯应用文写作指南》一书，该书内容涉及面广，实例丰富、实用，为涉外工作的阿拉伯语翻译人员提供了便利和参考。同时，对于高校阿拉伯语写作课来说，该书也不失为一部较好的参考书。

五、结语

总之，讲好中国故事，翻译重任在肩。医疗援外是构建人类卫生健康共同体的重要组成部分，一批批援外医疗队队员用自己的一言一行弘扬中国医疗队精神，以仁心仁术服务受援国人民，巩固和发展与受援国之间的传统友谊，为医疗援外增光添彩。中国医疗援外还在继续，翻译在医疗援外工作中肩负着重要的桥梁和纽带作用，只要"译"心向党，踔厉奋进，就一定能把中国援外医疗队故事讲好，为构建人类卫生健康共同体发挥更大的作用。

参 考 文 献

[1] 新华社. 习近平看望中国援也医疗队人员［EB/OL］.（2008 – 06 – 26）［2023 – 04 – 18］. https：//www. gov. cn/jrzg/2008 –06/26/content_1027689. htm.

[2] 新华网. 习近平给援中非中国医疗队队员的回信［EB/OL］.（2023 – 02 – 10）［2023 – 03 – 05］. http：//cpc. people. com. cn/n1/2023/0210/c64094 – 32621464. html.

[3] 中国日报网. 六十年援外医疗书写大爱无疆（中国援外医疗队派遣60周年）［EB/OL］.（2023 – 04 – 10）［2023 – 04 – 18］. https：//baijiahao. baidu. com/s?id = 1762769076847604840&wfr = spider&for = pc.

[4] 光明网. 为增进世界人民健康福祉作出贡献（中国援外医疗队派遣60周年）［EB/OL］.（2023 – 04 – 11）［2023 – 04 – 18］. https：//baijiahao. baidu. com/s?id = 1762832429563630465&wfr = spider&for = pc.

[5] 文秘帮. 中国医疗多元化援非［EB/OL］.（2022 – 06 – 17）［2023 – 04 – 18］. https：//www. wenmi. com/article/pt8ljq02gqoi. html.

[6] 国务院新闻办公室网站.《中国的对外援助》白皮书（中文）［EB/OL］.（2018 – 08 – 06）［2023 – 04 – 18］. http：//www. cidca. gov. cn/2018 – 08/06/c_129925064_4. htm.

[7] 王静. 国家援外培训工作中翻译人员应具备的基本素质与翻译技巧浅谈［J］. 翻译研究, 2019（3）：235 – 240.

[8] 历晓寒. 外语人才的文化自信与跨文化交际能力培养研究［J］. 海外英语, 2021（20）：233 – 234.

[9] 李忠发, 李建敏. 习近平出席中美省州长论坛：国与国关系归根结底需人民支持［EB/OL］.（2015 – 09 – 23）［2023 – 04 – 18］. https：//www. rmzxb. com. cn/c/2015 – 09 – 23/586045. shtml.

[10] 贾秀东. 美洲四国行万里促相知［EB/OL］.（2015 – 09 – 23）［2023 – 04 – 18］. http：//opin-ion. people. com. cn/n/2013/0609/c1003 – 21798543. html.

[11] 吴岩. 抓好教学"新基建"培养高质量外语人才［J］. 外语教育研究前沿（原名《中国外语教育》）, 2021, 4（2）：3 – 6.

On the Translation of Telling the Chinese Stories Well from the Perspective of Medical Aid

——Taking Anhui Province's Medical Aid Team to Yemen as an Example

Abstract: The year of 2023 marks the 60th anniversary of the Chinese foreign – aid medical teams to send. In the past 60 years, China had sent 30,000 medical workers to 76 countries and regions in Africa, Asia, the Americas, Europe and Oceania, and there were 290 million patients had been treated by the Chinese foreign-aid medical teams, which has won widespread praise of the international society. About half a century ago (1970—2012), Anhui province has started to send foreign-aid medical teams, and sent 1173 medical workers to Yemen (south), more than 900 million patients had been treated by them. Thus, the Chinese foreign – aid medical team's consummated medical skill, noble medical ethics and good service attitude, won the affection from the recipient country, contributed to the health care industry and people's health of the recipient country, and strengthened the unity and cooperation between China and the recipient country, also the traditional friendship between China and the recipient country has been further consolidated and developed. China's international status has promoted, and also set a good image in the world. In short, the medical workers have told the Chinese stories well, and contributed to promote the construction of human health community. This article mainly expounds that the translator has played a important role in the entire medical work of foreign aid, to tell the Chinese stories well, promote the performances of Chinese medical team, and show the cultural confidence in the recipient country.

Key words: Foreign medical aid, translation, the Chinese story, Human Health Community, foreign aid medical team of Anhui province

作者简介：周玉森，阿拉伯语副译审，安徽外国语学院东方语言学院阿拉伯语副教授，主要研究方向为阿拉伯文化。

非洲区域国别荟萃

马达加斯加教育政策的历史演变

国际关系学院外语学院　　崔　璨

【摘　要】马达加斯加的教育事业自西方传教士进入马达加斯加后开始逐步发展起来。殖民前的马国教育呈现出强烈的宗教色彩且集中在精英阶层，而殖民期间马达加斯加的教育政策则以服务殖民者为目的，较为不平等，尤其是对于女性和原住民来说。随着马达加斯加的独立，马国政府逐步推出了四项重要的国家教育改革计划，并在教育内容本土化和提高教育普及率上做了大量工作。虽然取得了一定成绩，但受制于政局动荡和经济水平，马达加斯加的教育事业仍任重道远。

【关键词】马达加斯加；教育政策；殖民；独立；教育改革计划

一、引言

马达加斯加教育拥有悠久的历史。本文以时间为轴线，将马达加斯加教育的发展分为殖民前、殖民时期、独立后至第三共和国以及当今政府四个阶段进行分析。各阶段均呈现出不同的特征，反映了马达加斯加中央政府在不同时期的侧重点和时代背景。

二、殖民前的教育政策：福音化

马国国内正式的学校教育开始于中世纪时期。当时的阿拉伯民族希望通过建立"库塔波"（用于教授阅读和基本算术能力的古兰经学校）来宣传其宗教信仰，并用他们的语音将马达加斯加当地语言通过字母表现出来，名为"索拉布"。然而，这些学校存在的时间并不长。直到 20 世纪初，西方传教士才在塔那那利佛和图阿马西纳建立了马达加斯加的第一批小学（Velomihanta，2007：1），这标志着马国正式教育的开始。1810—1828 年，国王拉达马一世掌控着马达加斯加近一半的领土，且致力于加强与欧洲国家的联系。因此，他邀请了英国传教士协会成员前往马达加斯加，以指导皇室家族成员进行学习，包括读书、认字及算术（K12 Academics，2021）。由于学生数量的快速增加，马国逐步建立起专业的教学机构以满足需求。

1820 年 12 月 8 日英国传教士大卫·琼斯在塔那那利佛创立的学校直到今天都具有重要的文化和历史价值。该学校最开始招生时只有 3 名学生，用英语教授课程。随着学生人数的快速增加，学校搬迁到面积更大的地方。1822 年，传教士用拉丁字母表转化了当地方言。此后，马国首都塔那那利佛的方言被视为马达加斯加语言的官方版本。1824 年，马国就有 9 所学校得以建立。1825 年，马达加斯加小学教育对整个伊梅里纳的安德里亚纳（贵族阶层）均实行免费政策。1827 年，英国传教士为马达加斯加创立了语法体系。国王拉达马一世认为西式教育体制对马达加斯加的政治和经济发展具有重要意义。马国中部地区的较大城市也都建立了学校，并从伦敦传教士协会招聘了多名教师。1829 年，当国王拉达马一世结束其统治时，马国共有 38 所学校成功向 4000 名学生提供了基础教育，教学内容包括马国当地社会的规则及基督教教义（K12 Academics，2021）。仅 1829 年，马达加斯加就有 44 名教师给 957 名男生和 480 名女生授课（Andriatsimiala，2016：31）。

国王拉达马一世于 1828 年去世后，其继任者为腊纳瓦洛娜一世，其在执政期间开始逐渐警惕西方势力的影响，并决定驱逐外国人。然而，腊纳瓦洛娜一世对职业技术教育较为重视，并决定允许传教士中的手工业者继续留在马达加斯加。腊纳瓦洛娜一世还允许一位法国传教士——约翰·拉博德继续在马国授课。1832 年 5 月，约翰·拉博德在塔那那利佛附近开设了第一所武器作坊。同年，约翰·拉博德成为腊纳瓦洛娜一世的专业顾问，马国的技术教育也正式起步（Rabesoa，2013：6）。1834 年，腊纳瓦洛娜一世开始禁止奴隶接受教育。1835 年，马国学校全部被关闭，所有的传教士教师也被驱逐出境。同年，第一本用马达加斯加语出版的书——《圣经》作为教材被广泛用于马国的教学活动。

拉达马二世于 1864 年决定重新向欧洲国家开放国门，并大规模扩大教育系统覆盖范围。马国决定与英国和法国重新开始合作，英法两国也逐步开始派遣使团前往马达加斯加并重新开始教学活动。该时间段内，马国几乎所有的地区都在大力发展教育事业，尤其是 1864 年于马国东北部成立的福音传播协会、1866 年于塔那那利佛成立的外国宣教会，以及在菲亚纳兰索阿、塔那那利佛和马岛南部成立的挪威路德教会。

在腊纳瓦洛娜二世的统治下，马达加斯加第一所医学院成立。该学校提供学制为

5 年的课程，既包括理论课程，也包括临床练习。教师团队仅包括 3 ~ 4 名欧洲教授以及 1 位英国大学毕业的马达加斯加医生（Rabesoa，2013：8）。虽然起点不高，但马达加斯加教育机构数量增加迅速，从 1868 年的 28 所增加到 1869 年的 142 所以及 1879 年的 359 所。马达加斯加的学生人数也从 1868 年的 1700 名增加到 1869 年的 5270 名以及 1870 年的 16000 名（Rabesoa，2013：9）。1872 年，基础阶段的义务教育也重新回归马达加斯加。同年，马达加斯加建立了第一所师范学校，以更好地推动小学教育。该所师范学校附属一所小学，培养的师范生在毕业前均需到该小学实习一个月。1881 年，该政策已全面向所有种族、所有阶层的儿童开放。1883 年，1155 所学校得以建立，共有 133695 名学生接受了学校教育（Andriatsimiala，2016：32）。马达加斯加教育系统从而成为撒哈拉以南非洲最发达的国家之一。

殖民前马达加斯加的学校集中在中部高原地带，且仅对上层社会的家庭开放。其数量也非常有限，仅有少数的儿童可以从中受益。该时期马达加斯加教育的主要目标是传达社会规范守则，并教授生活社区内所需了解的知识。传统社区中社会分级明显，处于金字塔顶端的是长者，然后是父母以及其他较有资历的中年人，最后是青年群体。此外，家族的祖先拥有至高无上的地位。在一个社会分层鲜明的社会中，学校传统教育训练学生遵守社会规则和保持对祖先的尊敬。

三、殖民时期的教育政策：殖民化

1896 年，随着法国殖民的开始，马国的教育体系开始逐步向农村和偏远地区拓展。国家的教育目标随政局的变动而改变，其主要任务是巩固法国的殖民势力。马达加斯加当时的统治者加列尼（统治期间为 1896—1905 年）认为国家有责任建立公立学校，并且殖民学校应该是政教分离的（Andriatsimiala，2016：11）。1897 年，加列尼曾宣称：

> 我不必知道你的宗教信仰是什么。你们都可以坐在我们学校的长椅上，学习我们的语言，用法国闻名于世的布料打扮自己。你会向我们学习如何爱自己，尤其是爱法国——你们的新家园，成为熟练的工人和善良的耕作者。
> （Andriatsimiala，2016：12）

加列尼统治下的马达加斯加学校分为两种，分别是面向拥有法国公民身份儿童的精英学校以及针对原住民的职业性质较强的学校。面向原住民学校的毕业生无法通过教育获得管理层的工作。法国的殖民历史直接导致了在大部分学校中，法语占据主要地位。加列尼宣称，马达加斯加任何无法用法语进行口头和书面表达的毕业生均不能在事业单位求职。

殖民期间的前七年内，马国政府共建立了 650 所原住民学校，其中近一半分布在英国传教士尚未影响到的沿海地区（Andriatsimiala，2016：32）。殖民期间的学校教育主要以基本技能和法语能力为主，部分成绩优异的学生可以在通过选拔后接受中学教育，以期在毕业后成为公务员，而无法读写法语的人则不能应聘公务员工作。1959年，马达加斯加国内小学数量达 2321 所，学生数量达 369894 人；中学数量为 30 所，学生数量达 8750 人；技术学校数量为 146 所，学生数量为 6174 人；高等院校有 3 所，学生数量为 525 人（王建，2011：54）。1960 年马达加斯加独立时，教育体制基本上和法国一致，包括其教育体制、教师培训方式和学生选拔方式等。

在殖民期间的教育体制下，性别不平等的现象较为明显。例如，在小学阶段的课程中，虽然所有的学生都学习画画，但是只有男生会上手工课以及农业相关课程，而女生只能接受缝纫类课程。可以说，对男性的教育目标主要是培养其成为工业、农业和商业领域的重要劳动力，而女性更主要的是学习如何成为家庭主妇、妻子与母亲。在 23 个职业中，只有两个职业和女性有关：助产护士以及裁缝，而只有寡妇、离婚妇女以及丈夫无工作能力的女性才有资格合法地申请其他种类的工作。

总体上看，马达加斯加第一所学校的引入是在 19 世纪初，岛上教育体制主要由欧洲人负责，教育系统也以福音化为基础。殖民期间的马国学校课程和教育体系总体上仍由法国负责。独立前马达加斯加教育系统的目标是维持欧洲国家对其殖民，并为此培养足够的人力资本，包括翻译、教师、公务员以及合格的技术人员等。该目标一直持续到马国独立后的初始阶段。

四、独立后的教育发展：本土化和全民化

国家的独立也意味着教育事业不再为殖民国家服务。然而，由于马达加斯加的经济体制仍然极大地依赖于法国经济，其教育体制也仅是法国殖民者和马国当权者的工具。从历史上看，自马达加斯加独立以来，共有四份文件对其教育领域的相关政策进行了规定，分别是国家教学促进计划（1）、国家教学促进计划（2）、全民教育计划以及教育过渡计划（2013—2015 年）。

（一）独立初期

20 世纪 60 年代的马达加斯加教育体制呈现出明显的法国特色。教育的主要目标是对青年进行道德、智力以及身体的培训。独立后的第一共和国时期，在齐拉纳纳总

统的领导下，选择继续使用和法国教育一致的教科书以及来自法国的教师。1960 年独立后，小学阶段的免费义务教育政策得到了进一步落实（Andriatsimiala，2016：16）。成绩优异的小学生会接受额外的培训以帮助他们进入中学阶段的学习。中学阶段主要分为两部分：初中和高中。初中毕业生会得到 BEPC 证书，而高中毕业生会被授予 BACC 证书。第一共和国时期，马达加斯加的教育体制分为两类课程：一类是专业性较强的培训，如农业、手工业、工业和商业领域；另一类是医护人员和高等师资人员的培训，后者通常进入国家护士学校、助产学校、卫生护理学校以及塔那那利佛医生学校等学习。

独立后的马达加斯加教育呈现出精英化的特征，也开始在本土化、教学内容等方面进行改革。教学语言通常为法语和马达加斯加语，且法语仍占据主导地位，该现象一直持续到1972 年。国家精英和领导对马国经济的对外依赖性较为灰心，而接受过良好教育的学生也开始对此进行抗议活动。1972 年，由于教学活动和国家当时的社会文化需求严重不匹配，学生多次举行抗议，并最终导致了第一共和国的衰落以及新一轮教育改革的开始。

第二共和国总统视学校教育为迪迪埃·拉齐拉卡海军上将灌输其政治思想的工具，并从三个方面对教育体制进行改革，分别是教育民主化、教育管理权力下放，以及马达加斯加语的推广，主要目的是逐渐淡化法国殖民历史的影响，逐步用马达加斯加语替代法语，并夯实马国民族历史在教育体系中的重要地位，尤其是要唤醒每个公民的"主人翁"精神，对国家发展的参与感和责任感。该时间段内马国教育的相关工作主要由中等教育部和基础教育部两个中央部委负责，超过30%的国家预算被用于教育领域，包括学校建设、教师培养等（JICA，2015：7）。

第二共和国时期，教育体制以调动资源为原则。除了各级教育阶段的目标，教育原则上还应唤醒每个人的创业精神、对承诺的坚守以及对国家的责任。该教育体制侧重于激发年轻人的活力，并鼓励年轻人提高生产力，以帮助他们创造财富。教育和培训旨在培养学生的合作、伙伴关系和团结精神，以更好地为国家服务。

从 20 世纪 70 年代中期开始，马达加斯加开始逐步加强民族教育。1975 年，负责马国教育事业的部门由原先的 2 个增加到 4 个，增加了高等教育部以及科学研究部。此外，除了基础教育，马国还提供职业教育、继续教育以及教师培训。职业教育面向小学毕业生以及中学毕业生，通常持续 2 年。继续教育一般向已开始工作的劳动者提供相关的培训，以完善其职业技能。教师培训则以提高教师的教学能力为目标。

在独立后的前 20 年里，虽然马国小学阶段的净入学率得到了明显的增长，但教育质量仍难以得到保障（JICA，2015：7）。1962 年，在 133.54 万 6～14 岁的学龄人口中，只有 63.34 万人在上小学，入学率为 47.4%。第二共和国时期，这一比率在 1975 年增加到 52.1%（在 2174100 名学龄人口中，有 1133013 人在校就读），3 年内仅增长了 4.7 个百分点。在接下来的 5 年内，小学入学率上升到 1980 年的 76.7%，增加了 24.6 个百分点（Andriatsimiala，2016：35）。

第二共和国时期，一半以上的学龄人口接受了小学教育，入学率超过 50.0%。1976 年为 68.8%，1977 年达到 74.4%，1978 年为 74.3%，下降了 0.1 个百分点，然后在 1978 年上升到 75.7%。小学教育影响了所有省份一半的受教育人口（Andriatsimiala，2016：36）。

自 1972 年以来，马达加斯加通过将教学语言改为马达加斯加语，所有要教授的科目也被翻译成马达加斯加语，为其公民教育带来了新的愿景。20 世纪末，马达加斯加的教育有了一定的发展，但仍处于初级阶段。以 1987 年/1988 年至 1991 年/1992 年为例，该时间段内，小学学生人数持续上涨，从 1487724 增加到 1496281（Rabesoa，2013：23）。这可能与联合国等国际机构的介入和帮助有关。马国政府在教育普及方面做出的努力也得到了体现，尤其是在女童的教育上。然而，6～10 岁学龄儿童的失学比例仍然较高，尤其是以男孩为主，这主要是由于大多数学龄男孩需要承担部分家庭劳作的责任。

（二）全民教育计划

第三共和国则以教育普及为主要目标。1990 年 3 月 5 日，马达加斯加出席了由联合国儿童基金会、联合国教科文组织、联合国开发计划署及世界银行在泰国宗滴思举办的世界全民教育大会。该会议指出，发展和教育紧密相连，没有教育就没有发展；没有人民的有效参与，就没有发展。发展问题被称为贫困、无知、营养不良、健康不佳、人口生产力低下……会议强调绝对需要消除一切形式的贫困、苦难、文盲、无知和病态，因为这些都是社会、经济和文化衰退的因素，并建立全球正义与和平。

马达加斯加在尊重会议精神的基础上提出六大目标，以保证马国儿童、青少年以及成年人的基本教育需求。该六大目标包括：扩大学龄前儿童的照料和教育工作；在 2000 年前实现全民小学教育；提高教学效率；降低成年文盲率，尤其是其中的性别不平衡现象；加强青年和成年人需要的基础教育与技能培训；提高个人和家庭的教育收益，帮助他们获得提高生活质量所需的知识、技能和价值（République de Madagascar，1999：2）。为此，1992 年宪法在法律层面认可了所有人的受教育权。联合国等多个国际组织的援助和合作伙伴的增加帮助马国政府在教育领域进行了多次改革。1993 年，为了更好地推进全民教育，马国成立了国家全民教育委员会，然而该机构并未起到重要作用。1994 年，马国在宗滴恩会议精神框架下，进一步明确了国家教育事业的发展方向：以提高小学教育质量为重点，提高小学教育和中等教育的收益率，提高教育普及率，并拓展通过教育改善生活质量的途径和提高教育行政管理效率。

1995 年 3 月 13 日，《教育基本法》对马达加斯加基本教育原则进行了说明（JICA，2015：7）。在该法律规定下，教育和培训的主要目的是培养创新精神，提高创造力，提高文化审美，以及提升竞争精神、沟通能力和进取精神。此外，该法律还对人们的受教育权予以认可，并指出教育培训有助于提高体育、知识、道德和艺术等方面的素质，以帮助人们适应社会、经济和文化的发展（UNESCO，2010：2）。对于无法在公立教育部门接受教育的人来说，他们可以选择接受扫盲课程，以获得最基本的生活技能，如阅读、写作和计算等。该法律下教育体系的结构与第二共和国大致相同，有四个教育层次。该系统还包括技术和职业培训，以及在高等师范学校提供的师资培训。不同之处在于语言政策，法语重新被作为教学语言。1997 年，在世界银行的帮助下，马国政府制定了国家教学促进计划（2），并将教育工作划归三个国家部委的管理范畴，分别是基础和中等教育部、高等教育部以及职业技术教育部。

2000 年，马达加斯加的教育状况仍不容乐观，表现在以下三个方面：在 8 亿多 6 岁以下儿童中，只有不到 1/3 从某种形式的学前教育中受益；约有 1.13 亿儿童，其中 60% 是女孩，无法获得小学教育；至少有 8.8 亿成年人是文盲，其中大多数是妇女（Rabesoa，2013：37）。

联合国教科文组织在达喀尔组织的世界教育论坛进一步强调宗滴恩会议上颁布的"全民教育计划"，马达加斯加政府开始拓展"全民教育计划"。该计划致力于普及小学教育，在 2015 年前使马达加斯加的小学入学率达到 100%，改善学习和教学质量；逐步拓展并改善中等教育，以落实九年基础教育以及助力高等教育现代化，以保证教育培训工作符合劳动力市场需求；发展职业技术培训，改善培训质量，提高培训的普及率，并改善该教育阶段的管理效率；推进公民教育。从 2001 年开始，拉瓦卢马纳纳总统致力于提高正式和非正式领域教育体制的普及率与教学质量。2002 年，政府决定将中央教育管理部门集中由国民教育和科学研究部管辖。教育占财政预算的比例也从 2001 年的 2.3% 增加到 2004 年的 3.8%。

（三）教育加速计划与马达加斯加行动计划

2002 年，在世界银行的支持下，马达加斯加开始推广一项新的教育计划，名为"教育加速计划"。该计划致力于在 2015 年前实现全面普及小学教育的目标。作为一项世界发展中国家共享的教育计划，该计划希望对国际社会在 2000 年达喀尔教育论坛期间所作的承诺给予具体回应，并号召所有发展中国家团结起来，共同与贫困和不平等现象作斗争。

2004 年 7 月 26 日，新的教育法出台，取代了 1995 年的《基础教育法》。此后，国民教育部、职业和技术培训部以及高等教育与研究部共同负责教育管理工作。2004 −004 号文件对教育体制、教学、培训等方面均做了规划，并将国家公立正式教育分为四个级别。首先是针对六岁以上儿童的九年制基础教育阶段，该阶段又分两个等级：可以获得小学基础学习证书的五年制小学教育，以及可以获得初级中等教育证书的四年制初中教育。其次是中等教育阶段，通常持续三年，向已经完成基础阶段教育的毕业生开放。完成中等教育阶段的学生可以获得高中会考证书（类似于中国的高中毕业证书）。再次是高等教育和高等职业培训，分别以科研学术和职业技能为主要内容。最后是职业技术培训，主要致力于根据经济发展趋势和实际需求培养青年与职业人员，并由职业培训中心负责，该类培训通常持续 2 ~ 3 年（Unesco，2010：3）。

2006 年 11 月，马达加斯加政府颁布了名为"马达加斯加行动计划（2007—2012年）"的五年计划，该计划主要以减贫为目标，其中教育事业的发展是主要组成部分。"马达加斯加行动计划（2007—2012 年）"致力于打造一个符合国际标准的、普及率高且高效的教育系统，以帮助学生发挥其创造力，实现梦想，从而保证使马达加斯加成为一个有竞争力的国家所需要的优质人力资源。该计划在教育领域提出了三大重要任务：发动所有公民参与国家的发展，以提高农业、工业和服务业三大产业的生产效率；培养在国际市场上具有竞争能力的劳动者，并打造一个符合国际标准的高质、高效的教育体制；在各个教育阶段努力缩小男女性别差异，并向所有儿童提供有质量的小学教育。

由于 2009 年马达加斯加政局动荡，"马达加斯加行动计划（2007—2012 年）"被迫中断。新政权于 2015 年 1 月提出了新的国家发展策略（2015—2019 年）。自此，基础教育阶段的主要任务是通过打造一个国际化的教育体制以快速减少文盲数量、向所有儿童提供免费的高质量教育，以及提高受教育者的满意度和教育系统的作用。

2007 年马达加斯加《宪法》第 24 条规定，国家应向所有人提供公共、免费以及容易接受的教育，并且小学教育应当是针对所有人的义务教育。2007 年马达加斯加《宪法》第 134 条还规定，地方政府应具有一定的行政和财政自主性，以促进公民积极参与公共事务，同时保证马达加斯加的文化多样性。2004 年《教育法》在 2008 年7 月 17 日得到了修正（JICA，2015：7）。该法案建立了全新的教育体制（7 + 3 + 2）以代替之前的体制（5 + 4 + 3），基础教育阶段持续 10 年，包括 7 年的小学和 3 年的初中，高中持续 2 年，直到学生拿到高中会考证书。然而，由于政局动荡，该调整并未得到实施。这一时期马国教育机构分为两大类：正规教育机构和非正规教育机构，后者包括托儿所、幼儿园、扫盲中心以及公民教育机构等。2004 年《基础教育法》推出后，马达加斯加的教育事业得到了进一步发展，学生数量持续增加，且私立机构的比重长期高于公立机构。

2009 年，马达加斯加的政局动荡导致仅首都塔那那利佛就有 20 万个就业岗位消失。教育领域的财政投入也大大减少。生活在贫困线以下的人口比例从 2010 年的75.3% 激增至 2012 年的 81.0%，到 2021 达到 92.0%，即每 10 个马达加斯加人中就有 9 个生活在贫困线以下（Humanium，2021）。2012 年，国民教育部颁布了"教育过渡计划（2013—2015 年）"。为了解决全民教育普及过程中经费短缺的问题，该计划囊括了马国教育体制中的学前教育、小学教育、中学教育，并从普及率、教育质量以及教育管理三个方面作出相关规定。由于政局不稳定，该计划并未取得明显的效果。

随着世界银行和联合国教科文组织的帮助以及和多个国家的合作，包括法国、美国和日本，大批学校得以扩建，同时引进了大批教师，教学方式也逐渐从传统的说教式转变为以学生为主的自主学习式。

五、现行教育政策：系统化

马达加斯加现行的教育体制分为五个阶段，分别为学前教育、小学教育、中学教育（包括初中和高中）、职业技术培训以及高等教育（Rakotomanana，2020：8）。现任政府于 2014 年决定任命三个中央部委共同负责马达加斯加的教育事业，分别为国民教育部、高等教育与研究部，以及就业、技术和职业培训部。其中，国民教育部负责马达加斯加的学前教育、小学教育和中学教育，高等教育与研究部负责国内的高等教育和科学研究，就业、技术和职业培训部则负责国内的职业技术教育。

在马达加斯加的传统学制中，学前教育阶段向所有 3~5 岁的儿童开放，有公立和私立之分。学前教育阶段共持续 3 年，分别包括针对 3 岁儿童的小班、针对 4 岁儿童的中班，以及针对 5 岁儿童的大班。小学阶段通常持续 5 年，儿童须年满 6 岁才可以就读小学，并在课程结束后获得基础小学教育证书。中学包括 4 年初中和 3 年高中，并在学习结束后向通过考试的学生颁发会考证书。中学分为公立和私立两种，初中学生的年龄一般为 11~14 岁，高中学生的年龄一般为 15~17 岁。从高二开始，学生还可以选择文理科。对于没有意愿或能力进入中学阶段的学生来说，可以选择走职业培训的道路，包括职业培训中心和职业技术高中。职业培训中心提供两种培训课程：一类是针对小学毕业生的两年制培训，该培训完成后，学生可以获得学习完成证书；另一类是针对七年级的初中在读生以及已经获得学习完成证书的学生，学习时间为3年，学习完成后可以获得职业能力证书。而职业技术高中则面向拥有职业能力证书的学生，毕业后可根据课程的不同获得职业学校毕业证书、职业会考证书或技术会考证书。

马达加斯加的高等教育分为三类：为了获得高级技术员资格的短期培训，不同类型、不同性质的长期培训，以及可以定制的培训方案。职业性质更强的高等教育机构（如师范院校）的培训时间一般为2~3年，而综合性公立大学的课程则需要4~8年。从整体上看，取得普通文学和科学大学证书需要2年，本科学位需要3年，硕士学位需要4年，而博士则需要5年及以上。高等教育与研究部共管理6所大学、3个高级技术学院、9个国家研究中心以及2个培训中心。马达加斯加教育体制示意图如图1所示。

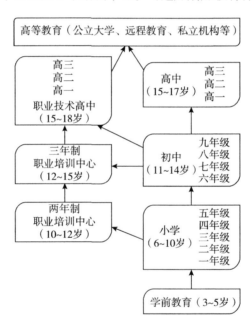

图1 马达加斯加教育体制示意图

各教育阶段有着不同的目标。小学教育不仅应当帮助学生获得阅读、算术等基本能力，还应该教会他们学会用批判性思维进行学习，成为拥有开放、平衡心态的社会公民。中学教育阶段则以培养学生进入劳动力市场的能力为主要目标，并助力其进入更高层次的学习机构进行深造。此外，中学毕业生还应具有一定程度的分析能力、研究能力和解决问题的能力，这有助于他们更好地适应日常和职业生活。为了达到如上目标，马国政府持续更新其教学机构并逐步完善教学条件，同时根据社会及个人的需求调整相关教育活动。学前教育、小学教育、中学教育和高等教育都属于正式教育。

除了正式的学校教育，人们还可以从家庭、社会机构、文化活动等处获得学习体验。马达加斯加非正式教育包括扫盲课程、成人教育、职业教育以及基本技术学习。学习地点可以是工作场所或者社会机构，且接受所有年龄、所有教育程度的学员。非正式教育的学习时间通常不是固定的，而是更多地取决于参与者的实际需求以及学习效果。

六、结语

独立后的马达加斯加在教育领域取得了明显的成绩，多项教育计划的推出促进了教育事业的发展，不论是在覆盖范围还是在教学质量上。然而，马国的教育发展仍面临诸多困难，包括政局动荡、儿童疾病和营养不良、人力资源短缺、早婚早孕以及不明朗的就业前景等制约教育事业发展的重要因素。马达加斯加的历史证明，该国教育事业的发展需要建立在政局稳定和经济繁荣的基础上。

参 考 文 献

［1］ VELOMIHANTA R. Le système éducatif de Madagascar ［J］. Revue internationale d'éducation de Sèvres，2007（46）：125 – 132.

［2］ K12 Academics. History of education in Madagascar ［EB/OL］. ［2021 – 03 – 07］. https：//www. k12academics. com/Education% 20Worldwide/Education% 20in% 20Madagascar/history – education – madagascar.

［3］ ANDRIATSIMIALA M T. L'etude du système educatif malgache comme moteur d'evaluation de l'education ［R］. 2016.

［4］ RABESOA A J. L'education pour tous à Madagascar：Approche historique ［M］. 2013.

［5］ 王建. 列国志：马达加斯加 ［M］. 北京：社会科学文献出版社，2011.

［6］ Agence Japonaise de Coopération Internationale （JICA）. Etude sur le secteur de l'education de base en Afrique Madagascar ［R］. 2015.

［7］ République de Madagascar. National EFA 2000 assessment report first draft ［R］. 1999.

［8］ UNESCO. World data on education données mondiales ［R］. 2010.

［9］ Humanium. Enfants de Madagascar ［EB/OL］. ［2021 – 04 – 08］. https：//www. humanium. org/fr/ madagascar/.

[10] RAKOTOMANANA F, et al. Enfants hors l'école et analphabétisme à Madagascar: Analyse des métadonnées et mesure [R]. 2020.

On the Historical Evolution of the Madagascar Education Policies

Abstract: The education system in Madagascar began to develop gradually after the arrival of Western missionaries. Before colonization, Madagascar's education had a strong religious influence and was concentrated among the elite. During the colonial period, educational policies in Madagascar were designed to serve the colonizers and were notably unequal, especially for women and indigenous people. Following Madagascar's independence, the government introduced four significant national education reform programs, focusing on localizing the content of education and increasing the rate of educational attainment. While these efforts have achieved some success, Madagascar's education system still faces significant challenges due to political instability and economic limitations.

Key words: Madagascar, education policy, colonization, independence, educational reform plan

作者简介：崔璨，法国克莱蒙奥弗涅大学人文地理系博士，国际关系学院外语学院法语系副教授，主要从事区域国别学、国家安全等研究。

南非基础教育投入研究[*]

陇东学院文学与历史文化学院　刘秉栋

【摘　要】南非基础教育投入占 GDP 的比重相对较高，在中央政府大力投入的同时，更多地仰赖地方政府的财政投入。通过梳理南非基础教育投入现状发现，该国基础教育投入的费用主要用于教师工资开支、设施维护修缮和教材保障，旨在提高教师岗位的吸引力，保障基础教育正常实施，助力实现基础教育发展愿景。投入模式显示，南非基础教育投入有规范的流程，以期最大限度地利用好有限的资源，努力确保教育机会均等和均衡发展。然而投入成效分析发现，投入产出比较低致使南非基础教育发展不均衡不充分的现象依然存在。

【关键词】南非；教育投入；投入模式；投入成效；均衡发展

一、引言

基础教育投入是南非政府支出的重要组成部分。南非财政部官网显示，南非基础教育 2022—2023 财年拟投入 2828 亿南非兰特（DONTSA，2022）。从历时教育投入视角来看，南非政府一直将财政资金更多地投入了发展基础教育方面，以 2015 年为例，南非基础教育拟议拨款达到 6500 亿南非兰特，并继续以年均 6.3% 的速度增长。从 1998 年占国内生产总值（GDP）6.8% 的高点开始，南非教育支出到 2015 年占 GDP 的 5.3%，占政府综合支出的 17.0% 左右，使教育成为政府支出的最大类别。尽管南非的教育支出占比低于联合国教科文组织 6.0% 的基准，但高于其他发展中国家的教育支出占比（Motala，2015：163）。

有研究认为，发展中国家学校的基础设施和教学环境对学生成就有显著的影响

＊ 本文为 2022—2024 年甘肃省高等院校外语教学研究重大项目"国际传播视阈下大学英语教学全球胜任力培养研究"（课题编号：GSSKB22 – 02）的阶段性成果。

（杨凤娟，梁彦彦，2023：67－72）。南非基础教育发展同样离不开大量资金投入以支持软硬件建设。舒尔茨（Schultz）的人力资本理论认为，通过教育投资形成的人力资本与物质资本一样，都会对经济增长起到促进作用（Schultz，1961：571－583）。乔琳利用菲德尔模型就金砖五国教育投资对经济增长的贡献和外溢效应进行比较研究，发现南非教育投资对经济增长同其他金砖国家一样具有正向的促进效应，但正向促进作用不显著（乔琳，2013：63－68）。这种计算可能没有考虑基础教育与高等教育的差异性，南非的基础教育与高等教育的社会收益肯定不同于其他国家。

二、南非基础教育投入现状

南非基础教育在中央政府投入的同时，更多地仰赖地方政府的财政投入。南非统计局数据显示，在2017—2018年省级政府收入基金和捐赠基金交易的非财务性固定资产（功能分类）与经营活动的总支出现金流中，最大支出项为教育领域，如图1所示。

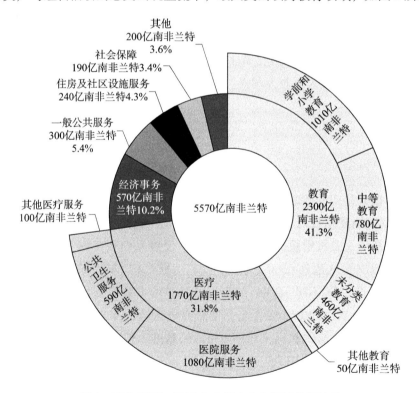

图1　南非2017—2018年省级支出各领域份额情况

图片来源：South Africa Statistics. Government Spendings［EB/OL］.（2022－01－13）［2022－03－01］. http：//www. statssa. gov. za/wp－content/uploads/2019/09/prov1. jpg.

从图 1 可见，2017—2018 年，南非教育支出为 2300 亿南非兰特，占总份额的 41.3%，其中学前教育和小学教育支出约为 1010 亿南非兰特，占教育领域总支出的 43.9%，其次为中等教育，占 33.9%，被列为"其他"的高等教育仅占省级财政支出的 1.7%，可见基础教育支出占南非教育支出的最大份额。这与国际组织及其研究的理念导向不无关系。一直以来，国际社会总是鼓励非洲国家多投入基础教育，因为处于初级阶段的社会，其基础教育的收益率远高于高等教育，高效的教育经费投入能够更有效地助力经济社会高质量发展。梳理相关文献发现，南非基础教育投入的费用主要用于教师工资开支、设施维护修缮和教材保障。

（一）提高教师岗位吸引力，助力提升教育教学质量

加文·乔治（Gavin George）等运用购买力平价理论分析了教师工资差异，发现赚取更高的工资是南非教师流动的主要驱动因素，对教育质量造成了一定影响（George and Rhodes，2015：111 – 136）。泰勒（Taylor）在《南非数学教育的西西弗斯之梦》中指出，南非学校教育陷入了一种恶性循环，其特点是基础教育薄弱，学生的学业表现低于平均水平，反过来导致教师地位低下（Taylor，2021：1 – 12）。因此，南非政府十分重视通过提升教师岗位吸引力助推教育质量改善。有研究发现，南非基础教育投入中，教育工作者的工资占比较大，而其他投入的支出低于国际标准。以 2015 年为例，南非教育工作者的工资占总支出的 17.0%，这与南非一贯重视教师职业发展和待遇的认知与做法一致。根据斯坦林布什经济研究手稿，教育质量取决于教师质量，而教师质量取决于教师职业的吸引力及其岗位提供的工资待遇（Armstrong，2009：1 – 32）。随着基础教育入学率的提高，教师缺口变大，为了满足教育需求将未经培训的教师安排上岗，在一定程度上也影响了基础教育的教学质量。鉴于此，南非政府重视通过教育投入来吸引高层次高水平人才投入教育教学。

（二）保证基本硬件设施运转，保障基础教育正常实施

一方面，南非政府重视对薄弱学校的扶持，改善了部分基础教育教学环境。例如，学校基础设施备用基金（SIBG）主要投向基本服务匮乏的学校，如供水、卫生和电力等都面临问题的学校。此外，这些备用金还用于替换用不适宜材料如泥土、木材和锡等建造的学校（SAGBE，2022）。另一方面，近乎严苛的管理却限制了设施维护，未能很好地服务于基础教育教学发展。大量研究显示，大多数学校的管理功能受限于南非学校法案，致使学校设施维护近乎消亡，学校治理面临巨大挑战。实际上，如果

维护和管理得当，学校设施能够转化为学校高质量发展的积极因素。除了资金投入，学校设施维护还有赖于组织、检测和规划。然而，现实中许多学校面临维修基金短缺的困难。虽然教育部有相应拨款，但远远不够，且在分配给学校的总体财政拨款中，仅有 12.0% 能用于学校设施维护。这种"围栏"（ring - fenced）① 做法使许多学校有钱不能花或需要自筹超过 12.0% 限制的维护费用（Xaba，2012：215 - 226）。

（三）确保教材落实到位，创设完整教学环境

南非基础教育部指出，南非基础教育阶段的学习教学支持材料（LTSM）包括挂图、练习册、教科书、电子书、阅读器、文具、科学工具包、字典、百科全书等，这些是教师教学和学生学习的基础。在知识论视野中，教材是知识生产、学科建构、文化再生产的连环与纽带，可以防止知识"健忘"、促进知识积累与传播（折延东等，2016：42 - 47）。哈奇森（Hutchison）等认为，教材是教学的基础要素，每年印发数量达百万余套，且许多国家设立大量的援助工程……似乎没有对应的教材，便没有完整的教学环境（Hutchison and Torres，1994：315 - 328）。卡洛琳·米克尼（Carolyn Mckinney）认为，教材或学习支持材料对种族隔离及后种族隔离时代的课程教学均有强大的影响力（Mckinney，2005：6）。阿阑·卢克（Allan Luke）在《文学、教材与思想意识》一书中指出，教材经国家正式认可和采纳，决定着共同文化的形态，是连接文化知识与学习者的重要媒介，也是塑造青少年文化价值观的一种专用载体（Luke，1988：64）。可以说，教材信息指引着青少年的心灵走向，对一个民族国家而言，知识对错远不及价值观上对新生代的影响。因此，无论教育系统内面临怎样的财务压力，都应解决好教材问题以保障学习效果，这是南非教育界的共识，由此导致基础教育教材支出不断增加。为了缓解压力和节省教材方面的开支，有研究提出使用开放教育资源（OER），并指出该工程从长远来看可能有助于降低教育资源获取的成本，从而更好地满足日益增长的教育需求，而且有可能改善教育成效。开放教育资源近几年在西方国家迅猛发展，它与学术出版的开放获取、网络大规模开放课程（MOOC）、软件开源等共同构建了一套旨在对旧的知识传播体系进行颠覆性重构的开放系统，对凭借垄断知识资源获利的教育出版商形成了直接而强烈的冲击。从南非基础教育现实来看，这有助于实现教育行动规划目标之"确保学习者能获取最低数量的教科书和练习册"。

---

① Ring - fenced 本来是指英国实施的"围栏"改革。在全球金融危机中遭受重创后，英国政府为了维护金融稳定，重塑稳健安全的银行体系，对银行业实施了一系列改革，其中最重要、争议最大的就是所谓的"围栏"改革。研究者在文中使用该词，说明受访者对南非教育部 12.0% 设施维护费用限制的做法颇有质疑。

三、南非基础教育财政投入模式

基础教育财政投入和预算是南非政府与教育管理相关部门最重要的任务之一，如果没有足够的资金，即使是最好的政策和计划也难以成功实施（Veriava et al，2017：41）。实际上，南非教育支出几十年来一直在增长，从 1995 年的 311 亿南非兰特到 2002 年的 596 亿南非兰特，再到 2007 年的 1055 亿南非兰特，如何最大限度地利用日益有限的资源，是南非学界和教育相关部门十分关切的问题（Sarah，2017：16 – 34）。南非基础教育投入一方面确保公平，另一方面确保效率，其投入模式如图 2 所示。

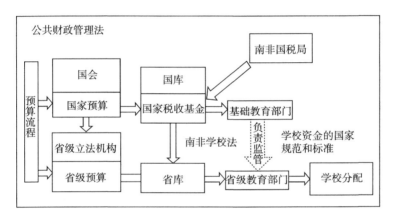

图 2　南非基础教育投入模式

图片来源：SARASH G. Tracking the money for open educational resources in South African basic education：What we don't know［J］. International review of research in open and distributed learning, 2017（4）：16 – 34.

图 2 勾勒了南非基础教育的宏观投入模式。南非基础教育投入有规范的流程，努力确保教育支出，从而确保教育公平。正如艾德思（Arendse）所言，南非政府有义务从公共收入中为公立学校提供资金，以确保纠正教育系统中的不平等现象，学校资金的规范和标准阐明了确保《学校法》所设想的补救措施的程序（Arendse，2011：339 – 360）。南非基础教育阶段的公立学校支出由国家和省级财政共同负担，国会批准国家预算，省级立法机构批准省级预算。南非的国家教育政策规定，议会是国家的最高权力机构，享有并承担教育立法的权力。内阁作为国家最高行政机构，在国家教育政策的制定上肩负着发起、组织、督促、协调等责任及义务（康建朝，尤丽雅，2013：70 – 74）。国家财政部负责管理国家的预算编制过程及其执行，各省级财政部门负责编制和执行每个省的预算。国家政府收到的所有资金，如南非税务局征收的税

款，都存入国家税收基金。议会和省级立法机构对每个项目投入的资金分别满足国家和各省的年度财政要求。国家预算拨款的资金用于基础教育部和高等教育部等政府部门，省级拨款的资金用于省级基础教育。每个省都有一个公平的预算省级份额，即南非议会为提供省级服务而确定的总金额。这一公平份额由一个公式计算得出，会考虑省内人口等多种因素。分配给各省级部门（如教育）的比例由省级政府或立法机构决定。2009 年，南非国家教育部拆解为基础教育部和高等教育与培训部，其中基础教育部负责基础教育。通常情况下，基础教育依靠国家财政部和各省地方政府共同拨款支持。南非 1999 年第 1 号《公共财政管理法》规定了国家和省级政府的财政管理内容，并明确了各自的职责。拨款到学校后，由学校进行具体的分配，当然，对各类支出都有着严格的管理政策。

南非实现和平转型后，民主政府实施了一系列法律、政策，确保公共资金投入纠正种族隔离造成的差距，从而最终实现学习者接受基础教育的权利（刘秉栋，2020：206 - 223）。公立学校的融资在很大程度上依赖于学费。学费的确切数额由学校的家长群体决定，因此人们越来越担心公共资金体系正在加剧前黑人和白人学校之间存在的不平等。这一论点是基于这样的事实：富裕的学校可以通过收取高额学费来维持它们的特权地位，其预算远超贫困学校的预算，从而使学校间因财力支持程度不同而导致教育质量有所不同，许多学者对《南非全国学校资助规范与标准》（NNSSF）持质疑态度（Mestry，2014：851 - 867）。南非国家资金分为三类，第一类资金（约占90.0%）用于教师工资，具体数额与教师的资格和经验有关。由于资质最好的合格教师基本都在历史条件优越的学校，国家预算的很大一部分被分配给了这些学校。第二类国家资金用于学校的基础设施建设。由于大多数以前处境不利的学校的硬件条件都较差，政府几乎只向贫困学校拨款用于基础设施建设。第三类是非人事、非资本支出（NPNC），通常被称为"学校拨款"。这笔支出用于购买学校教学和评估所需的基本设备与消耗品，包括水电、文具、家具、计算机、复印机、教具等。学校从其非人事资本支出项目以及收取学费和组织筹款活动产生的资金中支付上述费用。

从微观学校操作层面来看，在提供教育方面寻求公共资源和私人资源之间的适当平衡，是国际政策议程中的重要议题，南非政府和学界为此也在不断探索。南非基础教育阶段的学校分为收取学费的学校和免收学费的学校，其教育拨款亦有较大差异。南非的公立中小学根据需要支持或富裕的程度分为五级，学校的贫困程度从一级到五级依次递减，即一级学校最为困难，而五级学校最为富裕。有学者推算了南非一级学校和五级学校的预算情况，详见表1。

表1　南非一级学校和五级学校预算　　　　　　　　　单位：南非兰特

资金来源	贫困学校（一级学校）	富裕学校（五级学校）
学校拨款（NPNC）	905	156
学校学费	50	20000
预算合计	955	20156

注：假设两所学校都有1000名学生；贫困的学校每年向每位学生收取50南非兰特的学费，尽管它是"免费"的；而富裕的学校每年向每位学生收取20000南非兰特的学费。

资料来源：ARENDSE L. The school funding system and its discriminatory impact on marginalized learners [J]. Law, democracy & development, 2011 (1)：339－360.

由表1可见，单从学校拨款来看，一级学校每名学生的预算额度为905南非兰特，而五级学校每名学生的预算额度为156南非兰特。虽然从学校教育拨款来看，免收学费的贫困学校似乎获得了更多的资源支持，一级学校的拨款是五级学校的5.8倍。然而，加上学费收入后，一级学校的预算总计则不及五级学校的一半。为了在财政资源有限的情况下公平分配资源，南非政府要求每个省级教育部门（PED）将其60.0%的非人事和非资本经常性支出用于本省最贫困的40.0%学校（即一级学校和二级学校）；20.0%处境相对最为有利的学校（即四级学校和五级学校）只应获得5.0%的拨款。南非政府确定的全国教育拨款符合充分性准则，该准则被视为"实现学习者基础教育权利的最低充分程度"。2011年的拨款准则为678南非兰特，等同于三级学校收到的学校分配资助。达到或高于该资助额度的学校被确定为免收费学校。换言之，一级到三级学校都是免收费学校。然而，现实中这些免收费学校获得的支持可能不足以支撑学校花费所需，因此也时常出现违规收费的情况。即便收费，其收取的费用也远远低于收费学校的标准。

《南非基础教育权利手册》对南非的基础教育拨款流程进行了总结，该研究与本研究述及的流程图类似，即南非国会、部长预算委员会、国家财政部、基础教育部、省财政厅、中期开支委员会（MTEC）、财政财务委员会、规划监测和评价委员会等教育相关者专注于基础教育、严控预算流程，为基础教育发展保驾护航。此外，鉴于南非的基础教育需要基础教育部与省教育厅协同推进，国家财政部负责召集并成立了"10＋10"基础教育工作组，成员包括基础教育部部长、九省教育厅厅长、国家财政部和九省财政厅代表，这一方面确保了统一的规划和预算流程，另一方面也为基础教育管理和供应的职能并行搭建了平台（Veriava et al，2017：42－43）。

麦思奇（Mestry）等指出，南非公立中小学分级制的实质是一种扶贫机制（Mestry and Ndhlovu，2014：1－11），贯彻的是平等化、均等化理念。教育机会均等被视为教育公平的重要体现和基本条件，其内涵在于社会各成员在自然、社会或文化的不利条件下，均可在教育中得到补偿。实现民主转型之初，南非教育部便颁布了《全国学校资助规范与标准》，规定了学校资助最低标准（DOE，1998：2 - 3），随后又于2004 年针对该标准提出了修订意见（DOE，2004：12）。南非政府2003 年报告指出，非贫困学校由于收费节约了大概3 亿南非兰特的公共支出以支持更为贫困的学校。贫困学生免费或通过申请减免等方式，较好地保障和畅通了其基础教育入学机会。2012 年8 月，南非基础教育部发布的《政府报告》宣布，执行修订版资助规范与标准（DOBE，2012：3 - 5）。南非基础教育资金按照学校所拥有的教育教学资源、师资队伍状况等进行分级投入，无不在努力寻求新思路、新方法，以期进一步实现教育机会均等。

四、南非基础教育投入成效

从南非基础教育投入成效来看，投入不均衡、产出不均衡、各省发展不均衡，甚至省内基础教育不均衡现象较为突出。此外，基础教育发展的"黑白"差异犹存，是其基础教育投入产出不均衡的另一隐性表现。

（一）南非基础教育投入产出比较低

一是南非基础教育高投入低产出现象突出。有研究发现，就连基础教育部也承认"有足够证据表明，南非的基础教育质量产出与其投入相比较，水平之低令人担忧"（Chisholm，2014：1 - 17）。近年来，南非基础教育入学率和完成率均取得了较为显著的成绩，但仍然面临着一些挑战和问题。南非基础教育部《2014 行动规划》显示，义务教育完成率由1994 年的80% 跃升至2010 年的99%。原来的白人学校现如今黑人占56%，非洲人占40%；原来的印度人学校情况改善效果则更佳。政府拨款由原来的白人学校是非洲人学校的5 倍变为如今的基本持平。然而，正如前文所述，国际测试表明，南非的教育质量仍落后于更贫穷的国家。这一点也得到了斯坦林布什大学伯格教授的研究的验证，历史上黑人学校的教育质量——占入学人数的80%——自政治过渡以来一直没有改善，尽管国家向此类学校投入了大量资源（Berg，2008：145 - 154）。

二是与其他非洲国家的基础教育成绩相比，南非仍有很大提升空间。莱茨卡（Letseka）的研究在一定程度上验证了伯格的研究，南部和东部非洲教育质量监测联盟的数据显示，南非基础教育阶段学生的阅读成绩和数学成绩比许多非洲国家如博茨瓦纳、肯尼亚、塞舌尔等低且增长率均不足10%。亨吉（Hungi）等的研究报告显示，在所有低收入国家中，南非的平均分在参与国际评估的国家中较低，或者当样本仅限于撒哈拉以南非洲时，其表现比肯尼亚、斯威士兰和坦桑尼亚等许多其他相当贫穷的国家还差（Hungi et al.，2010：1 – 10）。这与莱茨卡的研究结论相似。南非与其他非洲国家成绩对比见表2。

表2　南部和东部非洲教育质量监测联盟（SACMEQ）
国家学生成绩水平与趋势　　　　　　　　单位：分

国家	学生阅读成绩			学生数学成绩		
	2000 年	2007 年	趋势	2000 年	2007 年	趋势
博茨瓦纳	521.1	524.6	↑	512.9	520.5	▲
肯尼亚	546.5	543.1	▲	563.3	557.0	▲
莱索托	451.2	467.9	↑	447.2	476.9	↑
马拉维	428.9	433.5	▲	432.9	447.0	↑
毛里求斯	536.4	573.5	↑	584.6	623.3	↑
莫桑比克	516.7	476.0	↓	530.0	483.8	↓
纳米比亚	448.8	496.9	↑	430.9	471.0	↑
塞舌尔	582.0	575.1	▲	554.3	550.7	▲
南非	492.3	494.9	▲	486.1	494.8	▲
斯威士兰	529.6	549.4	↑	516.5	540.8	↑
坦桑尼亚	545.9	577.8	↑	522.4	552.7	↑
乌干达	482.4	478.7	▲	506.3	481.9	↓
赞比亚	440.1	434.4	▲	435.2	435.2	▲
桑格巴尔	478.2	533.9	↑	478.1	486.2	▲
津巴布韦	504.7	507.7	▲	—	519.8	—
联盟均值	500.00	511.8	↑	500.00	509.5	▲

注：↑表示增长了10%或以上；▲表示微弱变化，不足10%；↓表示降低了10%或以上。津巴布韦没有参加南部和东部非洲教育质量监测联盟2000年的项目Ⅱ，这里的数值源自1995年的项目Ⅰ。

资料来源：LETSEKA M. The illusion of education in South Africa［J］. Procedia – social and behavioral sciences，2014（116）：4864 – 4869.

从表2来看，南非学生的阅读成绩和数学成绩提升率一方面低于部分非洲国家如其邻国斯威士兰和莱索托，另一方面也低于联盟均值。斯威士兰是位于非洲南部的内陆国家，北、西、南三面为南非所环抱，其教育投入一方面依靠私人资源如学生家长缴纳的学费、私人组织、捐赠等，另一方面是政府拨款，主要用于教师工资、学校基础设施建设等（Shabalala，2005：6 - 7）。另有研究发现，斯威士兰高等教育的政府投入高达83%，相应地，基础教育更多地依赖学生家庭投入和支持，表明斯威士兰高等教育受到政府大量补贴是以牺牲或损害基础教育为代价的（Akinkugbe，2000：1074 - 1097）。即便如此，斯威士兰学生的阅读和数学成绩均实现了10%以上的增长率。实际上，斯威士兰和莱索托与南非经济社会发展不可同日而语，其基础教育投入相应的也没有多少可比性，却取得了较为理想的成绩。在2021年新刊的论文《揭开南非基础教育现状的面纱》中，玛曼（Maarman）教授指出，对比南非与其他非洲国家四年级、六年级和九年级学生的通过率以及考试成绩，可以发现南非基础教育的成绩并不好。过度拥挤的小学教室、四年级将英语作为教学语言的突然转变、教育教学设施陈旧等问题，在一定程度上成为南非教育教学质量提升的"绊脚石"（Maarman，2021：22）。当然，南非基础教育发展受到多种因素的影响，有些地区拥有更好的经济基础，条件成熟，改革力度大，教育资源相对优质，有些地区经济状况较差，则教育教学改革进度缓慢，有些课程领域改革力度大，有些领域则仍在起步阶段，致使基础教育发展不均衡、不充分的现象较为突出，在一定程度上影响了全国教育教学成绩的相关数据。

（二）南非基础教育"黑白"差异犹存

南非人比喻南非社会犹如一杯层次分明的卡布奇诺，底下是咖啡（黑人大众），上面是牛奶（白人中产），最上面是奶泡（白人富豪），最后在顶部撒点可可粉（黑人精英）作为点缀。这样的情形同样适用于南非如今的基础教育。如果说文盲比例是种族隔离教育的直接结果，阶层阶级调整带来的部分青少年学业困难是种族隔离教育的间接结果，那么教育教学基础设施差异尚未得到弥补就是一种过程性的影响，这一差异将持续地影响学生未来技能发展与思想认识和眼界。南非尚有许多学校仍旧资源匮乏，教育教学设备供应不足，课堂内学生拥挤不堪（Isaacs，2007：5）。南非科学与工业研究委员会的吉伯德（Gibberd）指出，种族隔离教育政策的"遗产"还体现在基础设施方面，前黑人学校基础设施破败落后，相较而言，前白人学校设施豪华且实验设备齐全（Gibberd，2007：1）。白人学校和黑人学校的信息通信技术融合与利用指数存在着较大差异，具体如表3所示。

表3　南非学校信息通信技术融合及利用指数

学校名称	学校前身	学生/计算机比例/%	计算机辅助教学的影响
圣约翰翰预备学校（St. John's Prep）	白人学校（私立）	4.49	教室里广泛利用信息通信技术，教学策略中开始启用白板互动教学模式
维茨教育学校（Whits School of ED）	白人学校	8.29	基础讲授过程中，所有教师全面使用信息通信技术，强力推进信息通信技术与课程融合
格林赛德设计中心（Greenside Design Center）	白人学校	12.41	一定程度上，信息通信技术融入所有课程教学，有些活动中，学生使用电子邮件，小组教学时，教师使用信息通信技术发出指令
兰德帕克（Rand Park）	白人学校	22.02	许多教师尝试在课堂内使用信息通信技术，但不够专业
姆维尔德赞第沃（Mveledzandivho）	黑人学校	34.00	教师主要通过计算机实验室向学生展示视频
伊斯库布祖（Isikhumbuzo）	黑人学校（私立）	36.00	校内唯一使用信息通信技术进行教学的教师便是计算机科学和通信技术教师
玛格利索伯格州（Magaliesburg State）	黑人学校	39.08	学校课程教学过程中很少使用信息通信技术
帕克（Park）	印裔学校	39.25	由于时间匮乏，课堂上的信息通信技术教学极少
艾德克莱斯特（Eldocrest）	有色人学校	44.54	信息通信技术对课堂教学影响很小，其影响力不如其他方式（如使用工作表）
BB 亚塔扎（BB Myataza）	黑人学校	2398.00	在直接教学活动中，教育实施者从不使用信息通信技术

资料来源：根据南非基础教育部官方网站相关资料整理。

由表3可见，学校信息通信技术融合情况根据肤色分层非常明显，在白人学校尤其是私立白人学校，不到5个学生便可拥有一台计算机，通信技术得以广泛运用，互动教学模式得以较好地实施，教学效果自然能够得到较好的保障。而在BB亚塔扎这样的黑人学校，全校几乎只有一台计算机，让教育实施者使用信息通信技术组织教学变成天方夜谭。信息通信技术从广泛运用到很少使用，再到从不使用，频率大幅缩减。在一定程度上，学校分层状况受到了种族隔离教育的影响，教育教学设备差异未能得以及时消除，让所有种族的人获得公平公正的教育落实在了口头上，而未能落实到教育教学设备更新上。

教学设施差异不可避免地造成了学生学业成绩上的差异。例如，南非教育部门试

图通过学校融合政策推进学生生发共感，然而时至今日，南非基础教育阶段的学生成绩表现差距仍然较大，主要受到以前学校类型的影响。除一小部分学校外，大多数公立学校的教学质量依旧比较薄弱，黑人学生的学业成绩表现与其他族群相比存在较大差异，具体如图3所示。

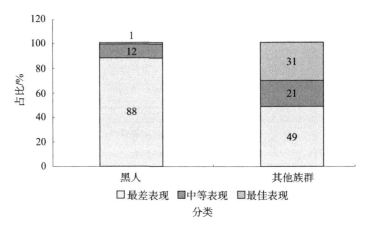

图3　2004年南非高中数学高级证书考试表现情况

图片来源：据南非基础教育部相关数据计算绘制。

图3显示，在公立学校中，黑人学生最佳表现率仅有1%，而最差表现率高达88%；相较而言，其他族群学生的最佳表现率高达31%，最差表现为49%，黑人学生与其他族群学生的学业表现依然存在较大的差距。

除了基础设施与学生表现差距，白人的规范被视为典范加以模仿，并在市场意识的助推下偏离了新世纪以来南非基础教育发展的最初意图。虽然南非民主转型后极其重视基础教育，将教育视为国家重建、发展及促进民族国家认同的主要途径和方式，但社会环境的市场资本主义效果不断增加，教育质量的概念也随之发生了变化，被视为与"标准""成功的测试、表现、效率、选择和完美"相关，而与公平、价值和社会公正渐行渐远。教育的目的是追求高层次知识，而高层次知识之所以重要，是因为其往往被视为"积极公民"、"就业"与"社会和谐"的象征（Majhanovich and Geo‑Jaja，2013：62‑63）。出自白人和中产阶级的"规范"在学校里得到大肆宣扬且被视为主流文化。多语主义或"附加多语主义"（additive bilingualism）只是一个深刻的政策概念，在白人学校具有很弱的现实性，儿童学习仍然以英语或阿非利卡语为主（Jansen，2004：784‑806）。有研究认为，如果认识、理解并解除白人特权制度基座，种族主义将不复存在。推动变化的关键步骤是理解白人特权强化的方式——将优质教育的定义与白人规范关联起来。在学校中进行种族分类、重视政治运作，在一定程度上肯定了种族隔离所造成的分化。基础教育部对前白人学校融合的重视似乎造成了只有前白人学校提供优质教育的印象，因此，大多数黑人家长都期望能将自己的孩子送到白人学校就读。然而，前白人学校在为黑人提供平等教育机会方面的作用非常小（Joubert，2014：41－53）。

（三）公立学校和私立学校的教学质量存在差异

南非基础教育阶段的学校分为公立学校和私立学校两类，这两类学校的教育教学业绩存在较为明显的差异。支持私立学校的观点认为，南非基础教育中私立学校教育较好地满足了多样化需求，为学生和家长提供了更多的选择机会。但私立教育能否如期待的那样成为公立教育的有效补充，仍存在一定质疑（Ahmed and Sayed，2009：203－218）。私人资本介入教育，在提供多样化选择的同时，也带来了经费投入的不平衡。通常情况下，生均财政经费投入越多的学校办学条件越好，也越能吸引高水平师资，进而促进学生学业成绩的提高。私人部门在盈利和市场竞争的驱动下，资本和劳动投入的效率普遍较高，因而教育质量也相应较高。南非各省基础教育差距一方面是历史原因，即原来的白人学校或白人聚集区的教育质量较高，另一方面在某种程度上是由资本投入差异造成的。各省公立学校和私立学校学生、教师和学校占全国比例情况如表4所示。

表4　各省公立学校和私立学校学生、教师和学校占全国比例情况

省份	学生/人	占比/%	教师/人	占比/%	学校/所	比/%
东开普省	1848503	13.8	62698	14.0	5341	21.5
奥兰治自由州	726713	5.4	23867	5.3	1071	4.3
豪登省	2564812	19.1	91958	20.6	2941	11.8
夸祖鲁－纳塔尔省	2893958	21.6	96659	21.6	6022	24.2
林波波省	1799130	13.4	53582	12.0	3855	15.5
马普兰省	1134889	8.5	36963	8.3	1785	7.2
北开普省	304566	2.3	10486	2.3	585	2.3
西北省	872601	6.5	28248	6.3	1539	6.2
西开普省	1264527	9.4	42662	9.5	1755	7.0
总　计	13409699	100	447123	100	24894	100

资料来源：Basic Education Department Republic of South Africa. Realities of 2021［EB/OL］．（2021－12－08）［2022－03－01］．https：//www. education. gov. za/ Portals/0/Documents/ Reports/School%20Realities%202021. pdf.

表4呈现了2021年南非各省学校、教师和学生数量，这些学校包括公立学校和私立学校。选取基础教育教学成绩排名靠前的豪登省和排名靠后的林波波省计算师生比，发现豪登省的师生比为1：27.89，而林波波省的师生比为1：33.58。广义的师生比一般指学校的教师总数与学生总数的比值，而狭义的师生比指一名教师平均负责的课内学生总数。当师生比较大时，总会有相当一部分学生处于等待教师辅导和解决问题的状态。如果这一状态长时间存在，则会极大地降低教学效率，削弱学生学习的积极性。因此，师生比数值在一定程度上已经成为衡量教育发展水平的一项重要指标。南非基础教育教学质量与其师生比同样有着较为密切的关系，教育发达省份的师生比更低，较好地保障了教育教学质量。

菲斯克（Fiske）等研究指出，南非教育政策制定者面临的一个主要问题是在依赖公共和私人资金之间取得适当平衡。尽管国际社会对发展中国家施加了越来越大的压力，要求它们提供免费基础教育，南非仍然选择鼓励中小学管理机构用学费或其他来源的收入补充公共资金。南非政府无法完全以公共费用提供免费基础教育，一方面是因为公共资金不足，但这只是支持收费的几种力量或考虑因素之一。南非出于各种原因采取了收费政策，包括公共资源有限和地方控制教育的压力，这种混合的资金安排实际上是一种政治妥协的体现（Fiske and Ladd，2003：3）。例如，教育质量排名靠前的豪登省（下辖约翰内斯堡和比勒陀利亚）、西开普省（下辖开普敦）等是南非大多数决策机构所在地，其得到的私营企业主投资更多，私立学校特别是高质量私立学校数量较多，与师生比较低的效应叠加，进一步保障了这些地区的教育教学质量。总之，私立学校的学费可能会直接影响学校的教学质量，因为可以收费的学校有机会购买额外的资源，如聘请高水平教师以提高学生的学业表现，进而造成或拉大了私立学校和公立学校教育教学质量的差距。

五、结语

南非政府历来重视基础教育，将发展基础教育视为重构国家意识及促进民族国家认同的主要途径和方式。某种程度上，经济发展是教育发展的物质基础，为基础教育的发展提供必要的经费。相应地，基础教育也是经济增长的内在动力，不仅可以形成教育部门的经济产出，而且可以提高人的素质和技能，进而提高劳动生产率。南非政府对此有较为清晰的认识，并在基础教育投入方面做了大量努力，旨在提高教师岗位吸引力以助力提升教育教学质量，保证基本硬件设施运转以保障基础教育正常实施，确保教材落实到位以创设完整教学环境。从南非基础教育财政投入模式来看，南非基础教育部与各省教育厅本着确保效率和公平的原则，协同推进教育投入、严控预算流程，在基础教育资金投入过程中按照学校拥有的教育教学资源、师资队伍状况等进行分级，探寻公共资源和私人资源之间的适当平衡，以期实现学习者接受基础教育的权利并推动基础教育均衡均等发展。然而，该国基础教育投入产出比却不尽如人意，发展不均衡不充分现象仍然较为突出，其中纷繁复杂的因素交织，值得进一步探讨。

参 考 文 献

［1］Department of National Treasure South Africa. Budget 2022 Highlight［EB/OL］.（2022 – 01 – 13）［2022 – 03 – 01］. http：//www. treasury. gov. za/documents/national% 20budget/2022/sars/Budget% 202022% 20Highlights. pdf.

［2］MOTALA S. Equity, access and quality in basic education：A review［C］. Presidential Address Presented at the 2014 SAERA Conference, 2015：163.

［3］杨凤娟，梁彦彦. 基于教育投入产出表的基础教育资源配置状况分析［J］. 统计与决策，2023（14）：67 – 72.

［4］SCHULTZ T. Capital formation by education［J］. Journal of political economy, 1961（69）：571 – 583.

［5］乔琳. 金砖五国教育投资对经济增长的外溢效应：基于菲德尔模型的实证研究［J］. 中央财经大学学报，2013（4）：63 – 68.

［6］Department of Statistics South Africa. Financial Statistics of Provincial Government［EB/OL］［2021 – 12 – 23］. http：//www. statssa. gov. za/wp – content/uploads/2019/09/prov1. jpg.

［7］GEORGE G, RHODES B. Teacher salary differentials using Purchasing Power Parity（PPP）：A South African perspective as both a "source" and "destination" country［J］. Journal of education, 2015（63）：111 – 136.

［8］TAYLOR N. The dream of Sisyphus：Mathematics education in South Africa［J］. South African journal of childhood education, 2021, 11（1）：1 – 12.

［9］ARMSTRONG P. Teacher pay in South Africa：How attractive is the teaching profession?［R］. Stellenbosch：Department of Economics University of Stellenbosch , 2009：1 – 32.

［10］South African Government. Basic Education［EB/OL］.（2021 – 12 – 17）［2022 – 03 – 01］. https：//www. gov. za/about – sa/education.

［11］XABA M I. A qualitative analysis of facilities maintenance：A school governance function in South Africa［J］. South African journal of education, 2012, 32（2）：215 – 226.

［12］折延东，周超，黄灿灿. 论教材的本质及其重建［J］. 课程·教材·教法，2016（6）：42 – 47.

[13] HUTCHISON T, TORRES E. The textbook as agent of change [J]. ELT journal, 1994 (4): 315 – 328.

[14] MCKINNEY C. Textbooks for diverse learners: A critical analysis of learning materials used in South African schools [M]. Cape Town: HSRC Press, 2005: 6.

[15] LUKE A. Literacy, textbooks and ideology: Postwar literacy instruction and the Mythology of Dick and Jane [M]. London: The Falmer Press, 1988: 64.

[16] VERIAVA F, THOM A, HODGSON T F. Basic education rights handbook: Education rights in South Africa [M]. Johannesburg: Section 27, 2017: 41.

[17] SARAH G. Tracking the money for open educational resources in South African basic education: What we don't know [J]. International review of research in open and distributed learning, 2017 (4): 16 – 34.

[18] ARENDSE L. The school funding system and its discriminatory impact on marginalized learners [J]. Law, democracy & development, 2011 (1): 339 – 360.

[19] 康建朝, 尤丽雅. 新南非国家教育政策制定机制探微 [J]. 比较教育研究, 2013 (3): 70 – 74.

[20] 刘秉栋. 从隔离走向融合: 新南非教育体系转型探考 [J]. 外语学界, 2020 (6): 206 – 223.

[21] MESTRY R. A critical analysis of the national norms and standards for school funding policy: Implications for social justice and equity in South Africa [J]. Educational management administration & leadership, 2014 (6): 851 – 867.

[22] VERIAVA F, THOM A, HODGSON T F. Basic education rights handbook: Education rights in South Africa [M]. Johannesburg: Section 27, 2017: 42 – 43.

[23] MESTRY R, NDHLOVU R. The implications of the national norms and standards for school funding policy on equity in South African public schools [J]. South African journal of education, 2014 (3): 1 – 11.

[24] Department of Education. National norms and standards for school funding [Z]. Pretoria: Department of Education, 1998: 2 – 3.

[25] Department of Education. National norms and standards for school funding (Proposals for amendments) [Z]. Pretoria: Department of Education, 2004: 12.

[26] Department of Basic Education. Government notice [Z]. Pretoria: Department of Basic Education, 2012: 3 – 5.

[27] CHISHOLM L. The quality of primary education in South Africa: Background paper prepared for UNESCO education for all global monitoring report [R]. Paris: UNESCO, 2014: 1 – 17.

[28] BERG S. How effective are poor schools? Poverty and educational outcomes in South Africa [J]. Studies in educational evaluations, 2008 (3): 145 – 154.

[29] HUNGI N, MAKUWA D, ROSS K, et al. SACMEQ III project results: Pupil achievement levels in reading and mathematics [R] Paris: Southern and Eastern Africa Consortium for Monitoring Educational Quality, 2010: 1 – 10.

[30] SHABALALA J. The SACMEQ Ⅱ project in Swaziland: A study of the conditions of schooling and the quality of education [M]. Harare: SACMEQ, 2005: 6 – 7.

[31] AKINKUGBE O. Higher education financing and equality of educational opportunities in Swaziland [J]. International journal of social economics, 2000 (11): 1074 – 1097.

[32] MAARMAN R. Unmasking the state of basic education in South Africa [J]. Research articles, 2021 (2): 22.

[33] ISAACS S. Survey of ICT and education in Africa: South Africa country report [R] infoDev, 2007: 5.

[34] GIBBERD J. South africa's school infrastructure performance indicator system [R]. PFB Exchange, 2007: 1.

[35] MAJHANOVICH S, GEO – JAJA M A (eds.) . Economics, aid and education: Implications for development [M]. Boston: Sense Publishers, 2013: 62 – 63.

[36] JANSEN J D. The politics of salvation: Values, ideology and the South African national curriculum [J]. Verbum et ecclesia jrg, 2004 (2): 784 – 806.

[37] JOUBERT R. Race classification and equal educational opportunities in south African schools [J]. IJELP, 2014 (1): 41 – 53.

[38] AHMED R, SAYED Y. Promoting access and enhancing education opportunities? The case of no – fees schools in South Africa [J]. Compare, 2009 (2): 203 – 218.

[39] FISKE E B , LADD H F . Balancing public and private resources for basic education: School fees in post – apartheid South Africa [R]. Working papers series, 2003: 3.

A Study on the Investment in Basic Education in South Africa

Abstract: The proportion of basic education investment in South Africa GDP is relatively high. The investment in basic education relies on the central government as well as the local government. By reviewing the current situation of basic education investment in South Africa, it is found that the main expenses invested in basic education in the country are for teacher salaries, facility maintenance and repair, and textbooks, aiming to improve the attractiveness of teacher positions, to ensure the normal implementation of basic education, and to help achieve the development vision of basic education. The investment model shows that there is a standardized process for basic education investment in South Africa, in order to maximize the use of limited resources and strive to ensure equal opportunities and balanced de-

velopment in education. However, the analysis of investment effectiveness revealed that due to relatively low input – output ratio, the phenomenon of imbalanced and insufficient development of basic education still exists.

Key words：South Africa；educational investment；investment mode；investment output；
balanced development

作者简介：刘秉栋，陇东学院文学与历史文化学院党委书记、教授，教育学博士，硕
士研究生导师，主要从事非洲区域问题、跨文化与翻译学研究。

加蓬石油工业的发展：历史、现状与展望*

西安外国语大学欧洲学院　方楚颖

西安外国语大学欧洲学院、区域与国别研究院　齐赵园

【摘　要】加蓬石油工业已有近百年历史，受殖民历史、资金技术、国际油价波动等
　　　　　因素的影响，其发展历程曲折坎坷，经历了萌芽、初步发展、低迷、复苏、
　　　　　平缓五个时期，加蓬石油工业已成为该国经济发展的重要支柱。梳理加蓬
　　　　　石油工业发展的基本脉络和特点，对其发展前景进行分析，有助于我们更
　　　　　加深入地了解加蓬石油工业发展史，同时为中加石油合作提供参考。

【关键词】加蓬；石油工业；发展史

一、引言

　　加蓬共和国是撒哈拉以南非洲第五大石油生产国，其位于非洲中部，跨越赤道，西濒大西洋，东、南与刚果（布）为邻，北与喀麦隆、赤道几内亚交界。虽然加蓬国土面积仅有 26.8 万平方千米，但其自然资源丰富，主要资源有石油、木材、锰矿等。截至 2022 年 9 月，加蓬已探明石油储量约 5 亿吨（中华人民共和国驻加蓬共和国大使馆经济商务处，2019）；锰矿蕴藏量为 2 亿吨，约占全球已探明储量的 1/4（加蓬－中国一带一路网，2018）。

　　2022 年，中国从加蓬进口原油超 300 万吨，原油交易额高达 161 亿元人民币（中华人民共和国海关总署，2023）。石油工业是加蓬的重要支柱产业，石油收入约占加蓬 GDP 总量的 43%、政府预算的 46%、出口收入的 81%（中华人民共和国外交部，2023）。综合考虑加蓬石油产量的阶段性变化、国家政策、国际经济环境等因素，笔者将加蓬石油工业发展划分为五个阶段。研究加蓬石油工业发展历程，分析其发展特

*　基金项目：西安外国语大学"研究阐释党的十九届五中全会精神"专项项目：总体国家安全观视域下中外反恐合作研究——以非洲萨赫勒地区为例（20XWJ07）。

点和未来前景，有助于我们深入了解该国的石油工业发展史。中加能源合作不仅对我国能源安全具有重要的意义，也是构建全球能源命运共同体的具体实践。

二、萌芽时期（1926 年至 20 世纪 50 年代）

加蓬是非洲地区的老牌石油生产国，其石油工业已有近百年历史。早在 1926 年，一个美国地质学家代表团就试图评估加蓬的石油价值（Bouquerel，1967：186 – 199）。同年，法国埃尔夫公司（Elf）在加蓬境内首次进行石油勘探。1928 年 6 月 8 日，法属赤道非洲总督安托内蒂（Antoinette）向加蓬副总督约瑟夫·贝加纳（Joseph Bernard）下达书面指示，称自己已委托斯特拉斯堡石油学院的地质工程师勒贝法弗（Lebedeff）承担研究加蓬沥青渗漏的任务，并要求其配合（TotalEnergies，2023）。

1931 年，法属殖民地加蓬与法国国家液化石油公司签订协议，成立了法属赤道非洲（Afrique Equatoriale Française，AEF）石油勘探队。在石油勘探过程中，勘探队除了遇到技术难题，还遇到劳动力缺乏、相关人员管理培训困难等问题。故 1934 年法属赤道非洲总督府、法国国家液化石油公司和法国石油公司（Compagnie française des pétroles，CFP）在加蓬共同成立了一个石油研究与勘探工会（Syndicat d'Etudes et de Recherches Pétrolières，SERP），负责相关事宜。该工会的勘探活动最初集中在费尔南 – 瓦兹（Fernand – Vaz）。1934 年，在距圣安娜教区（Sainte – Anne）70 千米的马迪埃拉（Madiéla）村附近进行了第一次石油钻探，打出了第一口实验井，但这次勘探在下探过程中因钻具堵塞而被迫叫停。1938 年，石油研究与勘探工会沿雷姆博·恩科米（Rembo N'komi）进行钻探，至 1940 年 6 月停止作业，仍然一无所获（Bouquerel，1967：186 – 199）。工会创建的考察团继续开展活动，绘制了加蓬第一张沉积盆地地图，清楚地勾勒了地形和地质面貌，为加蓬日后石油勘探工作的顺利开展奠定了基础。第二次世界大战后，法国在法属赤道非洲的石油勘探工作重启，此次勘探区域为阿津戈湖（Azingo）和马博拉（Mabora）地区，虽并无石油产出，但地表有沥青渗出、石油痕迹、沥青沉积，碳氢化合物存在的迹象令专家学者不甘心放弃。

1947 年，地质学家乌·尔克（V. Hourcq）受命撰写一份关于加蓬石油勘探的报告，他指出在加蓬极有希望发现石油（TotalEnergies，2023）。1949 年 7 月 30 日，继石油研究与勘探工会之后又成立了法国赤道几内亚石油公司（SPAEF），该石油公司很快将石油勘探区域确定为兰巴雷内（Lambaréné）东部的内陆盆地，但此次勘探工作再次无功而返。唯一的好消息就是在奥果韦（Ogooué）河岸进行的项目钻探出了少量的石油，但很快就干涸了。加蓬的石油勘探工作一时之间止步不前，勘探人员又将目光转移到盆地沿岸。利用相关技术探清水下底土的性质后，勘探人员于1955年在让蒂尔港（Port - Gentil）附近取得可喜的结果。1956年2月14日，加蓬在让蒂尔港以南40千米处的奥祖里（Ozouri）发现了第一个有商业开采价值的油田，当时由法国赤道几内亚石油公司进行开采。这家公司与壳牌和美孚石油成立合营公司合作开采该油田。经过近28年的人力、技术和资金投入，勘探团队通过实地考察调研与测量，对加蓬石油进行了一定规模的开采。尽管此时产量仍处于较低水平，但加蓬终于实现了石油生产从无到有的转变。同年，埃及新任国家元首纳赛尔做出关闭苏伊士运河的决定，这使得法郎区能源供应受阻，但加蓬石油的发现开辟了一条新线路，满足了法郎区的能源需求。1957年1月，相关部门在克莱雷特角（Pointe - Clairette）进行石油钻探。1957年4月，加蓬首次对外出口原油，出口对象主要是法国。同年9月，姆贝加（M'béga）、阿南巴（Animba）、阿莱瓦拉（Alewara）、特陈格（Tchengué）均有石油产出，这些重要发现开启了加蓬的"海上油田时代"。法国赤道几内亚石油公司也因此获得在让蒂尔港的开采许可，并在洛佩斯角（Cap Lopez）建立了一个石油专用码头，加蓬90%的石油都经此出口到世界各地（Bouquerel，1967：186 - 199）。除了洛佩斯角这个真正的石油码头，在曼吉岛（Mandji）上的阿南巴（Animba）和阿莱瓦拉（Alewara）设有其他轻型码头，以及油罐和储存站。由于资金和人员投入增加过大，法国赤道几内亚石油公司出现了严重的财务困难，不得不在1959年与美孚和壳牌两大集团合作，才得以对加蓬海底大陆架进行勘探，推动加蓬石油勘探取得了许多新进展。

20世纪50年代末，法国赤道几内亚石油公司开始大规模地招聘工人，对其进行石油行业的职业技能培训，以应对劳动力缺乏问题。1959年，该公司的巴黎管理层便考虑在让蒂尔港设立职业培训部门。1961年，十几名装配工按照学徒中心的三年培训计划接受了训练。1961年，该公司开始培训工头、油田现场监督员、船只驾驶员等人员。1962年，有70%的油田交由非洲人监督管理（Didzambou，2010：195 - 216）。

这一时期，加蓬石油工业从无到有，油气资源的发展尚处在勘探的初级阶段，石油配套设施不完善，石油行业人员不多，资金技术严重依赖跨国石油公司。加蓬石油工业初步发展始于1960年，此时加蓬实现独立，在石油勘探上进行多方合作，由点及面，陆海勘探并举，石油产量有所突破，石油工业发展进入新阶段。

三、初步发展时期（1960年至20世纪80年代）

1957—1965年，加蓬原油出口稳步增长，如图1所示，与该国石油开采和生产的

进展密切相关。截至1967年，所有的原油均向海外出口。1963年，法国购买的份额占加蓬原油出口总量的78%（Bouquerel，1967：186–199）。

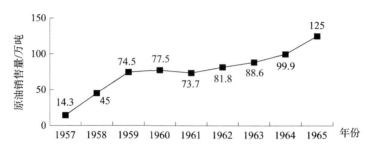

图1　加蓬原油销售量

1960年2月26日，法国赤道几内亚石油公司更名为法国赤道非洲石油公司（SPAFE）。1960年8月17日，加蓬正式宣告独立。在此之前，加蓬人民为谋求独立与法国殖民者进行了长期斗争，爆发了全国性的群众运动，国内城市残破不堪，经济遭到严重破坏，亟须找到新的经济增长点，提高国民生活水平。因此，依靠石油资源迅速致富成了加蓬的不二选择。加蓬独立之初，时任总统莱昂·姆巴（Léon M'ba）与法国当局仍保持着密切关系，其与法国签订的九项"合作规定"中明确指出加蓬的石油、天然气等战略物资必须优先出售给法国，由法国公司开采出的一切战略物资在30年内免税，开采出的矿石必须交给法国公司处理（安春英，2005）。加蓬在资源开采、销售等方面并没有自主权，受剥削严重。20世纪60年代，加蓬的陆上石油勘探工作重启，整个大陆架得到系统的勘探。1960年，法国赤道几内亚非洲石油公司与美孚公司在巴丹加（Batanga）和伦博–科托（Rembo–Kotto）地区的工作取得进展。壳牌加蓬公司（Shell Gabon）的前身COSREG与法国赤道几内亚非洲石油公司签订合作合同，开始进行勘探工作。1963年，COSREG在盆地沿岸勘探中发现了大型的甘巴（Gamba）油田，年产量达200万吨。

同时，加蓬海上石油勘探也得到发展。1958年，法国赤道几内亚石油公司获得加蓬海岸的海洋勘探许可证。1961年在该公司的不懈努力下，加蓬发现了世界上第一个海上油田——安圭依（Anguille），并搭建起海上石油平台进行开采。安圭依油田的钻探需要购置昂贵的设备，成本比在陆地上贵5～10倍。但是，作为法郎区的第一个海洋矿藏，安圭依油田的发现具有重大意义，开启了加蓬的近海勘探史。该油田投产于1966年，到2001年年底累计产油1.72亿桶，占该油田原始石油地质储量的29%。1967年发现伊温加（Ivinga）油田，年产量约为60万吨。尽管海上勘探费用昂贵，但接连发现的海洋矿藏，如1968年发现的托尔皮尔（Torpille）油田和安圭依东北

（North – East Anguille）油田，以及 1971 年发现的格隆丹（Grondin）油田，表明加蓬南部近海姆比亚（Mbya）和奇巴拉（Tchibala）周围存在一个新的石油区，有着很可观的石油蕴藏量。

随着巴丹加油田和伦博 – 科托油田的开采，加蓬石油产量从 1957 年的 17 万吨增加到 1960 年的 100 万吨。1960—1963 年，加蓬石油产量没有太大的增长，1961 年甚至下降到 77.5 万吨。法国赤道几内亚非洲石油公司在曼吉岛的新发现使 1963 年加蓬的石油产量达到 96.5 万吨，产量最高的油田位于克莱雷特角、让蒂尔港和特陈祖埃（Tchenzué）（Bouquerel，1967：186 – 199）。1965 年，甘巴油田和安圭依油田的石油开采工作继续推进，加蓬石油产量激增，达到 126.0 万吨。

油田的大量开发使加蓬石化工业得到迅速发展，石化工业所得成为加蓬国家收入的重要来源，国民经济增长率逐步提高，1960—1965 年的年均增长率为 9.5%。但加蓬在炼油加工等方面仍存在很大的不足，政府开始大力发展石化加工业，兴办各类炼油厂、加工厂等。当时加蓬有两家炼油公司：加蓬炼油公司莎加哈（Sogara）和埃勒夫加蓬（Elf – Gabon）炼油公司，均以法国资本为主。埃勒夫加蓬炼油公司的产品主要出口欧洲，加蓬炼油公司的产品主要供应国内和中部非洲（左胜杰，2004：35 – 38）。让蒂尔港是加蓬的石油产销中心，炼油业相当发达。1968 年，让蒂尔港炼油厂投入运营。让蒂尔港的加蓬炼油公司中加蓬资本占 25%，这家公司所属的第二炼油厂，加蓬也只有 30% 的股份，其余分别为法国、美国、英国、荷兰等国资本（岳岭，1981：24 – 27）。让蒂尔港炼油厂的选址由喀麦隆、中非共和国、刚果（布）、加蓬共和国和乍得的国家元首决定，其兴建就是为了加工尽可能多的当地原油来满足中部非洲关税暨经济联盟（UDEAC）成员国的需求。因此，加蓬正成为邻国一个举足轻重的原油供应商和成品油加工商。建立石油加工业的举动对于促进加蓬国内经济增长具有重要意义。

此外，加蓬不断地完善石油工业立法。1965 年，加蓬政府开展采矿业的税收改革。1967 年，加蓬政府采用石油公司普遍实行的特许权使用费制度，与壳牌和海湾（Gulf）公司签署采矿特许权使用费协议。为了使本国利益在石油勘探和开采过程中不受损害，加蓬于 1962 年颁布《石油法》，规定油矿资源归国家所有，外国石油公司仅能得到能矿部授予的采矿权。加蓬政府只满足于通过最低限度的资本参与来获得石油收入的一小部分，或是特许权使用费。1975 年，加蓬政府颁布新的《石油勘探法》，规定各石油公司生产的石油必须首先满足加蓬的需要，加蓬通过国家运输公司至少拥有一半的石油运输权，公司所得税率提高至 56%，矿区租用费率提高至 16%（岳岭，1981：24 – 27）。加蓬立法的完善不断地适应加蓬国内社会发展需要，对保障

国家石油安全具有重要作用。

　　尽管如此，加蓬经济发展对外依赖严重，政府对国内石油工业的把控仍落于下风。加蓬独立以来实施"对外开放"政策，借助西方大国的资金、技术以及相关的工业化管理经验兴建采矿业，开发本国石油资源，填补工业部门空白。大量的外资引入使国际资本在加蓬迅速扩张，挤压了国内公司的生存空间。例如，法国赤道非洲石油公司在1967年就拥有近9万平方千米的陆地勘探许可证，拥有约2.7万平方千米的海洋勘探许可证（Bouquerel，1967：186 - 199）。并且该公司承担了石油公司所有的活动：勘探、开采和销售石油。法资埃勒夫加蓬石油公司所产石油占加蓬石油总产量的85%，其余由英资壳牌加蓬石油公司掌握，加蓬政府在这两家石油公司的股份仅占25%。后来加蓬政府想要加强对国内石油工业的主导权，国家石油公司提出要将在外资石油公司的股份从25%增加至35% ~ 41%，但遭到法国拒绝。法加矛盾激化，加蓬政府宣布在原有石油勘探特许协议期满后，欢迎任何石油公司到加蓬勘探开采石油，以此来削弱法资对加蓬石油的控制。由此，美国、英国、德国以及日本资本相继涌入加蓬，尽管如此，法国仍然是加蓬的主要贸易对象。

　　考虑到未来石油开采枯竭以及国际油价波动对经济的重大影响，哈吉·奥马尔·邦戈·翁丁巴（El Hadj Omar Bongo Ondimba）总统提出"为后石油时代做准备"的战略思想，以促进加蓬国内经济转型。一方面，利用石油收入建设基础设施，推动经济稳定发展；另一方面，加强对非石油产业的扶持力度，实现经济多样化。翁丁巴制定了三年临时发展计划，决定将石油出口所得用于基础设施建设，"横贯加蓬大铁路"便是这一时期的产物，约有47.1%的财政预算被投入其中。这条铁路顺利落成，使加蓬东北部铁矿、东南部铀矿和莫安达锰矿以及东部林区得到很好的开发，让加蓬进一步摆脱了对石油的依赖，成为非洲国家经济发展的领头羊。除了发展传统的木材加工业，加蓬围绕石油工业还发展了一些石油产品衍生工业，如塑料、乙炔、沥青和氮肥等工厂。但其他工业规模不大且发展缓慢，如食品、小型电器、铸造等工业。1975年，加蓬新增一家沥青厂；1976年，新增一家炼油厂COGER（Daverat，1977：31 - 56）。加蓬石油上游产业的繁荣推动了下游产业的发展。

　　为了进一步摆脱外资对本国经济的控制，加蓬政府积极建立"合营企业"，推行外资和外贸多元化的经济战略，规定一切外国公司必须无偿地将其资本的10%让与加蓬政府（肖蓉春，1982：35 - 41）。各合营企业必须接受加蓬委派的领导干部，一些企业中还须成立加蓬工人参加的经济协商委员会（岳岭，1981：24 - 27）。在兴办"合营企业"的模式下，加蓬政府在一些老牌石油公司中拥有了少量股份，外资对加蓬的剥削受到了限制，有力地维护了本国利益。加蓬政府利用外国石油公司的利润资助创建不同类型的企业，达到了多样化投资的预期效果。

1974年，加蓬增加地面勘探工作，埃尔夫加蓬公司和壳牌公司承担了96.8%的勘探作业，共发现13个新油田，探井13口。加蓬在超过600英尺①的水下开展了钻探工作，阿斯塔特·马林（Astarte Marine）是其首个深井（Biro，1975：1904 – 1949）。德士古 – 雪佛龙（Texaco – Chevron）公司报告称，其在埃卡他 – 马林那（Equata Marine）1号油田发现了非商业性石油。曼达罗斯（Mandaros）、巴比尔（Barbier）、多雷埃（Dorée）和鲁西娜（Lucina）油田开始投产，此时加蓬平均原油产量为15万桶/天。1975年6月，第44次欧佩克大会在加蓬首都利伯维尔举行，彰显了加蓬作为产油国的重要国际地位。这一年加蓬原油产量突破1000万吨大关，并正式加入OPEC。1975年，OPEC成员国的整体石油产量下降了约10%，加蓬是唯一一个石油产量增加的成员国（Daverat，1977：31 – 56）。不过在1996年，加蓬由于不满OPEC成员国费用缴纳要求而退出了OPEC。

自1979年起，加蓬近海勘探区面向新的石油公司开放，约有33家石油公司在近海进行勘探作业，如道达尔、壳牌、意大利国家石油公司（埃尼集团，ENI）等国际石油巨头，以及佩伦科（Perenco）、瓦尔科能源（Vaalco Energy）等中小型石油公司。为了保护与外国公司竞争的本国企业，1989年加蓬《投资法》规定本国企业可在进口物资、公共信贷和政府合同方面享有优先权，并且要求外资企业将公司资本的10%出售给加蓬居民。加蓬政府的财政收入不断增长。1976年，加蓬人均国内生产总值达4550美元，超过了绝大多数发展中国家甚至部分发达国家，在全球排名第29位。

自1960年加蓬独立以来，陆地、海上石油勘探均取得了巨大突破，石油产量稳步上升。加蓬政府不断完善石油立法，发展石油产品衍生工业，形成了以石油勘探、开发、加工、运输、储存及销售为一体的石油产业体系，使其石油工业得到飞速发展。加蓬与其他OPEC成员国一样，努力通过石油资源实现自身全面发展。20世纪80年代中期，加蓬石油工业受国际油价波动的影响，石油收入持续下降，进入低迷时期。

四、低迷时期（1986年至20世纪末）

进入20世纪80年代，受西方经济危机和通货膨胀的影响，加蓬国内生产总值的实际增长率出现负值，1982年国内生产总值虽增长12.8%，但通货膨胀率高达

---

① 1英尺 = 0.3048米。

15.0%（李起陵，1984：36 – 44）。加蓬的石油收入因国际油价的不稳定而起伏不定。从 1985 年起，加蓬就因油价下跌导致国家收入持续下降。两年里，其石油收入从 6318.8 亿非洲法郎下降到 2629.3 亿非洲法郎，下降了 58.4%。石油收入下降进一步导致国家预算下降超过一半，从 1985 年的 7960.0 亿非洲法郎下降到 1987 年的 3600.0 亿非洲法郎，投资支出从 4030 亿非洲法郎下降到 1000 亿非洲法郎（Didzambou，2010：195 – 216）。国际油价下跌、美元贬值，国际收支出现严重的逆差，加蓬一时债台高筑。之后近 20 年国际油价趋稳，处于一个低迷时期，加蓬经济深陷泥沼。图 2 所示为 1986—1999 年加蓬国内生产总值（GDP）。

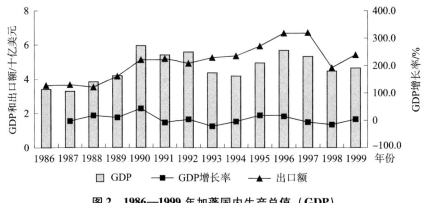

图 2　1986—1999 年加蓬国内生产总值（GDP）

数据来源：世界银行统计数据。

　　过度开采导致油田老化，在很长一段时间内都难以缓解，1976 年后石油产量逐年下降，1980 年石油产量下降到 889.5 万吨，1981 年再降 14.6%，年产量仅为 760.0 万吨。1974—1984 年，埃尔夫加蓬公司发现了 26 个新油田，但发现新油田的速度低于开采石油的速度。原油产量的下降以及国际油价的下跌使加蓬国内经济雪上加霜，增长率达 –6.2%。经济低迷使加蓬国内大型基础设施建设处于停摆状态，公务员罢工、学生罢课、群众闹事不断。为加蓬国内动荡再添一把火的是加蓬财政部出台的公务员减薪 20% 的财政预案，该预案触发了大规模抗议活动。早年加蓬曾与国际货币基金组织签订改革协定，但因财政混乱、贪污腐败等问题始终得不到解决，故而已有贷款、援款协定被冻结，加蓬财政危机四伏、局势动荡，令许多外资企业望而却步。

　　尽管加蓬政府努力让油气产业摆脱对外国资本的依赖，但结果不尽如人意。1979 年成立的唯一一家由国家独资经营的石油公司——加蓬国家石油公司（Société Nationale Pétrolière Gabonaise，SNPG）从事石油勘探、开采、加工和销售业务，并对各石油公司的利润进行管理，经销全国 25% 的石油产品，在一定程度上打破了外资石油公司在加蓬的三足鼎立局面。之后数十年，加蓬境内石油项目主要由国家石油公司与外国投资者合作开发。然而，1987年加蓬国家石油公司宣布解散，石油国有化之梦破碎。据加蓬计划部经济研究和统计总局统计，截至1977年，加蓬外资总额约为700亿非洲法郎，其中法国资本占77.0%，美国资本占8.5%。隶属于法国埃勒夫集团的埃勒夫加蓬石油公司几乎垄断了加蓬国内的石油生产，1979年，该公司的石油产量为673万吨，占全国石油总产量的68.7%，1981年其石油产量占总全国石油产量的83.0%（李起陵，1984：36－44）。此外，加蓬的经济和政治深受法国影响。1978年，加蓬出口商品中的42.1%输往法国。从法国进口商品额占加蓬总进口额的68.8%。法资埃勒夫加蓬石油公司生产的石油全部输往法国。1980年，60%的铀矿产品输往法国，占法国需求量的20%。加蓬木材出口也是以法国工厂为主（肖蓉春，1982：35－41）。独立后的加蓬对法国存在严重的经济依赖。此外，加蓬仍保留法军基地和军事人员，以便在加蓬发生动乱时予以干预，如1964年2月和2019年1月加蓬的军事政变均在法军干预下得以平息。如此扭曲的法加关系使加蓬迟迟无法实现经济和政治独立，尚需前宗主国的帮助才得以发展经济，长此以往，加蓬经济极易受到外部影响，国内政治也难以稳定。

1991年海湾战争爆发。在美国及国际能源机构的干预下，国际油价大跌。1996—1998年，欧佩克石油生产国大幅增产，世界石油产量逐年攀升，以致供过于求，国际油价从20世纪90年代初的15～25美元/桶跌至1998年的9.82美元/桶（李起陵，1984：36－44）。这对资源依赖型国家来说无疑是沉重的打击。1997年，加蓬石油收入占国内生产总值的41.3%，1998年骤降至28.7%。国际油价的下跌使各大石油公司减少了对加蓬的资金投入。1997年勘探、开发、一般投资分别为1.142亿美元、1.353亿美元、1.450亿美元，1998年分别降至0.488亿美元、0.807亿美元、1.080亿美元（李起陵，1984：36－44）。

这一时期，加蓬国内石油产量下滑、社会秩序混乱，全球经济危机爆发，世界局势不稳，油价经历了从未有过的暴跌，给加蓬石油工业带来重创。直至2003年，国际油价回升，陆地、海上油田不断被勘探开发，加蓬石油工业才进入复苏阶段。

五、复苏时期（2003—2010年）

国际原油价格经历了20年的低落阶段，随着第三次石油危机爆发，原油价格重新快速上涨。2003年年初，国际原油价格突破30美元/桶，随后出现暴涨，2005年6月突破60美元/桶，同年8月突破80美元/桶。加蓬石油工业因此开始复苏。

2000 年，亚洲金融危机的阴霾逐渐消退，世界经济呈现向好态势。随着国际油价的迅猛上涨，加蓬吸引了大量的外资进入国内市场。2003 年，埃尔夫加蓬公司更名为道达尔加蓬公司（Total Gabon），是加蓬最大的石油生产运营公司。壳牌、佩伦科、马拉松（Marathon Oil Corporation）、瓦尔科和中石化（China Petroleum and Chemical Corporation）都争先恐后地投资加蓬。2003 年 4 月，加蓬石油和能源部与壳牌加蓬公司、埃尔夫加蓬公司以及埃美雷达赫斯加蓬公司（Amerada Hess Gabon）在加蓬石油部大楼就拉比－昆加（Rabi－Kounga）老油田的深入开发签署了为期 20 年的第三期经营许可合同，开始了新一轮投资。三家石油公司的投资总额达到 910 亿非洲法郎。2003 年上半年，加蓬日均产油 24.5 万桶（宋国明，2004：58－60）。

截至 2004 年，加蓬已发现油田 50 多个，其中 80% 的油田位于海上，陆上油田仅占 20%。油田主要分布在沿海陆地以及离海岸线不远的海域，大部分集中在让蒂尔港和马永巴（Mayumba）地区。陆上较大的油田有拉比－昆加、甘巴－伊温加（Gamba－Ivinga）、埃希拉（Echira）、库卡尔（Coucal）、阿沃切特（Avocette）等；海上较大的油田有布德罗伊－马林（Boudroie－Marine）、阿布勒特（Ablette）、鲁塞特（Roussette）、平古因（Pingouin）、麦鲁（Merou）、卢奇纳（Lucina）、布莱梅（Breme）等（安春英，2005）。加蓬的油田大多邻近海岸和港口，方便运输，这对吸引外资十分有利。加蓬公路较少，故国内燃油需求量小，产出的原油约有 99% 出口至西欧、北美及远东地区，其余销往邻国和国内炼油厂。2003 年，让蒂尔港炼油厂的实际生产能力为 1.73 万桶/日，炼制的成品油除满足国内以及邻国消费需求外，还出口到英国、美国、荷兰等国。埃尔夫加蓬石油公司经营着加蓬国内四条主要输油管线，其中 1962 年建成的奥祖里－特亨奎－洛佩斯角和格伦丁－托皮勒－东奎两条输油管线最长，长度均为 62 千米；其余两条为安圭依－让蒂尔港和巴比－格伦丁，均为 18 千米（左胜杰，2004：35－38）。

根据石油输出国组织、国际能源局、英国石油公司等机构的预测，加蓬如果没有新的大油田被发现，现有石油储量按现在的开采技术和开采速度还可开采到 2032 年。一直以来，加蓬政府为应对油田老化以及技术设备陈旧问题实施了一系列措施，如规划深海油田开发。自 1998 年以来，其先后划出 13 块海域进行勘探开发，面积达 13 万平方千米，水深 2000～4000 米。深海油田开发勘探难度较大，对勘探技术的要求较高，勘探成本也高，仅有几家欧美老牌石油公司在进行深海作业。此外，为了吸引外资，加蓬政府制定了相对完善、宽松的油气开发管理法规。1997 年，政府颁布了标准的产品分成合同（PSC）；2003 年新修订了勘探和产量分成合同规定，合同签署前，外资企业可对勘查区块进行可开采性调查，若发现该区块具有开采价值，方与加政府签订勘探分成合同，并且政府和外资公司签订合同的最重要条款必须通过双方充分的自由协商，如加蓬政府和投资方根据储量、产量、投资等因素进行协商，确定各自的石油利润分配比例，政府分成比例为60%～95%，石油公司为5%～40%（罗佐县，2008：68-69）。1998年，加蓬设立投资促进署，为投资者提供咨询和引导平台；2002年运行"一站式"服务，以简化和加快投资企业行政审批流程（安春英，2008：56-60，62），为投资者在加投资提供便利。加蓬政府还划出总面积达13万平方千米的22个区块，供石油开发商寻找新的油气资源以及新的石油伙伴和投资商（李莉等，2005：57-63，68-71），以实现合作对象多元化的目标。中国、南非、澳大利亚、加拿大和印度的公司已经获得了新石油区块的勘查许可，正处于研究或勘探阶段。

2009年，阿里·邦戈·翁丁巴（Ali-Ben Bongo Ondimba）总统上台以后，提出了"新兴加蓬"战略计划，意在通过使加蓬摆脱对能源出口的依赖以及将加蓬转变为具有国际竞争力的投资目的地，实现到2025年使加蓬成为新兴经济体国家的目标（闫光美，2018）。此举旨在实现加蓬由单一经济向多元经济的转变，减少对前宗主国的依赖。此外，加蓬政府进行了一系列结构性改革，来改善国内商业投资环境，增加自身对外资的吸引力，从而更好地促进经济增长。2010年，加蓬投资建立了一系列经济特区，对传统油气工业与非油气产业均有所侧重。例如，曼吉岛经济特区（Mandji Island SEZ）专注加蓬碳氢化合物工业。得益于该战略计划，加蓬政府大力发展非石油资源经济，如大规模生产棕榈油、橡胶，开采锰矿等资源，推动热带雨林高端旅游项目等。

一直以来，加蓬的腐败现象损害了其国家形象，增加了国际公司的投资成本，不利于吸引外资。一些石油公司与非洲官员保持着高度个人化的关系，滋生了腐败的土壤。2002年，英国前首相托尼·布莱尔（Tony Blair）推动建立《采掘业透明度倡议》（EITI）。2007年，加蓬加入该倡议。此外，一个非政府组织平台——"公布你所支付的费用"（Publish what you pay）敦促各大国际公司公开其支付给政府的金额，以进一步打击隐形的腐败行为。例如，道达尔公司希望公布所有石油公司向政府支付的金额，但因部分内容属于商业机密而遭到其他公司的拒绝（Pourtier and Magrin，2005）。国际非政府组织在反腐道路上举步维艰，加蓬国内的腐败环境未能得到改善。2009年邦戈总统上台后加大力度打击腐败，但采掘业部门的腐败现象仍然较为严重（闫光美，2018）。如图3所示，国际透明组织公布的加蓬腐败感知指数①（Corruption Perception Index，CPI）表明，加蓬仍在严重腐败国家（得分30分以下）与腐败国家之

① 国际透明组织根据非洲开发银行、贝塔斯曼基金会、经济学人智库、世界银行等权威机构的数据以及多项调查构建了腐败感知指数，用于反映专家以及企业高管如何看待某个国家或地区公共部门的腐败程度，0代表公认腐败程度最高，100代表公认腐败程度最低，最终根据评分结果对各国或地区进行排名。

间徘徊。加蓬政府低下的行政效率以及不透明的制度进一步阻碍了外国资本对加蓬的投资。只关注石油勘探的投资者往往不会在加蓬投资其他新兴行业，完成交易的时间被无限拉长。

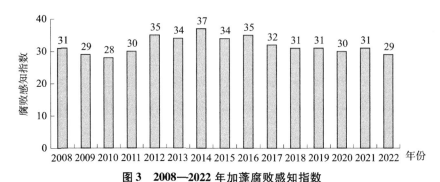

图3　2008—2022年加蓬腐败感知指数

数据来源：国际透明组织。

政府部门腐败的确不利于加蓬石油工业发展，但随着加蓬政府将石油勘探的重心逐渐转向深水区块，跨国石油公司认为加蓬深水区块石油蕴藏潜力巨大，难敌油气利益诱惑。2010年，加蓬政府对42个深水和超深水石油区块实施勘探招标，以探测深水石油开采的潜力。其中，中石化参与竞购勘探区。经过多年发展，加蓬石油工业逐渐摆脱低迷的阴霾，向平缓期过渡。

六、平缓时期（2011年至今）

2011年，加蓬石油公司（Gabon Oil Company，GOC）成立，开启了加蓬石油工业的国有化时代，加蓬从此摆脱了外资控制，掌握了国家石油工业发展的自主权。由于加蓬石油公司的介入，外资公司的油田开采权、油田经营权相继被收回。同时，加蓬政府对在本国投资的海外石油公司提出了更严苛的要求，目的是希望重新分配石油资产，将现有的和新开发的油田股份移交给组建完成的国有企业——加蓬石油公司（GOC）（济民，2013：44 - 46）。

但随之而来的是国际原油价格逐步下跌，加蓬石油产量也随之下降。2012年国际原油价格为111.67美元/桶，加蓬石油产量为1270万吨；2013年原油价格为108.66美元/桶，加蓬石油产量为1170万吨。2014年国际原油价格跌至98.95美元/桶，年末加蓬全国雇员组织宣布进行无限期的罢工行动，油气勘探及开采部门无法正常运作，导致国内石油公司纷纷减产，石油产量下滑严重。唯一的炼油公司莎加哈关闭，这令加蓬国内石油下游领域的发展更加受限。2014—2019年国际油价暴跌，下降了

40%，跨国石油公司纷纷退出加蓬市场，以减少损失。

加蓬石油工业经过数十年的发展，出口的原油不仅有低硫油，也有一定数量的中间蒸馏油以及燃料油，面向的客户群体较广，从欧美国家到亚洲国家，如新加坡、日本、韩国等。但此时的加蓬油田老化，新油田的开发不足以弥补石油缺口，石油产量从1996年的36.5万桶逐年下降，到2016年下降了38%。加蓬继续重建现有油田，积极地对小型油田采取措施，对新地域进行勘探，继续拓展深海油田。受巴西、墨西哥等国在深水区盐下油气勘探上取得一定进展的影响，加蓬政府对该区域盐下油气勘探颇为重视，勘探重点便落在此处。但由于技术受限，加蓬盆地的深水盐下油气勘探程度很低，2014年前加蓬仅钻探了一口深水盐下探井，水深1074米（Zhao et al，2017：77-96）。

2016年7月加蓬重返欧佩克。2018年3月加蓬政府召开石油行业专家会议，重点讨论修订2014年石油法规问题，使其适应该行业的现状，以吸引更多的外资。修订后的《石油法》更具灵活性，对外资进入加蓬市场的政策更加宽松、包容。为了使油价回升，欧佩克成员国决定于2019年1月起减产120万桶原油。此前2007年加蓬加入《采掘业透明度倡议》（ITIE），但2013年因未按期提交年度报告被取消成员国资格。2021年10月，加蓬重新加入该倡议。事实上，加蓬此举旨在获得国际货币基金组织向其提供的1.551亿美元的特别款项，但加入倡议意味着加蓬要按照倡议要求披露采掘业价值链信息，进一步提升采掘业治理水平和信息透明度，规范油气行业的运作，这对加蓬来说是亟待解决的难题之一。

2017年年初，加蓬再次发生罢工，国内社会经济环境混乱，司法制度不完善、政治腐败、罢工频繁、基础设施不健全等问题严重，吓退了不少跨国公司，进一步加重了全球原油市场供应中断的压力。加蓬政府极力削减资本支出，石油公司减少运营成本，其他非石油产业也受到了很大的影响，一时间加蓬经济萎靡不振。石油产业的疲软使其他国际石油公司减少了对加蓬勘探的投资，导致后续石油勘探开采作业难以为继，引发加蓬政府财政赤字。尽管加蓬政府对财政预算进行了相应调整以平衡低油价、低出口带来的油气行业损失，但效果不佳。自2016年1月以来，加蓬的石油与天然气部门已经损失了约900个工作岗位。

2017年，加蓬石油工业进行大重组，各大外资公司脱手资产，以缓解经济困难。年底壳牌公司将其资产出售给凯雷基金。2020年7月底，佩伦科公司购买了道达尔公司在7个成熟油田和洛佩兹角石油码头的权益。近年来，受外部经营环境不确定性的影响，环保减排准则越发细化，国际石油公司战略收缩，投资策略趋于谨慎。换言之，在资本支出的回升幅度明显小于油价增幅的情况下，国际石油公司便会减少对石油工业上游的投资。其中勘探板块投资下降最快，从2011年的165亿美元下降到

2020 年的 70 亿美元，上游投资的比例从 2011 年的 16% 下降到 2020 年的 10%（夏初阳等，2022：13 – 19）。加蓬下游工业并不发达，外来资本将投入向下游业务倾斜无疑对加蓬非原油产品生产工业具有积极作用，但在一定程度上限制了加蓬采掘业的进一步发展，对深海石油勘探作业产生了抑制作用。

2019 年，加蓬政府启动了 35 个常规近海和深海区块的一轮谈判，但由于新冠疫情几经推迟。同年 3 月，为了更好地吸引石油领域的投资，加蓬政府颁布新《石油法》，进一步放宽石油投资限制，并且进一步明确企业的社会责任。同年 7 月，加蓬政府颁布了经修订的碳氢化合物法规，将深海石油勘探设为未来目标之一。2019 年加蓬石油产量为 1090 万吨，比 2018 年增长了 13%，出口石油 1050 万吨。2017 年加蓬 90% 的石油销往亚洲，10% 销往欧洲，如图 4 所示。2016—2019 年加蓬原油及石油产品出口量见表 1。

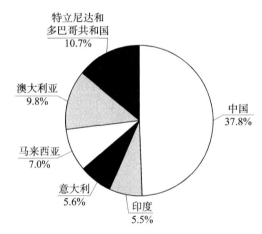

图 4　2017 年加蓬原油出口主要对象国

数据来源：加蓬经济部经财总司（Direction Générale de l'économie et de la Politique Fiscale，DGEPF），法国海关总署（Direction Générale des Douanes et Droits Indirects，DGDDI）

表 1　2016—2019 年加蓬原油及石油产品出口量

年份	2016	2017	2018	2019	2020
原油出口量/万亿焦耳	439823.0	392521.0	363895.0	432536.0	413182.0
石油产品出口量/万亿焦耳	11472.0	10208.0	9199.0	7986.0	10143.0
总计	451295.0	402729.0	373094.0	440522.0	423325.0

数据来源：国际能源署（IEA）市场报告。

2011 年 6 月，加蓬担任联合国安理会轮值主席国，积极参与地区和国际事务，通过"中部非洲和平与安全理事会"及"几内亚湾委员会"机制参与几内亚湾打击海盗行动，捍卫海上石油运输安全（游滔、张振克，2020：18 – 31）。但自 2020 年新冠疫情暴发以来，几内亚湾海盗活动猖獗，油轮多次在几内亚湾地区遭遇海盗开火。据国际海事局（IMB）发布的 2021 年海盗和武装抢劫船舶的年度报告显示，2021 年全球海盗和武装抢劫事件达 132 起，仅几内亚湾地区就报告 34 起，而 2020 年几内亚湾地区则报告了 81 起海盗袭击。几内亚湾海盗的油轮遇袭事件对石油运输以及油线安全极具破坏性，对跨国石油公司采用的海上石油储存模式构成了严重威胁，给原油生产国带来了巨大的经济损失。

2021 年，包括加蓬在内的 100 多个产油国正积极地推进碳减排，承诺到 2030 年甲烷排放水平比 2020 年降低 30%（张燕云，2022：78 - 79），这给加蓬石油行业的发展带来了很大的压力。因能源转型所迫，跨国石油公司不得不通过出售碳排放强度高的石油资产、减少油气项目投资、脱手非核心区域的油气资产等方式规避风险，从而促成大量的油气资产并购交易。新冠疫情暴发以来，加蓬面临严重的社会经济问题，社会治安出现恶化现象，引发投资者担忧。为了尽快恢复经济、稳定局势，加蓬政府于 2021 年 5 月重新启动受疫情影响而停止的 35 个近海石油勘探区块招标，此次招标为应对长期以来石油产量的下降提供了新的路径。2013—2021 年加蓬石油工业情况如表 2 所示。

表 2　2013—2021 年加蓬石油工业情况

年份	石油年产量/ 万吨	原油平均价格/ （美元/桶）	出口原油收入/ 亿非洲法郎	原油收入占 GDP 的比重/%
2013	1101.4	106.75	40553	38.1
2014	1098.0	96.27	37334	33.9
2015	1192.3	48.13	25124	28.9
2016	1148.5	40.55	16522	19.9
2017	1050.3	52.54	19578	21.6
2018	964.6	69.42	24186	25.5
2019	1090.1	63.81	23575	24.2
2020	1076.6	40.23	21267	37.7
2021	1004.0	68.70	21855	17.9
平均值	1080.6	65.20	25554.9	27.5

数据来源：《加蓬 2013—2016 年经济报告》（*Note de Conjoncture 2013 - 2016*），加蓬经济部经财总司（Direction générale de l'économie et de la politique fiscale，DGEPF）

目前，加蓬经济仍严重依赖石油产业，国内生产总值与布伦特原油价格呈正相关关系，随着石油价格的变动而变动。油价变动、石油及其相关产品的产量和出口基本决定了国家的经济发展。未来加蓬将面临很多问题：石油储量减少、政治冲突不断、经济结构单一、法律不完备、营商环境不佳、基础设施落后等，而外部因素，如可能出现的油价下跌则是不可测的。2022年俄乌冲突爆发，世界能源格局改变，导致油价剧烈波动。得益于石油价格上涨，加蓬2022年第一季度出口额大幅上涨，石油出口额高达9535亿非洲法郎（约14亿美元），同比上涨145%。随着国际油价回升，全球对油气行业的投资信心得以恢复，跨国公司相继增加对加蓬的投资，石油勘探项目将继续复苏。

七、结语

纵观加蓬石油工业发展史，可以看出石油工业是加蓬的核心经济部门，石油收入是其出口创收的主要来源。加蓬石油勘探从陆地到浅海再到深海的地域转变，表明未来的深海石油勘探存在巨大潜力。加蓬政府一直努力引进多元化外资合作，在加蓬国内形成跨国石油公司竞争机制，以积极地寻找新的油气资源并达成合理开发目的。中加能源合作互补性强，在油田基础设施建设、可再生能源开发等诸多方面存在合作机遇，未来两国能源合作前景广阔。加蓬向我国出口大量原油，对我国能源安全具有积极作用。自2018年正式加入"一带一路"倡议以来，加蓬基础设施不断完善，经济增长迅速，中加双边合作不断深化，是全球发展倡议在加蓬的生动实践。

参 考 文 献

［1］中华人民共和国驻加蓬共和国大使馆经济商务处. 加蓬的投资吸引力［EB/OL］.（2019 - 02 - 13）［2023 - 03 - 02］. http：//ga. mofcom. gov. cn/article/ddgk/zwjingji/201902/20190202834245. shtml.

［2］加蓬国家概况［EB/OL］.（2018 - 09 - 14）［2023 - 03 - 02］. https：//www. yidaiyilu. gov. cn/info/iList. jsp? tm_id = 126&cat_id = 10037&info_id = 66271.

［3］中华人民共和国海关总署. 海关统计数据［EB/OL］.［2023 - 03 - 02］. http：//stats. cus-toms. gov. cn/.

［4］中华人民共和国外交部. 加蓬国家概况［EB/OL］.［2023 - 03 - 02］. https：//www. mfa. gov. cn/gjhdq_676201/gj_676203/fz_677316/1206_677800/1206x0_677802/.

［5］BOUQUEREL J. Le pétrole au Gabon［J］. Les cahiers d'outre - mer, 1967（78）：186 - 199.

［6］TotalEnergies. Total Gabon historique ~ Total Gabon［EB/OL］.［2023 - 03 - 05］. https：//ep. totalenergies. ga/lentreprise/historique.

［7］DIDZAMBOU R. Entreprises françaises au Gabon et développement économique et social 1960 - 2010

[J]. Outre – mers. revue d'histoire, 2010 (368): 195 – 216.

[8] 安春英. 加蓬 [M]. 北京: 社会科学文献出版社, 2005.

[9] 左胜杰. 加蓬油气工业现状及与中国能源合作前景 [J]. 国际石油经济, 2004 (10): 35 – 38.

[10] 岳岭. 漫话加蓬经济 [J]. 西亚非洲, 1981 (5): 24 – 27.

[11] DAVERAT G. Un producteur africain de pétrole, le Gabon [J]. Les cahiers d'outre – mer, 1977 (117): 31 – 56.

[12] 肖蓉春. 从石油生产看尼日利亚和加蓬的经济发展 [J]. 西亚非洲, 1982 (4): 36 – 41, 35.

[13] BIRO P. Petroleum developments in central and southern Africa in 1974 [J]. AAPG bulletin, 1975 (10): 1904 – 1949.

[14] 李起陵. 前进中的加蓬经济 [J]. 西亚非洲, 1984 (6): 36 – 44.

[15] 宋国明. 加蓬矿业开发与投资环境 [J]. 国土资源, 2004 (10): 58 – 60.

[16] 安春英. 加蓬投资市场分析 [J]. 亚非纵横, 2008 (3): 56 – 60, 62.

[17] 罗佐县. 展望加蓬石油工业合作前景 [J]. 中国石化, 2008 (10): 68 – 69.

[18] 李莉, 吴慕宁, 李大荣. 加蓬含盐盆地及邻区油气勘探现状和前景 [J]. 中国石油勘探, 2005 (3): 57 – 63, 68 – 71.

[19] 闫光美. 低油价对撒哈拉以南产油国的影响 [D]. 昆明: 云南大学, 2018.

[20] POURTIER R, MAGRIN G. L'exploitation pétrolière en Afrique entre réseaux et territoires [C]. Paris: Agritrop. cirad, 2005.

[21] 济民. 加蓬 "变脸" [J]. 中国石油石化, 2013 (13): 44 – 46.

[22] ZHAO H Y, YU S H, XING W, et al. Evaluation on petroleum exploration potential in sub – salt layers in Gabon Basin [J]. China petroleum exploration, 2017 (5): 77 – 96.

[23] 夏初阳, 王超, 熊靓, 等. 国际大石油公司近 10 年战略变化探析 [J]. 世界石油工业, 2022, 29 (1): 13 – 19.

[24] 游滔, 张振克. 加蓬政治经济格局: 变与不变的逻辑、关键因素与未来趋势 [J]. 法国研究, 2020 (2): 18 – 31.

[25] 张燕云. 2022 年撒哈拉以南非洲油气上游行业发展动向 [J]. 世界石油工业, 2022 (1): 78 – 79.

The Development of Gabon's Oil Industry:
History, Current Situation and Outlook

Abstract: With a development history of nearly 100 years, the Gabonese oil industry has been affected by many factors, such as colonial history, capital and technology,

and fluctuations in international oil prices, and has had a turbulent development. After five periods of embryo, initial development, downturn, recovery and levelling off, Gabon's oil industry has become an important pillar of the country's economic development. Combing the basic development and characteristics of Gabon's oil industry and analysing its development prospects will help us gain a deeper understanding of the history of Gabon's oil industry and provide reference for China – Gabon oil cooperation.

Key words: Gabon, petroleum industry, development history

作者简介: 方楚颖,西安外国语大学欧洲学院硕士研究生,主要研究方向为区域国别学。

齐赵园,西安外国语大学欧洲学院、区域与国别研究院副教授,主要研究方向为区域国别学。

印度在非洲农地投资的驱动因素、
影响和对中国的启示[*]

安徽师范大学　　杜　英

【摘　要】以卡鲁图里公司为首的印度企业在埃塞俄比亚等非洲国家大规模租赁或收
购农田，种植棕榈树、甘蔗等作物，在全球引发印度是非洲土地掠夺者的
批评。印度在非洲大规模的农地投资受到以下驱动因素的推动：保证印度
国内粮食安全的需要；印度国内农业发展水平的制约；在非洲获得生物燃
料是印度的迫切需求；印度媒体和企业界把中国视为印度在非洲的竞争对
手。印度在非洲农地投资的影响体现在两个方面；一是在埃塞俄比亚的农
地投资折射出印度在印度洋东非区域的影响力；二是印度易被塑造成新殖
民主义国家和非洲土地的国际掠夺者。中印作为发展中大国，与非洲经贸
合作紧密，因而印度在非洲的农地投资对中国有启示和借鉴作用。

【关键词】印度；非洲农业用地；埃塞俄比亚；中国启示

一、引言

　　农业是非洲国家的重要部门，也是印度政府和企业在非洲投资的重点。^①印度诸
多企业在埃塞俄比亚、乌干达、坦桑尼亚、刚果（布）等非洲国家获得农业土地（见

　　* 本文系 2018 年度国家社科基金项目"印度与印度洋沿岸东非国家经贸关系研究（1947—2017）"（项目
号：18BSS051）的阶段性成果。

　　① 关于印度在非洲进行土地投资的研究成果很多，支持者认为，其投资可以加强粮食安全、创造就业机
会，并促进可持续农业实践；批评者则认为，这是一种土地掠夺。参见 ROWDEN R. Indian companies engaged in
agricultural "land grabbing" in Africa：The need for indo - african solidarity linkages ［J］. Human geography，2011，4
（3）：1 - 34；BEHAILU D. Large - scale land acquisition in ethiopia - towards attracting foreign direct investment ［J］.
JLAEA，2015；HULES M，SINGH S J. India's land grab deals in Ethiopia：Food security or global politics? ［J］. Land
Use Policy，2017.

表1）。由表1可知，印度在非洲农地投资的主要方式多元，既有租赁，如卡鲁图里（Karuturi）公司在埃塞俄比亚甘贝拉地区租赁土地30万公顷，租期是99年，也有收购等方式；投资主体是印度的私人投资公司和农业协会，当然也不乏印度政府和个人投资者。投资的土地面积大小不一，但均在上千公顷以上，最高达30万公顷。最后，表1中的内容可以鲜明地展现印度在非洲农地投资的特点：第一个特点是投资土地规模大，上千公顷到几十万公顷不等；第二个特点是投资集中在粮食、生物燃料、经济作物（甘蔗、花生、茶叶等）产业；第三个特点是投资重点在东非国家，如埃塞俄比亚、肯尼亚、坦桑尼亚、乌干达、卢旺达、莫桑比克和马达加斯加等，以埃塞俄比亚最为典型。

表1 21世纪初印度在非洲投资农业用地一览表

印度公司	非洲国家	主要内容
卡鲁图里公司	埃塞俄比亚	2008年，在甘贝拉地区州的吉卡沃和伊坦戈获得10万公顷土地，用来种植棕榈、谷类和豆类；2009年，又获得20万公顷土地；在奥罗米亚巴科的1.1万公顷土地上种植水稻和生物燃料作物
鲁奇豆业	埃塞俄比亚	印度最大的植物油生产商之一。2010年，在甘贝拉地区州戈格区①种植大豆和棕榈油，占地2.5万公顷；在本尚古勒－古马兹地区州拥有152649公顷土地，租期25年，种植大豆
印度政府	埃塞俄比亚	占地100万公顷，经营麻风树生物燃料
维丹塔丰产	埃塞俄比亚	在甘贝拉地区州经营5000公顷的茶叶种植园和香料种植园，租期50年。2010年，在甘贝拉的3012公顷土地上种植生物燃料作物
查达农业有限公司	埃塞俄比亚	在奥罗米亚古吉省获得10万公顷土地，用于糖业项目。2011年，在12.2万公顷土地上种植蔗糖和生物燃料作物
贾兰达尔马铃薯种植者协会	埃塞俄比亚	2010年，在甘贝拉的10万公顷土地上种植棉花、玉米、水稻、豆类、小麦等
怀特菲尔德棉花农场	埃塞俄比亚	2010年，在南方民族地区州的1万公顷土地上种植生物燃料作物
ARS农业食品	埃塞俄比亚	2010年，在甘贝拉地区州的3000公顷土地上种植棉花、花生、芝麻、大豆

---

① 埃塞俄比亚采用了以种族为基础的联邦政府制度。联邦的主要单位是地区（或阿姆哈拉语中的 Killils），它们被划分为区（Zone，相当于省）、沃雷达斯（Woreda，区）和克贝尔（Kebelle，分区）。

续表

印度公司	非洲国家	主要内容
拉什特里亚桑加坦	埃塞俄比亚	总部设在新德里的商品粮组织。2011 年，在 5000 公顷的土地上种植棉花、油籽、大米，2016 年项目失败
桑蒂农业农场企业	埃塞俄比亚	2010 年，在甘贝拉地区州的迪米省租赁 1 万公顷土地，用于种植水稻、豆类和谷类，租期 25 年
内哈国际	埃塞俄比亚	在奥罗米亚地区州的霍拉塔租赁土地用于花艺，在巴科附近种植水稻、芝麻、油籽和豆类。2010 年，在南方民族地区州的 4000 公顷土地上种植生物燃料作物
BHO 生物制品公司	埃塞俄比亚	2010 年，在甘贝拉伊坦戈区的 2.7 万公顷土地上种植谷类、豆类和食用油料作物
艾玛米生物技术	埃塞俄比亚	2008 年，在奥罗米亚地区州的 8 万公顷土地上种植生物燃料作物
拉姆顿农业公司	埃塞俄比亚	2010 年，在奥罗米亚地区州的 1 万公顷土地上种植土豆
马铃薯种子农民联合会	埃塞俄比亚	2011 年，在奥罗米亚地区州的 5 万公顷土地上种植生物燃料作物
JVL 海外有限公司	埃塞俄比亚	2012 年，在甘贝拉地区州的 5000 公顷土地上种植生物燃料作物
马刀农场公司	埃塞俄比亚	2011 年，在 2.5 万公顷土地上种植生物燃料作物
乌塔姆三氯技术公司	埃塞俄比亚	签订价值 100 百万美元的合同，以扩大翁吉绍阿糖厂，2013 年完工
海外基础设施联合会	埃塞俄比亚	芬查糖厂
阿尔米德哈公司	埃塞俄比亚	奥罗米亚地区州腾达霍糖厂，租赁 2.8 万公顷的甘蔗种植园
卡南德文希尔斯种植园公司	埃塞俄比亚	在南方民族地区州经营 1 万公顷的茶园
沙姆普吉公司	埃塞俄比亚	在本尚古勒－古马兹地区州的 5 万公顷土地上种植生物燃料作物
沙普瑞伊·帕尔隆伊公司	埃塞俄比亚	在甘贝拉地区州的 5 万公顷土地上种植谷物
旭日工业	埃塞俄比亚	2007 年，在奥罗米亚地区州的 1.5 万公顷土地上种植粮食
CLC 工业	埃塞俄比亚	前身是斯宾德克斯工业有限公司。2009 年在甘贝拉、2010 年在本尚古勒－古马兹的 2.5 万公顷土地上种植棉花等作物
瓦提克国际商业公司	埃塞俄比亚	2007 年，在奥罗米亚博雷纳的 2 万公顷土地上种植生物燃料作物

续表

印度公司	非洲国家	主要内容
幸运出口公司	埃塞俄比亚	在甘贝拉地区州戈德尔区的 5000 公顷土地上经营茶园
J. J. 科塔里 & 埃塞俄比亚合资有限公司	埃塞俄比亚	2000 年，机械化和可灌溉的商品粮作物种植
湿婆集团	埃塞俄比亚	创始人是 C. 西瓦萨卡兰（C. Sivasankaran），净资产超过 40 亿美元，持有卡鲁图里和鲁奇豆业的股份。在全球拥有农田 75.6 万公顷，其中 67.0 万公顷在非洲。2010 年，经营 5 万公顷的棕榈树种植园，生产棕榈油出口到印度
东开普文化公司	马达加斯加	2010 年，印度投资者控制收购 9100 公顷土地，用于棕榈油生产，因谈判失败，该项目被放弃
里程碑公司	马达加斯加	15 万公顷，玉米种植
瓦伦国际	马达加斯加	子公司瓦伦农业公司租赁或购买 23.2 万公顷土地用来种植水稻、玉米和豆类
奥拉姆国际	加蓬	3 万公顷的棕榈种植园
阿达尼集团	非洲	种植食用油作物和豆类
MMTC 公司（国有）	肯尼亚、坦桑尼亚	种植豆类
阿西尔棉花工业	刚果、埃塞俄比亚	种植豆类和咖啡
尼玛尔种业	坦桑尼亚	3 万公顷，农业种子，供应东部和南部非洲的种子市场
叶斯银行	坦桑尼亚	5 万公顷，种植大米、小麦
卡鲁图里公司	坦桑尼亚	在 31 万公顷的土地上种植粮食作物，价值 5 亿美元，项目以失败告终
印度政府	塞内加尔	2011 年，在 15 万公顷的土地上种植谷物、棉花、玉米、花生、大米
印度投资者	科特迪瓦	2 万公顷，种植大米
塔塔化工	莫桑比克	2011 年 7 月，其子公司生长能量公司投资 3.2 亿美元，在莫桑比克 2.4 万公顷的土地上建设乙醇工厂和甘蔗种植园
梅塔集团	乌干达	2007 年，收购位于马比拉森林保护区的甘蔗种植园，因遭到反对，后置换成拉开区桑戈湾糖厂
麦克劳德·拉塞尔印度公司	乌干达	由布列莫汉·哈伊坦创立，拥有价值 2500 万美元的茶园，包括乌干达鲁文佐里山的茶业投资
内哈国际	赞比亚	印度主要的切花产品生产商之一，总部位于海得拉巴，由格维诺德·雷迪创立。21 世纪初，业务扩展到非洲农业生产领域；2010 年 12 月，占地 10 万公顷

续表

印度公司	非洲国家	主要内容
乔伊·什里茶业	卢旺达、乌干达	各一家茶园
湿婆集团子公司生物棕榈能源公司	塞拉利昂和科特迪瓦	在 10 万公顷以上的土地上生产大豆和棕榈油
	利比里亚	2011 年，经营 16.9 万公顷的棕榈油种植园（持有 50% 的股份）
	喀麦隆	在 20 万公顷的土地上生产大豆和棕榈油

注：根据英文论著、网络新闻报道等整理。

从表 1 中可知，印度在埃塞俄比亚的投资多元，其中农业投资最为突出。中小企业是印度对埃塞俄比亚投资的主体。卡迪拉制药、塔塔国际和卡鲁图里公司等 584 家印度企业[①]投资埃塞俄比亚的农业、花卉、工程、塑料、制造业、棉纺织品、水管理、咨询和技术、教育、制药和医疗保健等领域。

印度在埃塞俄比亚的投资额超过 40 亿美元，其中 20 亿美元在农业领域，包括糖类如甘蔗种植，粮食作物如大米、谷类、玉米和小麦，经济作物如棉花、油籽、豆类、茶叶和花卉栽培等，主要分布在与苏丹接壤的甘贝拉（Gambela）地区州、奥罗米亚（Oromia）地区州、本尚古勒 - 古马兹（Benishangul - Gumuz）地区州和南方民族地区州（Southern Nations，Nationalities and Peoples Region，SNNPR）等。

二、印度在非洲农地投资政策的驱动因素

非洲大陆超过 40% 的人口生活在农村地区，其中一半以上的劳动力从事正式或非正式的农业生产。非洲的土地面积是印度的 10 倍多，印度有十多亿的人口，未来人口增长带来的粮食需求压力会更大。非洲的土地可以满足印度人口的粮食需求。因而有报道认为，非洲国家帮助印度养活了 12 亿人（Anwar，2015）。

（一）印度国内粮食安全的需要

印度养活十多亿人口的能力正面临越来越大的压力，在此背景下，印度政府积极制定海外农地承包政策，鼓励和支持企业到国外寻找土地种植农作物。2010 年，时任印度商务部部长阿南德·夏尔马解释说，农业是印度与非洲接触的七个优先部门之一……我们进口豆类，将更支持更多的土地被耕种和增值——而非洲就是市场（Rowden，2016）。

---

① 参见印度驻埃塞俄比亚亚的斯亚贝巴外交使馆网站资料。

2012 年 3 月，在第八届印度进出口银行印 – 非伙伴项目闭门会议上，阿南德·夏尔马表示，非洲近 9 亿公顷的农田没有得到"适当利用"，这是印度收购非洲农田的理由之一。《经济时报》报道称，印度政府已决定全力支持私人购买海外农田，以确保印度的粮食安全。印度不仅在非洲投资农田，还在阿根廷、巴西、乌拉圭、巴拉圭等拉美国家，以及马来西亚、印度尼西亚等亚洲国家投资农业（见表 2）。

表 2　印度在亚洲、拉美国家的农地投资（部分）

印度公司	国家	主要内容
奥拉姆集团	阿根廷	1.7 万公顷的土地用于种植花生，30 万公顷的土地用于种植棕榈树
	乌拉圭	1.6 万公顷，奶牛养殖场
	印度尼西亚	加里曼丹岛超过 2 万公顷，棕榈树种植园
标准集团	阿根廷	2000 公顷的橄榄农场和 1.7 万公顷的花生种植园
印度油料提炼协会	乌拉圭、巴拉圭	大豆和向日葵种植园
什里·雷努卡糖业	巴西	2009 年 11 月，1.8 万公顷的甘蔗种植园、11.5 万公顷的甘蔗种植园
阿米拉集团	柬埔寨	印度特色大米供应商，供应阿米拉品牌大米。2.5 万公顷，种植大米
KS 油业	印度尼西亚	印度最大的食用油公司之一，其总部位于新加坡。2009 年 10 月，子公司 KS 自然资源有限公司收购加里曼丹和苏门答腊岛的 5.6 万公顷土地

（二）受限于土地价格、绿色革命疲劳等因素的印度国内农业

印度国内农业用地的价格是非洲的数十倍，在非洲投资土地成为有利可图的生意。根据《印度快报》的报道，旁遮普地区的土地租赁率最低为 4 万卢比/英亩，而大多数非洲国家的土地租赁率约为 700 卢比/英亩。这意味着，在旁遮普地区每占地 1 英亩，印度投资者就可以在非洲拥有 60 英亩的土地。印度幸运集团的一名高管说，非洲的农业生产成本几乎是印度的一半。人们对化肥和杀虫剂的需求更少，劳动力更便宜，整体产出也更高（GOI Monitor，2011）。2010 年，80 多家印度公司投资约 24 亿美元购买或租赁埃塞俄比亚、肯尼亚、马达加斯加、塞内加尔和莫桑比克的大型种植园，为印度市场种植粮食和其他经济作物（Rowden，2016）。

印度国内农业发展面临严重的绿色革命疲劳（Green Revolution Fatigue）问题。英迪拉·甘地执政以来，印度为了增加粮食产量，积极推行绿色革命。在实现粮食增产

增收的同时，绿色革命战略也带来了系列问题：①粮食作物种植不平衡，小麦、大米、玉米等都从绿色革命中获益，其中受益最大的是小麦，但过度占用了粗粮、豆类和油籽的土地；②地区发展不平衡，北部的旁遮普邦、哈里亚纳邦和西部的北方邦以及南部的安得拉邦和泰米尔纳德邦受益最大；③加剧了农民间的不平等现象，据观察，拥有10公顷或以上土地的大农从绿色革命中受益最多，因为他们有足够的资金来购买农具、更好的种子和肥料，并可以定期为作物提供灌溉水；④失业人数增加。

由于实行农业机械化，导致农村地区的农业工人失业，受影响最严重的是穷人和无地者。以旁遮普邦为例，其曾是印度绿色革命奇迹的发生地，也是世界各地发展中国家农业发展的教科书典范。今天，该邦却面临着地下水位快速下降到危险水位的局面，化学杀虫剂和化肥的过度使用污染了土壤，导致肥力不足。旁遮普邦虽贡献了印度一半的粮食供给，但也贡献了超过一半的化肥农药需求。全印度化肥农药有一大半都播撒在这片并不太大的土地上，渗入了土壤。久而久之，土壤质量退化，作物农药残留严重超标。最近的医学研究显示，在旁遮普邦哺乳妇女的乳汁里，已能检验出严重超出正常水平的农药残留，这对以后几代印度人身体造成的伤害难以估量（梁捷，2015）。

（三）在非洲获得生物燃料是印度能源多元化战略的迫切需求

生物燃料被宣传为一种石油燃料的环保替代品。美国、欧盟等国家和组织发起立法，鼓励其生产，并制定强制目标。例如到2020年，用生物质能、水力发电、风能和太阳能取代20%的化石燃料。每个成员国还需要更换10%的运输燃料。2020年，瑞典设定了40%的替代目标（Pambazuka，2009）。第一代生物燃料是谷物乙醇、糖类作物、由油籽或循环烹饪油提炼的生物柴油等；第二代生物燃料是木质纤维素材料，主要是木材和稻草等。因而，甘蔗和棕榈油都是生物燃料的原料。

在印度，生物燃料包括燃料乙醇与生物柴油。2008年之前，政府独立制定针对燃料乙醇与生物柴油的政策，2008年颁布《国家生物燃料政策》，开始执行统一的生物燃料政策。2018年发布《国家生物燃料政策（2018）》，提出到2022年乙醇混合比例达到10%，到2030年将乙醇的目标掺混比例设定为20%；2021年1月14日，印度政府发表声明，计划在2025年之前将汽油中乙醇的比例提高20%，比之前设定的目标提前了五年。2021年11月，印度科技部发布《2021—2025年国家生物技术发展战略》，布局生物经济。国际能源署（IEA）最近的一份报告称，到2026年，印度将成为仅次于美国和巴西的全球第三大乙醇市场，2017—2021年，印度的乙醇需求量增加了两倍，达到30亿升。

在生物燃料成为国际油气替代品的世界能源发展趋势下，在非洲获得生物燃料是

印度的迫切需求。从表 1 也可以看出，印度政府和印度企业的投资集中在棕榈、甘蔗等生物燃料种植园。因而在非洲投资制糖业，援助非洲国家发展甘蔗等种植，是印度能源多元化战略的现实需要。大力发展乙醇以减少对进口原油的依赖，甘蔗和糖蜜则是生产生物乙醇的主要资源。印度企业在埃塞俄比亚投资腾达霍、翁吉绍阿和芬查糖厂，印度政府加大对埃塞俄比亚制糖业的金融援助，以此扩大印度的生物燃料产能。2007 年，印度提供 6.4 亿美元贷款支持埃塞俄比亚制糖业；2008 年，印度对埃塞俄比亚制糖业给予 6.4 万卢比的金融贷款；2012 年，印度提供 5 亿美元贷款进一步推动埃塞俄比亚制糖业发展。

三、印度在非洲农地投资的影响

农业是非洲最重要的经济部门之一，印度公司大举进军非洲农业领域，涉及的非洲国家有埃塞俄比亚、马拉维、肯尼亚、乌干达、利比里亚、加纳、刚果和卢旺达等。印度企业在埃塞俄比亚等东非国家的农业投资规模巨大，尤其是卡鲁图里公司在埃塞俄比亚的农地投资起了示范作用。印度在非洲的农地投资提升了印度在印度洋东非地区的影响力，但也易使印度被塑造成新殖民主义国家和非洲土地的国际掠夺者。

（一）印度在埃塞俄比亚的农地投资折射出印度在印度洋东非区域的影响力

埃塞俄比亚是非洲，特别是印度洋非洲地区的重要大国，其首都亚的斯亚贝巴是非盟总部所在地，因此印度注重发展与埃塞俄比亚的友好关系。埃塞俄比亚是非洲国家中少数几个与印度保持友好互利关系的国家之一。在过去的岁月里，尽管两国之间的合作领域发生了重大变化，但目前两国的合作伙伴关系依然紧密。印度的第一家海外合资企业比尔拉集团于 1959 年在埃塞俄比亚开办了一家纺织厂。当时，该集团是印度第二大企业集团。21 世纪以来，双边经贸关系呈现新特点。因而，埃塞俄比亚前总理梅莱斯·泽纳维①高度评价 21 世纪初的埃塞俄比亚—印度关系为"埃印关系的黄金时代"（Rana and Chatterjee，2011：1－285）。

1. 印度对埃塞俄比亚金融援助向农村电气化和糖业项目倾斜

2006 年以来，印度对埃塞俄比亚的财政援助逐年增加，印度政府通过印度进出口银行向埃塞俄比亚政府提供超过 12 亿美元的软贷款，如 6500 万美元信贷额度支持哈

---

① 1991—1995 年任埃塞俄比亚总统，1996—2012 年任埃塞俄比亚总理。

哥马林·梅佳区建设农村电气化的输变电和配电项目，这是印度对埃塞俄比亚的第一笔贷款。正如印度进出口银行驻亚的斯亚贝巴的一名高级官员所说，印度将贷款与来自印度的设备联系起来，印度利用这一战略作为进入受援国的技术准入口，但印度并不要求印度公司和劳动力来到受援国，而是该项目在一定条件下可以接受竞争性投标的设备必须来自印度（Jalata，2014）。

2007 年，印度提供 6.4 亿美元贷款支持埃塞俄比亚糖业，这是印度当年在海外最大的投资（Kumar，2016：59 - 79），作为印度政府对单一国家首次提供的最大一笔信贷，以支持埃塞俄比亚建立新的制糖工业。这两笔贷款的利率是 1.75%，期限是 20 年（Jalata，2014）。2008 年，印度对埃塞俄比亚糖业给予 64000 万卢比的金融贷款；2012 年，印度提供 5 亿美元贷款进一步推动埃塞俄比亚制糖业发展。印度对埃塞俄比亚的 15.4 亿美元信贷款中的 12.4 亿美元给予埃塞俄比亚制糖业，这使埃塞俄比亚成为世界上获得印度信贷额度最高的国家之一。在埃塞俄比亚，印度发展援助的 78.1% 用于制糖业，项目的总花费是 13.5 亿美元。在完成腾达霍、翁吉绍阿和芬查三个项目后，埃塞俄比亚将成为主要的食糖出口国。这些项目将创造巨大的就业机会，预计将有助于埃塞俄比亚经济融合。正如在亚的斯亚贝巴印度进出口银行工作的一位官员所说，印度正在推动制糖业发展，印度不想从埃塞俄比亚进口糖，而是想复制埃塞俄比亚的经验（Jalata，2014）。印度中小企业是在埃塞俄比亚投资的主力，投资领域是农村电气化和制糖业，2010 年 3 月，投资额达到 45 亿美元（Rana and Chatterjee，2011：1 - 285）。

2. 埃塞俄比亚是印度对非经贸关系中的优先国家

具体体现如下：

（1）埃塞俄比亚是印度非洲论坛峰会外交的积极参与国。2008 年至今，印度共举办了三届非洲论坛首脑峰会，埃塞俄比亚都是重要参与国。2011 年 5 月，第二届印度非洲论坛首脑峰会选择在埃塞俄比亚首都亚的斯亚贝巴举行，发表《亚的斯亚贝巴宣言》和《印非加强合作框架文件》，双方确立了到 2015 年印非贸易额达 700 亿美元的目标。非盟积极评价印非合作，表示将尽快设立驻印度办事处。由此凸显了印度与埃塞俄比亚的紧密关系。2019 年，两国启动印度—埃塞俄比亚创新技术商业化方案，分享在医疗保健、农业、水卫生与环境、林业等领域的技术和创新（Girma，2020）。

（2）埃塞俄比亚是印度"泛非电信计划""聚焦非洲计划"的先行先试国，是印度与非洲合作新模式的优选国。印度与非洲联盟合作推行"泛非电信网络"计划，项目所需 10 亿美元由印方出资，旨在增强非洲的互联网连接和通信，计划实现 53 个非洲国家之间的互联网连接。2007 年 7 月，印度与埃塞俄比亚之间的"远程医疗网"

开通，是"泛非电信网络"的试行项目。远程教育中心设在埃塞俄比亚的亚的斯亚贝巴大学，与印度德里和开普尔的技术研究所合作，远程医学中心设在亚的斯亚贝巴黑狮医院。这两家中心由印度提供213万美元兴建。在埃塞俄比亚负责远程医疗网络的印度政府官员拉坦·辛格说，我们希望与非洲分享专业技术，希望欠缺医生的地区能与城市医院相连接，进而由城里的医生填补那里的空缺。印度驻埃塞俄比亚大使古尔吉·辛格强调，印度参加非洲互联网建设与印度企业投资当地矿产资源项目没有关系。《印度时报》作者英德拉尼·巴格奇声称，印度模式大不相同，从印度独立斗争和随后印度移民在非洲获得的商业成功，到不结盟运动等都表明，印度一直是一个具有潜在影响力的国家。印度张扬与非洲合作的"新模式"，但仍然延续发展经济和贸易的老路，真正的目的还是推动自身经济发展。印度参与的"泛非电信网络"计划即为一例。路透社记者巴里·马隆认为，印度与埃塞俄比亚合作的远程医疗网络确实减轻了当地的不少负担，也同印度加强与富饶非洲的联系并确保市场和能源供应的目标相吻合（袁原，2008）。

（3）埃塞俄比亚是印度在贸易与投资上的重点方向国。能源和工业原材料是印度对埃塞俄比亚贸易与投资领域的重点方向。2011年9月，两大印度政府皮革机构——中央皮革研究协会（CLRI）和鞋类设计发展协会（FDDI）已经向埃塞俄比亚皮革产业发展协会（ELIDI）做出承诺与安排，将为埃塞俄比亚提供所有的培训和必要的支持，使该国成为全球鞋类和皮革制造业十大国家之一。据埃通社报道，2011年12月12日，埃印两国合作开展农业研究，推进技术转让，加强两国关系。据了解，两国农业科研合作还包括肉类和奶类开发等领域。印度的中央皮革研究协会和鞋类设计发展协会一直与埃塞俄比亚皮革产业发展协会合作，以提高埃塞俄比亚制革业的质量标准。2010年3月，一个主要由中央皮革研究协会和鞋类设计协会组成的41人代表团抵达埃塞俄比亚，进行为期6个月、价值约为100万美元的项目合作，合同后来又延长6个月，价值80万美元（Jalata，2014：24-39）。2021年2月19日，印度与埃塞俄比亚签署了有关皮革的技术协议。

（二）印度是新殖民主义国家和非洲土地的国际掠夺者

21世纪初，以卡鲁图里公司为代表的印度企业在非洲大规模投资农业，通过租赁或购买等方式获得土地，种植棕榈、甘蔗、粮食等作物，这些印度企业坚称它们只是在做生意，并非土地掠夺者。时任印度农业部部长沙拉德·帕瓦尔（Sharad Pawar）否认政府支持对非洲农田新殖民的说法，一些公司有意购买农田种植甘蔗，然后在国际市场上出售，并称这是生意，仅此而已（Rowden，2011：1-34）。

针对奥克兰研究所的研究报告中称，印度作为经济超级大国的新化身也加入了新殖民运动，接管贫穷非洲国家的土地，外包粮食和能源生产。印度政府正在鼓励印度公司转变为 21 世纪版本的英国东印度公司，昨天的被殖民者已经成为今天的殖民者（Rowden，2011：1 - 34）。印度官员并不认可此类观点，并予以驳斥，认为印度是真正致力于非洲的发展，不像其他国家的掠夺和抛弃战略……印度寻求可持续的伙伴关系（Kilambi，2013）。但卡鲁图里公司在埃塞俄比亚圈占土地的事件①仍旧引发了多方质疑。2013 年 2 月 25 日英国《卫报》报道说，公司接管人民的土地和水——即使他们来自全球南方——是一种新的殖民形式（Kilambi，2013）。印度学者也发出警示，防止印度被误认为是非洲新殖民主义者，印度公司正试图吞噬非洲的可耕地。这些公司将利用最不发达国家的免税政策生产食品，然后运回印度。印度企业种植粮食不是为了非洲人民，而是为了将其运回国内（Kumar，2016：59 - 79）。21 世纪初，印度加入全球土地掠夺热潮，使印度政府遭受印度企业在非洲掠夺土地的批评，面临"剥削殖民弱小的国家和人民，或致力所有人类的福利与地球和平"（Rowden，2011：1 - 34）这种选择困境。

四、印度在非洲农地投资对中国的启示

中印作为发展中大国，与非洲保持着密切的经贸关系，因而在印度国内和国际上把中印在非洲的投资加以比较是常态。尽管我们无意参与或评判这种比较，但就农业领域而言，印度在非洲对中国有挑战。以埃塞俄比亚为例，印度在该国甘贝拉州、奥罗米亚州等有大笔的农业投资，而中国在这些区域修建公路等基础设施。所以印度在非洲农业投资的成效、得失对中国发展与非洲国家的农业合作有借鉴作用。在农业领域，印度在非洲的农地投资对中国有以下启示。

（1）印度对非农业投资主要以私营企业为主。在非农业投资的印度企业有私人农业企业、农业协会联合体、跨国公司的独资企业等。以印度卡鲁图里公司为例，作为一家私人所有的股份制公司，其在埃塞俄比亚、肯尼亚等非洲国家的农地投资和经营活动劣迹斑斑，被斥为"国际土地掠夺者"，成为一家有税务纠纷、劳资冲突和共谋侵犯人权记录的公司，最终资不抵债，其网站已不再更新（IBI World UK，2020）。尽管北美花旗银行和德意志银行等国际投资者为其背书与洗地。例如，在 2018 年年度

---

① 关于卡鲁图里公司在埃塞俄比亚农地投资的报道和研究主要以批评为主，认为其是土地掠夺者，也有相关研究谨慎地提醒卡鲁图里公司和印度政府，避免成为非洲新殖民主义者。参见 GRAIN 网站关于卡鲁图里公司在埃塞俄比亚和肯尼亚的经营报道。

报告中，他们反复声称卡鲁图里公司是"世界上最大的切玫瑰生产商"，"在亚洲、美国和欧洲拥有全球业务"。但仍然无法掩盖舍尔埃塞俄比亚（非洲花业）公司是世界上最大的玫瑰生产商，而非卡鲁图里公司，卡鲁图里公司在欧洲也并不知名这一事实。卡鲁图里公司在非洲的农业投资虽然失败，但也提醒我们：卡鲁图里公司的失败仅是企业个体的投资行为，而非印度政府的官方投资，这样可尽量淡化官方色彩，减少对政府国际形象的负面影响。

（2）在非中国企业应注重社会责任和环境保护，吸取印度卡鲁图里公司退出肯尼亚和埃塞俄比亚市场的教训，寻求企业与所在国的共有利益最大化。因环境污染、违规经营，2018年，卡鲁图里公司被迫出售肯尼亚奈瓦沙湖花卉种植园项目。2020年，肯尼亚花卉产业销售额下降80%，影响15万花艺工人及周边产业从业人员50万人。对卡鲁图里公司与肯尼亚而言，这是双输的结果。

（3）印度在非洲开展生物燃料作物种植，紧跟西方国家步伐，在非洲建立棕榈、甘蔗等种植园，为生产生物燃料服务。中国应制定能源替代计划，与非洲国家合作大力发展生物燃料技术，生产清洁能源。

参 考 文 献

［1］ANWAR M A. The African country helping India feed 1. 2 billion people ［EB/OL］. （2015 – 06 – 03）［2023 – 02 – 09］. https：//edition. cnn. com/2015/06/03/opinions/india – landgrabs – ethiopia/index. html.

［2］ROWDEN R. India's role in the new global farmland grab：An examination of the role of the Indian government and Indian companies engaged in overseas agricultural land acquisitions in developing countries ［EB/OL］. （2016 – 09 – 03）［2023 – 02 – 09］. https：//www. networkideas. org/wp – content/uploads/2016/09/India_Role. pdf.

［3］GOI Monitor. Land grab in Africa，brought to you by India ［EB/OL］. （2011 – 11 – 13）［2023 – 02 – 09］. https：//www. goimonitor. com/story/land – grab – africa – brought – you – india.

［4］梁捷：" 亲富"的绿色革命酿成一场灾难：印度漫笔之三［N］. 上海证券报，2015 – 12 – 23（07）.

［5］Pambazuka. Land – grabbing in Africa：The why and the how ［EB/OL］. （2009 – 10 – 05）［2023 – 02 – 09］. https：//www. pambazuka. org/global – south/land – grabbing – africa – why – and – how？_cf_chl_f_tk = YZ3MSMwloa7BzGeffYwK6dsm47mtpM2urz6jrA8vKCw – 1643514115 – 0 – gaNycGzNB.

［6］ RANA K S, CHATTERJEE B. Economic diplomacy: India's experience ［M］. Jaipur: CUTS Books, 2011.

［7］ GIRMA Z. Ethio – India Relations: Spirit of solidarity ［EB/OL］. （2020 – 01 – 25）［2023 – 02 – 09］. https: //www. press. et/english/? p = 18098#.

［8］ JALATA G G. Development assistance from the south: Comparative analysis of Chinese and Indian to E-thiopia ［J］. Chinese studies, 2014, 3 （1）: 24 – 39.

［9］ KUMAR S. India's development cooperation with Ethiopia in sugar production: An assessment ［J］. International studies, 2016, 53 （1）: 59 – 79.

［10］ 袁原. 首届印度 – 非洲合作论坛峰会开幕: 软实力下真经济 ［EB/OL］. （2008 – 04 – 08） ［2023 – 02 – 09］. http: //www. chinanews. com/gj/gjzj/news/2008/04 – 08/1213901. shtml.

［11］ ROWDEN R. Indian companies engaged in agricultural "land grabbing" in Africa: The need for In-do – African solidarity linkages ［J］. Human geography, 2011, 4 （3）: 1 – 34.

［12］ KILAMBI S. Indian Land Grab in Africa: Sputnik Kilambi ［EB/OL］. （2013 – 03 – 06）［2023 – 02 – 09］. https: //kafila. online/2013/03/06/indian – land – grab – in – africa – sputnik – kolambi/.

［13］ KUMAR S. African agriculture: An abiding investment avenue for India ［EB/OL］. ［2021 – 08 – 22］. https: //africaindia. org/african – agriculture – an – abiding – investment – avenue – for – india/.

［14］ The fall of Karuturi: How the crisis in the rose market is cutting the hopes of millions ［EB/OL］. （2020 – 09 – 15）［2022 – 05 – 09］. https: //ibiworld. eu/en/the – fall – of – karuturi – how – the – crisis – in – the – rose – market – is – cutting – the – hopes – of – millions.

Driving Factors, Influences of India's Agricultural Land Related Investment in Africa and Its Implications for China

Abstract: Indian companies, led by Karuturi Global PLC, have leased or acquired farmlands on a large scale in Ethiopia and other African countries to grow such crops as palms, sugarcane, grain, and thus prompting global criticism about that India is an African land grabber. India's large-scale agricultural land investment in Africa is driven by following factors: the need to ensure Indian food security; the constraints on Indian agricultural development; biofuels in African countries is an urgent need for India; Indian media and businessmen consider China as India's competitor in Africa. The impact of India's investment in agricultural land in African countries is reflected in two aspects: The investment in Ethiopia reflects India's influence in the East African region of the Indian Ocean. India is prone to

be shaped as a neo – colonial country and an international grabber of African lands. China and India are major developing nation, which have close economic and trade cooperation with African countries, so India's investment in African agricultural land has implications and reference for China.

Key words: India, African agricultural land, Ethiopia, Chinese implications

作者简介: 杜英, 安徽师范大学副教授, 世界史硕士研究生导师, 安徽师范大学巴基斯坦研究院研究员, 湘潭大学南亚研究中心兼职研究员。

非洲的数字安全：风险与应对策略

国际关系学院外语学院　刘天南

【摘　要】数字化是非洲联盟"2063年愿景"的重要目标之一。近年来，随着非洲国家对数字化发展的重视与努力，非洲的数字化进程得到了快速发展，数字服务在许多非洲国家的众多领域得到了广泛应用。然而，数字安全问题也在数字化进程中进一步凸显，网络犯罪率居高不下，且犯罪形式、手段多样，给数字化发展带来了一系列问题与挑战。绝大多数非洲国家的政府和企业在数字管理方面的治理能力薄弱，个人用户与企业用户对数字化风险的防范意识不足，以及非洲薄弱的数字风险防御基础设施等系列因素使非洲的数字安全变得更加脆弱。因而，非洲国家需要一套自上而下的、全方位的应对策略，才能在相对安全、牢固的数字服务氛围中继续享受数字化带来的红利。

【关键词】非洲；数字安全；风险；应对策略

一、引言

近十多年来，非洲大陆经济的快速发展反映出数字化在非洲经济增长、工业化的推进、非洲大陆区域一体化进程、就业创业等领域的确已经并将继续发挥至关重要的作用。自2019年新冠疫情以来，全球对数字服务的依赖性进一步加强，非洲也不例外。企业居家远程办公日益普及，电子商务、电子移动支付、云储存服务等在非洲得到了快速发展。然而，非洲国家在享受网络和数字化发展带来的便利的同时，也各自面临不同程度的数字安全风险。①

---

① 近年来，"数字安全"术语有逐渐替代"网络安全"或"信息系统安全"的趋势。本文中的"数字安全"等同于"网络安全"。

二、先天不足的非洲数字安全基础

非洲大陆数字安全问题突出的主要原因既包括薄弱的基础设施，也有人才缺乏与数字管理能力不足的问题，与此同时，数字经济主体和网民个人对数字安全的认识与敏感度不足等因素则进一步加剧了数字安全风险。

（一）数字通信设施薄弱

在数字安全投入方面，绝大多数非洲国家更热衷于网络通信设施的建设投入，而在数字安全方面的投入却明显不足。总体来看，非洲大陆在数字发展方面的成本高昂，根据一份来自世界银行和联合国宽带委员会的联合报告，非洲大陆在数字化基础设施方面的改善成本到 2030 年至少高达一千亿美元（Diagana，2022）。一方面，非洲大陆网络通信基础设施建设水平分布不均，国与国之间的差异较大。国际电信协会统计数据显示：截至 2019 年 6 月，在全世界 49% 的平均宽带普及率背景下，北部非洲及中东地区的网络普及率是 55%，撒哈拉以南非洲则只有 22%。另一方面，同一国家内乡村与城市的差异巨大。尽管非洲的移动电话普及得很快，但撒哈拉以南非洲的宽带连接依然主要集中在富人、城市居民和受教育水平相对高的人群。根据全球移动通信系统协会（GSMA）的统计，2020 年，非洲大陆范围内乡村与城市之间的网络连接差别巨大。乡村的移动网络普及率只有 16%，城市则为 40%。而在发展相对落后的国家，宽带连接的使用成本是非常高昂的。例如，1G 的宽带网络在中非需要花费家族平均收入的 20%，而在埃及则只需要 0.5%。世界银行的相关数据显示，2020 年在撒哈拉以南非洲，近 58% 的人口都生活在乡下（全球移动通信系统协会，2022）。截至 2020 年，高达 70% 的撒哈拉以南非洲人口仍然没有享受到 4G 服务（Morgan Philips Group，2022）。在广大的乡村地区，宽带连接与数字化进展构成巨大的挑战，主要原因包括电力的缺乏或不稳定、数据通信的传输问题，以及建立通信设施的投资成本高昂。

（二）数字法治建设滞后

数字法治规范的缺失是影响非洲数字安全的另一个重要原因。截至 2015 年，仅有 40% 的非洲国家针对网络犯罪行为进行了立法。2015 年年底，非盟委员会发放了一份调查问卷，对非盟 55 个成员国的网络犯罪和网络安全问题进行调研，最终收回

32 份有效问卷，占比不到 60%。根据收回的有效调查问卷结果显示，仅有 8 个国家制定了有关数字安全的国家战略，13 个国家设立了国家计算机应急响应组，14 个国家通过了针对个人数据保护的法律，12 个国家制定了有关网络犯罪的法律，13 个国家对网络安全和网络教育进行了大规模的系统宣传（Ajijola and Allen，2022），见表 1。

表 1　非洲国家有关数字安全的国家应对策略（截至 2020 年 12 月）

国家名称	数字安全威胁评估	行动方案	实施日程表	权责分工	专项经费	策略更新年份
贝宁	√	√		√		2020
布基纳法索		√				2019
埃及	√	√	√			2018
斯威士兰	√	√	√	√	√	2020
冈比亚		√		√		2016
加纳		√	√			2020
肯尼亚	√	√	√	√	√	2014
马拉维		√		√	√	2017
毛里求斯		√		√		2014
摩洛哥		√		√	√	2013
尼日利亚	√	√	√	√		2021
卢旺达		√			√	2015
塞内加尔	√	√	√	√		2017
塞拉利昂	√	√	√		√	2017
南非		√		√		2012
坦桑尼亚		√		√		2016
乌干达		√				2014
总计	7	17	11	13	7	

2019 年 2 月在摩洛哥举行的第十届非洲安全论坛会议结果显示，在非洲大陆有关网络安全的立法目前存在三种现状：第一种是至今绝大部分国家尚未有任何网络安全规范措施；第二种是一部分国家通过了部分网络安全规范立法，但具体实施规则不明确；第三种则是仅有极少数国家有网络安全立法，并且制定了明确、具体的实施细则（Manir，2019）。这在一定程度上反映了政府和相关部门对网络犯罪的防范力度不足。由于缺乏合理、规范的规章制度和法律法规，在应对数字安全问题方面，许多非洲国家政府对网络犯罪经常采取封锁或镇压等简单、粗暴的手段，还有一些国家在网络使用

方面加征上网税，如刚果（金）、赞比亚，以及早些年在乌干达、肯尼亚、坦桑尼亚等国。赞比亚的"博客税"高达900美元/年，博主还需要填写官方承诺书（Katrien，2021：71-79）。

（三）数字安全人才缺失，管理能力不足

2018年全球网络安全指数报告显示，在非洲大陆，由于缺乏足够的人力资源，在非洲54个国家中，仅有毛里求斯、肯尼亚和卢旺达三个国家可以应对网络威胁（Réveillard，2022）。

非洲大陆数字安全问题突出与数字安全人才的缺失紧密相关。非洲大陆数字安全方面的人才缺口很大，不论是国有部门还是民营部门都缺乏必要的数字安全人才，也缺少相应的物质基础投资或技术培训，非洲大陆有关数字安全的培训机构凤毛麟角。这主要是因为非洲大陆目前更加注重计算机技术、通信设施和网站等方面的建设，对数字安全的重视程度依然不够。因而，非洲国家通常需要花费重金从国外聘请数字安全人才。另外，当前非洲有不少国家主要依赖国外的数据存储，有一些国家将自己的数据库建设委托给外国公司，这种数据转包问题也在一定程度上加剧了数字安全风险。目前，非洲大陆共有80多个数据中心，其中一半以上都位于南非（Katrien，2021：18）。

数字安全人才缺失、管理能力不足的另一个表现是数字服务能力的不足。在非洲大陆，还有相当多的民众没有正式的身份证明文件，尤其是18周岁以下的年轻人，导致这些"无身份的隐形人"难以享受一些公民基本权利或国家的一些关键性服务，如选举权、在正规机构求学或在医院就医等，也无法抓住由数字化带来的机遇。尤其是在西部和中部非洲地区，一些国家的身份认定系统不仅不全面，统计数据也不准确，其惯用的手抄式人口统计和身份认定方法往往会使获得准确的人口统计数据更加困难。而数字化的人口统计方式将使更多的弱势群体获得医疗、教育、金融以及其他关键部门的服务。当前，已经有越来越多的国家开始意识到这个问题，并在世界银行资金和技术的支持下，为非洲制定了"为促进发展进行身份认定的规划"（ID4D），绝大部分国家已经开始采用更加有效和准确的方式进行人口普查统计与身份认定，但完成精准的人口统计仍需要一段时间。

三、层出不穷的非洲数字安全问题

非洲大陆当今是使用电子支付服务人数增长最快的区域，尤其是撒哈拉以南非

洲。根据全球移动通信系统协会的统计数据，仅 2019 年，在全球 371 亿次电子支付中，撒哈拉以南非洲占 238 亿次，即占全球电子支付频率的 64.2%，较上一年度增长了 19.7%。同样，在电子支付的资金方面，撒哈拉以南非洲在 2019 年度有 4563 亿美元电子支付交易，年度增长率达 27.5%，占全球电子支付总金额的 66.1%（Cherif，2023）。这些数据也意味着非洲面临更加快速发展的数字安全风险。

（一）网络犯罪种类繁多，犯罪技术手段多样

2021 年，针对非洲的数字安全问题，国际刑警组织完成并公布了一份《2021 年非洲网络威胁评估报告》，根据不同的作案方式，国际刑警组织将非洲的数字安全危险归为五大类（Interpol，2021：12 - 21）：网络在线诈骗、网络涉黄诈骗勒索、企业电信诈骗、恶意软件勒索和僵尸网络。

一是网络在线诈骗，即不法分子通过造假合法机构或合法部门的邮件或短信，引诱个人提交自己的资金账户信息或其他个人重要信息。在这类诈骗中，通过钓鱼网站等方式窃取个人信息，随后对银行卡或信用卡进行盗刷最为常见，也最为严重，钓鱼网站已经成为非洲最主要的网络威胁之一。受新冠疫情的影响，非洲的网络犯罪率呈上升趋势，仅 2020 年度针对银行方面的网络攻击就增加 238%（Interpol，2021：13）。

二是网络涉黄诈骗勒索，即不法分子利用不正当手段获取个人私密照片，并以此对受害者进行勒索或继续行骗或勒索其他人。采用网络钓鱼或直接在相关涉黄平台上进行敲诈勒索也是不法分子惯用的手段。网络涉黄诈骗勒索曾经是非洲最为突出的网络安全威胁之一（Ouma and Stenmanns，2020：76）。

三是企业电信诈骗，即不法分子通过窃取相关公司的电子信息系统数据，并重点择取个人的资金账户信息，发送假的转账指令，随后引诱单位职工进行转账，钱款则实际转入不法分子的第三方账户中。金融企业的高管人员或资金转账负责人是这类诈骗分子的主要攻击对象。受新冠疫情的影响，大型企业更加依赖于网络转账，在一定程度上也使企业电信诈骗有了更大的生存空间。国际刑警组织的调查显示，企业电信诈骗发生最多的国家是南非、突尼斯、摩洛哥、毛里求斯、尼日利亚和肯尼亚（Interpol，2021：20）。其中尼日利亚是整个非洲大陆乃至全球企业电信诈骗犯罪最多的国度，来源于尼日利亚的企业电信诈骗占非洲大陆企业电信诈骗的 83%，占全球的 50%（Interpol，2021：19）。

四是恶意软件勒索，即不法分子通过对医院或其他公共机构的计算机系统植入恶意软件，擦除、锁死或捣乱受害者的系统数据，随后以恢复系统运行的名义勒索金钱。这类不法行为往往是有组织的网络犯罪。2020 年，有超过 150 万起通过恶意软件

进行的网络勒索事件，而在 2021 年第一个季度，埃及、南非和突尼斯成为非洲大陆最大的恶意软件勒索受害国，其中仅埃及一个国家就占整个非洲恶意软件勒索事件的 35%（Interpol，2021：24）。

五是僵尸网络，受到僵尸网络攻击的主机被不法分子利用远程控制的方式进行大面积系统攻击。僵尸网络也经常被用作恶意软件攻击的突破口。一旦主机受到僵尸网络的攻击，与同一主机相关联的其他设备只要联网，即会受到僵尸网络的破坏而瘫痪。非洲平均每月会出现 3900 起僵尸网络攻击。统计结果显示，2021 年，纳米比亚成为受到僵尸网络攻击最多的非洲国家，主要是受到木马程序 Emotet 的攻击（Interpol，2021：22）。由于不法分子还经常通过提供信息或各种网络犯罪新工具招兵买马，所以僵尸网络助长了分布式拒绝攻击（DDoS）的滋生。至今，分布式拒绝攻击已经成为非洲大陆最大的数字安全威胁之一。

（二）网络犯罪带来的损失巨大

由于网络攻击往往具有广撒网的特点，犯罪主体通常将主要目标转向一些信息最容易暴露的服务部门，它们通过其中一个行业的脆弱性来取得对整个网络的控制权。非洲国家的政府网站系统、军事系统、银行系统、通信工业系统等比较脆弱，最容易受到木马的攻击而瘫痪甚至被摧毁。

从网络犯罪带来损失的影响波及面来看，分布式拒绝服务攻击给非洲带来的危害性最为明显（Interpol，2021：22）。这主要是因为非洲大陆有关数字安全方面的主要负责机构或部门之间缺乏必要的信息资源共享，从而使分布式拒绝服务攻击与黑客攻击进一步扩大化，而分布式拒绝服务攻击带来的损失是不可逆的。例如，2016 年利比里亚受到恶意软件 Botnet Mirai 的攻击，致使整个国家的网络系统完全瘫痪。2019 年，南非的一家主要宽带供应商（RSAWEB）受到分布式拒绝服务的攻击，系统瘫痪了一整天。同年 3 月，一些黑客在攻击了南非首都比勒陀利亚国家安全署几周之后，又继续攻击南非国家安全部。2020 年，加蓬也受到一个匿名黑客组织的分布式拒绝攻击，导致国家的多个机构在几个小时内系统瘫痪。2021 年年初，埃塞俄比亚国家银行遭到分布式拒绝服务攻击。同年，肯尼亚的一家云服务公司（Kaseya）遭受勒索软件攻击，导致十多家相关联的企业被迫中断五天的业务。根据相关数据，在 2020 年 1 月至 2021 年 1 月一年内，非洲大陆遭受了 6.79 亿次电子邮件网络攻击、820 万次文件攻击、1430 万次网页攻击（Interpol，2021：9）。

恶意软件袭击也给非洲大陆带来了干扰与损失。在非洲，一款"蠕虫式"的勒索病毒软件（Wannacry）成为不法分子侵害非洲大陆网络环境最惯用恶意软件之一。它最常攻击的对象是公共服务部门和农产品食品行业，其主要原因在于非洲公共行政部门的大量系统采用 SMB 网络协议，从而被这款恶意软件盯上。2018 年，这款恶意软件已经广泛侵入 150 个国家，致使全球众多企业的数据被扰频，并被迫支付一笔敲诈费用才能进入自己的数据系统。在非洲，摩洛哥、马达加斯加、阿尔及利亚、突尼斯、埃及、塞内加尔、南苏丹、乌干达、科特迪瓦、肯尼亚、纳米比亚和津巴布韦都深受其害。根据美国著名投资咨询机构 Cybersecurity Ventures 的统计，仅 2019 年一年，非洲有关恶意软件袭击的损失就高达 115 亿美元。

《2021 年非洲网络威胁评估报告》指出，非洲的数字安全标准尚未确定，90% 以上的非洲企业并没有足够的网络安全保护协议。由于缺乏具体的防护措施，造成的经济损失是巨大的。例如 2016 年，网络犯罪给南非、尼日利亚和肯尼亚分别造成 5.73 亿美元、5 亿美元和 3600 万美元的经济损失。2017 年，非洲大陆网络安全方面的损失约达 35 亿美元（Ciyow，2022）。新冠疫情则进一步加剧了非洲网络犯罪的抬头。非洲大陆的企业所面临的黑客攻击越来越多。从非洲的实际情况来看，由于金融和民生等关键领域，如银行、水资源、能源和通信领域的数字化关联性相对较高，从而成为网络犯罪的主要攻击对象。其中，2021 年一起针对南非的网络攻击就造成了南非四个主要港口的关停，南非至今还未走出这起网络犯罪所造成损失的阴影（Maury et al.，2022）。根据肯尼亚一家网络安全公司（Serianu）的研究报告，2021 年因网络犯罪问题，非洲大陆整体的国内生产总值减少了超过 10%，即大约损失了 41.2 亿美元（Interpol，2021：9）。

四、解决非洲数字安全问题的路径选择

非洲大陆的数字安全市场前景是巨大的，根据相关数据的统计，2015 年非洲数字安全市场为 9.2 亿美元，2020 年升至 23.2 亿美元（Interpol，2021：9）。这同时也意味着加强非洲数字安全非常有必要。根据目前存在的问题，不妨从软件、硬件和国际合作三个方向加以考虑。

（一）加强基础设施与数据中心的建设

全球数字化是大势所趋。一方面，加大对宽带连接方面的投资，可以让更多的普通非洲民众享受到数字服务；另一方面，提升数字安全设施建设方面的投入占比，使非洲国家进一步增强应对网络威胁的能力，从而提升数字安全的治理水平。通过积极地引导民营资本来吸引更多的投资对象，加强政府与民营宽带运营商之间的战略合

作,从而降低宽带基础设施的建设成本。随着数字化基础设施条件的改善,国家相关企事业部门和私有部门均应通过开发一些本土的系统和应用软件,为本国人民提供安全、快捷的在线交易平台。非洲国家还应改变过度依赖国外技术支持的现状,在非洲大陆本土创建属于自己的数据中心。

值得关注的是,非洲发展银行决定出资 200 万美元创建非洲网络安全资源中心(ACRC)。工期从 2021 年 3 月 15 日开始,至 2023 年 6 月 30 日结束。该中心将在西非塞内加尔设立,届时将派驻西部非洲和东部非洲国家代表。该中心的设立有三个目标:一是创建一个共享的接口,以共同监督和应对针对金融领域的网络攻击;二是大力发展私人订制咨询服务,以进一步增强各类机构和组织的网络安全;三是针对非洲大陆的新数字安全形势,进一步加强数字安全方面的管理能力(Tchokpodo,2022)。而从具体的国家来看,肯尼亚和塞内加尔已经有国家层面的引领与促进信息技术通信发展的部门。在应对网络犯罪方面,肯尼亚、毛里求斯和卢旺达针对网络犯罪采取了相对积极的措施。根据国际电信联盟的统计数据,非洲在数字安全领域做得最好的是毛里求斯和坦桑尼亚,这两个国家在世界数字安全指数方面的得分分别是 96.89 分和 90.58 分(满分为 100 分),这一突出成绩主要归功于国家对信息通信技术基础设施持续稳定的投资建设,对广大公民普及数字权益,以及针对数字安全展开与周边国家的合作等(Tchemedie,2022)。

(二) 完善数字安全国家策略与法律制度

国家应制定并实施有关数字服务方面的基础设施发展战略与政策,创建一套协调、高效和可控的跨学科的数字安全战略。根据相关数据,在国家层面的数字安全应对策略方面,仅有斯威士兰、肯尼亚和塞内加尔三个国家在应对网络安全方面具备最为基础的标准,即对网络威胁的评估、应对网络威胁的具体且目标明确的行动策略、国家策略和政策的具体实施日程、应对网络安全问题权责分明的分工、有关预算资金拨付的明确而清晰的条款规定。然而,非洲当下的情况是一半的国家没有针对网络威胁的评估手段,同时缺乏对资金拨付的明文规定与保障(Symantec,2016:14)。肯尼亚和多哥分别在 2019 年 10 月和 2019 年 11 月通过了《个人数据保护法》;而南非和摩洛哥两国早已成功地实施了有关个人信息保护的相关红头文件,但由于缺乏政策的支持以及相关预算,实施起来困难重重。截至 2021 年,非洲 54 个国家中仅有 29 个国家针对数字安全进行了立法,另外 4 个国家正在起草相关的立法文件;仅有 10 个国家有能力应对非洲数字安全问题,有自己的国家数字安全策略,并且能够针对数字化基础设施问题采取系列措施(Interpol,2021:17)。在数字安全的法治建设方面,非洲国家的法治建设还应加快步伐。

从区域层面来看，2017 年 6 月 27 日，非盟通过了《非盟关于网络安全和个人数据保护的协议》，也称为《马拉博协议》。该协议的宗旨在于在尊重人们的基本自由和人权的基础上，促进非盟成员国与区域经济共同体之间在信息技术方面的立法和协调。从应对非洲网络犯罪的角度来看，这是一项新的创举，尤其是其重点突出了对个人数据信息的保护。其主要目的在于为个人数据信息以及电子交易提供保护方法。该协议的主要内容分为四大部分：第一部分是有关电子交易的内容，第二部分是有关个人数据保护的内容，第三部分是促进数字安全以及抵制网络犯罪，第四部分为总结性条款。协议签订当年，55 个非盟成员国中只有 13 个国家签订了该项协议，即贝宁、乍得、科摩罗、刚果金、加纳、几内亚比绍、毛里塔尼亚、塞拉利昂、圣多美普林、赞比亚、塞内加尔、毛里求斯和多哥。但截至 2019 年，仅有三个国家——塞内加尔、毛里求斯和多哥分别于 2016 年、2018 年和 2019 年批准生效。非洲国家应对网络犯罪的立法情况见表 2 （Ajijola et al. ，2022）。

表 2　非洲国家应对网络犯罪的立法情况 （截至 2019 年）

针对网络犯罪全面立法的国家	针对网络犯罪部分立法的国家	通过应对网络犯罪法律草案的国家
博茨瓦纳	阿尔及利亚	布基纳法索
喀麦隆	贝宁	吉布提
科特迪瓦	冈比亚	埃塞俄比亚
加纳	肯尼亚	几内亚
毛里求斯	马达加斯加	莱索托
毛里塔尼亚	摩洛哥	马里
尼日利亚	莫桑比克	摩洛哥
塞内加尔	卢旺达	纳米比亚
坦桑尼亚	南非	尼日尔
乌干达	北苏丹	南非
赞比亚	突尼斯	斯威士兰
乍得	津巴布韦	多哥
几内亚		突尼斯
		津巴布韦
		肯尼亚

除了政策法规方面的努力，最为重要的是国家在数字安全方面的防范意识，以及打击、抵御数字犯罪方面的政策与策略的实施能力的提升；在高等院校和相关培训机构大力宣传与推广有关数字化问题的教育政策，让数字化方面的专家学者和学生可以

自由交流与共享数字化技能知识；加强对人才的培养，尤其是对非洲青年与妇女群体在数字安全方面的培养，充分利用非洲人口年轻化的优势。

（三）加强国家之间的跨界合作与国际合作

只有积极开展国际合作，才能更加有效地共同打击网络犯罪活动。在国际合作层面，2001 年，由欧盟牵头，在匈牙利布达佩斯拟定了《网络犯罪协议》，也称为"布达佩斯协议"，其被认为是第一项以共同应对和打击网络犯罪为主旨的国际协议。该协议于 2004 年正式生效，截至 2021 年 11 月，全球共计 66 个国家签订了该协议，以欧美国家为主，非洲的毛里求斯、摩洛哥、塞内加尔、南非、突尼斯签署了该协议。2019 年，西非经济共同体与欧盟共同草拟了一份关于"西非应对网络安全及抵御网络犯罪"（OCWAR - C）的计划，同时还通过了一项有关网络安全和网络犯罪方面的共同策略。通过"非洲网络专家社团"，非盟还与"世界网络专家论坛"（GFCE）合作，共同努力提升数字安全控制能力。

而在区域层面，建立了非洲大陆数字安全合作与协调委员会，共同提升非洲大陆的数字管理能力，在信息资源共享方面已经取得积极的进展。非盟先后发布了 2012 年《非洲网络犯罪与网络安全趋势报告》、2017 年 5 月《非洲互联网基础设施安全指导方针》，以及 2017 年 7 月《非盟关于网络安全和个人数据保护公约》；非洲联盟警务合作机构（AFRIPOL）也于 2019 年通过了《抵制网络犯罪 2020—2024 策略》，这份文件的主要宗旨在于加强协调，提升特殊警员的业务能力，规范协调成员国之间的法律法规。与此同时，非盟还在 2022 年年初组建了数字安全专家团队，即"非洲网络专家社团"（ACE），并试图通过这个团队努力实施非盟自己创建的有关非洲大陆网络安全的策略。2021 年，西非经济共同体出台了《西非经济共同体网络犯罪与网络安全区域策略》，旨在加强西非成员国之间的数字安全管理能力。各成员国之间在打击跨界网络犯罪等方面应展开积极的合作，并且在国家层面，应制定本国的数字安全政策和策略。根据国际电信联盟（ITU）近期的统计数据，非洲大陆 54 个国家中，有 17 个国家，即约 1/3 的国家已经制定了国家层面的网络安全策略，然而这个占比明显低于世界平均水平。如果缺乏国家层面的策略方针，政府通常难以应对网络安全方面的威胁与攻击。

五、结语

数字化在使全球联系更加紧密的同时，也对国与国之间的数字安全合作提出了更高的要求。未来非洲数字安全不仅需要提升个人和企业的防护意识，还需要在国家层面高屋建瓴，建立国家层面的应对策略和法律法规，同时加强国家之间的信任与合作，加强数字安全建设方面的人才培养和经验分享。只有这样，才能使非洲在相对安全的数字服务环境中享受到安全、便捷的数字服务。非洲国家虽然在数字安全建设方面任重道远，但部分国家已经付诸的实践和取得的成效值得肯定。

参 考 文 献

［1］ DIAGANA O. Trois réponses pour accélérer l'accès au numérique en Afrique occidentale et centrale ［EB/OL］. ［2022 - 05 - 15］. https：//www. jeuneafrique. com/1220705/economie/trois - reponses - pour - accelerer - lacces - au - numerique - en - afrique - occidentale - et - centrale/.

［2］ GSM Association. Le point sur la connectivité Internet mobile - Résumé du rapport 2021 ［EB/OL］. ［2022 - 05 - 15］. https：//www. gsma. com/r/wp - content/uploads/2021/12/Le - point - sur - la - connectivite - internet - mobile - Resume - du - rapport - 2021. pdf.

［3］ Morgan Philips Group. L'Afrique et ses télécommunications, entre "Eldorado rêvé" et réalités ［EB/OL］. ［2022 - 05 - 14］. https：//www. morganphilips. com/fr - fra/conseils - et - actus/l - afrique - et - ses - telecommunications - entre - eldorado - reve - et - realites.

［4］ AJIJOLA A H, ALLEN N D F. Leçons d'Afrique en matière de cyber - stratégie ［J］. Centre d'études stratégiques de l'Afrique, 2022.

［5］ MANIR M E. L'Afrique face aux défis progéiformes du cyberespace ［R］. Policy center for the new South policy paper, 2019.

［6］ KATRIEN P. Traduit de l'anglais par Laurent Vannini, La politique (en ligne) par le bas en Afrique subsaharienne ［J］. Politique Africaine, 2021/1 - 2：71 - 97.

［7］ RÉVEILLARD M F. Entre pertes et profits, l'Arique à l'épreuve de la cybersécurité ［EB/OL］. (2020 - 07 - 31) ［2022 - 04 - 20］. https：//afrique. latribune. fr/africa - tech/2020 - 07 - 31/ entre - pertes - et - profits - l - afrique - a - l - epreuve - de - la - cybersecurite - 854156. html.

［8］ CHERIF M. Le paiement mobile et l'inclusion financière en Afrique ［EB/OL］. ［2023 - 08 - 29］. https：//www. amef - consulting. com/2021/01/17/le - paiement - mobile - et - linclusion - financiere - enafrique/#：~：text = L'Afrique% 20subsaharienne% 20demeure% 20la, des% 20transactions% 20mondiales% 20 (GSMA).

［9］ Interpol. Évaluation 2021 des cybermenaces en Afrique, principales observations d'interpol sur la cybercriminalité en Afrique,

[10] OUMA S, STENMANNS J. Traduit de l'anglais par Paul Géradin, La connectivité, condition du développement pour l'Afrique ? [J]. Alternatives Sud, 2020: 75 – 86.

[11] CIYOW Y. Cybersécurité: l'Afrique sous la menace d'un 'chaos numérique'[EB/OL]. [2022 – 04 – 22]. https: //www. lemonde. fr/afrique/article/2021/06/09/cybersecurite – l – afrique – sous – la – menace – d – un – chaos – numerique_6083492_3212. html.

[12] MAURY F, KIÉ F, KIENGA N. Cybercriminalité: les leaders économiques africains doivent changer de regard et d'approche [EB/OL]. [2022 – 05 – 14]. https: //www. jeuneafrique. com/1331023/ economie/cybercriminaliteaf – les – leaders – economiques – africains – doivent – changer – de – regard – et – dapproche/.

[13] TCHOKPODO M. Afrique: 2 millions USD dédiés à la cybersécurité et au paiement électronique [EB/ OL]. [2022 – 05 – 04]. https: //cio – mag. com/afrique – 2 – millions – usd – dedies – a – la – cy - bersecurite – et – au – paiement – electronique/.

[14] TCHEMEDIE J. Cybersécurité: Seuls 10 pays africains sur 54 sont capables de faire face à une menace majeure (UIT) [EB/OL]. (2021 – 09 – 22) [2022 – 06 – 01]. https: //www. digitalbusiness. africa/cybersecurite – seuls – 10 – pays – africains – sur – 54 – sont – capable – de – faire – face – a – une – menace – majeur – uit/.

[15] Symantec. Cyber crime & cyber security: Trends in Africa [R]. 2016.

Digital Security in Africa: Risks and Strategies

Abstract: Digitization is one of the main objectives of the African Union *Agenda 2063*. In recent years, with the emphasis and efforts of African countries inclined on digital development, the digital process in Africa has developed rapidly, and digital services have also been widely used in many fields in many African countries. However, the issue of digital security has also become more prominent in the process of digitization. The high level of cybercrime and various forms of crime have brought a series of problems and challenges to the digital development. However, the governments and enterprises in most African countries have weak governance capabilities in digital management, individual users and enterprise users are not aware enough of digital risk, and the weak infrastructure of digital security risk defense makes the digital security more vulnerable in Africa. Therefore, in order to continue to enjoy the dividends brought by digitalization in a relatively safe and secure digital service atmosphere, African countries need a series of from

top to down and comprehensive strategies to response.

Key words: Africa, digital security, risk, strategies

作者简介：刘天南，国际关系学院外语学院法语系副教授，国际关系学院外语学院非洲研究所负责人，主要从事法语文学与非洲问题研究。

非洲文学争鸣

撒哈拉以南非洲法语文学在中国的译介与研究

南京大学外国语学院　Odzala Trystan Galitch（李党）

【摘　要】近年来，随着非洲文学在世界文坛崭露头角，以及中非合作与中非人民交流的不断深入，非洲文学受到中国学者的广泛关注与重视，中国的非洲文学研究正逐步进入快速发展时期，中国学界掀起非洲文学研究热潮。而撒哈拉以南非洲的法语地区文学不仅是非洲文学的重要组成部分，也是世界法语文学不可分割的一部分。自从 20 世纪初用法语写作的书面文学在该地区诞生以来，令人瞩目的作家群出现了，如列奥波尔德·塞达·桑戈尔（Léopold Sédar Senghor）、阿马杜·库鲁玛（Ahmadou Kourouma）、阿米娜塔·索·法勒（Amanita Sow Fall）都创作出多部反映黑人精神的优秀作品；其作品展现了非洲独特的社会历史进程，为非洲法语文学乃至非洲文学做出了非凡的贡献。本文即以撒哈拉以南非洲法语文学为研究对象，梳理并分析其在中国的译介与研究情况。

【关键词】撒哈拉以南非洲；法语文学；译介；研究

一、引言

　　近年来，非洲作家在法语文坛一直十分活跃，发表了许多具有世界影响力的作品，斩获若干国际重要奖项，例如，2021 年塞内加尔新锐作家穆罕默德·姆布加尔·萨尔（Mohamed Mbougar Sarr）凭借《人类最秘密的记忆》（*La plus secrète mémoire des hommes*）荣获法国龚古尔文学奖，成为自 1921 年以来撒哈拉以南非洲首位获得该奖项的作家，他也是 1976 年以来最年轻的龚古尔文学奖获得者（李琦，2021）。撒哈拉以南非洲法语书面文学诞生于 20 世纪，中国对其译介肇始于 20 世纪 50 年代末。20 世纪 50—60 年代和 80 年代出现的撒哈拉以南非洲法语译作数量虽然有限，但构成了

中国国内对该地区文学作品翻译的最高峰；70 年代和 90 年代分别经历了两段时间上的空白，几乎没有新的译作诞生，而关于撒哈拉以南非洲法语文学的研究在 80 年代才取得些许进展。进入 21 世纪后，虽然新的译作或专著寥寥可数，但相关的学术文章明显增加。即便如此，相较于英美文学研究，中国对撒哈拉以南非洲法语文学的翻译和研究工作仍有待深入。

二、20 世纪撒哈拉以南非洲法语文学在中国的译介历史回顾

撒哈拉以南非洲法语文学主要是指撒哈拉以南非洲法语国家或地区作家使用法语创作的文学。主要包括以下国家：刚果（布）、刚果（金）、布隆迪、塞内加尔、马里、几内亚、多哥、毛里塔尼亚、喀麦隆、贝宁、尼日尔、加蓬、乍得、中非、科特迪瓦、布基纳法索、卢旺达、马达加斯加、塞舌尔和毛里求斯。就历史而言，撒哈拉以南非洲法语文学是西方国家，特别是法国、比利时在非洲实行殖民统治的产物，殖民者通过传教士教育制度推广法语，以培养使用法语作为书面语言的精英。因此，撒哈拉以南非洲法语文学是在反抗压迫、反抗殖民地的斗争中发展起来的。据相关学者研究，撒哈拉以南非洲法语文学的诞生与发展有以下三个基本条件：殖民文学的诞生与发展、西方殖民者在非洲开办教育、"黑人精神"运动（魏丽明，2022：112 – 122）。20 世纪 50 年代末，非洲大陆进入民族独立运动时期，同时迎来非洲现当代文学的繁荣时期。中国对撒哈拉以南法语文学的译介同样发端于这一时期。总括而言，中国对撒哈拉以南法语文学译介可以分为以下几个时期。

（一）20 世纪 50 年代末至 60 年代

这一时期的译作尽管数量不算丰富，但可视为国内对撒哈拉以南非洲法语文学译介的第一个小高峰，即便文学译介在当时受到意识形态和政治局势的影响。在支持非洲争取独立的背景下，新中国译入了一些撒哈拉以南非洲法语文学作品，其中大部分为小说，还有少量的诗歌、戏剧作品；另外，这一时期的译介集中于塞内加尔、喀麦隆和几内亚作家的作品（汪淋，2015）。最早被引进中国的小说作品主要有喀麦隆作家费丁南·奥约诺的《老黑人和奖章》、本杰明·马蒂普的《非洲，我们不了解你》，塞内加尔作家奥斯曼·塞贝纳的《塞内加尔的儿子》《祖国，我可爱的人民》《神的儿女》，几内亚作家吉·塔·尼亚奈的《松迪亚塔》等。代表性的诗歌译作有《现代非洲诗集》《非洲的声音》，塞内加尔诗人大卫·狄奥普的《锤击集》，几内亚诗人凯塔·福代巴的《深夜》（李永彩，1986）。戏剧作品方面的典型代表是几内亚班库拉·坎福里

的《爱国者》。此外，这一时期也出现了一些关于撒哈拉以南非洲法语文学的评论文章。譬如，董衡巽撰写的《"黑暗大陆"的黎明：评介非洲反殖民主义小说》一文指出，非洲反殖民小说不但揭露了殖民主义的残酷剥削和血腥镇压，描写了非洲广大人民的痛苦生活，还表现了人民的觉醒和斗争；柳鸣九和赵木凡的《战斗的非洲革命诗歌》论述非洲革命诗歌的精神，肯定非洲作家笔下的诗歌为非洲民族的觉醒、解放发挥着重大作用。

（二）20 世纪 70 年代至 80 年代末

受政治因素的影响，20 世纪 70 年代中国关于非洲文学的译介工作几乎停滞，但中国社会科学出版社于 1979 年出版的《外国名作家传》上、中、下三册收录的 438 名作家中包括来自非洲的一些著名作家，如列奥波尔德·塞达·桑戈尔。20 世纪 80 年代，新的译作和编著不断涌现，有的作品还被复译。新译作如塞内加尔作家阿米娜塔·索·法勒的《乞丐罢乞》、马里作家加乌苏·迪阿瓦拉的《马里短篇小说集》，刚果民主共和国（当时称扎伊尔）作家恩广博·穆巴拉的《三代人》，费丁南·奥约诺的《僮仆的一生》等作品（汪淋，2015）。同时，外国文学出版社分别出版了《非洲现代文学（上）：北非和西非》、《非洲现代文学（下）：东非和南非》和高长荣编选的《非洲当代中短篇小说选》。另外，几内亚作家卡马拉·莱伊的小说《黑孩子》出现了两个译本：1984 年，黄新成翻译的首译本由重庆出版社出版；1989 年，少年儿童出版社推出李国桢翻译的新译本，书名变更为《神奇的黑孩儿》。1983 年，非洲著名的长篇史诗《松迪亚塔》由李震环和丁世中复译后出版。这一时期关于诗歌作品，最突出的有《桑戈尔诗选》及四川人民出版社出版的《非洲诗选》。

在研究方面，中国学者撰写的相关学术文章关注到非洲女性作家的创作以及非洲作品所体现的"黑人性"，如邓世隆的《〈乞丐罢乞〉简析》、展舒和聘如的《非洲文坛的女星和〈乞丐的示威〉》分别对非洲著名女作家阿米娜塔·索·法尔的作品《乞丐罢乞》进行了进一步介绍和研究（魏丽明，2022：443）。展舒和聘如的《玛丽亚玛〈一封如此长的信〉》对塞内加尔作家玛丽亚玛的创作进行了评论。陈融的《论"黑人性"》从文学史和文化学的角度探讨了"黑人性"的历史地位和意义。此外，白锡堃编译的《关于"第三世界"文学》、关山的《非洲文学现状》、李永彩的《非洲文学在中国》等成果对非洲文学的发展进行梳理。

（三）20 世纪 90 年代

20 世纪 90 年代，中国学者对非洲法语文学的翻译热度明显下降，大部分译介聚焦于北非国家特别是埃及的文学作品，撒哈拉以南非洲法语文学几乎没有新的译作产生。与此同时，撒哈拉以南英语文学的译介增多，而相关的论文、评述主要关注非洲获诺贝尔文学奖及其他国际奖项作家的作品。这一时期有关撒哈拉以南非洲法语文学的代表性研究有俞灏东的《被"同化"还是保持了"黑人性"？——试论桑戈尔其人及其诗歌创作》，探讨桑戈尔诗歌创作复杂的历史文化背景。李永彩翻译的《20世纪非洲文学》被认为是中国国内首次按国别全面评介非洲文学的著作。

回顾20世纪中国对撒哈拉以南非洲法语文学的译介，可见50—60年代和80年代是译介的两次高峰，有些作品出现了复译本，所译介的作品大部分为揭露殖民者罪恶的反殖民小说或者诗歌，这与当时的社会、政治语境直接相关。值得一提的是，有些作品是通过俄语译本转译为中文的（殷明明，2019）。在文学体裁上，除小说和诗歌外，几乎没有戏剧译本。在研究方面，学术文章屈指可数，没有系统的研究专著；非洲文学作品所体现的"黑人性"、民族性、战斗性和革命性在当时已经开始受到部分学者的关注。

三、21 世纪撒哈拉以南非洲法语文学在中国的译介与研究概况

进入21世纪后，随着中非合作论坛机制和"一带一路"倡议等相继问世，中国学界对撒哈拉以南非洲法语文学产生了极大的兴趣，出现了一批活跃的非洲法语文学研究学者，在《外国语言文学研究》《国外文学》《外国文学动态》等重要刊物上发表了多篇学术文章。同时，各类非洲文学研究中心也先后成立，其中具有代表性的是浙江师范大学非洲文学研究中心，这是中国高校中第一个专门从事非洲文学研究的科研中心。另外，近几年，为了推动国内非洲文学翻译与研究工作，各高校不仅积极地举办非洲文学研讨会，也承接相关的重大科研资助项目。与以往各个时期相比，新时期的研究范围更加丰富、广泛，除地域性外，还有文学史、文化、社会、语言等不同的研究角度，并有学者对非洲文学进行动态跟踪。撒哈拉以南非洲文学的重要主题如身份认同、后殖民主义、文化冲突与融合、写作语言、种族隔离等成为中国学界的研究热点。

（一）文学作品翻译概况

文学作品翻译是文化传播和交流的重要途径。自从中国与非洲国家建交后，尤其是中非合作进入快速发展时期以来，文学作品翻译在促进中非民心相通方面发挥着重要作用。十多年来，中国学者翻译的撒哈拉以南非洲法语文学作品中，代表性的译作

有湖南文艺出版社于 2011 年出版的《人间的事，安拉也会出错》（*Allahn'est pas obligé*）。这本小说曾获法国雷诺多文学奖、法国龚古尔（中学生）奖。小说主人公是小男孩比拉西玛，因父母双亡，他决定去利比里亚寻找姑妈。路途中，为了在遭受部落战争蹂躏的西非生存，比拉西玛成为一名童兵（库鲁玛，2011）。随后，2019 年浙江工商大学出版社推出非洲法语文学的经典之作——塞内加尔女作家玛丽亚玛·芭的《一封如此长的信》（*Une si longue lettre*）。小说以书信体形式展开叙事，主人公拉玛杜莱在丈夫意外去世后，向远在美国的童年朋友阿伊萨杜写下一封长信。信中，主人公回顾了自己的人生：与她深爱的丈夫的相遇，两人的回忆，丈夫再娶妻子对她造成的创伤（玛丽亚玛·芭，2019）。这本小说聚焦非洲妇女地位和家庭传统习俗问题，出版后在社会上及文学界引起强烈反响，并获得诺玛文学奖。此外，中译出版社、外语教学与研究出版社分别于 2017 年和 2020 年出版了刚果（布）作家阿兰·马邦库（Alain Mabanckou）的《明天，我二十岁》（*Demain j'aurai vingt ans*）和《豪猪回忆录》（*Mémoires de porc - épic*）。《明天，我二十岁》是一部自传体小说，主人公米歇尔是一个十岁的独生子，他以自己的观察为蓝本，生动地讲述了刚果童年生活的喜怒哀乐，还表达了对当时社会的看法，故事背后折射出 20 世纪 70 年代整个社会的狂躁和矛盾。这本小说入选伽利玛文学类作品"白色精选集"，并获得当年的乔治·布拉桑奖。至于《豪猪回忆录》这本小说，主人公是一只豪猪，是黑人男孩奇邦迪的附体。在他幼年时，父亲向他启蒙了一种神秘的巫术，通过这种巫术，他可以拥有一种动物附体——豪猪。这只豪猪的任务就是听从主人奇邦迪的指令，使用箭刺完成一系列骇人听闻的谋杀。这部作品展现了非洲故事的传统形式，以及非洲的信仰与哲学。该小说还曾获雷诺多文学奖、阿基坦的埃莉诺奖等奖项，并被法国多家媒体评为年度法国文学回归季最重要的小说之一。

除上述中译本作品外，还有塞内加尔裔法国女作家法图·迪奥梅（Fatou Diome）的《桑戈马尔守夜者》（*Les Veilleurs de Sangomar*），塞内加尔小说家兼诗人比拉戈·迪奥普（Birago Diop）的《听阿玛杜·库姆巴讲故事》（*Les contes d'Amadou Koumba*），刚果（布）政治家、作家亨利·琼博（Henri Djombo）的《渡河》（*La traversée*）和《考验》（*Sur la Braise*）。诗歌翻译的代表作品为汪剑钊于 2003 年编译的《非洲现代诗选》（上、下册），其收录了非洲各国诗人的优秀作品，其中包括马里诗人加索·狄亚瓦拉、刚果的安杜安·罗吉·布隆巴、喀麦隆的埃拉隆克·埃巴尼亚·尤图等撒哈拉以南非洲使用法语创作的著名诗人。此外，近几年，非洲文学作品选集陆续出版，部分撒哈拉以南非洲法语作品也被选入。譬如，译林出版社于 2014 年初版、2022 年再版的《非洲短篇小说集》，它囊括了来自 16 个非洲国家的 38 位作家的作品，其中

有塞内加尔作家奥斯曼·塞贝纳，刚果诗人、小说家东加拉。他们以各具特色的文字描绘出自己心目中非洲大陆的今昔变迁，展示了非洲大陆不同地区的风土人情。华东师范大学出版社推出的《非洲文学批评史稿》一书关注非洲文学批评的历史发展，系统地呈现出过去60年非洲文学的研究成果。

（二）文学研究概况

在撒哈拉以南非洲法语文学研究方面，首先有一些关注非洲文学的综述性论文涉及非洲法语文学，为国内法语文学研究注入了新鲜血液。其次，学者们借助非洲文学理论，从民族、语言、文化等角度对优秀的撒哈拉以南非洲法语文学作家的作品进行深入研究。在理论探讨方面，聂珍钊教授的《黑人精神：非洲文学的伦理》一文论述作为非洲文学伦理的黑人精神对非洲黑人作家文学创作的影响，认为它在引领非洲黑人从事文学创作、增强民族自信、反对种族歧视和争取民族平等方面发挥了重要作用。在艺术方面，史忠义的《试论非洲诗人桑戈尔对古希腊罗马典籍的修辞借鉴和审美借鉴》在介绍非洲作家借鉴古希腊罗马典籍形式的基础上，重点分析诗人桑戈尔对古希腊罗马典籍的修辞借鉴和审美借鉴，并指出其创作彰显了诗人的文化选择和文化自信。夏艳从非洲文学史、种族、泛非、中非交流角度先后撰写文章，其中《20世纪非洲文学的四个特点》一文从非洲文学研究起点出发，将20世纪非洲文学的特点概括为丰富传统、借鉴西方、直面现实及身份认同。此外，非洲文学的书写语言作为非洲文学长期以来的争论焦点同样备受关注，如颜治强的《关于非洲文学语言的一场争论》和张荣建的《非洲文学作品：语言学分析》。

另外，也有学者对非洲女性作家及其作品中的女性形象予以关注。例如，王天宇的《非洲女性主义写作的困境与出路——从〈一封如此长的信〉谈起》认为非洲女性写作本质上是一种跨文化产物，唯有通过对父权和帝国双重话语霸权的解构，才能发出真正的非洲女性主义之声。汪琳也是长期关注非洲法语文学的学者，其追踪非洲文学在中国的译介发展，以非洲女性写作、文化身份等为研究重点，例如，《阴影中的女斗士：玛丽亚玛·芭》一文介绍了非洲女性作家玛丽亚玛·芭的成长经历、创作内容及写作风格；《非洲法语文学在国内的翻译》论述分析了非洲法语文学在中国不同时期的译介情况，并探讨法语文学译介所面临的问题。刘天南的《撒哈拉以南非洲法语文学的演进》一文在介绍国内外有关撒哈拉以南非洲法语文学研究情况的基础上，对其起源、殖民前后的发展历史进行论述。同时，刘天南也是中国国内少数关注到非洲撒哈拉以南法语戏剧的学者，她发表的《撒哈拉以南非洲法语戏剧：起源、发展与趋势》追溯非洲法语戏剧的起源与发展，并探究其现今的发展特点和趋势。此外，近几年中国学者编写的非洲文学综述性著作也对撒哈拉以南非洲法语文学有所涉及，尽管篇幅较少。例如，夏艳主编的《20 世纪非洲文学：觉醒与发展之路》一书是针对 20 世纪非洲文学发展的综合研究，该书在回顾 20 世纪非洲文学发展历史的同时，将历史与现状相联系，揭示出各种社会因素对文学的作用和影响。魏丽明的《撒哈拉以南非洲文学》是国内首部关注撒哈拉以南非洲语言文学学科建设和知识共享的著作，收录了我国撒哈拉以南非洲文学研究的代表性论文，展现了近年来中国撒哈拉以南文学研究的整体面貌。再如，彭晖主编的《西非法语诗歌中的双重文化——以桑戈尔、乌·塔姆西和塔蒂·卢塔尔为例》是国内少有的专门研究撒哈拉以南非洲法语作家的著作之一。该专著引导我们走近三位西非法语诗人的精神世界，解读他们对非洲文明的回忆与赞美，以及对帝国主义和殖民主义遗留问题的揭露与反省。

总之，新时期以来中国对撒哈拉以南非洲法语文学的译介与研究呈现出新的气象，研究视野更加开阔，不仅出现了新的译作和专著，还有对撒哈拉以南非洲法语文学的优秀作家作品进行个案研究的论文和专著，体现出新一代中国学者对非洲文学的热情和关注。

四、中国学者主要译介与研究的撒哈拉以南非洲法语代表作家

中国的撒哈拉以南非洲法语文学译介已持续半个多世纪。部分非洲法语作家由于独特的写作手法、特别的人生经历以及摘得国际奖项等而受到中国学界的重视，甚至掀起了研究热潮。譬如，塞内加尔前总统、著名作家、诗人列奥波尔德·塞达·桑戈尔被认为是"黑人精神"学说的主要创始人之一，同时是现代撒哈拉以南非洲诗歌的奠基人之一。他的作品不仅内容丰富，而且体现出撒哈拉以南非洲文化特征和非洲人的精神世界。桑戈尔是目前为止中国学者最为青睐的撒哈拉以南非洲法语作家之一，从 20 世纪末至今，其诗歌作品被大量翻译、研究。近些年来，中国学者从理论、"黑人性"特征、思想、身份、创作语言等角度出发对桑戈尔的作品进行专题研究，例如，黎跃进的《"黑人性"运动与桑戈尔》一文对"黑人性"运动的起源和发展进行梳理，并说明桑戈尔作为该运动的倡导者，如何通过其诗歌的内涵精神为"黑人性"文学的进程做出贡献。再如，彭晖的《桑戈尔诗歌中的文化记忆与身份认同》一文认为桑戈尔在诗歌中呈现的文化记忆，特别是对故土的传统文化、人文风情的怀念，充分体现了其对非洲传统文化的坚守，对非洲人身份的强烈认同感和自豪感。另外，塞内加尔著名作家、电影导演，被称为"非洲电影之父"的奥斯曼·塞贝纳也受到文学界的密切关注。奥斯曼是中国学者译介时间最早、译介数量最多的撒哈拉以南非洲法

语作家之一，有七部小说被译为汉语。他的双重身份、写作手法与电影技巧相结合的独特性使其成为研究热点。段维珊的《从文学到电影：奥斯曼·桑宾笔下自主与开放的非洲》一文在分析奥斯曼两部作品的空间建构与叙事手法的基础上，探讨了奥斯曼眼中的非洲形象，以及这种形象如何传达"黑人性"的内涵。汪琳的《非洲文学与电影的双重瑰宝——乌斯曼·桑贝内其人其作》基于作家生平和作品研究，分析他为人民创作、推动女性意识觉醒的革命主义文学思想；总结其与中国的渊源，追述其引领的改编电影风潮。除以上两位作家外，第一批被引入中国的撒哈拉以南非洲法语女作家阿米娜塔·索·法尔、玛丽亚玛·芭、阿玛杜·库鲁玛均受到中国学界的一定关注，至少有一部作品被译为中文，也有相关的研究文章，如邱华栋的《阿玛杜·库鲁马：非洲的伏尔泰》，汪琳、范燕潃的《论〈乞丐罢乞〉中的社会偏离》等。近年来，随着非洲法语文学在世界文坛的日益活跃，也有被称为第三代非洲作家的新锐法语作家进入中国学者的视野，譬如刚果（布）裔法国作家阿兰·马邦库（Alain Mabanckou）、塞内加尔裔法国女作家法图·迪奥梅（Fatou Diome）、喀麦隆裔法国女作家勒奥诺哈·米娅诺（Léonora Miano）。新一代的非洲法语作家通过自身在海外的生活经历，以独特视角展示了非洲移民后代在欧洲的日常生活以及对身份的不懈追寻。

五、结语

综上所述，60 多年来，中国对撒哈拉以南非洲法语文学的译介与研究取得了一定的进展，呈现持续升温的趋势。特别是 21 世纪以来，非洲法语文学得到了更多中国学者的关注。在相关科研项目的资助和高校专家的参与下，有一些新译作、学术文章、专著诞生，但是必须承认，中国对撒哈拉以南非洲法语文学的翻译和研究仍处于初始阶段，存在明显欠缺，研究仍然薄弱，有许多经典作品尚未被译介，对撒哈拉以南非洲法语戏剧的译介更是凤毛麟角。首先，这与中国学者对非洲历史、社会、文化等方面的了解不够充分有一定关系；其次，非洲法语作品中的语言混合特征等因素都加深了研究和翻译的难度。从对 20—21 世纪外国文学翻译和研究成果数量的统计来看，撒哈拉以南非洲文学，特别是法语地区的译介数量总体偏低。因此，在非洲法语文学翻译及研究方面，仍有着大片空白亟待填补。在中非合作愈加紧密的今天，作为了解非洲国家历史、社会、文化的重要渠道，加强撒哈拉以南非洲法语文学译介的意义不言而喻。

参 考 文 献

［1］中国作家网．"寻找背后的文学颂歌——2021 年法国龚古尔文学奖《人类最秘密的记忆》评析"［EB/OL］．（2021 - 12 - 17）［2023 - 10 - 05］．http：//image. chinawriter. com. cn/n1/2021/1217/c404092 - 32310270. html.

［2］魏丽明. 撒哈拉以南非洲文学［M］. 北京：线装书局，2022.

［3］汪琳. 非洲法语文学在国内的翻译［J］. 时代文学（下半月），2015（7）：49 - 51.

［4］李永彩. 非洲文学在中国［J］. 世界文学，1986（4）：290 - 295.

［5］殷明明. 非洲文学在新中国的出版及其特点［J］. 齐齐哈尔大学学报（哲学社会科学版），2019（5）：143 - 146.

［6］库鲁玛. 人间的事，安拉也会出错［M］. 管筱明，译. 长沙：湖南文艺出版社，2011.

［7］玛丽亚玛·芭. 一封如此长的信［M］. 汪琳，译. 杭州：浙江工商大学出版社，2019.

［8］马邦库. 明天，我二十岁［M］. 刘和平，等译. 北京：中译出版社，2017.

［9］马邦库. 豪猪回忆录［M］. 刘和平，等译. 北京：外语教学与研究出版社，2020.

Translation and Research on French Literature in Sub – Saharan African in China

Abstract：In recent years，with the African literature rose to prominence in the world literary circle and the deepening of China – Africa cooperation and exchanges between Chinese and African people，African literature has received extensive attention from Chinese scholars，the study of African literature in China is gradually entering a period of rapid development，and the Chinese academic circle has set off an upsurge in African literature research. The French literature in Sub – Saharan Africa is not only an important part of African literature，but also an integral part of the world French literature. Since the birth of written literature in this region at the beginning of the 20th century，an impressive group of writers has emerged，such as Leopold Sédar Senghor，Amadou Kourouma，Aminata Sow Fall，they have produced several excellent works reflecting the spirit of Black people，their works showed the unique social and historical process of Africa and made extraor-

dinary contributions to African French literature and even African literature. This paper takes French literature in Sub – Saharan African as the research object, to sort out and analyze its translation and research situation in China.

Key words: Sub – Saharan Africa, French literature, translation, research

作者简介: Odzala Trystan Galitch（李党），刚果（布），南京大学外国语学院博士生，主要研究方向为中非合作与中非交流。

《还乡之谜》中的时空流动与身份游移

北京语言大学外国语学部　刘宇宁

【摘　要】《还乡之谜》（*L'énigme du retour*）是加拿大籍法语作家达尼·拉费里埃（Dany Laferrière）的一部充满自传意味的小说。作品由无韵诗和散文彼此交错而成，通过叙述主人公回故乡海地"安葬"父亲亡灵的过程，探讨了人生、死亡、流亡等主题。叙述者打乱了时间和空间的区隔，模糊了政治、文化和身份的边界。在见证海地真实现状的同时，表达了对文化混杂、身份多元性的思考，以及对他者开放、包容的态度。最终，他在非此非彼的"第三空间"中获得了身份认同，解开了回归之谜。

【关键词】《还乡之谜》；流亡；第三空间；身份；文化混杂

一、引言

　　达尼·拉费里埃是加拿大籍法语作家，1953 年出生于海地，其父亲温泽·克雷贝尔·拉费里埃（Windsor Klébert Laferrière）曾任太子港市长、工商业副国务卿，因与时任总统杜瓦利埃（François Duvalier）政见不合而流亡美国。1976 年，在太子港担任记者的拉费里埃感到身处险境，匆忙离开海地前往蒙特利尔。他先是在工厂做工维持生计，同时开始文学创作。1985 年，在其第一部小说大获成功后，拉费里埃进入媒体工作，担任主持人和专栏作家。2009 年，拉费里埃的第 11 部小说《还乡之谜》获美第奇文学奖和蒙特利尔书展大奖。2013 年，他当选法兰西学院院士，成为第一位海地和加拿大院士。拉费里埃的代表作品还有《咖啡的味道》（*L'odeur du café*，1991）、《往南方去》（*Vers le Sud*，2006）、《几乎消失的偷闲艺术》（*L'Art presque perdu de ne rien faire*，2012）和《穿睡衣的作家》（*Journal d'un écrivain en pyjama*，2013）等。

　　《还乡之谜》是一部充满自传意味的小说，叙述者接到流亡在外的父亲去世的消息后，从蒙特利尔启程去纽约安葬父亲，又回到故乡海地向母亲报丧，并回到父亲出生的村庄，象征性地带父亲魂归故里。小说的行文别具一格，由无韵诗和散文彼此交错而成。作家曾在一次访谈中解释了如此安排的原因："最开始这个文本是以短诗的形式构成的，后来为使读者更好地理解，我需要给出一些解释，就加入了散文诗。在表达感情的部分，通常使用诗体，在描写景致的时候，通常使用散文的形式。"（朱蓉婷，2019）《还乡之谜》里的诗行短小精巧，较为接近日本俳句的特点。作者以笔记的方式记录了叙述者在出发前和还乡后的所见所闻所感，回忆和想象与眼前的现实融合在一起，共同构成了这次"谜"一样的旅程。"谜"是叙述者在异乡和家乡都能体会到的陌生感，也是文本开放性的一种体现，每个读者都可以自由解读这一谜题。

流亡主题的文学作品中，主人公往往处于异质性和流动性之中，面对文化杂糅、身份含混等多种困境。《还乡之谜》中的叙述者在故国的现实中寻觅"逝去的时间"，而又无时无刻不处于时空的错位和身份的游移之中。本文借鉴爱德华·索亚（Edward W. Soja）和霍米·巴巴（Homi K. Bhabha）提出的"第三空间"理论，从流亡、时空和身份三个侧面尝试解读拉费里埃作品中的回归之谜。

二、流亡与还乡

《还乡之谜》与埃梅·塞泽尔（Aimé Césaire）的《还乡手记》（*Cahier d'un retour au pays natal*，1939）之间的关联是显而易见的。首先，小说开头就引用了《还乡手记》的第一句话"晨光渐亮"（Au bout du petit matin...）。作者本人也提到，如果塞泽尔没有率先使用这一书名，那他一定会用这个题目，因为无论从形式还是内容上看，它都非常符合自己的作品。塞泽尔是"黑人性"思想的倡议者，同为安的列斯作家的拉费里埃将他当作精神之父，在《还乡之谜》中还为他专门设立一章，题为《一位叫塞泽尔的诗人》。叙述者总是带着塞泽尔的诗集旅行，从中能读到"刺痛人的狂怒"和"在尊严中活着的欲望"（拉费里埃，2010：63），通过阅读马提尼克诗人的作品，叙述者才得以走进父亲的内心世界。从某种意义上说，《还乡之谜》既是拉费里埃对父亲的哀悼之作，也是对塞泽尔的纪念之作。

拉费里埃的父亲是一位风流倜傥的革命者，曾任政府部长，由于反对杜瓦利埃的独裁统治而流亡美国。而小说中的叙述者也是出于相似的原因流亡加拿大30多年，因此与父亲并未有很多接触。他回忆了曾去纽约布鲁克林的小房间探望父亲的场景：

> 数年前，我敲过他的门。他没有应声。我知道他在房间里。我听见他在门后面大声地喘气。因我从蒙特利尔过来，所以我坚持要他开门。我又听到

他吼叫，他从来没有孩子，也没有妻子，也没有国家。我来得太迟了。远离家人，他活着的痛苦已经变得难以忍受，他必须抹去记忆里的过往（拉费里埃，2010：69）。

虽然如此，叙述者依然对父亲充满欣赏和敬佩："我乐意从他身上继承他关于社会正义的理念，他面对强权的不妥协，他对金钱的蔑视，以及他对他人的热忱。"（拉费里埃，2010：207）在他接到"这命中注定的电话"（拉费里埃，2010：13），得知自己父亲的死讯后，叙述者开始了"出发前漫长的准备"①，先是前往多伦多探望另一位流亡的画家朋友。在纽约安葬了父亲之后，他又返回蒙特利尔与另一位来自海地的朋友会面。在这一段迂回的旅程中，叙述者回顾了自己流亡的经历，并非只为控诉"在远行与归途之间/卡着这一段/腐烂的时光"（拉费里埃，2010：29），或是将自己封闭在回忆中。通过追溯过往，叙述者为30多年的流亡生活做出总结，从而真正地接受当下的生活状态。两代异乡人的命运并不完全相同，父辈的流亡充满了有家难回的无奈、饱受相思之苦的折磨，而儿子这一代的流亡虽可终止，但他们却早已改变了自己，学会了异乡的生活方式。叙述者最终接受了另一个自己，而不再执着于找回自己的身份："可以确定的是/如果我留在那里我就不会这样写作。/也许我什么都不写了。在异乡写作是为了自我慰藉？/我怀疑流亡作家的一切使命感。"（拉费里埃，2010：38）

还乡叙事是小说的主要部分，拉费里埃曾在关于《还乡之谜》的访谈中指出，作品意图脱离历史叙事和新闻叙事中有关海地的内容，书中没有任何政治话语，而正因如此，它才是政治化的（Hachette Livre，2023）。作家意欲表现多形态、千变万化的海地人生活的真实现状：人头攒动的集市，高声叫卖的摊贩，简陋拥挤的民居，山上豪华的别墅……叙述者淹没在"人的河流中"（拉费里埃，2010：90），中了"热带气味和味道的毒"（拉费里埃，2010：86）。城市的喧闹和色彩刺激着叙述者的感官，让他"不想再思考。/只是看着，听着，感觉着。/并在晕头转向之前记下这一切"（拉费里埃，2010：86）。景致的变化使小说的节奏也发生了一些变化，"还乡"部分开始的几个章节中，诗句明显更为简短，仿佛一帧帧画面一闪而过。叙述者的回忆与眼下的现实重叠，让他仿佛觉得"这里一切都好。/而那里一切都糟。/这只是平衡杆的一次合理的回归。因为有段时间/我厌恶这里的一切"（拉费里埃，2010：226）。

然而，太子港并非回归的终点，对叙述者来说，天空、大海、太阳和山脉这些不变的元素才是他心中的故国。父亲参加革命时的一位朋友将自己的车和司机借给他，

① 小说分为两大部分，分别题为"出发前漫长的准备"和"还乡"。

便于他在久违的岛国随意走动，探访故交旧识。他回到了乡村，参加村庄里的节庆活动，见到了自己早已遗忘的人和土地，他珍惜在乡间获得认同的感觉："仿佛动物都开始认出我来了。／这也许是这样一个国度：／你感觉认识每一个人／而每一个人似乎都认识你。"（拉费里埃，2010：173）乡间之行不仅是为了找回流亡前的自我，也是为了更深入地了解父亲，缅怀父亲。叙述者与父亲同名，当布鲁克林医院的护士打来电话时，她要求与温泽·拉费里埃通话，宣布温泽·拉费里埃的死讯，因此，父亲的过世从某种意义上揭示并加剧了叙述者对地域和归属的焦虑。在还乡拜访父亲故人的过程中，叙述者根据他们的描述，重新拼凑起父亲的形象，也在此过程中得到了身份的认可。他意识到，父亲一直决定着他的存在："他给了我出生。／我照管他的死。／在生与死之间，／我们刚好擦身而过。"（拉费里埃，2010：293）父亲没能在深爱的土地上生活并终老于此，叙述者还乡的过程其实是一次关于父亲、童年和故国的发现之旅，使他再次成为父亲和这个岛国的孩子。如若再次对比塞泽尔和拉费里埃各自作品的法文题目，我们会发现，"回归"（retour）一词的限定词并不相同，塞泽尔用的是不定冠词"un"，而拉费里埃则使用了定冠词"le"，后者更加凸显出坚决的意味，与叙述者出发前的踌躇不前形成对比。

叙述者在回到父亲出生的村庄之前，将一直随身携带的塞泽尔诗作放入外甥的包中。外甥也叫达尼，代表着生活在海地的年轻一代，他们也在留下和离开之间做着选择。父亲、叙述者和外甥三代人似乎经历着同一种命运，结局可能不尽相同，但都处于流亡与归乡的往复运动中，一代又一代，周而复始。

三、时空的流动

尽管"我"在出发前做了漫长的准备，翻看初到蒙特利尔时的笔记，回顾自己的流亡历程，但回到故乡时依然要面对令人头晕目眩的时空错位。由于所处的社会环境不尽相同，在《还乡之谜》的叙述者看来，故国的时间与流亡在外的时间是完全割裂开来的，"时间在别处流逝／在故乡的村子里／那是一段无法测量的时间。／一段时间之外的时间／铭刻在我们的基因里"（拉费里埃，2010：42）。小说并未遵循时间上的线性叙事，过去和未来都融合在叙述者当下的精神世界里，回忆和抒情并存于充满诗意的文本之中。叙述者"航行在两个时代之间"（拉费里埃，2010：190），他将所见所闻内化于心，通过自己的诠释进行再创作。在叙述者的回忆中，时间的作用比空间更为重要："比起空间，时光的放逐／更为无情。／我的童年／比起我的国家／更让我苦苦想念。"（拉费里埃，2010：80）流亡在外的人未能参与家庭生活中的一系列事件，而这些事件本身就是时间轴线上的坐标，因此流亡者便失去了时间上的参照系。比如叙述者在与妹妹交谈时遗憾地发现兄妹之情业已疏远，"游移在这种青少年时期与流亡带来的距离感之间"（拉费里埃，2010：205）。父亲的去世使流亡的时间戛然而止，开启了还乡的时间，象征着一个轮回的完成。

　　小说中时空的流动性与变动不居通过一系列水的意象而不断加强："我意识到自己在某个世界中的存在/它就在我的世界的对面。/南方的火/北方的冰/交错成一片温暖的泪海。"（拉费里埃，2010：18）法语中"大海"（mer）和"母亲"（mère）是同音异义词，这里的"泪海"（une mer en larmes）很容易让人联想到"含泪的母亲"（une mère en larmes）这一意象。这种双关的效果将流亡之地与故国、游子与母亲紧密地联系在一起。而孕育生命的母亲的身体与水又有着密切的关联，叙述者称自己在水中才感到自在，他偏爱睡在粉色的浴缸里，如同在母体中一样平静而有安全感，只有对童年的回忆才能抵偿背井离乡的痛楚。母体代表海地岛上的土地，土地是有归属的，而水则难以确定归属，作为母亲和海地的儿子，他却没有扎根于此，而是像水一样漂流他乡，在杂糅的文化空间中沉浮。这种"游牧"（nomadisme）没有固定的根系，而是像德勒兹（Gilles Deleuze）所说的"块茎"（rhizome），是"一切去除了中心、结构、整体、统一、组织、层级的后现代意义上的实体"（程党根，2005：77）。块茎没有开端也没有末尾，构成块茎的成分都是异质性、多样性和流动性的，正如叙述者漂泊无定、处于多元文化交汇中的生活状态。无论海地还是蒙特利尔，"我"其实从未真正离开任何地方，因为"我"始终处于一个模糊的临界状态。"那边和这里，对我来说一个样了。但终归是不一样的风景。我失去了地域概念。这在不知不觉中发生，如此缓慢，但随着时间流逝，记忆中保存的图景不断地被新的图景替代。"（拉费里埃，2010：263-264）这就是为何回到故园的叙述者依然感到迷失和困惑，他需要重新习得原来的生活方式，而这个过程本身也是充满困难的：

　　　　我的身体遭受着一个非我所愿的适应过程。我什么也掌控不了。所有这些已然从我脑海里撤离以免被乡愁绑缚的事物，都在这里有一种具体的存在。它们在我被寒冷冻僵的身体里避难。我的身体渐渐温热，而我的记忆也融化了，直到变成床上的这个小水洼。（拉费里埃，2010：158）

泪海、水洼、河流、冰雪，这些水的意象隐喻叙述者所处时空的流动性，代表着回忆和现实世界的混杂，同时也象征着海地和加拿大之间文化的杂糅。故国与他乡的区别在"我"和母亲对它们的称谓中显得十分笼统，他们称一个地方是"这边"，另一个地方是"那边"：

我只能散布谣言

说我从那边回来的

没有具体说那边是哪边

以便在蒙特利尔时

让它相信我在太子港

而在太子港的时候

让它确信我还在蒙特利尔。

死亡就不会出现在

这两个城中任何一个。（拉费里埃，2010：138）

故土和流亡地之间的混淆表明两个地方可以彼此转化，处于"游牧"状态的叙述者既不属于前者，也不属于后者。爱德华·索亚在阐释"第三空间"理论时说道："总有'他者'存在，它是第三种语词，它扰乱并开始将传统的二元对立重组为另一个'他者'，它涵盖两个部分的总和，但又不仅是两个部分的总和。"（SOJA，2009：52）第三空间就是这样一个非此非彼的所在，既不属于海地，也不属于魁北克，也可以说是二者的集合，由旧大陆和新大陆交织而成的美洲空间。索亚认为，空间并非固定的存在，"这个空间的动态性和开放性使……这里没有绝对的权威，没有终极的意义，有的只是变化和变化的可能性"（查日新，2011：76）。第三空间中的"我"是自由的，处于不断转变的可能性之中，正如拉费里埃在访谈中所说的，旅行和回归是人的一生中始终在进行的两种活动。因此，现有的一切都有可能改变，只有流动才是永恒不变的。

四、身份的游移

还乡后的叙述者不可避免地面对意外和陌生，即便回到故乡，依然是个异乡人。正如叙述者的一位朋友在爱尔兰生活了20多年后回到故国，"在爱尔兰的时候，他对我说，我以海地的方式生活，现在我在海地，却完全感觉像爱尔兰人。有一天我们是否会真的知道自己是谁？"（拉费里埃，2010：174）为了不给母亲造成重新生活在一起的错觉，"我"没有回家住，而是选择下榻在旅馆。在"我"买报纸时也真正体验到了这种身份的尴尬：卖报人以夸张的高价卖给"我"一份报纸，理由是"我"住在旅馆里，因此报贩把叙述者看成"一个外国人，就像其他任何一个外国人一样"（拉费里埃，2010：164）。由于南北两个国度的自然和经济环境千差万别，在蒙特利尔生活多年，给叙述者带来许多深刻的变化，首先反映在身体上："在蒙特利尔的三十余年养肥了我/其间在太子港/人们却继续消瘦。/我的新陈代谢已然改变。"（拉费里埃，2010：104）因此，他的肠胃已经无法适应故乡的饮食，为了表明自己一直是这个国家的孩子，他喝了一杯当地饮料，之后便腹泻不止，作者不无戏谑地说道："民族主义可以愚弄我的精神，但愚弄不了我的肠胃。"（拉费里埃，2010：193）无论叙述者如何看待自己的归属，客观来看，无论是故乡的人，还是故乡的风物，都将他看作外来者。所以他得到的是外国游客的待遇，得的也是只有异乡人才会得的病。

为了找寻年少时的回忆，叙述者去当地的市场游逛，沉浸于海地拥挤的人流中，由于太久没有置身于热带国度的风景之中，这里的颜色和味道都让叙述者感到不再熟悉，以致产生对于身份的疑问，无法分辨自己的两种生活方式："我不善于区分事物。/而睡意在两阵嘈杂声之间到来/如同拳击手的上勾拳。/我睡不着。/我已被击倒在地。"（拉费里埃，2010：158）"两阵嘈杂声"象征着叙述者所经历的两种文化，两者的杂糅共同造就了当下的自己。他将故国与接纳自己的国家融合在一起，故乡和他乡已模糊了界限，甚至可以彼此颠倒。主体处于一种环状的生活之中，它没有边界，具有开放性和流动性的特点，这就是霍米·巴巴基于混杂理论而指出的第三空间的特性。

巴巴与索亚的第三空间理论既一脉相承，又各有侧重。二者都反对统一性以及中心和边缘的二元对立，界定了第三空间多元化、异质性和混杂性的特点。两人的区别主要在于，索亚对第三空间的定义范畴更倾向于研究空间特性本身，而巴巴的理论则更侧重于文化层面。在《文化的定位》（*The location of culture*，1994）一书中，他将"第三空间"定义为两种语言、两种文化间的"罅隙性空间"，是一个罅隙的、混杂的、居间的空间。对任何一种民族文化而言，"内在/外在之界限也绝不是泾渭分明的。倒是混杂的和多种成分交融一体的东西也许正是新的意义和变体可赖以产生的平台。"（王宁，2002：50）

叙述者的文化身份便处于这种第三空间之中，回到海地时，他的身份从表面看是一个流亡30多年的人，而实际上则是一个由他者的时间和空间组成的复合体。当叙述者意识到自己与土地和乡村景物的关系比与村民的关系更亲密时，就说明他已不再是本地人。让他感到新鲜并驻足欣赏的景物，如日出之美等，当地人早已司空见惯而毫不在意。最终，他不再思考自己的归属，而只想融入自然之中："我想要丧失/关于存在的/一切意识/与大自然/浑然一体/变成一片叶子/一缕浮云/或彩虹的那道黄色。"（拉费里埃，2010：278）自然就是超越文化差异、种族差异和阶级差异的协调空间，也是化解二元对立的文化冲突、构建新的个人身份的途径。

叙述者在与过去和解并接受当下的杂糅身份之前，有一种迷失感，他意识到，在这次"谜"一样的返乡之旅中，重新融入、重新认识故乡的过程是复杂而痛苦的，他的身体正在经历一个无法控制的适应过程：

> 这么多年之后回到南方
> 我发觉自己身处另一种处境
> 就像一个人必须重新学习他已经知道
> 但一度必须在路上摆脱掉的东西。
>
> 我承认学习比重新学习
> 要来得容易。
> 而最难的依然是
> 还要去忘记。（拉费里埃，2010：134）

叙述者身上混杂着两个文化群体的因素，还乡的过程使这两种文化产生了激烈的碰撞，而出现了在混杂中产生一种非此非彼的新身份的可能性。"这种交互影响的状态类似于文本与文本之间的互文性关系，每一个文本都对其他文本开放，因此文本间的交互影响改变文本原来的意义并不断产生新的意义。"（查日新，2011：78）从这个角度而言，《还乡之谜》是对"他者"开放的文本，尤其是对那些造成伤害的人。虽然拉费里埃在小说中较少提及海地的历史，但谈及过祖先与非洲的联系："奴隶被禁止去海边。/在沙滩上，他会想念非洲。/而一个思乡的奴隶/在种植园里/没有多少价值。/需要将他打死/以免他的哀愁传染给其他人。"（Laferrière，2009：370）

拉费里埃及其叙述者一直有意识地避免落入民族主义和爱国主义的窠臼，尽量置身于西方霸权主义和克里奥尔性的对立之外。文中的一个章节标题"腹泻的颂歌"（Éloge de la diarrée）恰似对《克里奥尔颂歌》（Éloge de la créolité，1989）① 的戏仿。拉费里埃的作品试图超越欧洲中心主义和少数族裔身份认同之间的矛盾，在第三空间中混杂为一种新型的文化身份。正如巴巴所言："这个分裂的阐释空间的认同可能开辟一条道路，以形成文化国'际'化概念，而它的根基并不是充满异国情调的多元文化主义或文化多样性，而是文化混杂的撰写和表达。基于这个目的，我们应该记住真正承载文化意义的是'间际'空间，它也是文化翻译和文化协商的前沿阵地。它使我们能够正视民族的或反民族的历史。探寻这个第三空间，我们就可能避开政治对立，

---

① 《克里奥尔颂歌》由三位马提尼克（Martinique）作家让·伯纳贝（Jean Bernabé）、帕特里克·夏莫瓦佐（Patrick Chamoiseau）和拉法埃尔·孔斐昂（Raphaël Confiant）合著，其中首次提出克里奥尔性（créolité）的概念，被视为倡导加勒比海法语国家和地区文学、文化特性的宣言书。

并以他者的形象呈现我们自己。"（袁源，2017：184）

《还乡之谜》中叙述者的身份建构是多元文化杂糅的结果，在法语中，"杂糅"（métissage）一词的词源为"编织"（tisser），而前缀"mé"则意为"相反"，即拆除复杂的交错而重新编织。就像《奥德赛》中的佩内洛普对丈夫忠贞不渝，为了搪塞众多追求者，她声称要完成一件织物才能做出选择，结果她白天织完布之后，晚上再拆掉，使之变成一项永远无法完成的工作。同样，拉费里埃小说中身份的杂糅也是一个无尽的过程，不断建构、瓦解以期更好地重构。叙述者最终明白，只有与他者的会通才能真正定位自己的文化身份："光说克里奥尔语不足以/变身成为海地人……海地之外才能做个海地人。"（拉费里埃，2010：203）

五、结语

《还乡之谜》通过叙写回乡"安葬"父亲亡灵的过程，探讨了人生、死亡、流亡等主题，见证了海地人民真实的生活状态和突出的社会问题。然而小说中描述最多的还是与亲人、朋友和家乡人的会面交谈，以及重新发现故乡的过程。拉费里埃的作品与塞泽尔的长诗《还乡笔记》存在明显的互文关系，但《还乡之谜》中对流亡创伤的表现较为平静，体现了对"他者"更为开放包容的态度以及对文化混杂的欣然接受。

小说将片段化的写作和图像叙事相结合，俳句般的短小章节促成了文字的流动性，既是如诗的散文，也是散文般的诗歌。叙述者以笔记的形式描绘见闻，书写动态的当下，小说中穿插着绘画、照片、梦境等众多符号元素，丰富了文本的叙事线索，读者可以像看电影那样来阅读文字。《还乡之谜》的叙述者打乱了时间和空间的区隔，颠覆了政治、文化和身份的边界，跳出身份归属的争论，在非此非彼的第三空间中找回自我，解开了回归之谜。

参 考 文 献

[1] 朱蓉婷. 达尼·拉费里埃：我是一个书写幸福的作家 [EB/OL]. (2019 – 03 – 20) [2023 – 07 – 25]. http：//www.chinawriter.com.cn/GB/n1/2019/0320/c405057 – 30985570.html.

[2] 拉费里埃. 还乡之谜 [M]. 何家炜译. 北京：人民文学出版社，2010.

［3］ Hachette Livre. Dany Laferrière – L'énigme du retour（Prix Médicis 2009）［OL］. https：//
www. youtube. com/watch? v = iu1SNYvDMQk，（2023 年 7 月 27 日读取），2023.

［4］ 程党根. 游牧［J］. 外国文学，2005（3）：74 – 80.

［5］ SOJA E W. Thirdspace：Toward a new consciousness of space and spatiality［C］// IKAS K，WAG-
NER G. Communicating in the Third Space. New York：Routledge，2009.

［6］ 查日新. 空间转向、文化协商与身份重构：霍米·巴巴后殖民文化批评思想述评［J］. 国外理
论动态，2011（3）：74 – 80.

［7］ 王宁. 叙述、文化定位和身份认同：霍米·巴巴的后殖民批评理论［J］. 外国文学，2002
（6）：48 – 55.

［8］ LAFERRIÈRE D. L'énigme du retour［M］. Montréal：Boréal，2009.

［9］ 袁源. "第三空间" 学术史梳理：兼论索亚、巴巴与詹明信的理论交叉［J］. 中南大学学报，
2017（4）：180 – 188.

Spatio – temporal Mobility and Identity
Wandering in *The Enigma of the Return*

Abstract： *The Enigma of the Return* is an autobiographical novel written by Haitian – Cana-
dian writer Dany Laferrière. Consisted by unrhymed poems and prose interspersed
with crisscross pattern other，the work explores themes of life，death， and exile
through the trip of bury the dead of his father's spirit to his hometown. The narra-
tor disrupts the limits of time and space，blurring the boundaries of politics，cul-
ture and identity. While witnessing the real situation in Haiti，he expresses his
thoughts on the hybridity of cultures and the plurality of identities， as well as his
open and tolerant attitude towards the others. In the end， he gained his identity
in "the third space"，which is neither here nor there，and solved the mystery of
his return.

Key words： *The Enigma of the Return*，exile，the third space，identity，cultural hybridity

作者简介：刘宇宁，北京语言大学外国语学部，副教授，主要研究方向为中法比较文
学、法国现当代文学以及法语国家和地区文学。

马拉维英语文学的萌芽与发展*

上海外国语大学　朱伟芳

【摘　要】被称为非洲"温暖之心"的马拉维鲜少为人所了解，其英语文学在中国更是无人问津。鉴于此，本文结合该国的历史与政治背景，梳理了马拉维英语文学的发展脉络，将其划分为三个阶段。19世纪下半叶至1964年，马拉维被英国殖民，本土作家在从口头传统中汲取养料的同时，开始模仿英国文学，形成了最初的马拉维英语文学；1964—1994年，虽然马拉维受到总统班达的独裁统治，但在文学创作上却爆发出惊人的力量。一部分作家因为政治原因流亡海外，成了流散作家，在国外开启了文学创作之路；另一部分作家则留在国内，为躲避严厉的出版审查创作出主题含蓄但文学技巧日益成熟的文学作品。1994年之后，马拉维进入多党制统治时代，这一时期的英语文学呈现出相对缓慢但多元的发展态势。

【关键词】非洲；马拉维；英语文学；发展特点

一、引言

马拉维是非洲东南部国家，因气候宜人，四季如春，人民性格乐观热情，故被称为非洲"温暖之心"。马拉维在独立前被称为尼亚萨兰（the Nyasaland），其与津巴布韦、赞比亚并属于英国殖民地管辖范围内的"中非联邦"（Central African Federation）国家。尽管属于同一殖民管辖区域，这三个国家的英语文学却呈现出迥异的发展脉络和特点，而这些不同主要是由于其被殖民时间长短和各自独立后的政治、经济与历史发展不同所决定的。相较津巴布韦，马拉维和赞比亚的英语文学在世界文学的舞台上

---

* 本文为国家资助博士后人员计划"马拉维后班达时代英语小说中的国家形象自塑研究"（GZC20231689）、国家社科基金重大项目"非洲英语文学史"（批准号：19ZDA296）阶段性成果。

发出的声音十分微弱，有待我们去发掘和认识。津巴布韦和赞比亚在独立初期就加入了社会主义阵营，并与中国迅速建交，而"马拉维总统班达是一个坚定的资本主义维护者"（Zeleza and Eyoh，2003：334），致使整个国家在独立后仍严重依附于西方资本主义国家，经济发展滞后，成为西方国家的政治傀儡。直到 2007 年第三任总统①上台，马拉维才与中国正式建交。因此，相较于其他耳熟能详的非洲国家，马拉维这一名字进入中国人民的视野非常晚，造成我国民众对其了解甚少。

当下，"一带一路"倡议让我国和马拉维有了更多的互动领域，但国内相关研究性论文仅停留在对该国的经济援助、外交、卫生、教育项目等方面的报告和描述，缺乏对该国的文化传统和文学艺术方面的系统考察。鉴于此，本文根据马拉维的历史和政治，梳理了马拉维英语文学史的发展脉络，以期增进中国读者对马拉维文学文化的了解。

二、19 世纪下半叶至 1964 年：传教播种，绿芽破土

19 世纪下半叶，随着大卫·列文斯顿（David Livingstone）等英国探险家和传教士的陆续到来，英国政府对马拉维的殖民活动逐渐拉开帷幕。和众多的其他非洲国家一样，马拉维当地人民首次接触文学是通过基督教传教士派发的宗教小册子、民族学记述、历史和地理书籍以及翻译过来的口头文学等。据记载，传教士在马拉维建立的第一批学校成立于 1875—1926 年（Kadzamira，2002：2），而这些教会学校大多仅仅为当地人提供一些小学阶段的基础教育。直到 1941 年，马拉维布兰太尔才成立了第一所中学（Banda，1982：X），这标志着马拉维高等教育即将迎来曙光。在此之后，马拉维开始在全国各地陆续成立学校，这些学校成为培养马拉维第一代作家的摇篮。

马拉维口头文学和民间传统故事最早由第一批到达马拉维的传教士、殖民管理者通过英语编写的方式保存下来，但由于编写者并非专业的民俗学家或口头文学专家，因此"编写的材料质量参差不齐"（Chimombo，1987：490）。爱德华·斯蒂尔（Edward Steere，1828—1882）、达夫·麦克当纳（Duff Macdonald，1850—1929）、哈弗·斯坦纳斯（Hugh Stannus，1877—1957）等英国作家对马拉维口头文学的保存具有积极作用，其中女性作家杰拉尔丁·埃利奥特（Geraldine Elliot，？—2003）对马拉维文学在文化传统性的保存和海外传播上做出的贡献最引人瞩目。杰拉尔丁是英国广播公司的儿童节目专栏作家，她于 1928 年随丈夫加入殖民服役一同前往马拉维。到

---

① 第三任总统是宾古·瓦·穆塔里卡（Bingu Wa Mutharika，1925—2012），他在任时长 7 年（2004—2012），上任第三年与中国建交。

了非洲，她着迷于非洲古老的文化和传说故事，于是开始通过与当地人交谈的方式，收集马拉维人口口相传的民间故事。1932 年，杰拉尔丁编写出版了第一本书《新老故事：非洲儿童民间故事集》（*New Tales for Old：A Book of African Folk Stories for Children*）。此后，杰拉尔丁编写的《长草低语》（*The Long Grass Whispers*，1939）、《豹子经过的地方》（*Where Leopard Passes*，1949）、《猎人的山洞：一本以非洲民间故事为基础的故事书》（*The Hunter's Cave：A Book of Stories Based on African Folk – tales*，1951）、《唱歌的变色龙》（*The Singing Chameleon*，1957）等马拉维传统动物故事集也陆续问世，这些书籍大获白人读者的好评。虽然西方读者对书中动物的"土名"有所抱怨，但杰拉尔丁仍坚持将其保留，她在《豹子经过的地方》一书的前言中写道，"……原谅我仍将尼扬贾语①名字保留下来，这本书中的所有故事来源于真正的非洲民间童话……我认为我这么做是对的，我应当保留其原汁原味的特性。"（Elliot，1949：Ⅶ）正是杰拉尔丁的这份坚持，为后世的马拉维作家和读者保存并还原了较为真实的民俗素材。

相比西方作家的编译作品，在马拉维独立甚至进入 21 世纪后马拉维作家才有机会汇编的那些口头传统文学更能显示其民族性。从本质上说，这是由于二者的编写目的不同而导致的。西方编写者的编写目的有四："人类学目的（学习当地的风俗和传统）、语言学目的（学习当地语言）、宗教目的（传播福音）和开化目的（创造一个有文化的社会）"（Chimombo，1987：488），他们编纂的目标受众大部分是西方读者，为了让他们了解非洲本土文化，使他们能够更好地适应本土生活，更好地进行传教工作。而本土作家汇编的目的则主要是使自己国家的文化免于消失，为了保存，为了传承，为了传播，为了让年轻一代还能通过书本学习到这些优秀的非物质文化遗产。例如，提图·班达（Tito Banda，1950—2014）出版的《表演中的老尼亚维尤伊：一位口述大师讲述的来自马拉维北部的七个民间故事》（*Old Nyaviyuyi in Performance：Seven Tales from Northern Malawi as Told by a Master Performer of the Oral Narrative*，2006）、布莱恩·莎瓦（Brian Shawa，生卒年不详）和杰斯顿·索卡（Jaston Soko，生卒年不详）出版的《图姆布卡民间故事：马拉维的道德与规训》（*Tumbuka Folklores：Moral and Didactic Lessons from Malawi*，2014）、杰克·马潘杰（Jack Mapanje，1944— ）和兰德格·怀特（Landeg White，1940— ）主编的《非洲口头诗歌》（*Oral Poetry from Africa*，1983）等，这些作品在语言上的明显特点是英语表达简单，其中夹杂着较多的民族语言。与西方作家编撰的口头文学相比，这些作品更适合本土读者阅读，因而

---

① 马拉维的官方语言除了英语，还包括其民族语言奇契瓦语（Chichewa），也叫尼扬贾语（Nyanja）。其现存的本土语言有 16 种，如尧语（Yao）、通姆布卡语（Tumbuka 或 Chitumbua）等。

常被作为中学教材使用。

　　除了口头文学的编撰，传教士带来的文学作品对于马拉维英语文学有着很大的影响，但传教士对于本土作家写作的主题限制也局限了马拉维在萌芽期英语文学的发展。这一时期的出版社非常少，出版的作品也屈指可数，而且由于当时仅有的几家出版社均由传教士成立，他们只允许当地作家撰写那些有利于传教的主题，如基督教与异教、恶与善、黑暗与光明等。从文学体裁来看，作品主要以人物传记为主，大多数传记千篇一律，基本上都以正面向上、富有道德教义的故事为主要内容。这一时期的英语文学创作者也仅限于那些在传教士学校得到教育机会的本土作家。他们在教会学校接触到的语言教材通常是 18 世纪、19 世纪的英国文学作品或宗教故事，因此他们的作品也通常是亦步亦趋模仿的产物。马拉维本土学者弗兰西斯·莫托（Francis Moto 1952—　）认为，"殖民期间萌芽的马拉维文学成了一种文化和宗教上的教化工具，其本质是为了去除马拉维皈依者的原文化（deculturising），使他们适应西方带来的新文化（acculturating），而这种作用是潜移默化的，令人难以察觉"（Moto，1999：12）。

　　马拉维作家萨缪尔·约瑟亚·恩塔拉（Samuel Josiah Ntara）所著的《非洲之子》（*Man of Africa*，1933）是这一时期最具代表性的作品之一。该小说最初以本土语言由恩科玛传教出版社（Nkhoma Mission Press）出版，后于 1934 年由传教士库伦·杨（Cullen Young）翻译成英文出版。这本传记式小说讲述了男主人公恩冬多（Nthondo）的一生，"将非洲人从传统的契瓦文化到接纳西方基督价值观的精神转变做了戏剧化处理"（Chimombo，1989：48）。主人公早年父母双亡，无依无靠，由母亲的弟弟抚养。少时的恩冬多品性恶劣，一直有偷盗行为。他召集村里的年轻人走出去，给白人打工挣钱，但始终秉性难移，后来因为偷东西被抓入狱。经过基督教仪式的洗礼，他最终认识到自己的罪恶，改过自新。后来恩冬多回到家乡，娶妻生子，过上了新生活。小说中多次提及主人公做的梦，如主人公在坐牢时梦到一个穿着明亮的人挥着一根发光的棒子，居高临下地指着他说："如果你再犯错，我将惩罚你。"（Ntara，1934：99）可见，作者有意通过书写梦境来达到揭示罪恶和善良的目的，发挥教育读者、使读者皈依基督教的功能。

　　除了恩塔拉，这一时期的马拉维本土作家还有坎亚玛·丘姆（Kanyama Chiume 1929—2007）、约翰·格文戈维（John Gwengwe，1929—2011）和托比阿斯·多希（Tobias Dossi，生卒年不详）等。坎亚玛·丘姆曾是尼亚萨兰非洲人国民大会①的领导

---

　　① 尼亚萨兰非洲人国民大会是马拉维大会党（Malawi Congress Party）的前身，在马拉维赢得独立前发挥过重要作用，在马拉维独立后是国内唯一合法的政党。1994 年结束一党制后，该党会仍是马拉维的主要政党之一。

者之一，在 20 世纪 60 年代曾任教育部部长和外交部部长，1964 年内阁危机①以后被迫流亡。他曾在《坎亚玛·丘姆的自传》（*Autobiography of Kanyama Chiume*，1975）中写道，"我已经下定决心投身政治，帮助那些希望获得尊严的非洲人扫除障碍。我决心尽自己的一份力量，无论多么渺小，解放非洲母亲"（Chiume，1982：71）。在他后来出版的小说《非洲大洪水》（*The African Deluge*，1978）中，丘姆用"洪水"来象征非洲面临的奴隶贸易和种族困境。约翰·格文戈维则主要以写作奇契瓦语短篇小说出名，是"马拉维本土文学的重要促进者之一"（Kalinga，2012：185），他的短篇小说探讨的是奇契瓦传统和基督教之间的冲突。

总体而言，处于萌芽期的马拉维作家使用英语创作的文学作品数量较少，他们的作品大多使用本土语言写成。此外，受到传教士对主题的限制，这些作品被翻译成英文流传至今的极为罕见。一些作家作品的出版时间虽然在马拉维独立之后，但因作家本人成长和生活的年代处于殖民期间，因此他们的作品大多反映的是殖民抗争、民族解放、传统文化与西方文明的冲突、皈依基督教等问题。

三、1964—1994 年：政治压抑，野蛮生长

1963 年，中非联邦解体。1964 年 7 月 6 日，尼亚萨兰宣布马拉维共和国成立。这一时期，在黑斯廷·班达成立的一党制专制统治下，政府出台了严格的审查制度，多家报社、出版社和广播站因为报道政府的负面消息而遭到关闭。一时间，许多记者、编辑、作家、演员、音乐家等艺术创作者遭到禁止。艺术工作者的人身自由和出版活动受到严重的束缚，他们非但失去了用于糊口的收入来源，还要整日担惊受怕，生活在极大的精神恐惧中。尽管"与其他前英国殖民地相比，马拉维现代文学起步较晚"（Nelson，1975：140），但在班达高压统治的这 30 年间，马拉维英语文学却绝处逢生，野蛮生长，散发出一股"强韧的气息"（Roscoe，2008：10）。

在马拉维获得独立的初期阶段，莱格森·卡伊拉（Legson Kayira，1942—2012）、奥伯利·卡青维（Aubrey Kachingwe，1926— ）、大卫·鲁巴迪里（David Rubadiri，1930—2018）三位作家以其三部小说作品，正式开启了马拉维现代英语文学的发展之路。但遗憾的是，出于作家本人求学或政治原因，这三部作品均发表于国外。

莱格森·卡伊拉是"马拉维第一位小说家"（Roscoe，2008：125），他的自传体小说《我将一试》（*I Will Try*，1965）首次出版于美国纽约，该小说一经出版，便引

---

① 1964 年，总统班达上台后不久遭遇的第一次权力挑战，几位内阁成员因与其在政策上发生分歧，引发了"内阁危机"。一些官员遭到暗杀，还有一些则流亡海外。

起了美国读者的强烈反响，曾连续 16 周长居《纽约时报》畅销书排行榜①。小说以第一人称讲述了一名 16 岁的小男孩如何从一个贫穷的马拉维小村落徒步走向美国，最终实现求学梦想的励志故事。就在莱格森小说出版的第二年，奥伯利·卡青维的小说《绝非易事》（*No Easy Task*，1966）在英国伦敦问世。这是马拉维"第一部以城市为题材的政治小说"（季羡林，1992：677），讲述了一名青年记者逐渐成长醒悟，勇敢地为正义和祖国独立而斗争的故事。季羡林曾在《东方文学辞典》中如此评价："作品结构虽显松散，前后有些不连贯，但是作者在刻画人物方面取得了成功"（季羡林，1992：677），并认为该"小说初步显露了卡青维的创作才华，在马拉维文学史上有显著地位"（季羡林，1992：677）。"比这两位作家艺术造诣更高的乃是诗人、小说家和批评家大卫·鲁巴迪里。"（克莱因，1991：134）他曾是马拉维第一任外交官，1965年因与总统班达决裂而流亡海外。他的第一部小说《没有彩礼的新娘》（*No Bride Price*，1967）出版于肯尼亚内罗毕，小说名字的灵感来源于乌干达著名诗人亨利·巴洛（Henry Barlow，1929—2006）的一首小诗《我最新的新娘》（*My Newest Bride*），诗中将人民"为独立付出的沉重代价比喻成迎娶新娘所要付出的巨额彩礼"（Nazareth，1976：260）。鲁巴迪里在小说中借主人公——一名年轻公务员隆贝（Lombe）的爱情悲剧故事，展现了去殖民化过程中小人物在政治斗争中展现出的英雄特质。同时，作者也深刻地揭露了政府当局的腐败问题。以上三部小说中均流露出这一时期马拉维作家对殖民压迫的坚决反抗和斗争，以及对平等、自由美好生活的向往。

内阁危机爆发后，班达于 1965 年颁布宪法，确立一党制，镇压了国内反对运动，逮捕了那些号召反对一党制的领导者。在往后几年里，班达对国内实行的独裁统治愈演愈烈。他任命自己为终身总统，对任何反对声音均采取暴力手段进行镇压。一时间，因政治产生的文化束缚让许多有识之士感到无法喘息。1968 年，马拉维审查委员会成立，国内英语文学也因此一度陷入停滞生长的状态。1970 年 4 月，当时还在马拉维大学大臣学院（Chancellor College）上学的六名学生为了打破这一现状，宣布成立国内首个作家组织（Malawi Writers Group），除了苏丹学生斯科普斯·格林瓦（Scopas Gorinwa），其他五位创始人包括詹姆斯·恩戈贝（James Ng'ombe，1949—　）、弗兰克·奇帕苏拉（Frank Chipasula，1949—　）、克里斯·坎龙格拉（Chris Kamlongera，1949—2016）、杰克·马潘杰（Jack Mapanje，1944—　）和卢朋加·姆凡德（Lupenga Mphande，1947—　），这五位作家构成了马拉维国内英语文学发展的主力军（Gibbs，1988：20）。由于班达在政治上采取独裁和文化噤声手段，于是他们希望通

① 参见 FORSLOFF. Great Loss to Africa, Remembering Legson Kayira of Malawi［EB/OL］. Digital Journal.（2009 – 03 – 28）［2023 – 07 – 06］. http：//www. digitaljournal. com/article/270030.

过成立作家组织，吸纳有识之士，集中力量从文学创作中"寻找政治批评和发出反对声音的空间"（Lupenga，1996：90）。与此同时，马拉维作家组织开始意识到长久以来学校教育中几乎被莎士比亚、艾略特等英国文学作品所垄断。因此，通过"将非洲作家创作的优秀作品引入课堂，以恢复学生的身份认知与民族自豪"（Lupenga，1996：91）变成了一项极为迫切和重要的任务。

虽然付出了努力，但20世纪70年代在马拉维国内出版的文学作品仍然数量有限。国内作家为了避开严厉的审查制度，只能将眼光投向历史神话和民间故事，将其作为批判政治的隐蔽手段。正是在这一时期，马拉维戏剧作为社会生存、文化肯定、反对压迫以及为后殖民生活创造新语言和新表达的工具而出现。1976年，马拉维出版了国内第一本戏剧作品集《九部马拉维戏剧》（*Nine Malawian Plays*），这本具有里程碑意义的戏剧集"是研究现代马拉维戏剧兴起的重要读物"（Roscoe，2008：211）。该戏剧集收录的如詹姆斯·恩戈贝的《香蕉树》（*The Banana Tree*）、《黎明之美》（*The Beauty of Dawn*）和克里斯·坎龙格拉的《墓地》（*Graveyards*）等作品均从马拉维民间传说出发，采用本土戏剧的创作方法和主题内容，并在此基础上进行创造性发挥。1978年，33岁的斯蒂夫·奇蒙博（Steve Chimombo，1945—2015）第一次在文学创作上崭露头角，这一年，他出版了戏剧作品《造雨者》（*The Rainmaker*，1978）。该作品看似是在写马拉维姆博纳（M'bona）① 传说中古老的造雨仪式，实则影射和讽刺了班达对民众的政治压迫。奇蒙博曾在采访中提到，因为这部剧在校园中演出，他曾被审查者叫去谈话，而他只好带上丰厚的相关历史资料，强调说"这是一部发生于12世纪、13世纪或14世纪的历史剧"（Chimombo and Christopher，2010：37），幸运地化解了自己被捕的厄运。

进入20世纪80年代，得益于马拉维国内出版印刷工业的发展，这一时期有较多诗集、文集、短篇故事集出版，这一时期文学创作的主题主要集中于反映社会和文化事件，如艾迪森·姆皮纳（Edison Mpina，1948—2001）的《原价》（*Raw Prices*，1986）、斯蒂夫·奇蒙博的《拿魄罗诗歌》（*Napolo Poem*，1987）和《篮子女孩》（*The Basket Girl*，1990）、提图·班达（Tito Banda，1950—2014）的《赛可妮的解决方案》（*Sekani's Solution*，1979）和《强烈反对》（*A Bitter Disapproval*，1987）、肯·利朋加（Ken Lipenga，1952— ）的《等待转机》（*Waiting for a Turn*，1981）等。这些小说集中反映了落后的婚姻制度、宗教习俗和信仰、传统习俗与仪式、殖民政治压迫、政府腐败、劳动制度、边缘化等社会问题。

---

① 姆博纳（M'bona），马拉维特有的一种宗教信仰和仪式体系，这种信仰诞生于当地的土地崇拜和求雨活动。

1983 年，班达政府实施的政治压迫随着四名国内政要①的意外死亡达到高潮。意识到对抗政府的危险，仍留在国内的马拉维诗人开始探索诗歌的艺术技巧，使用隐喻和想象的方式，如大量使用委婉语和神话化等多种方式来制造语义与主题模糊的艺术作品，以此躲避严厉的审查制度。例如，在杰克·马潘杰创作的诗集《变色龙和神》（*Chameleons and Gods*，1981）中，诗人使用"变色龙"这一意象来影射总统班达的虚伪。再如，斯蒂夫·奇蒙博在其作品中经常使用"拿魄罗"（Napolo）② 这一马拉维民间传说中的巨蟒来比喻班达的喜怒无常。但这些隐晦的技巧终究逃不过审查机构的法眼，马潘杰因为这首诗不幸被捕入狱。受到马潘杰的影响，其他作家和诗人也陆续流露出对政府的强烈敌对情绪，但他们不敢大张旗鼓地公开挑衅，只好继续将讽刺和抨击隐藏在作品之中。作家詹姆斯·恩戈贝在其小说《咸味的甘蔗》（*Sugarcane with Salt*，1989）中通过巧妙构思主题和背景，幸运地逃过了审查制度。1993 年，马潘杰在出狱后继续抨击政府，他发表了《米库狱中的喋喋不休》（*The Chattering Wagails of Mikuyu Prison*），这本诗集描写了诗人在监狱中受到的非人折磨，强烈谴责了班达政府的严酷暴行。

与此同时，另外一部分作家由于无法忍受国内的政治压迫而选择流亡国外，成为这一时期马拉维的流散作家。流散作家因流亡经历，反而有了更多的自由创作和想象空间，流亡生活让他们对后殖民时期的整个非洲社会有了更鞭辟入里的思考。菲利克斯·穆塔里（Felix Mnthali）的《当日落来到赛皮特瓦》（*When Sunset Comes to Sepitwa*，1982）和弗兰克·奇帕苏拉（Frank Chipasula）的《噢，大地，等我》（*O Earth，Wait for Me*，1984）是流散作品中"最重要的代表诗集"（Owomoyela，1993：124）。保罗·泽勒扎（Paul Tiyambe Zeleza，1955—   ）则在小说方面引起了强烈的反响，他于 1992 年发表了《闷烧的木炭》（*Smouldering Charcoal*）。小说讲述了两个不同阶级的家庭在后殖民时期的非洲沦为政治和社会结构性暴力的受害者。不论是受教育程度低、家徒四壁的工人阶级家庭，还是受过大学高等教育、有一定财富积累的中产阶级家庭，都成了社会动荡和精英统治的牺牲品，他们努力寻求幸福，却永远处在不幸之中。小说从两个家庭的不幸生活入手，艺术性地演绎了班达时代中的人民悲剧，小说基调沉闷压抑，但到了结尾部分，作者笔锋一转，一句在革命中的"未来开始了！"（Zeleza，1992：182），流露出作者在迷茫和不如意的现实中对未来抱有憧憬

---

① 指的是亚伦·加达玛（Aaron Gadama）、迪克·曼特杰（Dick Manteje）、特瓦伊布·桑格拉（Twaibu Sangala）和大卫·契万加（David Chiwanga），他们的意外死亡实际上是班达发动的一场场政治谋杀。

② 拿魄罗（Napolo），马拉维民间传说中的巨蟒，它沉睡在大山之中，一旦醒来便会引发地震等严重的自然灾害。

和希望。

在流散作家中，马拉维女性作家开始在英语文学上崭露头角，为非洲女性权利奔走呼喊。被认为是"马拉维第一位女性小说家"（Eckstein，2007：122—123）的瓦丽耶·刚德薇（Walije Gondwe，1936—　　）在英国于1985年出版了她的第一本书《爱的困境》（Love's Dilemma，1985）。小说虽然语言简单，却成功地勾勒出一位经历了生活中的种种苦难和歧视，最后凭自己的毅力与实力在政府农业部门获得一席之地的女性形象，为我们了解20世纪80年代的马拉维社会提供了别样的图景。在瓦丽耶出版的小说取得成功后，不少非洲女性跟随瓦丽耶的步伐开始创作女权主题的作品，但来自马拉维的女性作家仍屈指可数。马拉维作协主席在2013年时曾说，"马拉维目前已知的三位女性作家是艾米丽·姆卡曼加（Emily Mkamanga，1949—　　）、瓦丽耶·刚德薇和雅内·卡丽姆（Janet Karim，1954—　　）"（Sudnu，2013）。雅内·卡丽姆为马拉维女性权益和安全的争取做了不少努力，她在马拉维创办了第一本女性杂志《当今女性》（Woman Now），1993年，她又创办了《独立报》（Independent）。同时，她也是马拉维媒体女性协会（Malawi Media Women's Association）的创始人。她曾提出，"进入21世纪的非洲媒体不能独腿前行，女性也当同样参与非洲的未来"（Weisbard，1998：8）。爱米丽·姆卡曼则极力呼吁女性打破政治沉默，她在出版了马拉维第一本讲述女性反抗男性压迫的小说《留宿》（The Night Stop，1990）后，于2000年出版了《沉默中的苦痛：马拉维妇女为班达博士伴舞的三十年》（Suffering in Silence：Malawi Women's 30 Year Dance with Dr. Banda，2000），记录了班达统治期间女性遭受的痛苦回忆，揭开了班达对待马拉维女性的虚伪面具。

在班达执政30年的最后几年中，儿童文学开始兴起。与民间故事集不同的是，这些儿童文学通常是作家基于优秀的传统文化，并通过丰富的想象力进行创造性改编而成，故事往往承载着较强的教育功能。例如，斯蒂夫·奇蒙博的《纳辛布利的山洞》（Caves of Nazimbuli，1990）讲述了两姐妹都渴望拥有一个属于自己的孩子，她们前往纳辛布利山洞寻找传说中装有孩子灵魂的魔法罐，但因两姐妹一路上对山林动物表现出截然不同的态度：一个友好，另一个恶劣，她们最后求得的孩子也展现出一好一坏的品质。约瑟夫·班达（Joseph Banda，生卒年不详）在《召唤卡鲁鲁医生》（Calling Dr. Kalulu，1993）中使马拉维传统故事中的英雄兔子卡鲁鲁摇身一变，通过自身勤勉的努力，成为一名在现代化医院为人民服务的医生。蒂德·坎贡多（Dede Kamkondo，1957—2006）在《无辜的男孩》（Innocent Boy，1976）和《湖中的孩子》（The Children of the Lake，1987）等作品中将目光投向那些生活在城市中的孩子，青少年成长中性教育、艾滋病等问题成为作家重点探讨的话题。

尽管班达 30 多年的专制统治造成了国内文坛的压抑，却使马拉维英语文学触底反弹，呈现出蔚为可观的文学内容。戏剧、诗歌、小说、儿童文学在这一时期兴起并朝着纵深发展，流散作家群体的创作也在这一发展阶段与马拉维国内英语文学交相辉映，展现了马拉维英语文学在强压下的生机与活力。

四、1994 年以后：多元探索，款款绽放

这一时期，马拉维从集权的一党制变为了民主多党制，原先在雷雨中野蛮生长的马拉维英语文学在这一时期进入缓慢生长期。经历班达时代的老一代作家仍笔耕不辍，坚持创作，新一代的作家也试图从旧文学的框架中跳脱出来，开始关注社会中出现的各种现实问题，如政治腐败、身份认知、性别歧视、教育、健康等，对主题和文体进行了广泛的实验性尝试。

后班达时代初期，老一代作家仍未从一党制的压抑痛苦中脱离，他们仍延续着政治带来的创伤而书写。马拉维戏剧奇才杜·奇希扎（Jr. Du Chisiza，1963—1999）虽然英年早逝，但他生前创作的 20 多部经典戏剧为马拉维现代英语戏剧留下了宝贵的财富。奇希扎生活的时期处于班达时代和后班达时代的交替期，他敢于揭露政府的黑暗，其作品集中反映了班达时代的政治压迫和后班达时代的人权问题。他的戏剧作品后来主要收录在《心底裸露的双脚及其他戏剧》（*Barefoot in the Heart and other Plays*，1993）、《民主大道及其他戏剧》（*Democracy Boulevard and other Plays*，1998）、《夏天的风及其他戏剧》（*De Summer Blow and other Plays*，1998）三部戏剧集中。关于如何界定马拉维老一代作家，斯蒂夫·奇蒙博指出："人们怎么看杰克·马潘杰？他在班达时代中创作，在穆鲁齐①时代中依然在创作。我也如此。因此，我不想把自己归入马拉维老一代作家的行列中。"（Chimombo，2010：34）的确，斯蒂夫·奇蒙博、杰克·马潘杰、詹姆斯·恩戈贝等作家在新时代仍在源源不断地写作，他们幸运地度过了班达统治时期最黑暗的时代，将自己的希望寄托于笔下，以书写疗伤，同时也试图从艺术创作中探索对个人和国家的身份认知。

进入 21 世纪的马拉维英语文学主要呈现出三大动态化特点，这些动态化特点与马拉维国内的经济发展、人民物质生活水平和教育水平的提升有密切关系。

第一，作品的长度由短变长，尤其是在小说方面，马拉维出现了中非最长的小说

---

① 指马拉维第二任总统巴基利·穆鲁齐（Bakili Muluzi，1941—　），在任时长 10 年（1994—2004）。

之一。据不完全数据统计①，1964—1994 年的小说平均页数为 100~200 页，而 1994 年之后的小说平均页码则为 200~300 页，小说长度上的变化也从侧面反映了马拉维作家写作能力的提高。被认为"最有气魄"（克莱因，1991：135）的斯蒂夫·奇蒙博是目前公认的马拉维英语文学史上最高产的作家，其不仅在班达时代创作了诗歌、剧本、儿童文学、短篇小说，还在后班达时代创作出"中非英语文学中篇幅最长的小说"（Roscoe，2008：53）《拿魄罗的愤怒》，全书共 599 页。作者在小说中虚构了一个叫曼当尼亚（Mandania）的国度，主人公恩科玛（Nkhoma）是一名记者，他为了调查 1946 年发生在曼当尼亚湖的沉船真相，带着家人一同前往当年发生事故的地方。主人公寻找沉船真相的过程不仅是一场漫长的探索自我的个人之旅，也是一场探索国家未来的民族之旅。作者通过主人公的所思所想表达了自己对个人英雄主义、种族主义、性别歧视、奴隶制、部落主义、宗教、婚姻不忠、艾滋病等问题的思考。最后，主人公意识到，纠正一个国家的过去首先要纠正自己的过去，而唯有揭示自己的过去，坦诚地面对现实，个人和国家才能塑造更好的未来。这一时期另一位杰出的马拉维小说家要数詹姆斯·恩戈贝。他在发表了长篇小说《玛达拉的孩子们》（*Madala's Children*，1996）之后，又在 2005 年发表了前者的续篇小说《玛达拉的孙辈们》（*Madala's Grandchildren*，2005），讲述了深陷政治旋涡的三代人的生活。

第二，青年作家对文体和题材进行了广泛的实验性尝试，尤其是在推想小说（Speculative Fiction）② 方面取得重要进展。班达时代的马拉维作家创作主要体现的是历史现实主义，而后班达时代的青年作家则纷纷转向虚构类文学作品的创作大流。推想小说对于马拉维年轻一代的作家而言，"可能是对眼下正在瓦解的马拉维社会投射其希望的最佳文学体裁"（Likaku and Joanna，2017：5），他们在虚构的小说世界中设想非洲的未来。马拉维青年代表作家夏德瑞克·希科蒂（Shadreck Chikoti，1979—   ）在其获奖③科幻小说《阿宙图斯王国》（*Azotus：The Kingdom*，2015）中构想了一个虚构的非洲王国——阿宙图斯，在这个国度里，人们绝大多数时间是在室内度过，他们几乎不出门，所有衣食起居需要的物资都会由人专门投送，他们虽然衣食无忧，却活成了行尸走肉。他们的一举一动始终处在高科技设备的监视和

① 笔者将目前收集到的 1964—1994 年的 25 本重要小说与 1994 年之后的 10 本重要小说分别进行了页码总数上的统计与平均值计算，前者均值为 135 页，后者均值为 225 页，由此可以大致判断两个阶段小说之间的长度差距。

② 推想小说包含了现实、历史、自然或现实世界中不存在的元素。这类小说涵盖了超自然、未来主义和其他想象领域的各种主题，常见的科幻小说、恐怖小说、超级英雄小说、乌托邦和反乌托邦小说、超自然小说等都属于这一文类。

③ 小说《阿宙图斯王国》曾在正式出版前获得 2013 年挪威皮尔·金特文学奖（Peer Gynt Literary Award）。

控制之中。他们不知自由为何物，或者说，他们以为的自由就是如此了。"即使他们是自由的，但他们中的大多数人根本不曾想过他们是否真的自由，因为他们对于超越自由的边界并没有认知，也不曾真正到达过自由之地。"（Allfrey，2014：82）这不禁让人联想到英国作家乔治·奥威尔（George Orwell，1903—1950）在其小说《1984》（*Nineteen Eighty - Four*，1949）中引发人们对"自由即奴役"（Freedom is Slavery）悖论的思考。非洲人民的自由出路究竟在何方，这是夏德瑞克希望在小说中探讨的主题，而对于他和众多非洲作家来说，"写作即自由"（Naija，2014），非洲作家将写作视为解放自我、缓解现实压抑的手段。在获奖短篇小说《塔·奥里法》（*Ta O'reva*，2015）① 中，穆提·恩勒玛（Muthi Nhlema，1980— ）虚构了由一场南非瘟疫导致的区域隔离，幸存的人们在城市下水道中开创了新文明，他们制造出了可以使人类意识数字化的机器，并使时光穿梭成为可能。2020 年获得诺玛奖（Nommo Award）② 提名的马拉维青年女作家爱卡莉·姆博杜拉（Ekari Mbvundula，1987— ）则在其短篇小说《蒙塔格的最后一个发明》（*Montague's Last Invention*，2015）中讲述了一个 18 世纪地牢里的非洲奴隶与时间赛跑，用古老的咒语和精湛的手艺为自己心爱的女儿铸就了最后一个礼物的奇幻主义故事。此外，2015 年出版的《想象非洲 500：来自非洲的推理小说》（*Imagine Africa* 500：*Speculative Fiction from Africa*）中收录了穆提·恩勒玛、哈盖·玛盖（Hagai Magai）、奥伯利·青古沃（Aubrey Chinguwo）、唐图夫耶·西姆文巴（Tuntufye Simwinmba）、提瑟科·契乐玛（Tiseke Chilema）五位马拉维青年作家的优秀短篇推想小说，这些小说"流露出作家对非洲未来充满期待的心情，但也展示了他们曾经历的最黑暗的噩梦，也让（非洲）读者们对从未走过的道路有所觉醒。"（Kahora，2015：50）

第三，新一代作家作品的"选集化"（anthologized）趋势是马拉维进入新时代以后在文学上呈现的重要特点之一。尽管这种选集化趋势会使青年作家在国际文坛上籍籍无名，缺乏辨识度，并且从某种程度上来说，会制约长篇小说等文体的发展，但从积极的一面来看，这种趋势能让更多马拉维青年作家的作品有机会以选集的形式得以发表，鼓励更多马拉维青年投身于短篇小说、诗歌和戏剧的创作，对此，"年轻作家们都感到十分乐意"（Chimombo，2010：35）。在促进青年作家的创意写作和文集化趋势的过程中，马拉维作家协会（Malawi Writers Union，MAWU）发挥了重要作用。曾出版了"马拉维国内首部惊悚小说"（Roscoe，2008：53）《特别文件》（*The Spe-*

① 《塔·奥里法》（*Ta O'reva*，2015）获得由 Freeditorial 主办的国际长短篇小说竞赛（Freeditorial Long - Short Story Contest）第三名。

② 诺玛奖是非洲文学的重要奖项之一，由非洲推想小说协会（The African Speculative Fiction Society）颁发。

cial Document，2002）的现任协会主席萨巴力卡瓦·姆弗纳（Sambalikagwa Mvona，1958— ）主编出版了诸多青年作家作品选集，如《马拉维现代故事集》（*Modern Stories from Malawi*，2003）、《奇坎达学士与其他故事》（*The Bachelor of Chikanda and Other Stories*，2009）、《盲目搜索与其他故事》（*The Blind Search and Other Stories*，2000）和《女售票员与其他故事》（*The Conductress and Other Stories*，2011）等，这些选集揭露了后班达时代马拉维国内政治的孱弱和各类社会文化问题。金斯利·吉卡（Kingsley Jika，生卒年不详）主编出版的《第十二个玩家及其他故事》（*Twelfth Player and Other Stories*，2011）涵盖了多元主题，如爱情、母爱、道德探讨、求职、失业、城市生活压力与青年知识分子的彷徨等，展现了青年人笔下勾勒的马拉维现代社会样貌。阿尔福瑞德·姆萨达拉（Alfred Msadala，1956— ）主编出版的《邻居的妻子与其他故事》（*Neighbor's Wife and Other Stories*，2002）则将矛头指向非洲日益严重的艾滋病问题，批判传统文化陋习给非洲医学发展带来的阻碍。

除此之外，一些短篇故事、诗歌、戏剧作品也散见于马拉维的报纸和杂志中，如《每日时报》（*Daily Times*）、《国家》（*The Nation*）和《马拉维新闻》（*Malawi News*）等。一些由作家个人成立的文化出版公司及报刊在马拉维进入新世纪以来的英语文学发展中起到了不容小觑的影响作用，如由斯蒂夫·奇蒙博成立的 WASI 文化出版公司、保罗·泽勒扎成立的《泽勒扎邮报》（*The Zeleza Post*）等。1994 年以后的马拉维英语文学发展虽然没有班达时代取得的成就那样夺目，但其多元的发展态势依然令人有所期待。

五、结语

马拉维萌芽期的英语文学主要由英国殖民者通过记录和改编的方式，将马拉维的一些民俗和神话故事保存与记录下来，白人女作家杰拉尔丁·埃利奥特在其中发挥了积极作用。萨缪尔·约瑟亚·恩塔拉的《非洲之子》是马拉维早期受到传教士文学影响的代表作品之一；进入班达一党制统治的 30 年是马拉维英语文学的快速发展期，尽管这一时期国内政治气氛压抑，却涌现出大量引人瞩目的作家和作品，展现了马拉维英语文学的勃勃生机。20 世纪 60 年代独立初期便有如莱格森·卡伊拉的《我将一试》、奥伯利·卡青维的《绝非易事》和大卫·鲁巴迪里的《没有彩礼的新娘》三部重要作品问世。70 年代迎来了马拉维第一部重要的戏剧集《九部马拉维戏剧》，80 年代的工业发展迎来了作家们的作品出版高潮，斯蒂夫·奇蒙博、杰克·马潘杰、提图·班达、肯·利朋加、詹姆斯·恩戈贝等国内作家纷纷将诗歌、小说、戏剧创作作为反对政治压迫的武器，书写出精彩的文学作品，流散作家群体中的菲利克斯·穆塔里、弗兰克·奇帕苏拉、保罗·泽尔西亚等作家也纷纷在异乡发声，与国内作家的文学创作交相辉映。女性作家代表瓦丽耶·刚德薇、雅内·卡丽姆、爱米丽·姆卡曼加在这一时期开始在马拉维文坛崭露头角，书写马拉维女性被抑制已久的心声。1994 年后，马拉维进入多党制统治的后班达时代，这一时期的马拉维英语文学进入相对缓慢的发展期，文学创作主题和题材呈现出多元发展的态势，文学创作水平有所提升，这从文学作品，尤其是小说的长度上得以窥之。政治批判不再是马拉维青年作家关注的唯一焦点，他们开始将眼光转向推想小说，从幻想创作中探求非洲未来的出路，而出版作品则大多以文学选集的形式出现，为青年作家的短篇作品创作创造了有利条件。

梳理和考察马拉维英语文学史各个时期的发展特点和重要作品，有助于我们进一步了解和阅读马拉维文学作品。尽管都属于中非联邦，但马拉维在英语文学发展阶段、作品主题、作品形式等不同方面呈现出有别于津巴布韦和赞比亚的异质特征，这展现了非洲大陆丰富而多样的文学景观。

参 考 文 献

［1］ ZELEZA P, EYOH D. Encyclopedia of twentieth – century African history ［M］. London：Routledge, 2003.

［2］ KADZAMIRA E C. The changing roles of non – governmental organizations in educaiton in Malawi ［M］. Centre for Educational Research and Training, University of Malawi, 2002.

［3］ BANDA K N. A brief history of education in Malawi ［M］. Blantyre：Dzuka Publishing Company, 1982.

［4］ CHIMOMBO S. Oral literature research in Malawi：A survey and bibliography, 1870—1986 ［J］. Research in African literatures, 1987, 18（4）：485 – 498.

［5］ ELLIOT G. Where The leopard passes：A book of African folk tales ［M］. London：Routledge & Kegan Paul, 1949.

［6］ CHIMOMBO S. Dreams, conversation and Ntara's man of Africa ［J］. Journal of religion in Africa, 1989, 19（1）：48 – 70.

［7］ MOTO F. Trends in Malawian literature ［M］. Zomba：Chancellor College Publications, 1999.

［8］ NTARA S Y. Man of Africa ［M］. London：The Religious Tract Society, 1934.

［9］ CHIUME K. Autobiography of Kanyama chiume ［M］. Bedford：Panaf Books, 1982.

［10］KALINGA O J M. Historical dictionary of Malawi ［M］. Plymouth：Scarecrow Press, Inc. 2012.

［11］NELSON H D. Area handbook for Malawi ［M］. Washington D. C. ：U. S. Government Printing Office, 1975.

［12］ROSCOE A. The Columbia guide to central African literature in English since 1945 ［M］. New York：Columbia University Press, 2008.

［13］季羡林. 东方文学辞典 ［M］. 吉林：吉林教育出版社, 1992.

［14］克莱因. 20 世纪非洲文学 ［M］. 李永彩, 译. 北京：北京语言学院出版社, 1991.

［15］NAZARETH P. The social responsibility of the east african writer ［J］. The Lowa review, 1976, 7 (2)：249 – 263.

［16］GIBBS J. Malawi singing in the dark rain ［J］. SAGE journal, 1988, 17 (2)：18 – 22.

［17］LUPENGA M. Dr. Hastings Kamuzu Banda and the Malawi writers group：The (Un) making of a cultural tradition ［J］. Research in African literatures, 1996, 27 (1)：80 – 101.

［18］CHIMOMBO S, C HRISTOPHER J L. Malawian literature after Banda and in the age of AIDS：A conversation with Steve Chimombo ［J］. Research in African literatures, 2010, 41 (3)：33 – 48.

［19］OWOMOYELA O. A history of twentieth century African literatures ［M］. Nebraska：University of Nebraska Press, 1993.

［20］ZELEZA P T. Smouldering charcoal ［M］. Edinburgh：Heinemann Interanational Literature and Textbooks, 1992.

［21］ECKSTEIN L, et al. English literatures across the globe：A companion ［M］. Stuttgart：UTB GmbH, 2007.

［22］SUDNU T. Mawu decries poor women participation ［N］. The nation, 2013 – 09 – 26.

［23］WEISBARD P. IWMF opens African women's media center ［J］. Media report to women, 1998, 26 (1)：7 – 8.

［24］LIKAKU R, JOANNA W. Writing the possible and the future：Style in Malawian speculative fiction ［J］. Journal of humanities, 2017, 25 (2)：1 – 25.

［25］ALLFREY E W. Africa 39：New writing from Africa South of the Sahara ［M］. London：Bloomsbury, 2014.

［26］NAIJA B. Writing is liberating! Malawian author Shadreck Chikoti shares his story on CNN African voices ［EB/OL］. (2014 – 06 – 29) ［2023 – 07 – 06］. https：//www. bellanaija. com/2014/07/writing – is – liberating – malawian – author – shadreck – chikoti – shares – his – story – on – cnn – african – voices/.

［27］KAHORA B. Imagine Africa 500：Speculative fiction from Africa ［M］. Lilongwe：Pan African Publishers Ltd. , 2015.

［28］FORSLOFF C. Great loss to Africa, remembering Legson Kayira of Malawi ［EB/OL］. (2009 – 03 – 28) ［2023 – 07 – 06］. http：//www. digitaljournal. com/article/270030.

How Malawian English Literature was Born and Bred

Abstract: Malawi, "the warm heart" of Africa, is rarely known by Chinese people, let alone its literature. Based on such status, this paper combs through the history of the English literature and divides the development into three periods according to its national history and politics. From the 1900s to 1964, Malawi was ruled by Britain first as British Central Africa and later Nyasaland. By imitating the British literature and imbibing the nutrition from native oral tradition, the local writers started their own writings. From 1994 to 1964, Malawi though achieved independence under the leadership of Dr. Hastings Banda, it suffered severe political and cultural pressure. However, under such circumstance, its English literature shows an unexpected breakout. Some writers became exiles due to the witch-hunt and began to create literature abroad while others still stayed home and tried to develop their artistic skills and write their own works with implicit themes. After 1994, Malawi entered a multi-party ruling era when its English literature presented a diverse but slow progress trend.

Key words: Africa, Malawi, English Literature, characteristics of developing periods

作者简介：朱伟芳，上海外国语大学中国话语与世界文学研究中心、上海全球治理与区域国别研究院博士后，上海师范大学比较文学与世界文学国家重点学科博士，主要从事非洲英语文学研究、文学翻译研究等。

雷倍里伏罗《近乎梦想》中的自然意象研究

国际关系学院外语学院　彭　晖

【摘　要】让·约瑟夫·雷倍里伏罗 (Jean – Joseph Rabearivelo, 1901—1937) 是马达加斯加现代诗歌的奠基人, 被誉为 "马达加斯加诗人之王"。用法语和马达加斯加方言同时创作而成的诗集《近乎梦想》(Presque – songes) 是雷倍里伏罗在艺术上最为成熟的作品。此部诗集意象丰富, 其中自然意象占据显著的地位, 包含日月星辰、山川河流、飞禽走兽和花草树木等。诗人借助这些自然意象, 赞美了家乡马达加斯加原始纯粹的自然之美, 歌颂了非洲人民乐观向上、顽强不屈的民族精神, 也表达了自己对理想和自由的美好向往。

【关键词】雷倍里伏罗; 法语诗歌;《近乎梦想》; 自然意象

一、引言

让·约瑟夫·雷倍里伏罗是马达加斯加最著名的作家之一、马达加斯加现代诗歌的奠基人, 被誉为 "马达加斯加诗人之王"。他的早期诗歌是用法语写成的, 晚期作品采用马达加斯加方言, 有些诗集甚至是用法语和马达加斯加方言同时创作而成的, 比如《近乎梦想》和《译自夜的语言》(Traduit de la nuit)。其主要诗集还有《灰烬之杯》(La Coupe de cendres)、《森林》(Sylves) 和《书卷》(Volumes) 等。《近乎梦想》发表于 1934 年, 是雷倍里伏罗在艺术上最为成熟的作品。此部诗集由 30 首自由诗组成, 意象丰富, 颇有象征主义色彩, 其中自然意象占据显著的地位, 包含日月星辰、山川河流、飞禽走兽和花草树木等。诗人借助这些自然意象, 赞美了家乡马达加斯加原始纯粹的自然之美, 歌颂了非洲人民乐观向上、顽强不屈的民族精神, 也表达了自己对理想和自由的不懈追求。

二、对马达加斯加自然之美的赞美

马达加斯加是非洲东海岸印度洋岛屿国家，长期和非洲大陆分离，地形独特，集中了热带雨林、热带草原、热带高原、半干旱气候，全岛干湿两季分明。地理上的隔绝和岛内独特的自然环境，让马达加斯加岛拥有了绚丽多彩的自然风光，让岛上的生物进化成独特的野生世界。这里有广阔的原始沙滩、深邃的板岩大峡谷、茂密的森林、种满稻谷的山坡，以及种类繁多且与众不同的动植物，可以说这是一片遗世独立的伊甸园。

马达加斯加原始纯粹的自然之美深深地吸引着雷倍里伏罗，这片滋养着诗人的美丽土地自然而然地成为其诗歌创作的重要源泉。他将马达加斯加独一无二、令人沉醉的风景写进诗里，不遗余力地赞颂这片土地的自然之美和独特魅力。在《岛之热》(*Fièvre des îles*) 这首诗中，雷倍里伏罗通过一个岛上孩童的视角向读者展示了马达加斯加神秘而独特的生态景观：

> 阳光在你的头上碎裂，
> 让你感觉到它的光芒消失在
> 支撑你背部的树里，
> 然后缠绕在你的躯干上。
> 你的脑袋是一个巨大的绿色果实，
> 所有热带地区的热浪使之成熟——
> 所有热带地区，却没有棕榈树的
> 清新也没有海风的清凉！
>
> 你的喉咙干燥，眼睛发着光；
> 你所看到的，超越所有热带地区
> 之人所见：
> 打扮成新郎新娘模样的狐猴；
> 它们的四只手里装满了香蕉，
> 满载着那些森林之外的人从没见过的花朵；
> 而且，在它们沐浴在阳光下的快乐叫声中，
> 夹杂着瀑布的喧闹。

但是，与此同时，

大地之冰在召唤你

并已完全包围了你，

让你可以感受到穿越你身体的寒颤，

让你似乎想躲在天空的云彩下，

在岛上森林的叶子下，

在所有的浓雾中，

在最近弥漫着烧焦牛奶气味的雨中。

紧紧封住你的嘴，这样你就不会说出

你看到但别人看不到的

任何东西！

愿你耳朵里

扩大的回声安抚着你，

耳朵变成了双壳

包围你的大海在里面跳动，

噢岛上的孩童啊！（Rabearivelo，2012：527）①

  马达加斯加全岛几乎均位于热带区域，东南沿海属热带雨林气候，终年湿热，季节变化不明显，生长着茂密的热带植物和森林；中部为热带高原气候，温和凉爽，土地肥沃；西部为热带草原气候，降水偏少，尤其是西南部沿海低地，干燥少雨，形成半荒漠景观，是全岛最炎热的地区。马达加斯加神奇多样的气候特点在此诗中体现得淋漓尽致。诗歌第一节的前四句生动地描述了阳光与孩童的互动，形成一幅烈日当空、阳光铺洒在树林里的图景。后四句通过"热带地区的热浪""没有棕榈树的清新也没有海风的清凉"这些字眼直接勾勒出马达加斯加热浪滚滚的天气。第一节诗紧扣诗歌的题目，开门见山地展现出马达加斯加阳光充足、高温炎热的气候特点。

  第二节诗用孩童的身体感受（"喉咙干燥"）再次强调岛上的炎热天气，之后跟随孩童的目光，一道马达加斯加独有的风景迎面而来：手拿香蕉和花朵的狐猴在阳光下快乐地嬉戏。狐猴是马达加斯加岛特有的灵长类动物，在沧海桑田的巨变中，其他大陆上的狐猴都成了其他物种的盘中餐，已经灭绝，只有马达加斯加人迹罕至的山野丛林保护了它们，它们在这里与世隔绝，独立进化，在森林中活得潇洒自在，马达加

---

  ① 诗歌由笔者译自法语原诗。

斯加堪称狐猴的"诺亚方舟"。此节诗让读者聚焦于马达加斯加特有物种的惬意生活场景，并通过两处赤裸裸的表达来强调这片土地的生物独特性："你所看到的，超越所有热带地区之人所见""那些森林之外的人从没见过的花朵"。马达加斯加虽处于热带地区，但与世隔绝的地势使其形成了自成一派的生态系统，这里生活着多达20多万种动植物，很多是在地球其他地方见不到的，令人叹为观止。

第三节诗的第一个词"但是"预示着到岛上孩童即将感受到一个截然不同的世界，"大地之冰""寒颤""浓雾""雨"等一系列词汇呈现出一个凉爽湿润的世界，与前面那个烈日灼人的世界形成了鲜明的对比。神奇的是，这两极的体验同时存在于这个岛上。毫无疑问，这些诗句形象地突出了马达加斯加岛的"两面派"气候，岛屿中部的高原对整座岛屿的气候造成了巨大的影响，使岛屿东西两侧产生了两种气候类型，东侧为热带雨林气候，西侧是热带草原气候，马达加斯加气候的独特性和多样性可见一斑。

正是马达加斯加气候的独特性和多样性孕育了岛上生物的独特性和多样性，这是诗人作为岛上居民引以为傲的，因此在第四节诗中，他再次提及岛上这些景观是"别人看不到的"，并且要封住孩童的嘴，不让其说出在岛上的所见所闻，巧妙地利用读者的逆反心理，大大地激发读者的好奇心和探索欲，无形中向读者发出一份邀请函：只有亲自来到马达加斯加，才能领略这片神奇土地的独有魅力。

雷倍里伏罗用各种真实存在的自然意象清晰地展现了马达加斯加岛上真实的自然景观，借助诗的语言"创造出比视觉艺术更有力量的真实事物的印象"（伊格尔顿，2016：212）。这些诗句不仅展现了马达加斯加真实的自然之美，也流露出诗人对大自然和家乡的热爱之情。马达加斯加的自然之美不仅体现在自然风光之美，还体现在岛上原生态生活之逍遥。这里的人们日出而作、日落而息，这里的生活与大自然紧密相连，人与自然和谐共处。如此原生态的生活散发出最原始的美丽，诗人喜欢这种简单质朴的生活，并将对这种生活的赞美融入诗中：

> 这是智者所在之处，是纯朴的人所在之处！
>
> 他们根据野兽的生活和植物的气味
>
> 来测量时间：
>
> 青蛙苏醒，公鸡打鸣，
>
> 沙鸟飞走，
>
> 叶子散发出香气。
>
> 尤其，根据人不可分割的影子的位置，
>
> 根据这个肉眼可见灵魂的位置，

他们知道如何测量他们刚刚战胜的时间

抑或刚刚战胜他们的时间。（Rabearivelo，2012：549）①

在《时间的测量》（*Mesures du temps*）这首诗里，雷倍里伏罗描述了岛民们如何利用大自然中的动植物和太阳光影的变化来测量时间。"青蛙苏醒，公鸡打鸣，沙鸟飞走，叶子散发出香气。"这一系列的自然意象无一不指向事物本身，不带任何寓意，勾画出一个远离现代科技文明喧嚣的世界，呈现出一种原生态的宁静清新。诗人运用四组名词加动词的结构搭配，让诗歌顿时充满了动感与生命力，从而使大自然的生机与活力呼之欲出。利用太阳光影变化的规律测量时间更是蕴含了人与自然和谐共生的大智慧，大自然拥有神奇的力量，而人的智慧让自然之美显得愈发震撼。这里的生活顺应自然，随性自在，快乐得很纯粹，从另一个维度彰显了马达加斯加的自然之美。

马达加斯加得天独厚的自然环境和悠然自得的原生态生活赐予了雷倍里伏罗源源不断的创作灵感，在诗人情感的发酵下，马达加斯加的自然之美跃然纸上，让没有踏上过这片土地的人心神往之。诗人在诗中没有提及美字，但通过自然意象的组合和场景的转换，每一句诗都彰显着诗人对马达加斯加由衷的热爱和赞美。

三、对非洲民族精神的歌颂

在《近乎梦想》中，大量直指事物本身的自然意象再现了马达加斯加的自然风光，还有一部分自然意象在雷倍里伏罗的诗歌呈现中拥有了超越本体的意蕴，衍生出深厚的寓意。这部分自然意象大多为马达加斯加极具代表性的动植物，象征着包括马达加斯加人民在内的非洲人民的生存状态和民族精神。其中最为典型的植物意象当属仙人掌，马达加斯加仙人掌是岛上六种独特的植物之一，其浑身多刺，叶子对生，最高可长到20米，颠覆了普通仙人掌的形象。在非洲其他国家，无论在怎样艰苦恶劣的环境中都能找到仙人掌的身影，仙人掌顽强生存的精神令人动容，雷倍里伏罗不禁为其写下一首生命的赞歌——《仙人掌》（*Cactus*）：

一只只熔解的手

将花朵举向高空——

一只只无指的手

在风中屹然不动

它们说，从它们完整的手掌里

---

① 诗歌节选由笔者译自法语原诗。

流动着一个隐秘的泉源

正是这个秘藏的源头

滋润着成千上万的畜群

和无数的部落，流浪的部落

在遥远的南方边陲。

无指的手来自同一个泉源

塑模的手，为天空戴上花冠。

……（汪剑钊，2002：475）

在诗歌的前四句中，诗人运用比喻和拟人的手法，将仙人掌坚韧不屈的生命之美展现得淋漓尽致：在干燥灼热的沙漠中，仙人掌依旧开出朵朵娇艳的花；任凭狂风肆虐，它们屹然不动，坚守着所扎根的土地。一只只无指的手掌拥有无可撼动的力量，而这种力量的源头是一个隐秘的泉源，这个滋养着无数畜群和部落的泉源位于遥远的南方边陲，但即使再遥远，仙人掌也能凭借着对地下水源的执着追求，将其发达的根系深入地下吸收水分，努力生长，并绽放出艳丽的花朵。它们将这些彰显生命色彩的花朵托向高空，仿佛为天空戴上花冠，给沙漠增添了生机与诗意。

在接下来的诗篇中，诗人进一步揭示了仙人掌形体的塑造者："泥土的血液/石头的汗水/以及风的精华/全部在这些手掌中聚拢/融化了它们的手指/催开了一朵朵金色的鲜花。"（汪剑钊，2002：476）非洲大地的泥土、河流、石头、雨水以及风的混合作用消融了仙人掌分散的手指，让它们把力量紧紧攥在手心里，从而催生出朵朵鲜花，也就是说，非洲大地特有的环境气候造就了仙人掌顽强不屈的精神，它们在极端的环境下迸发出旺盛的生命力。诗人最后将仙人掌所具有的精神与非洲人民的民族精神联系在一起，非洲人民世世代代在艰苦的环境下顽强生存，不屈不挠，乐观向上，就像仙人掌一样，活出自己的风采。这首诗的最后一句点明了命运之神给予仙人掌的使命——"栽种花朵/和守护远离残酷人类的源泉"（Rabearivelo，2012：553），这也是非洲人民秉持的信念：无论面临怎样的困境，都要活出生命的精彩，都要守护好受到外部威胁的非洲文明。保护非洲文明，就是保护非洲民族精神的源泉，只有民族精神延绵不绝，非洲才会有美好的未来。

另一个被诗人赋予象征意义，用来歌颂非洲民族精神的典型自然意象是瘤牛。在马达加斯加，瘤牛无处不在，是当地人民劳作、饮食、运输、举行重大仪式时必不可少的存在，可以说它是衡量一个家庭财富情况的直接标志。瘤牛作为马达加斯加人生活中最为倚重的牲畜，被视为马达加斯加的国家象征，而马达加斯加则被誉为"瘤牛背上的国家"。瘤牛死后留下的牛角，成为很多民族用作装点陵墓的重要元素，也被加工成极具当地特色的首饰、装饰品及玩具等。在当地的绘画、雕塑中，瘤牛也不可避免地扮演着象征马达加斯加文化的"重量级"动物，成为游客在马达加斯加之行的特别纪念。

在《瘤牛》（*Zébu*）一诗中，雷倍里伏罗以瘤牛这一意象为中心，呈现出一幅宁静却又充满力量的画面：

> 如伊梅里纳城市般
> 突出拱卧于被岩石
> 切削的山丘之上；
> 宛如月亮刻在
> 地上的山墙，
> 那头强壮的公牛
> 像它血液的颜色般绯红。
>
> 它在河边饮水，
> 它啃食着仙人掌和丁香花；
> 它蹲坐在依然
> 充满大地芬芳的木薯前，
> 在散发着阳光和阴影气味
> 的稻草前。
>
> 夜幕降临，
> 地平线消失。
> 公牛望见延伸至
> 黑夜边界的沙漠。
> 它的角像冉冉升起
> 的新月。（Rabearivelo，2012：553）①

瘤牛为热带地区特有的牛种，有长长的角，体重很大，它们的脖颈处长有一个瘤状的凸起肉峰，这个肉峰在公牛当中尤为明显，其内为脂肪，作用相当于骆驼的驼

---

① 诗歌节选由笔者译自法语原诗。

峰，在雨季积蓄能量以备旱季食物短缺之需。此诗的第一节形象地描绘了瘤牛的突出特征，高耸的肉峰如同拱卧于山丘的城市，它的影子犹如月亮刻在地上的山墙。"城市"和"山墙"给人以厚重的质感，恰到好处地体现了瘤牛肌肉结实、骨骼粗壮的体型特征，并呼应了下一句里的"强壮的公牛"，至此，诗歌的主角粉墨登场。

第一节诗凸显了瘤牛的雄壮，第二节诗则强调了瘤牛的温顺。整节诗展现了瘤牛悠然自得饮食和休息的场景，它享受着大自然的恩赐，其所食之物——仙人掌和丁香花，从视觉和嗅觉上给人以美感，而这种美感通过带有大地芬芳的木薯以及散发着混合气息的稻草得到增强。诗人运用能充分调动读者感官的自然意象组合，凝练出宁静祥和的氛围，而这份宁静祥和也无声地衬托出瘤牛的温和性情。第二节诗创造的宁静之美在第三节诗中得到延伸：夜幕的降临让沙漠更具神秘感，瘤牛的存在为黑夜中的沙漠增添了一丝光彩，它那又弯又长的角在黑暗中反射着月亮的光芒，犹如一轮冉冉升起的新月，自然的静谧美好一览无余。

温顺而强壮的瘤牛原产于印度半岛，大约在公元后第一个千年间经中东、非洲被引进马达加斯加，它具有较强的适应能力，耐热耐旱，因此在全岛繁衍开来。瘤牛在马达加斯加如此普遍却极其重要，在马达加斯加人眼中，瘤牛有着令人难以置信的力量，能经受任何考验并能突破一切障碍，意味着权力和财富。在这首诗中，柔和与力量形成的张力不折不扣地体现在瘤牛身上，而这种柔与力的张力何尝不存在于包括马达加斯加人民在内的非洲人民身上？非洲人民像瘤牛一样，在享受大自然美好的同时，也经受着各种来自自然和人为的威胁与侵袭，他们对自然怀着一颗敬畏感激的心，适应了热带大陆独特的环境，展现出旺盛的生命力和豁达乐观的生活态度。非洲人民温和的心境造就了他们的坚韧乐观，不屈的灵魂铸就了他们的坚毅顽强，这两者正是非洲民族精神之所在。

四、对理想与自由的向往

在《近乎梦想》中，"鸟"这一自然意象贯穿整个诗集，一共出现 26 次。雷倍里伏罗借助象征、隐喻等艺术手法，将自己对理想和自由的美好向往融入"鸟"这个现实具体的表意之"象"中。在含有"鸟"意象的 11 首诗中，《三只鸟》（*Les Trois oiseaux*）是此意象最为集中突出的一首：

> 铁之鸟，钢之鸟，
> 在撕裂晨云之后
> 想啄食星星

在日落之后，

不情愿地降落在

人工洞穴中。

血肉之鸟，羽毛之鸟

在风中挖掘隧道

为了到达它在梦中看到的

树梢上的月亮，

与傍晚同时坠落

于树叶迷宫中。

非物质之鸟

用其不连贯的歌声

迷住了头颅的守护者，

随后打开振动的翅膀

安抚天空

只为永恒地回归一次。（Rabearivelo，2012：523）①

　　诗中的第一只鸟显而易见是能展翅高飞、拥有强大力量的威猛之鸟。通过"钢"和"铁"这两种坚硬物质的具象化描写，这只威猛之鸟的强大力量跃然纸上，能"撕裂晨云"，更是它强大力量的最好证明。而"想啄食星星"的描述，透露出鸟儿对目标的渴望和对自身挑战的勇气，更是凸显了这只鸟的雄心壮志和对自身能力的信任。然而，后面的诗句笔锋一转，在描述鸟的降落地点时，使用了"人工洞穴"一词，暗指它被迫远离了自然的栖息地，陷入了一种无法摆脱的束缚之中，最终未能达到自己的目标。整节诗传达出一种怀才不得志的无奈。

　　第二只鸟羽毛丰满、体态轻盈，它没有第一只鸟的强大力量，却也有自己的追求——渴望看到树梢上的月亮。"树梢上的月亮"这一意象美丽而神秘，带有虚幻的色彩，代表着这只柔美之鸟高远的理想和美好的憧憬。尽管这个梦想不能轻而易举地实现，但鸟儿依然为了自己的梦想不懈努力——"在风中挖掘隧道"。挖掘隧道无疑是一项艰巨的任务，这个比喻形象生动地展现了追梦过程中所面临的一系列挑战与困难。通过这个比喻，读者能够洞悉到鸟儿逐梦的勇气和决心，以及在困难面前所展现出的坚韧。但最终鸟儿耗尽了力气，坠落于树叶迷宫中，没能实现自己的梦想。

---

　　① 诗歌由笔者译自法语原诗。

　　这两只鸟何尝不是雷倍里伏罗的化身？雷倍里伏罗的母亲出身于显赫的梅里纳王国贵族，1896 年法国宣布在马达加斯加废除奴隶制后，贵族受到沉重打击，诗人家庭的财富大量流失，只能给他一个朴素的童年。虽然他 14 岁就离开了学校，但他热爱阅读，对文学尤其是诗歌有着浓厚的兴趣，对知识的渴望和对诗歌的追求，让他自学成才。他 18 岁就在双语期刊上发表诗歌，23 岁发表了自己的第一部诗集《灰烬之杯》。他喜欢法国象征主义诗歌，1930—1932 年，他翻译了波德莱尔、兰波、魏尔伦等法国象征主义诗人的作品。因此，前往文人墨客的聚集地——巴黎成为他的夙愿。他想要离开马达加斯加，为其文学创作寻求更多的可能性和更大的舞台。但他的雄心壮志遭受到重挫，他前往欧洲的请求一次次被殖民当局拒绝。因为不被认可、感觉被束缚，再加上经济困难，他在绝望中选择结束自己的生命，至死都未离开过马达加斯加岛。

　　在文学的世界里，雷倍里伏罗是那只威猛之鸟，他的才华足以让他展翅高飞，他对自己充满了信心，想要飞得更高，最终却摆脱不了被束缚的命运，无法去往更广阔的天地，实现自己崇高的理想抱负。在现实生活中，雷倍里伏罗是那只柔美之鸟，他从事过口译员、图书管理员、印刷厂校对员等一系列工作，这些工作并没有给他带来财富和荣耀，他一直想通过实现他的诗歌梦想让自己得到认可，所以他克服种种困难，坚持阅读和学习，希望能有圆梦的那一天，但残忍的现实并没有给他实现梦想的机会。

　　如果说这两只鸟是雷倍里伏罗人生的真实写照，那么第三只"非物质之鸟"则象征着他对理想的追求和对自由的向往。这只鸟已然是超现实的存在，拥有神秘的力量，它的歌声迷住了"头颅的守护者"——人的思想或理智的代名词，这不正是诗人对其远大理想执着追求的具象化吗？理想是超越现实之物，其具有的魔力足以让人疯狂。"非物质之鸟"张开翅膀安抚着广阔的天空，也安抚着自己的灵魂：天空是鸟儿的归宿，鸟儿享受着天空给予的无限空间，自由翱翔，活出属于自己的精彩。这一饱含诗意的画面映射出理想的实现需要自由，而挣脱束缚绝非易事，雷倍里伏罗抗争了多年，他实现理想的希望在抗争中慢慢地消耗殆尽，直到最后选择放弃抗争和生命。虽然在现实生活中诗人苦苦挣扎，郁郁不得志，但生命的缺憾在艺术中得到补偿，在他的诗歌里，总能读到他对理想和自由的向往，就像他在此部诗集的最后一首诗《你的作品》中写道：

　　　　目送这只鸟儿你惊讶于

　　　　它不会迷失于天堂的沙漠

　　　　并在风中发现

通往故乡森林的小径。

……（Rabearivelo，2012：599）①

此处的鸟儿依旧象征着诗人所追寻的理想，鸟儿飞往故乡森林的旅途正是理想实现的过程。它经过长途跋涉，没有被"天堂的沙漠"困住，克服重重困难，找到回家的路，也就意味着历经坎坷之后，梦想终究实现。"鸟儿"与"理想"融为一体，是雷倍里伏罗在诗中寻求慰藉的最佳意象。

五、结语

在《近乎梦想》中，雷倍里伏罗用大量的自然意象构建了一个独属于他的诗歌世界。这些自然意象具有鲜活的静态美和动态美、强大的生命力和感召力，体现了诗人对现实生活的细致观察与对自我的敏锐洞察。它们复制了现实生活中真实的美好，承载着诗人真挚的感情，表达出诗人对人生的深度思考；它们所具有的召唤力让读者感受到马达加斯加的独特魅力以及诗人对家乡的深情，感知到包括马达加斯加在内的非洲人民的坚韧与乐观，领会到诗人处于困境之中依旧对理想和自由的执着追求；它们在本义和隐含意义之间游走，深化了诗歌的内涵。

参 考 文 献

［1］RABEARIVELO J. Œ uvres complètes（Tome Ⅱ）［M］. Paris：Cnrs，2012.

［2］SAINT－GUILHEM C. Jean－Joseph Rabearivelo：Presque－songes［M］. Paris：Honoré Champion，2013.

［3］弗里德里希. 现代诗歌的结构：19世纪中期至20世纪中期的抒情诗［M］. 李双志，译. 上海：译林出版社，2010.

［4］伊格尔顿. 如何读诗［M］. 陈太胜，译. 北京：北京大学出版社，2016.

［5］汪剑钊. 最新外国优秀诗歌［M］. 沈阳：春风文艺出版社，2002.

———————————

① 诗歌节选由笔者译自法语原诗。

Natural Imagery in Rabearivelo's *Almost – Dreams*

Abstract：Known as the "King of Malagasy Poets", Jean – Joseph Rabearivelo (1901—1937) was the founder of modern Malagasy poetry. *Almost – Dreams*, a collection of poems written simultaneously in Frenche and Malagasy language, is Rabearivelo's most mature work in art. This collection of poems is rich in imagery, among which natural imagery occupies a prominent position, including sun, moon, stars, mountains and rivers, birds and animals, flowers and trees. Through the natural imagery, the poet praised the pristine and pure natural beauty of his homeland Madagascar, the optimistic and tenacious national spirit of the African people, and expressed his beautiful yearning for ideals and freedom.

Key words：Rabearivelo, French poetry, *Almost – Dreams*, natural imagery

作者简介：彭晖，国际关系学院外语学院法语系教师，法语文学博士。研究方向为法语文学、法语国家与地区文化。

跨文化视角下东西方文明之比较

——以埃米莉《两个世界之间的阿拉伯公主》为例*

华东师范大学历史系　钱一平

【摘　要】桑给巴尔的埃米莉公主不仅因为早年参与宫廷政变和与异教徒私奔等行为打破了一系列传统文化禁忌，还因其留下的迄今为止最早的阿拉伯妇女传记而在 19 世纪东非历史上具有独特的地位。在交通、通信条件改善和帝国殖民的全球化时代，她得以作为亲历者和观察者，对以桑给巴尔为代表的阿拉伯—非洲社会和以德国为代表的欧洲社会进行异质文明特征的比较，并提出了自己的见解。同时埃米莉公主作为跨文化移民的代表，在她身上集中体现了宗教和身份认同的纠葛，而她的传记在不同的历史时期也被不同的读者根据自己的需要加以剪裁和改造，被赋予不同的意涵。

【关键词】埃米莉公主；桑给巴尔—德国关系；跨文化互动

一、引言

　　在阿曼国家博物馆"阿曼和世界画廊"主办的"在阿曼历史中的进步和发展中发挥过重要作用的阿曼女性形象"展览中展示了四位女性，其中埃米莉公主格外引人注目。赛义德·萨拉玛·赛德（Seyyid Salme Said）又名埃米莉·鲁特（Emily Ruete），19 世纪阿曼 – 桑给巴尔（Zanzibar）的公主（1844—1924），她是第一任桑给巴尔素丹赛义德·赛德（Seyyid Said）和切尔克斯（Circassian）女性奴隶吉尔非丹（Djilfidan）所生的女儿。她最为人所知的是她"离经叛道"地打破了文化禁忌与一位德国商人私奔，离开了桑给巴尔去往德国汉堡，尔后又出于种种原因去往英国和重返桑给巴尔，过着颠

　　* 本文系中央高校基本科研业务费专项资金资助项目（YBNLTS2022 – 028）的阶段性成果。

沛流离的生活。图 1 所示为埃米莉的服饰。

图 1   阿曼国家博物馆中展示阿曼女性人物及其成就的展览中埃米莉的服饰①

在她的经历中，可以明显地看到移民身份、宗教、性别所包含的内在紧张，在童年时期，她通过抄写《古兰经》秘密自学习得了写作的能力，这在当时对于一个东方世界的女人而言是极为罕见的（"当时东方的女性贵族大多依靠奴隶来传递信息，而不必亲自阅读和写信"，Ruete，1907：28，52，75），她们并不以有知识和有文化为荣。在桑给巴尔，可能受埃米莉公主违背传统的一系列做法的影响，此后女性识字反而成了一项不光彩的事情（Decker，2007：190）。埃米莉公主出于"向孩子讲述自己作为来自桑给巴尔的阿拉伯母亲的经历"（Ruete，1907：Ⅸ）和"为破除西方人对东方的偏见"的目的而撰写了非阿拉伯语的回忆录，并于 1886 年以德文出版、于 1889 年以英文出版。这是目前已知的最早的阿拉伯妇女传记，对于打破当时以德国新闻界为代表的欧洲社会对东非普遍的刻板印象具有重要的意义（Wimmelbücker，2009：83）。这部自传也为了解 19 世纪在欧洲殖民背景下东非的政治局势、文化风俗打开了一扇窗户，可将其视为一部珍贵的民族志文献。

二、埃米莉早期的离经叛道与中年的努力回归

埃米莉公主早年就卷入了桑给巴尔素丹国的国内政治中，她在其父亲死后马吉德（Majid）与巴尔加什（Bargash）的王位之争中，扮演了"墙头草"的角色。起先，

---

① NOORA S. Representing women and people with disabilities at the National Museum in Oman［D］. Champaign – Urbana：University of Illinois，2018：60.

受到姐姐乔伊（Choie）的影响，她凭借自己身份的特殊性和文化水平充当传递机密信件和采购武器的内应，帮助巴尔加什对抗马吉德。在英国的干涉下，1859 年巴尔加什发动的政变失败了。随后埃米莉在得到马吉德的宽恕后，与之和解，但这却招致了巴尔加什的怨恨。在后来私奔辗转去往德国后，埃米莉因"叛教"与欧洲人通婚而给马吉德的王室招致丑闻①，因为对父权制权力结构下"性自由"的挑战（Strobel，1979：94）会动摇桑给巴尔素丹国统治的根基，她的行为实则反映了许多深受严格控制的贵族女性的心态——"地位较高的女性群体经常因为她们贫穷姐妹的优势——自由而嫉妒她们"（Fair，2001：73 - 74）。当她再度返回故国时，正值巴尔加什主政，或是因为情感上的心结并未随岁月而解开，或是因为担心与埃米莉的和解会动摇臣民对自己的支持，巴尔加什与埃米莉至死都没有冰释前嫌。可以说，埃米莉在政治上稍显稚嫩，几番阵营的转换都没有达到自己预定的目标。

通过她的回忆录——《阿拉伯公主回忆录》（*Memoirs of an Arabian Princess*），可以发现除了对童年生活和宫廷政治的回忆，自传中很大的篇幅是关于争取自己在桑给巴尔的遗产和与王室成员、亲属的和解。在此过程中，她利用自己作为公主的影响力和德国公民的新身份在欧洲上流社会贵族网络（威廉二世、俾斯麦、维多利亚女王的长女、德国王妃、范泰陶男爵夫人、埃及王储伊斯梅尔 - 帕夏等）中游走。最初在1875 年，她想借助英国王室的影响力与访问伦敦的巴尔加什素丹（Sultan Bargash）相见，但受到了英国政府的阻挠，得到了以两者不见面为条件资助其子女生活费用的虚假承诺。② 后来，她又自告奋勇地想在德属东非公司在桑给巴尔的活动中谋得一席职位，得以发挥自己的影响力，帮助建立驻桑给巴尔的德国领事馆。在回忆录中，她认为凭借桑给巴尔人对她的信赖，她能够成为桑给巴尔了解德国社会的一座桥梁。但实际上，埃米莉公主成了德国与英国对东非进行争夺和提升影响力的一颗棋子。正如俾斯麦写信指示德国海军指挥官的那样："如果鲁特夫人被杀或受到虐待，司令部将被授权并有义务采取措施或进行报复。如果素丹拒绝他的妹妹，司令官有权力强迫他。"（Amory，1994：93）

1883 年，埃米莉写信给巴尔加什，试图说服他从亲英的立场转向亲德，并毛遂自荐，认为自己可以充当"顾问"发挥自己知晓西方事务的作用，但埃米莉对德国殖民

---

① 有人推测马吉德试图以"麦加朝圣"的提议对埃米莉进行王室的"荣誉谋害"，以维护王室的名声，因此与其说埃米莉是私奔，不如说是一种逃亡（按伊斯兰教律法应当被处以石刑）。也有一说认为马吉德暗许了埃米莉的出逃，因为后续马吉德还容许海因里希留在桑给巴尔处理事务，也未阻挠埃米莉出售其在桑给巴尔的部分财产。

② Princess Emily Ruete［EB/OL］.［2022 - 05 - 14］. https：//omanisilver.com/contents/en - us/d641.html.

桑给巴尔的真实意图和"炮舰政策"并没有形成较为清晰的认识。事实上，无论是选择亲德还是亲英，最终都不利于桑给巴尔素丹国保持独立地位（Jeremiah，2013：116）。在她看来，1885 年德国的舰船中队只是护送她这个"德国公民"来维护应得的权利，并没有其他图谋，是"由于当地的阿拉伯人对西方'外交语言'缺乏认识，才导致了误会的产生"（Ruete，1993：511）。德国海军准将卡尔·帕申以帮助埃米莉公主的儿子鲁道夫·赛义德·鲁埃特争夺桑给巴尔素丹国继承权为要挟（霍尔，2019：500），迫使巴尔加什接受德方诱骗酋长签订的领土条约，这种城下之盟的签订是巴尔加什拒绝与埃米莉和解的原因之一。对于埃米莉提出的 6000 英镑的财产诉求，巴尔加什表示只愿意支付 500 英镑，最终不了了之。后来的继任者哈利法素丹（Sultan Khalifa）也选择了无视埃米莉的诉求，将其定性为家族的"私事"（Donzel，1987：21），而随着 1890 年《赫尔果兰条约》（Heligoland – Zanzibar Treaty）的签订，英德在东非的势力范围得到了界定，埃米莉成了德国的弃子，此时德国和桑给巴尔素丹国都不希望埃米莉成为双方发展贸易关系的潜在障碍，德国驻桑给巴尔领事遂对她避而不见，也拒绝替她转交信件给她的弟弟哈利法，从而使她感到遭受了"来自第二故乡的背叛"。

在埃米莉试图修复和重建与王室关系的过程中可以看到，由于桑给巴尔素丹国政教结合的缘故，"叛教"就意味着自动丧失继承权，而与基督徒结合更无异于一种不可宽恕的"投敌行为"，并且据推测当时她还怀有身孕（Gupta，2019：14）。可以说，埃米莉不仅是身体离开了桑给巴尔，更重要的是在观念层面被"社会性放逐"了。马吉德素丹（Sultan Majid）在拒绝见自己的妹妹时说："她已经去世很久了，我为她的离去感到悲痛，但这是上帝的旨意。我请求你不要侮辱我，因为她如此无耻地背弃她的宗教，成为一个卑鄙的异教徒的妻妾"（Phillips，1967：114）。她的兄弟姐妹也都劝她重新皈依伊斯兰教，因为只有重新回归伊斯兰教的信仰，才能重获原来的权利。尽管她是为了丈夫而皈依基督教，因丈夫的愿望才为孩子选择了西方的学校教育，但她认为自己"不能在穿上欧洲人的衣服后再恢复到以往阿拉伯的衣服"（Bird，2010：226）。可见宗教和身份认同的议题始终萦绕在埃米莉的身上，在她身上有个人异化的过程，基督教为表、伊斯兰教为里的宗教斗争和追求归属感的集中体现，以及一个桑给巴尔人接触日益扩大"世界主义"的图景（Gelvin，2013：274）。正如埃米莉所说的："我离开家时是一个完整的阿拉伯女人和一个好穆斯林，现在我是什么？一个糟糕的基督徒，而且有点像半个德国人"（Bird，2010：238）。因此在身份认同方面，尽管埃米莉自诩为阿曼－桑给巴尔的公主，但她对阿曼并未产生真正的认同感，认为阿曼只是"虚幻的母国"，并不断地向富庶繁荣的桑给巴尔索取物质援助。反过来，据埃米莉公主所言，在阿曼出生的人一方面因肤色和语言而对桑给巴尔出生的同胞报以轻视的态度，另一方面又对桑给巴尔的财富充满了嫉妒。而对于德国这一"第二故乡"，她的情感是矛盾和复杂的，在饮食、着装、语言、宗教等由外而内的文化适应过程中，她经历了"融入—被背叛—最终与自己和解"的过程，从而在晚期的叙述中显现出超越文化民族主义，走向文化世界主义的色彩。可以说，埃米莉公主一生中的大部分人生轨迹都处于流亡之中，她的惊世骇俗之举看似特殊，实则是处在男性对女性、奴隶主对奴隶双重压迫的大背景下，在这一背景，女性只有忠诚于特定的社会规范，无损于家庭的荣誉和尊重，才能获得父兄等男性和整个家族的庇护。1885 年，巴尔加什素丹在面对埃米莉的权利申诉时，仅将她视为一位苏里亚（Suria）① 便是一个例证。

三、时代耦合下埃米莉眼中的东西方文明比较

埃米莉公主所处的时代被称为"蒸汽、印刷品和帝国流行"的时代——交通、通信和权力、东方主义知识的流动（Maxwell，2015：38－39），这一时代背景和物质前提为她所进行的知识生产得以在全球流动与传播创造了条件。她的跨国之恋也是 19 世纪全球化背景下耦合的产物——德国的汉堡（Hamburg）、不来梅（Bremen）和吕贝克市（Lübeck）步英国、法国、美国等的后尘，为日益扩大的贸易往来寻求一个法律框架，而与桑给巴尔素丹国于 1859 年签署了《贸易、友谊和航海条约》（*Trade, Friendship and Navigation*）（Nyeck，2017：398）。得益于交通工具的便捷，埃米莉从东非先后去往了汉堡、德累斯顿（Dresden），再到伦敦、雅法（Jaffa）、贝鲁特（Beirut）等地游历、旅行，从而使她能够超越本土思维的局限，对不同文明和社会的现代化特征进行比较与思考。

1866 年，埃米莉公主乘船逃往也门的亚丁（Aden）以及 1867 年与德国威廉·奥斯瓦尔德公司的代理商海因里希（Rudolf Heinrich Ruete）结婚，并改宗基督教是其人生的重大转折点，埃米莉即是她在亚丁的英国教堂接受新教洗礼后的名字。1870 年，随着其丈夫在交通事故中意外去世，埃米莉不得不通过频繁搬迁、典当珠宝、开设阿拉伯语和斯瓦希里语课程来维持养育三个孩子的生计，在此过程中，她作为中产阶级的家庭主妇，更深度地与德国社会接触。长时间的欧洲生活使埃米莉公主逐渐适应了

---

① 指奴隶成为主人的"次要妻子"，即侍妾，但与其他文献中"侍妾"（concubine）的含义不同。后者仅是指社会地位高的男子占有的法外妻子，前者指的是通过购买、馈赠、作为战俘或家奴而与奴隶主建立同居关系的妇女，其身份的获得需要以主人的承认为前提。

欧洲的习俗和制度，掌握了欧洲语言，在东西方两个世界的生活和旅行经历，让她不由自主地对两者的生活方式和文化价值观进行比较，也能够自如地在东西方社会间切换自己作为叙述者的身份和语言，大部分时间，她是作为阿拉伯社会的个体和作为欧洲社会的局外人，以其主观的经验与观感阐述自己的认识。例如，对于一夫一妻制和一夫多妻制，为了为东方的妇女正名，她以自己的阿曼摄政王姑婆（great - aunt）及其参与的意图推翻马吉德统治、扶植巴尔加什上位的政变为例，描绘了女性在战争和政治中所扮演的不可忽视的角色，有时更甚于男性。埃米莉还展现了东方女性的精神风貌，并论证了东方婚姻制的真实性和欧洲婚姻制具有欺骗性的一面，"在东方和欧洲，已婚妇女地位唯一的区别是，前者知道她的竞争对手的数量和地位，而后者则还处于无知的状态"（Lewis，1996：156）。此外，阿拉伯女性在结婚后仍有保留家庭姓氏的权利。因此，她认为婚姻的幸福与否在于双方能否相互理解，而不在于婚姻的形式是一夫一妻制还是一夫多妻制、是自由婚姻还是包办婚姻。

在家庭关系和教育方面，埃米莉认为东方家庭主仆关系的和谐氛围以及家仆对主人孩子的"视若己出"远比德国的职业护士更有责任心。在她的叙述中，在童年时代良性的主奴互动中所结下的情谊是忠诚的，而非德国社会冷漠、理性的人际关系可以比拟，在这里可以看到"热情的桑给巴尔与冷静的德国"（Pierce，2018：139 - 140）之间的鲜明对比。

在教育方面，埃米莉比较了阿拉伯宗教教育与西方学校教育的差异。总的来说，她认为"阿拉伯人"的信仰更为虔诚，更能凸显教育的价值。因为前者是通过自己阅读《古兰经》来领悟圣书的思想，不同于后者由教师对所传授的知识进行标准答案式的解析。结合自己后来的亲身经历，埃米莉认为西方的世俗教育教授了文化知识，但并未在道德层面提升人的素养，从而发生了许多以"文明"为名义犯下的丑恶行径，这是揠苗助长和学习知识的动机不纯——过于追求物质所导致的。在丈夫亡故后，其为埃米莉家庭留下的财产被托管人所欺骗和挪用，这加深了她对欧洲资产阶级社会生活方式、法律和宗教教义的不信任感。"人们应该首先学习上帝的话语和他神圣的戒律，最后再去猜测物质和力量。"（Ruete，1907：82）可以说，埃米莉后来观察世界的思维方式与她童年时期所接受的宗教教育息息相关——通过背诵《古兰经》，形成了对其日后有长远影响的知识结构。即便后来改宗基督教，她依然在内心对偶像崇拜感到不适应。

最值得一提的是，她对欧洲社会（主要是英国和德国）的"进步"标准进行了质疑：这种教育只会带来无意义的"内卷"。在她看来，物质技术的进步似乎与道德的堕落、真实人性的丧失有一定的关联。她对于西方帝国主义者和殖民主义者所制定的"文明"的统一标准和"公理"也进行了思考，认为各民族有权遵循自身的传统来寻求启蒙和发展。她进而在书中对以桑给巴尔奴隶制为代表的"南方"奴隶制进行了辩护，反对粗暴地突然废除作为桑给巴尔素丹国传统重要组成部分的奴隶制（Al - Rawi，2008：25），认为这既不利于奴隶主的种植园经营，也不利于奴隶维持生计。更重要的是，这项制度本身代表了一种传统文化与秩序，因此她在1873年桑给巴尔素丹巴尔加什与英国订立废奴条约时表达了不满和反对。她在普法战争期间进一步思考了欧洲人道主义原则与对东非奴隶制进行干预之间的关系：一方面，战争失利国国民的处境较之桑给巴尔的奴隶更为悲惨；另一方面，欧洲的义务兵役制实际上是另一种形式的奴隶制，对于奴隶而言，不仅失去了自由，也丧失了安全的保障。即使与桑给巴尔的奴隶制相比，德国工厂中工人的生活显得更没有尊严（Hartmann，2013：102）。她认为，在伊斯兰教教义中，通过购买奴隶，教会他们谋生之道和技能，最后解放奴隶，是最高的美德。

对于东方人"无所事事"刻板印象的解构和对表征背后原因的揭示是埃米莉的一大贡献。在关于民族性格的评述中，她从地理环境的角度出发，认为是得天独厚的环境塑造了"南方"居民"闲散"而节俭的民族性格和知足常乐的生活哲学，他们不必像"北方"的欧洲人那么辛勤和忙于生计。她在《家书》（*Letters Home*）中对桑给巴尔人稳定的种植园经营生活与欧洲社会充满不确定的股票投资生活进行了对比，她并不认为桑给巴尔素丹国不重视金融业是社会的弊端，她不羡慕土耳其、埃及、突尼斯等所谓的"半文明国家"对投资事业较为熟悉，认为母国的种植园、房产、奴隶、珠宝等实业才更值得信赖，也正是伊斯兰国家"自我纳税"（self - taxation）制度的优越性和再分配功能，使这些国家的贫困率维持在较低的水平。

但是，埃米莉并非全然认为母国的制度处处优越，譬如她认为欧洲的医学就比母国的庸医更值得肯定，并在德国报刊上呼吁欧洲的女性医生投身于改善桑给巴尔医疗缺口的事业，"因为病重的伊斯兰教徒通常采用吞食《古兰经》的方式作为治疗手段"（Evening Telegraph，1886：2）。这体现了她对多元文化有较强的包容性，在目睹孟买的发展后，她建议桑给巴尔也应当进行改革。

同时，她也不免落于种族主义的窠臼，将对不同民族的认知不自觉地放入欧洲种族主义观念的框架内去分析，将马吉德与巴尔加什的性格和能力的差异归结于血统（Oruc，2019：6 - 7），在一定程度上附和了欧洲对非洲的种族主义论调。可能受其信奉的地理和气候塑造民族性格的观念影响，她认为非洲人是野蛮的、是"伟大的孩子"，"只有在被迫的情况下才去工作"，不相信黑人能够作为自由人进行雇佣劳动，而浅色的黑人较之深色的黑人更优越，阿拉伯人的伊斯兰宗教实践则带去了文明。可

见在她的认知中，她将自己与所生活家园的大多数民众相抽离，这与她作为统治阶级的观念和阶级局限性有关，桑给巴尔素丹国的统治正是建立在对非洲劳工控制的基础上的（Euben，2006：171）。

四、埃米莉个人传记的传播与意涵的再改造

埃米莉的遭遇起初并没有引起德国社会的关注，直到德意志帝国崛起之际东方主义的抬头，公众才对这一跨国之恋燃起了兴趣，将这段传奇经历浪漫化，以宣扬埃米莉摆脱了后宫戒律的束缚，得以在欧洲实现了穿衣自由和男女平等（见图 2）。1885年，德国的新闻画报（*Illustrierte Zeitung*）还将埃米莉的宗教皈依行为视为社会进步的标志。埃米莉公主的故事之所以吸引欧洲读者，还在于西方世界对"面纱之下"东方宫廷深闺之事的猎奇心态，因为当时阿拉伯的社会氛围将女性的隐居，"性别隔离"（仅可以在傍晚后出门以及接触君主和法官以外有限的陌生男子），以面纱、面具、帽子、鞋子等服饰来遮蔽和减少身体的暴露与身份高贵相挂钩，这也就能解释为何埃米莉公主的回忆录会有《素丹宫中的生活》（*Leben im Sultanspalast*）这一别名了，或许这一书名更能吸引读者。

图 2　穿着民族特色服饰的埃米莉公主①

---

　　① FAIR L. Pastimes and politics：Culture，community，and identity in post – abolition Urban Zanzibar，1890—1945［M］. Athens：Ohio University Press，2001：50.

在文学批评方面，将埃米莉公主的经历浪漫化或作为一种满足异域想象产物的做法实则也是一种欧洲殖民主义对东方知识的控制，或称之为"欧洲主权的凝视"（Roy，2015：20）。在这一类"改写的童话"中，埃米莉公主常常被描绘为皈依为一位基督徒后，作为来自非洲的移民，在现代欧洲文明中，其智慧才得到充分的发挥，找寻到伊斯兰教与基督教新教的内在关联（Hodkinson，2009：171）。

作为阿曼的文化遗产，阿曼文化部对埃米莉公主的自传进行了十次内容审查和再版，越来越多的内容被删减，这些审查和删减主要是为了减少埃米莉公主的个人经历可能引发的争议，特别是与阿曼当代社会对于婚前性行为和子女继承权看法的冲突。在德国汉堡，2020 年以"埃米莉"命名的广场被更名，此前埃米莉被作为向德国移民的典范而被纪念。理由是绿党和社民党认为埃米莉支持奴隶制以及其关于种族主义的部分言论和立场是不人道的，此举在地方议会上引起了不小的文化争议。在桑给巴尔，尽管当年埃米莉的行为被认为是不可容忍的，但她通过她的作品以及个人影响力而重新回归故乡，她的后代通过向桑给巴尔博物馆捐赠私人物品而在桑给巴尔历史上留下了不可磨灭的痕迹。

可以说，埃米莉公主的个人回忆录最初是以民族学视角进行的自我剖析和对异质文明社会的观察，以家书为例，标题是写给桑给巴尔的一位朋友，但实则是借与朋友诉说现状来面向德国读者，向他们介绍桑给巴尔社会的风土人情。随后成为英德瓜分非洲的殖民议题，成为欧洲"文明化"他者的案例，也是德国汉堡在东非殖民史的缩影。而到了后殖民时代，埃米莉的传记通过表达文化的多样性而被赋予了颠覆对东方主义话语假设的重要意义。以布赫（Buch）为代表的《桑给巴尔蓝调》（*Sansibar Blues*）跨文化诗选以东方主义冒险色彩进行的再创造、埃米莉等非洲—东方被殖民者声音的被挪用（Bond，2012：232 – 233）、真实性被虚构和戏剧化加工，展现了殖民地跨文化主义与当代德国后殖民多元文化主义之间的历史鸿沟。

五、结语

综上所述，作为 19 世纪末 20 世纪初欧洲冲击非洲、阿拉伯传统生产和生活方式、文化传统时代背景下的历史人物，埃米莉公主在感性认知上不可避免地具有时代和阶层局限性。在经济问题上，她属于保守主义者，作为奴隶制的既得利益者，她拥护桑给巴尔奴隶制，对黑人的审视带有种族主义的有色眼镜，但她也能看到欧洲以废奴主义、"道德帝国主义"为借口对非洲进行殖民统治的伪善性（钱一平，2021：112 – 113），她指出奴隶制的废止需要经历渐进的过程，这具有一定的合理性。同时，结合个人境遇,她又能看到西方社会尽管物质文明发达,但存在着社会和人际关系异化的严重问题,使她对现代技术产生了不信任感。

长期散居海外,徘徊于阿拉伯文明、欧洲文明和非洲文明十字路口的埃米莉公主,以自己的独特经历为当时东西方社会相互了解、破除刻板印象与偏见、促进文明互鉴做出了贡献,也为我们展现了一幅由非欧洲声音勾勒出的时代图景。

参 考 文 献

[1] RUETE E. Memoirs of an Arabian princess [M]. New York:Doubleday,Page & Co.,1907.

[2] DECKER C R. Investing in ideas:Girls' education in Colonial Zanzibar [D]. San Diego:University of California,2007.

[3] WIMMELBÜCKER L. Mtoro bin Mwinyi Bakari. Swahili lecturer and author in Germany [M]. Dar es Salaam:Mkuki Na Nyota Publishers,2009.

[4] STROBEL M. Muslim women in Mombasa,1890—1975 [M]. New Haven:Yale University Press,1979.

[5] FAIR L. Pastimes and politics:Culture,community,and identity in post-abolition Urban Zanzibar,1890—1945 [M]. Athens:Ohio University Press,2001.

[6] Princess Emily Ruete [EB/OL]. [2022-05-14]. https://omanisilver.com/contents/en-us/d641.html.

[7] AMORY D P. The politics of identity on Zanzibar [D]. Stanford:Stanford University,1994.

[8] JEREMIAH E. Ethical approaches in modern German-language literature and culture [M]. New York:Camden House,2013.

[9] RUETE E. An Arabian princess between two worlds:Memoirs,letters home,sequels to the memoirs,Syrian customs and usages [M]. Leiden:Brill Academic Pub,1993.

[10] 霍尔. 季风帝国:印度洋及其入侵者的历史 [M]. 陈乔一,译. 天津:天津人民出版社,2019.

[11] DONZEL E V. Sayyida Salme,Rudolph Said-Ruete und die Deutsche kolonialpolitik [J]. Die Welt des Islams,1987 (27):21.

[12] GUPTA P. Balcony,door,shutter:Baroque heritage as materiality and biography in Stone Town,Zanzibar [C]. Vienna working papers in ethnography,2019 (9):14.

[13] PHILLIPS. Oman:A history [M]. London:Reynal & Co.,1967.

[14] BIRD C. The Sultan's shadow:One family's rule at the crossroads of east and west [M]. New York:Random House,2010.

[15] GELVIN J L. Global Muslims in the age of steam and print [M]. California: University of California Press, 2013.

[16] MAXWELL K. Sayyida Salme/Emily Ruete: Knowledge flows in an age of steam, print, and empire [J]. Global societies journal, 2015 (3): 38 – 39.

[17] LEWIS R. Gendering orientalism: Race, femininity, and representation [M]. New York: Routledge, 1996.

[18] PIERCE S A. Charity, cosmopolitanism, and the city in Coastal East Africa, 1750—1930s [D]. Madison: University of Wisconsin – Madison, 2018.

[19] AL – RAWI A K. The portrayal of the east vs. the west in *Lady Mary Montagu's Letters and Emily Ruete's Memoirs* [J]. Arab studies quarterly, 2008 (1): 25.

[20] HARTMANN L. Abschied von Sansibar: Roman [M]. Zürich: Diogenes, 2013.

[21] A field for lady doctors [N]. Evening telegraph, 1886 – 10 – 16 (2).

[22] ORUC F. Transoceanic orientalism and embodied translation in *Sayyida Salme Emily Rueteäs Memoirs* [J]. Hawwa, 2019 (1): 6 – 7.

[23] EUBEN R L. Journeys to the other shore: Muslim and western travelers in search of knowledge [M]. Princeton: Princeton University Press, 2006.

[24] ROY K. Only the "outward appearance" of a harem? Reading the *Memoirs of an Arabian Princess as material text* [J]. Distinctions that matter/fictions économiques, 2015 (1): 20.

[25] HODKINSON J. Encounters with islam in German literature and culture [M]. New York: Camden House, 2009.

[26] BOND L. The transcultural turn: Interrogating memory between and beyond borders [M]. Berlin: De Gruyter, 2012.

[27] 钱一平. 解构西方殖民话语与帝国整体霸权下对他者形象的塑造: 以提普·提卜的形象祛魅为例 [J]. 阿拉伯研究论丛, 2021 (11): 112 – 113.

A Comparison of Eastern and Western Civilizations from the Cross – cultural Perspective

—Take *An Arabian princess between two worlds* of Emily Ruete as example

Abstract: Zanzibar Princess Emily not only broke a series of traditional taboos due to her early involvement in court coups and elopement, but also played an unique role in the 19th-century East Africa for her earliest biography of Arab women until now. In the era of globalization of transportation, communication and imperial

colonization, she was able to compare the Arab – African society represented by Zanzibar with the European society represented by Germany and put forward her own views. At the same time, Princess Emily, as a representative of cross – cultural immigrants, embodies in her the entanglement of religion and identity. And her biography in different historical periods has also been cut and reform by different readers according to their own needs, and has been given different meanings.

Key words: Princess Emily Ruete, Zanzibar – German relations, intercultural interaction

作者简介：钱一平，华东师范大学历史系博士生，英国约克大学考古系联合培养博士生，主要从事阿拉伯—非洲关系、中非关系问题研究。

当代非洲青少年的认知成长探析

——基于自传体小说《驭风少年》的文本解读

浙江师范大学外国语学院　赖丽华

【摘　要】在非洲国家的社会发展进程中，青少年群体的探索与成长具有无与伦比的重要价值。威廉·坎宽巴（William Kamkwamba）和布赖恩·米勒（Bryan Mealer）创作的《驭风少年》（*The Boy who Harnessed the Wind*）关于个体成长经历与精神嬗变的鲜活叙事为研究当代非洲青少年的成长现状与未来发展提供了具有代表性的真实个案。这部自传体小说生动地体现了主人公在从少年走向青年的进程中社会认知、智慧认知、自我认知的内涵和变化，成功地塑造了一位勇敢面对现实困境、努力实现自我发展的非洲当代青少年形象。基于文本的分析有助于深入了解非洲当代青少年的现实成长状况，对促进世界青少年成长教育、助力中非人文交流具有积极意义。

【关键词】《驭风少年》；社会认知成长；智慧认知成长；自我认知成长

一、引言

　　青少年成长是每个时代和社会普遍关注的重要议题，也是文学创作和研究的重要主题，世界各国都有描写青少年成长的优秀文学作品。成长小说为研究和了解世界各国青少年成长状况提供了很好的视角和素材。在我国，学界高度重视对国内外青少年成长小说的研究，研究者对曹文轩成长小说，如中国20世纪"十七年"文学的成长主题小说、中国新潮成长小说等进行了多角度阐释和分析。与此同时，我国学者还对当代美国及加勒比地区、英国、韩国、日本等国家和地区的成长小说代表作进行了探讨。以上诸多研究对于我们更好地了解世界成长小说的面貌和发展、促进我国青少年的成长及教育具有重要的启示意义和借鉴作用。但截至目前，综观我国成长小说研

究，研究文本主要集中在欧美发达国家，发展中国家的作品涉及得较少，关于非洲国家和地区的青少年成长小说的研究论文则更少。

在中非合作深入发展、携手构建中非命运共同体的今天，了解和研究当代非洲国家青少年群体的探索与成长，具有重要的价值和意义。然而，根据对中国知网（CNKI）的检索发现，国内学界对非洲青少年成长小说的研究非常有限。目前收录的文章有童小兰、唐霞对英国作家多丽丝·莱辛的成长小说《老酋长姆什郎卡》进行解读的论文，其中分析了非洲殖民生活背景下一位14岁白人女孩从天真无知到逐渐意识到殖民者对当地进行剥削和掠夺的思想成熟历程（童小兰，2007：42—45；唐霞，2012：90—94）。王琛对英国著名小说家约瑟夫·康拉德的《黑暗的心》中英国年轻人马洛在非洲之旅中逐渐认识并怀疑殖民主义制度本质的心路历程进行了分析，重构了小说的成长原型（王琛，2009：324—325）。芮渝萍以波·马歇尔的《棕色姑娘，棕色砖房》为研究文本，对一位有着非洲黑人血统的女孩在美国异质文化冲突视野中的成长与困惑进行了评析（芮渝萍，2003：102—108）。沈艳燕讲述了英国对南部非洲殖民背景下的成长故事《伯格的女儿》，探讨了南非反种族主义斗争中一位白人革命家的后代，即主人公罗莎的道德、心理和心智的成长历程（沈艳燕，2007：21—24）。计艳辉则关注了美国非洲裔作家成长小说，并对小说中当初被掳掠贩卖到美洲新大陆的黑人后代成长的特殊家庭、社会、历史与现实进行了分析（计艳辉，2012：53—55），等等。

由此可见，我国学界对独立后非洲国家青少年成长故事关注不足，对反映当下非洲现实的本土成长小说的研究有待加强。一方面，我们有必要在现实主义视域下，着眼当代非洲青少年的成长经历，进而拓宽我国成长小说研究的对象和主题，补充和夯实我国关于世界青少年文学研究的内容和基础；另一方面，随着中非人文交流日益密切，中非教育、青年成长等领域的合作也将不断拓展，更深入地了解非洲当代青少年的现实成长状况具有积极的意义。基于此，本文拟以发生在马拉维的励志成长故事《驭风少年》（坎宽巴、米勒，2019）为分析文本，这部自传体小说关于个体成长经历和精神嬗变的鲜活叙事为研究当代非洲青少年的成长现状与未来发展提供了具有代表性的真实个案，以探寻非洲成长小说对当今我国及世界青少年成长的独特意义。

二、《驭风少年》及其创作背景简介

《驭风少年》在世界各地拥有众多喜爱它的读者，曾被《纽约时报》推荐为大学生必读书，并入选《出版人周刊》年度图书、亚马逊年度选书TOP10。马拉维男孩威廉·坎宽巴和前美联社记者布赖恩·米勒共同完成了这部自传体式长篇小说，2009 年由哈珀·柯林斯出版集团（Harper Collins Publishers）出版，2012 年南海出版公司出版了其中文译本，2019 年再版；2019 年，同名传记影片由美国网飞公司（Netflix）拍摄发行。这个讲述当代非洲少年追求梦想与未来的故事在全世界传播开来，主人公不畏艰难、坚持不懈地探索与创造的精神激励了全球无数青少年。

《驭风少年》立足于真人真事，以 21 世纪初非洲东南部的内陆小国马拉维为故事背景。马拉维的国土面积为 11 万余平方千米，人口不到 2000 万。这里的经济十分落后，是联合国确定的最不发达国家之一。全国 80% 以上的人口从事农业，主要种植玉米、烟草、棉花等，玉米是马拉维人民的主粮。民众生活普遍疾苦，虽然马拉维自1994 年起实行小学义务教育，但很多学龄儿童勉强上完小学后，就会因交不起中学学费而辍学。在马拉维只有 2% 的家庭享有电力供应，大多数农民在晚上七点就睡觉了。《驭风少年》的主人公坎宽巴是一名出生于马拉维农村地区贫苦农民家庭的普通非洲少年，他凭借勤奋自学科学知识、利用大自然的风力及身边各种废弃材料造出了风车发电机，改善了家人的生活，也改变了自己的命运。《驭风少年》正是在这样的现实背景下创作的自传体小说，作品成功地塑造了一位坚持科学信念、勇敢应对现实困境、努力实现自我发展的非洲当代少年形象。时至今日，在遥远非洲大陆的诸多国家，还普遍存在严重的贫困、疾病、暴力、瘟疫、饥荒、失学等种种社会问题，《驭风少年》以本土少年威廉·坎宽巴的视角真实地书写了当代非洲严酷环境下的青少年实践探索和认知成长故事，对非洲乃至世界青少年的成长教育具有一定的参照和借鉴价值。

三、当代非洲青少年的认知成长解析

认知发展是个人成长的基本内涵，在青少年文学作品中有着生动的体现。芮渝萍和范谊通过对众多美国优秀成长小说文本进行深入、细致的分析发现，青少年人物的认知发展除了社会认知和自我认知，还有道德认知、情感认知、智慧认知和环境认知（芮渝萍、范谊，2007：29—35）。《驭风少年》中的坎宽巴在巫术盛行、常年干旱或洪涝、民众普遍疾苦的非洲农村环境中长大，他的成长经历是现实中非洲大陆当代青少年成长故事的缩影，其成长历程中的认知发展具有一定的典型意义和参照价值。本文拟在现实主义视域下，结合《驭风少年》的励志叙事主题，重点分析小主人公的社会认知、智慧认知、自我认知三个方面的内涵和变化，以期为世界青少年成长教育带来启示。

(一) 社会认知成长

芮渝萍和范谊指出，社会认知的内涵无限丰富，包括习俗、道德、法律、权力、政治、社区、学校、宗教、制度、历史、种族、人际交往规则等（芮渝萍、范谊，2012）。《驭风少年》的主人公坎宽巴在马拉维一个普通村庄温比村长大，他在现实生活中经受了各种苦难和磨炼，逐步了解了马拉维的自然条件、文化习俗和社会环境，也对马拉维人民的现实生存困境有了自己的思考和感悟。作品对坎宽巴的社会认知成长书写主要通过叙述其有关巫术、饥荒、辍学的个体经历和体验，体现其逐步从接触、认识到了解、洞察社会的过程。

坎宽巴对巫术的认知是逐步发展的。他从小就对巫术具有强烈的感知，一方面，由于在马拉维依然盛行巫术和巫医："在发现科学的奥秘之前，我的生活被巫术所占据。"（坎宽巴、米勒，2019：5）人们普遍相信巫术能呼风唤雨、战胜恶魔、强身治病。另一方面，小时候爷爷和父亲常向他讲述关于强大巫术的族群传说，巫术相关的神秘事件也时有发生，令小坎宽巴对巫术深信不疑、无比畏惧。另外，童年时代两次关于巫术的直接体验也促进了他对巫术的进一步认知。六岁时他因吃了人家捡来的口香糖，当听说失主找过"辛加亚"① 时，对巫术的极度恐惧攫住了坎宽巴的心，他以为自己就要死了，但父亲却微笑着让他别担心，并找生意人解释和赔钱，及时地把他"救"了回来。另一件事则是在他九岁时，把两只手的手指割开灌入让人拥有芒格罗梅拉②的神药，结果不仅手指变黑感染，还被人打肿了眼睛，坎宽巴意识到自己被忽悠了。及至上学后学习到一些书本上的知识，同时发现干旱或洪涝时巫师并不能施法控制天气，昧着良心欺骗民众的巫医还经常导致发生原本可能避免的病人死亡案例，而人们普遍害怕巫师的施咒和报复。这些生存现实让坎宽巴逐渐认识到，马拉维国民相信巫术而不相信科学的思想意识是在长期的历史进程中形成的，要改变落后的传统习俗和世俗观念，必须通过一代代人学习文化和进行科学实践来实现。

少年坎宽巴对饥荒有着深刻的切身体验和感悟。在饥荒年份，他自己经历饥饿、辍学，也观察到众多饥民遭受生活苦难，无数家庭陷入生存困境，认识到恶劣的自然社会环境与腐败不作为的政府对马拉维人民生活的重要影响。对于坎宽巴一家来说，由于政府承诺的种子化肥组合包迟迟没有兑现，干旱季节又到了，尽管辛苦劳作，灾情依然造成家里的收成仅勉强装了五个麻袋，而家里有八口人，坚持一段时间后，不

---

① 指村里的巫医。
② 指巫术。

得不每天只剩一顿吃不饱的晚饭。坎宽巴意识到，"天气、化肥或种子只要一有偏差，家庭就会坠入饥饿的深渊"（坎宽巴、米勒，2019：100）。马拉维尽管土地肥沃，但农业生产设施落后，农民普遍看天吃饭，连续的干旱将主粮玉米的禾苗晒到枯死，而雨季的暴雨洪水又能轻易地卷走他们的房屋和牲畜，他们却束手无策。第二任总统上台后实行自由经济政策，农民拿不到需要的化肥和种子，种地变得愈加艰难；政府准许大公司规模化生产烟草，使农民再无种植利润，收入锐减。饥荒期间，"我四处观察着这个国家的情况，看看哪些人活了下来，活下来的人生活得怎样"（坎宽巴、米勒，2019：207）。坎宽巴发现人们为了活命把铁皮屋顶也拆下来换很少的玉米粉；饥民们到处寻找食物，有些人在路上饿死；许多家庭陷入绝境，为了生存下去试图卖掉儿女；很多人患了营养不良症，坎宽巴的父亲就因饥饿而出现视力受损，堂哥则出现了水肿；村庄暴发了霍乱，不断有人染病死去；人们为了有一口吃的，去偷盗和抢劫；一些地方因食物爆发了骚乱。正直的村长被农民们推选为代表向总统建言，饥荒期间，总统还前往伦敦进行国事访问，接受采访时断然否认马拉维有人因饥饿而死。看到采访的坎宽巴写道："那天下午，世界在我面前清晰一些。虽然我仍然在为政府不对饥荒采取点措施而感到困惑不已，但同时我也明白了一个事实：当下我们只能靠自己，没有人会伸手拉你一把。"（坎宽巴、米勒，2019：181）目睹周围民众的残酷生活现状以及政府对农业和农民的不作为，坎宽巴进一步看清了马拉维社会问题背后的复杂原因，对个人和社会的思考与认知也进一步加强。

坎宽巴上中学后经历了两次辍学，对马拉维的教育问题有了更全面、透彻的了解。他虽然对上学有着热切的渴望，但也深知父亲的辛苦和家里的贫困，他在小学毕业后开始理解父亲的难处，也逐渐认识到辍学在马拉维社会中的普遍性和造成高辍学率的种种社会弊端。饥荒是辍学的最直接原因。饥荒使坎宽巴家里欠下很多债务，不能交足学费就无法返校读书；同时也造成中小学的大部分学生都不去上学，学校停课。坎宽巴在学校里观察到各种状况在真实发生：教室漏雨、桌椅不够、厕所肮脏，70个学生有50个由于交不起学费而离开了学校；大多数学生买不起课本，坎宽巴就是和好朋友吉尔伯特合用课本的；学生们上课饿得连提问的精神也没有，甚至有同学在饥荒期间饿死了。不仅坎宽巴身边的伙伴们普遍上不起学，一些社会上的成功人士如穆卡泽姆博士也由于贫困，用了十年才修完中学学业；他的导师布莱辛·奇卡库拉三十岁时才在妻子和四个孩子的见证下参加了高中毕业典礼。坎宽巴的天才创造被广泛报道后，民间组织资助他上学，但教育部的人和学校主管拖延了几个月才允许他进入一所公立中学。坎宽巴意识到，学生们因饥饿、贫困辍学，学校硬件设施落后，教育部门办事效率低下，政府对教育投入不足，这些都是马拉维当前普遍存在的教育问题。与此同时，坎宽巴尽自己的所能采取行动，他用别人捐赠的钱帮助他的好伙伴乔弗里和吉尔伯特，还有饥荒中辍学的孩子重返学校，资助邻居家的孩子入学。但辍学和出国的经历都让他清晰地感知到，他作为个体的经验和力量非常渺小，要真正改变非洲国家的教育现状，教育观念、教育体系和教育制度都需要做出改变，这是一个长期且艰难的过程。

（二）智慧认知成长

智慧认知成长是指青少年在日常生活中通过学习和交往，增长了见识和才干，具体表现为书本知识、实践知识增加，思辨能力、解决实际问题的能力增强。《驭风少年》中坎宽巴的智慧认知成长主要通过书写其如何学会解决与别人交往中的冲突、如何学习和掌握科学知识并在实践中应用、如何运用自己的智慧改善家人的生活，并且随着阅历的增加学会如何做出更理性的是非价值判断，等等，呈现了其智力快速发展、智慧不断增加的过程。

在前文提到的口香糖事件中，父亲对这件事的处理方式让坎宽巴的智慧认知获得了启发。年少的坎宽巴因为吃掉那几颗芳香的口香糖而无比懊悔和不安，向父亲诉说了自己的困境后，父亲找到商人解释，并赔偿了损失。坎宽巴获得了商人的谅解，从被巫术掌控的恐惧中解脱出来。这件事也让他明白，在生活中犯错不要一味地害怕和懊恼，而是应该向父亲学习，勇敢地面对自己的错误，真诚地沟通，主动承担责任，这样才能解决矛盾和问题，获得他人的宽容和自我心灵的安宁。

作品叙述了坎宽巴在与同学交往的过程中产生的矛盾，他运用自己的智慧逐渐找到了解决冲突的方法，在这些经历中获得了认知成长。坎宽巴读小学时体质不好，虽然喜欢踢球，却只能做观众；在学校里还经常被大孩子欺负。那时他常常幻想自己拥有超人的力量："我常把自己想象成球场上的格利亚①，有着火箭起落架般的大长腿。要是拥有了芒格罗梅拉，我就能轻而易举地打败那些大孩子，让他们对我不寒而栗。"（坎宽巴、米勒，2019：56）小时候的坎宽巴只能通过幻想用超能力和小朋友干仗来解决问题，结果常常失败。小学毕业后，坎宽巴在现实交往中逐渐对他人的观念和评价有了更加理性的分析与思考，对同学的嘲笑不予理会，而是凭借自己的聪明才智专心地发明创造，用自己的风车发电震撼了他们，一劳永逸地解决了被嘲笑、被欺负这个冲突问题。

坎宽巴的自我学习意识强烈，并擅长运用所学知识自己动手创造，拥有很强的智慧快速成长的潜能。在辍学的日子里，坎宽巴自觉地学习科学知识，他去图书馆借书自修落下的功课，自学英语版《探究物理》，主动向图书管理员求教。通过自学和实

---

① 《圣经》中的巨人。

验，他更清楚地了解了有关动能、电流、电子管等的知识和技能。他学习美国教科书《利用能源》后意识到自己生活中处处有能量，并下定决心要将马拉维无处不在的风转化为可利用的能量，于是他决定制造一架自己的风车。他不断通过续借图书来自学，到处找一些人们废弃的材料加以利用，在一次次尝试后，他终于制造出可供发电的风车。坎宽巴还用自己学到的知识帮老百姓修理收音机；他发明的风车让家里通上了电；还用电引水灌溉妈妈的菜园和爸爸的庄稼地。虽然坎宽巴上学受到家庭和社会因素的影响，但是强大的自主学习能力和创造能力使他获得了智慧认知成长。一方面，坎宽巴从对巫术和诅咒的害怕、迷信逐渐转移到对知识和真相的渴望与探索，并在生活中转变了思想观念；另一方面，其智慧认知在实践中得到了发展，具备了解决实际生活问题的能力和智慧，并影响了身边的人接受和相信科学。

坎宽巴出国演讲和求学的经历为他带来了新的视野和体验，是拓展和提升其智慧认知的有效途径。坎宽巴去坦桑尼亚参加 TED 会议和科学论坛，发表自己发明风车的演讲；很多其他非洲国家发言者的演讲使他认识到非洲人自己的创造力和属于非洲人的新希望。而当他参观了美国家庭的书房，见识了现代美国社会后，他写道："我的旅程是从温比村的小图书馆里开始的——三个书架囊括了我的整个世界……见识到世界的真面目以后，我才意识到自己的成功是何等微不足道。要看和要做的事数不胜数……"（坎宽巴、米勒，2019：366）在美国的见识让他认识到自己和别人同时还有非洲和世界之间的巨大差距，坎宽巴不仅自觉地回顾和反思了自己过去在马拉维的学习历程，而且在世界的视野下对自己的未来智慧成长有了更深刻的认识和更宏远的规划。

（三）自我认知成长

青少年对自我的认知在其成长过程中非常重要，会影响自我独立人格的养成和个人的长远发展。少年坎宽巴在与周围人们的点滴相处中，通过他人的对照更加清晰地认识自我，并在不断地自我反思和自我提升的过程中，建构了一个更加积极乐观、自立自强的自我身份，同时也获得了他人对自我的认同与尊重。

在《驭风少年》中，坎宽巴的自我认知成长首先体现在对了解他人、与他人交往的愿望更加强烈，同时对自我身体、爱好、社会交往等的认知逐步成熟起来。11 岁时，坎宽巴希望通过更多地了解其他人的事情来反观自我。例如，坎宽巴特别想进堂哥的"未婚男孩之家"，对他来说这里是"世界上最好玩的地方"，坎宽巴对这里的谈话感兴趣，因为"大多数是关于女孩的"（坎宽巴、米勒，2019：81）。13 岁时，坎宽巴认识到自己的身体正在成熟起来，而且意识到生活中自己的爱好不能仅仅局限于打猎，而对社会交往有了更大的需求："我慢慢开始发现自己身上的变化，我已经

成熟起来了。我不像以往那样经常外出打猎，转而往交易中心跑，在那里结交一些新朋友。"（坎宽巴、米勒，2019：85）

自我认知成长还体现在坎宽巴不同阶段对自我命运的认识和态度中，从中可以看出他从消极认命到积极把握和改变自我命运的变化过程。因饥荒期间家里欠下很多债务，虽然卖掉了烟草，坎宽巴的父亲向老师承诺上交的学费还是不能凑齐，校长下了不准坎宽巴踏入校门的禁令。父亲为此非常自责。坎宽巴很怕在爸爸身上看到将来的自己，他不希望像他一样终老一生，渴望通过读书来改变命运。但残酷的生活现实几乎让他认命了，他写道："但我最大的担忧还是成了现实：我会像普通的马拉维农民一样在地里辛劳终生，身材消瘦，浑身脏兮兮的，双手和兽皮一样粗糙，脚上没有鞋穿。在上帝的意旨下，我会和每个马拉维人一样靠栽种玉米苟且一生，最多再种上一点烟草。风调雨顺的年份，我或许可以出售剩余的粮食，给自己买药或买双新鞋。但我很清楚，大多数时候收获的那点儿玉米能让一家饱足就很不错了。这一切看来是命中注定的。想到这些我不禁一阵心慌，但又能怎么办？我什么都干不了，只有无可奈何地接受。"（坎宽巴、米勒，2019：242）

但同时，他又写道："我爱爸爸，也很敬重他，但我不希望像他那样终老一生。如果做个农民，那我就无法掌控自己的命运，而是受雨水及肥料和种子价格的摆布。"（坎宽巴、米勒，2019：242）坎宽巴已经意识到，他不能接受命运的摆布，而要掌控自己的命运。收获季节结束后，坎宽巴向父亲讲述了制造发电机、自己发电的计划，并说服了他支持自己。最终，坎宽巴的发明实践使他受到关注，获得了更好的学习机会，他也在真正意义上把握和改变了自己的命运。

此外，坎宽巴的自我认知还体现在不同阶段对自我目标、才能和理想的认识不断发展，增强了个人的自尊和自信。坎宽巴辍学后，他观察到其他辍学孩子的生活：在交易中心闲荡，既不种地，也不上学，白天打零工，晚上去酒馆喝酒，许多人成为烂醉如泥的酒徒。坎宽巴认为这些人"在'埋葬'自己的生活，他们满足于打零工的日子，没有明确的生活目标"（坎宽巴、米勒，2019：295）。他明确地知道自己不想成为他们那样的人，为了有一个更光明的未来，他在辍学的日子里坚持每星期去图书馆看科学方面的书："这不仅拓宽了我的知识面，还让我从中得到源源不断的灵感。"（坎宽巴、米勒，2019：295）他还阅读了一些艾滋病方面的知识。这些努力都增强了他的才能，也使他获得了自信。坎宽巴还经常去废品堆里收集材料制作发电风车，即使被称为"米萨拉"①、被指抽"昌巴"②，妈妈担心他这样下去娶不到妻子，他也毫

---

① 齐契瓦语，意为疯子。
② 齐契瓦语，意为大麻。

不在意，经历无数次的失败依然坚持不懈，直至建造成功。

随着坎宽巴积极参与各类社会活动，他对自我身份、价值和责任的认识得到进一步提升。面对人们对艾滋病人的严重歧视和艾滋病相关知识匮乏的现象，坎宽巴发挥年轻人的聪明才智，满腔热情地投入温比健康咨询青年社团的活动中，举行集会，演出舞台剧，改变人们对艾滋病的落后观念，宣传防疫知识，促进人们了解科学诊治的重要性。坎宽巴还作为发明家和社会活动积极人士，被邀请在温比小学创办了一个科学社团，他自信地向孩子们讲解科学和创新，勉励他们自我创造："科学使我们有能力进行发明创造，使我们可以用一些东西改善生活。如果我们发明的东西真正有用的话，就可以在一定程度上改变马拉维的现状。"（坎宽巴、米勒，2019：327）这些话正是坎宽巴内心思想的真实写照，他对自己有了更清楚的认知，知道要争取成为一个什么样的人，并力求把这种对国家和社会的情感与信念传递给更年幼的一代。坎宽巴在TED全球论坛演讲，讲述自己的发明创造经历，不仅没有因为蹩脚的英语被嘲笑，反而得到了喝彩和祝贺，坎宽巴深刻地体会到被认可的感觉："经历了这么多苦难——饥荒在家人心中投下的阴影、辍学、爸爸的郁郁不得志、坎巴的死，人们对风车的讥笑——我终于得到了大家的认可。这是我有生以来第一次感觉到自己被那些理解我、认可我的人围绕。"（坎宽巴、米勒，2019：354）他的一句演讲词"我尝试了，我做到了！"（坎宽巴、米勒，2019：354）成了论坛的座右铭。在论坛上，坎宽巴还遇到了很多上台分享经验的其他非洲人，坎宽巴对这个非洲青少年群体有着很强的归属感和自豪感："他们同样在用自己的双手把非洲大陆变成一个更适于居住的地方。"（坎宽巴、米勒，2019：351）坎宽巴已经从一个消极接受命运安排的悲观主义者转变成要积极改变个人和社会现状的实践主义者了，他以勤奋和创造构建了自己作为当代非洲青年的自尊自强形象，也获得了他人对其身份的认同和尊重。

四、结语

在非洲国家的社会发展进程中，青少年群体的探索与成长具有无与伦比的重要价值。《驭风少年》为了解和研究当代非洲青少年的成长现状与未来发展提供了真实鲜活的个体经历和体验。作品通过坎宽巴的亲身观察和体验，以第一人称的视角叙述非洲当代青少年的认知困惑与成长，建构了勇于尝试、坚持追梦的励志青少年形象，引领当代非洲及世界青少年读者积极向上生活。坎宽巴在现实生活中的个体认知成长在一定程度上体现了非洲青少年与社会传统习俗文化的互动，其中不乏冲突与融合，也反映了作者对马拉维社会价值观念的认同和批判，构建了新一代非洲青少年摒除迷信、崇尚科学的新观念，引发了全球读者的思考和共鸣。

但与此同时，《驭风少年》也反映了在当代非洲青少年生活的现实世界中，某些社会价值观念存在一定的局限性，我们要审慎辨析。文中描述了饥荒和贫困引发的民众对本土信仰的迷茫，传统正在被消弭，民众又逐渐陷入对外来宗教的迷信。例如，坎宽巴的父母觉得只有上帝才能更好地保护他们；父亲将自己在事故中幸存下来的原因归结为是被上帝拯救的；父亲还让坎宽巴一定记住："在万能的上帝面前，巫术是不堪一击的。"（坎宽巴、米勒，2019：19）另外，文中坎宽巴的教育成长倚仗伯乐的发现与帮助，马拉维社会缺乏全面覆盖城市和乡村青少年的系统教育与培养体系，非洲国家教育的落后现状，尤其是严重失学问题，亟需当地政府的重视和投入以及国际社会的关注和支持。

《驭风少年》是一部饱含强烈现实主义精神的作品，以其真实质朴、打动人心的故事感染和激励了世界各国读者。主人公在非洲落后的社会经济文化背景下力求生存，并突破了客观环境的限制和传统迷信的束缚，努力追求科学、践行理想，实现了自我认知的不断发展。其成长经历对增进各个国家和地区之间的相互了解与交流具有积极的意义，而坎宽巴坚持的信念"我尝试了，我做到了""自力更生，而非坐等施舍"（坎宽巴、米勒，2019：375）将激励当下非洲乃至全球无数青少年探索创造、自尊自强，在时代发展的潮流里构建自己的精神家园。

参考文献

[1] 童小兰. 成长途中的引路人：评多丽丝·莱辛的《老酋长姆什郎卡》[J]. 南平师专学报，2007，26（3）：42 – 45.

[2] 唐霞. 成长，永恒的主题：多丽丝·莱辛成长小说研究 [J]. 重庆文理学院学报（社会科学版），2012，31（4）：90 – 94.

[3] 王琛.《黑暗的心》的成长主题：原型批评理论解读《黑暗的心》[J]. 聊城大学学报（社会科学版），2009（2）：324 – 325.

[4] 芮渝萍. 文化冲突视野中的成长与困惑：评波·马歇尔的《棕色姑娘，棕色砖房》[J]. 当代外国文学，2003（2）：102 – 108.

[5] 沈艳燕. 对《伯格的女儿》中罗莎成长故事的解读 [J]. 韶关学院学报，2007（2）：21 – 24.

[6] 计艳辉. 成长的艰难：美国非洲裔作家成长小说中儿童成长的现实 [J]. 长春大学学报，2012，22（1）：53 – 55.

［7］坎宽巴，米勒. 驭风少年［M］. 陈杰，译. 海口：南海出版公司，2019.

［8］KAMKWAMBA W, MEALER B. The boy who harnessed the wind［M］. New York：Harper Collins Publishers，2009.

［9］芮渝萍，范谊. 认知发展：成长小说的叙事动力［J］. 外国文学研究，2007，29（6）：29 - 35.

［10］芮渝萍，范谊. 成长的风景：当代美国成长小说研究［M］. 北京：商务印书馆，2012.

Research on the Cognitive Growth of Contemporary African Adolescents

——Based on the Analysis of the Autobiographical Novel *The Boy Who Harnessed the Wind*

Abstract：The exploration and growth of young people are of unparalleled value in the social development of African countries. The vivid narrative of individual growth experiences and spiritual evolution in *The Boy Who Harnessed the Wind* by William Kamkwamba and Bryan Mealer provides a representative and authentic case for studying the present and future growth of contemporary African adolescents. The autobiography is based on people and events in real world，which truthfully describes the cognitive growth of Malawian native teenagers in the dilemma of striving for survival. The work vividly embodies the connotations and changes of social cognition，intellectual cognition and self - cognition in the process of growing from an adolescent into a youth，and successfully shapes the image of an African contemporary teenager who bravely copes with the difficulties and strives to achieve self-development. The text-based analysis is helpful for in-depth understanding of the growth reality of contemporary adolescents in Africa，and is of positive significance for promoting the growth and education of adolescents in the world and humanity communication between China and Africa.

Key words：*The Boy Who Harnessed the Wind*, social cognition growth, intellectual cognition growth, self - cognition growth

作者简介：赖丽华，浙江师范大学外国语学院讲师，浙江师范大学非洲研究院博士研究生。主要研究方向为外国语言文学、非洲教育与社会发展。

《黑孩子》主人公的成长解读

哈尔滨工程大学外国语学院　李亚莎

【摘　要】《黑孩子》是几内亚法语作家卡马拉·莱伊的代表作之一，是一本自传体小说。20世纪初，"黑人性"文化运动在欧洲兴起并发展，文学领域成为"黑人性"运动的主战场。20世纪五六十年代，涌现出一系列以黑人文化身份认同与建构为主题的小说。《黑孩子》正是该时期的代表作之一。本书较为全面、生动地展现了几内亚的社会生活情况。作者以"黑人性"文化运动的视域还原非洲社会与文化，以一个孩童的视角，以他的成长过程为主线向我们展示了一个淳朴、平和的非洲。自《黑孩子》出版以来，受到读者的欢迎和法国评论家的好评，如今已成为在法国被研究最多的撒哈拉以南非洲法语小说之一。本文以主人公的成长为主题，通过"我"与父母及其他亲人之间的故事，探讨父母榜样、亲情纽带和教育理念如何影响主人公的价值观塑造和命运走向。

【关键词】卡马拉·莱伊；《黑孩子》；"黑人性"；成长

一、引言

　　《黑孩子》（*L'Enfant noir*）的作者卡马拉·莱伊（Camara Laye）是一位用法语写作的几内亚作家。《黑孩子》是莱伊的一本自传体小说，是他的成名之作，是非洲作家的优秀作品之一，也是在法国受到广泛研究的非洲作家作品之一。这部作品在1953年由法国普隆出版社出版，自出版以来就受到广大读者的喜爱，1954年发行其英译本并于同年获得瑞士夏尔—维雍文学奖（le Prix Charles – Veillon），于1974年在巴黎再版，1984年其中译本在中国出版发行。

　　《黑孩子》一书在"黑人性"文化运动中应运而生。作者用朴实、自然的笔触描述了撒哈拉以南非洲的生活原貌，展现了"土生土长的茅屋的温暖"，还原了作者在几内亚库鲁萨、丹迪岗、科纳克里生活与求学的成长历程。作者以第一人称为视角，近距离地描绘了父亲的匠人精神、母亲的威严慈爱、亲人的爱护关怀以及在他们的影响下，"我"如何成长，命运的"齿轮传动系统"如何运转。本文主要从两个角度解读黑孩子的成长经历：一方面，从父母亲人作用的角度来讨论；另一方面，则进一步从本书体现的家庭教育观念看主人公的最终命运走向。"我"的成长环境是几内亚孩子的理想王国，从引起人们广泛关心、关注非洲人民真实生活的角度看，本文的研究具有一定的现实意义。

二、"黑人性"：《黑孩子》的创作思想和写作特点

卡马拉·莱伊于 1928 年 1 月 1 日出生在几内亚的库鲁萨市，当时为法属殖民地。莱伊生长在一个穆斯林家庭。在他的童年早期，莱伊曾短暂地在一所古兰经学校就读，之后他的父亲将他送进了一所法国殖民政府学校。莱伊自小学起就学习成绩优异，15 岁前后，他开始在几内亚首都科纳克里的学校上学。1947 年完成学业后，莱伊在资格证考试中名列全校第一，自动获得了在法国学习的奖学金。《黑孩子》之灵感来自他去法国留学前这段真实的成长与求学经历，与他的非洲之源是分不开的，是他非洲文化底色的具象化。

在法国学习、工作期间，莱伊结识了其他非洲学生和学者，使他接触到"黑人性"思想，正是这一思想影响了他的写作。20 世纪初，来自美洲、非洲、加勒比等地的黑人知识分子之间的交往变得频繁，巴黎成为他们思想以及作品的交汇地之一。他们受到欧洲知识分子思潮与美国黑人运动的启发，提出在全世界黑人之间不分国籍，建立起知识和精神的纽带（田妮娜，2022：80），旨在将分散于全世界的非洲人通过非洲的传统文化汇集在一起。1935 年，塞泽尔在《黑人大学生》杂志上最早提出"黑人性"（la négritude）一词。桑戈尔紧随其后，声讨了白人对黑人的文化侵略，阐述了摆脱历史自卑感、重振民族文化的重要性。"黑人性"随后成为黑人文学作品中的基本主题，它倡导黑人正视历史，冲破近代以来由于奴隶史和殖民史而强加于非洲民族的精神文化枷锁，重建黑人自尊，正视黑人传统文化的价值（田妮娜，2022：80）。卡马拉·莱伊受这种精神的感召，用流畅的笔触和质朴的语言回忆了自己美好、幸福的童年与青少年生活，反映出马林凯民族一个信仰伊斯兰教的家庭的全部社会活动情况。作者首先向他的母亲致敬，形容她是一个充满爱、正直和慷慨的女人。然后他开始讲述自己的童年记忆。莱伊描述了他的家庭和村庄，当地的风俗习惯、日常生

活：温柔的茅屋、芳香的泥土、秋收的汗水、铁匠铺的炉火……这些具有悠久历史的传统文化是他的精神之源。

撒哈拉以南非洲是黑色人种的故乡。因为长期以来社会发展缓慢，加上三面环海、北邻撒哈拉沙漠相对闭塞的地理环境，撒哈拉以南非洲在殖民者到来以前发展相对独立，文化成分更为多元，不同部族之间的语言、生活习惯与宗教信仰不尽相同。这一地区有着悠久的部落文化和口头文学传统，但没有形成统一的文字和宗教信仰。在进入现代社会以前，撒哈拉以南非洲地区的文化传播主要依靠部落里的说唱人口口相传，即撒哈拉以南非洲世代相传的诗人、口头文学家、艺术家和琴师的总和（高文惠，2015：28）。1885 年，几内亚被柏林会议划为法国势力范围，1893 年被命名为法属几内亚。随着法国殖民者的到来，受法国的法律、文化、宗教等全面移植的影响，法语成为几内亚的官方语言，也成为这里书面文学的开端。《黑孩子》虽然是一部用法语写作的文学作品，但是带着撒哈拉以南非洲口述文学的强烈色彩。作品以第一人称视角叙述，通过一个个独立成章的故事讲述主人公的成长历程；通过田间劳作、图腾崇拜和传统节日等描写强调人与自然的密切关系；作者善用短句使文章富有强烈的节奏感，读起来朗朗上口，更增添了撒哈拉以南非洲文学独特的韵味和活力。

作者通过富有传统非洲风情的写作特点，背负着"黑人性"运动的不屈精神展现了一个迫切需要发展的国家中一个年轻人的成长历程。在书的结尾，出现了一句可以称之为名言的句子，他写道："在咱们的国家里，还有很多事情要做"（Laye，2017：176）。从古老到过去，到现在，再走向新的征程，一个国家的发展与进步的重担归根结底就落在像"黑孩子"这样一代代的年轻人身上。

三、父母榜样引领成长

《黑孩子》是作者来到法国之后所著的一本具有回忆录性质的自传体小说。按照书中事件发展的时间轴推断，描述的是其五六岁到十九岁这段时间的学习和生活情况。由于主人公年纪的关系，他的成长过程中大部分时间都是由父母引领、陪伴。父母是孩子成长的第一任老师，父母的正面灌输、宣传教诲，家庭的文化环境、生活习惯等都对人的成长起着潜移默化的作用，这些对于一个人的世界观、价值观、人生观的塑造起着奠基作用。《黑孩子》一书以第一人称为视角，通过一个个故事丰富着父母的形象，讲述"我"是如何在他们的注视和关爱中长大的。主人公的父母分别继承了家族的图腾，技艺高超，在部落中颇有威信。父母良好的品质无疑对"我"产生了积极、正面的影响，无形中引领主人公成长为一个正直、热爱学习的少年。

（一）父亲的匠人精神

"我"的父亲是库鲁萨的铁匠，是一个人口众多的大家庭之长，是附近一带五个区所有铁匠的领导，是经营区的负责人。父亲的作坊是经营区里最主要的房屋，他一般都待在这里亲自指挥工作，亲自锻造主要部件或者修理精巧机件。父亲还是一位首饰匠，掌握着高超的炼金术。在"我"看来，没有什么工作比这更高尚，也没有什么工作比这更需要熟练的技巧。书中对炼金和制作首饰的场景进行了详细的描写。炼金的场面非常热烈，是真正的节日，它使生活充满乐趣（Laye，2017：21）。一方面，定做首饰通常是为了庆祝重要的节日、参加重要的家庭庆祝仪式或酒会，对于客人来说有着重要的意义；另一方面，炼金和制作首饰需要高超的技艺与复杂的工序，"我虽然是个孩子，也明白没有比炼金更难的工作了"（Laye，2017：25）。定做首饰的客人对待炼金和首饰制作的态度比较郑重，甚至会邀请兼巫师、乐师及诗人于一身的说唱人，请他们来回顾父亲祖先的历史以及卓著功勋。而在工作真正开始的时候，父亲在作坊的权威尽显。当他对工作有所指示时，从来不用说一句话，只是简单地比比手势，并且任何人也不许说话，只是聚精会神地等待着坩埚里聚合物的变化。金水冷却之后再经过锻打、拉制、盘绕、镶嵌，首饰才会最终制成。通过炼金和制作金饰的工作，我们可以看出父亲除了是一位心灵手巧的工匠，还是一位部族信得过和有职业道德的人，他甚至不会"把运用合金节省下来的黄金保存起来，虽然这样做是允许的事"（Laye，2017：31）。

在父亲和当时的"我"看来，他继承了家族的守护神——一条黑蛇，这是他拥有如此高超技艺的重要原因。这是一条光泽奇异的蛇，它前进时的动作十分优雅，显得十分自信。每当父亲遇到比较复杂的工作时，比如摩托车发生故障、修理钟表、需要炼金制作首饰等，蛇都会在前一晚托梦向父亲授意，同时会把一切要做的工作都传授给他。所以，当父亲面对要做的工作时，通常一下子就知道该怎么做。在当时的他们看来，父亲的名字之所以家喻户晓，都归功于家族的守护神。作为父亲的长子，父亲将守护神的秘密告诉"我"，并教育"我"，如果想继承他的事业，如果想在某一天也能得到家族守护神的承认，就要遵循一种行为准则和某些具体的做法，并且要依从这种行为准则做人。是何行为准则？就是和他一样，做一位部族信得过和有职业道德的人。这就是父亲对儿子的言传身教。

（二）母亲的威严慈爱

在撒哈拉以南非洲小说描写的生活情节中，女性多为展现男性气概的陪衬，处于从属地位。但是在《黑孩子》一书中，母亲的形象可以与父亲分庭抗礼，在家庭生活与部落事务中发挥着不可替代的作用。正像书中所说，"人们往往认为非洲妇女的作用微不足道……但是非洲幅员辽阔，情况也千差万别。在我们家乡，妇女的作用是与其思想不受束缚和天然赋予的自尊心分不开的"（Laye，2017：60）。

从非洲的原始崇拜角度来看，妈妈的威信主要来自两个方面。一方面，来自图腾的力量。外祖父在丹迪岗是一位能干的铁匠，在外祖父的众多子女中，只有母亲继承了祖传的本领和精神：她掌握了基本的铁匠技能，甚至训练过许多行割礼和算命的人。母亲对于祖传精神的虔诚使她继承了外祖父的图腾——鳄鱼。拥有这种图腾之力的所有达曼族人到尼日尔河打水都不会有危险。在洪水季节，河水流量大增，鳄鱼会潜伏在河中对人造成威胁，人们只能在尼日尔河支流打水。妈妈却可以继续到大河打水，她毫不害怕，即使鳄鱼出现也不会有人提醒她，因为妈妈拥有的图腾力量使鳄鱼不会伤害她。这种如奇迹般的场景长期出现在大家的眼前，定格在孩子和族人的脑海中，为母亲的形象平添了威仪。另一方面，则来自妈妈天生的"赛勇"（sayon）之力。妈妈是在孪生子之后出生的孩子，这样的孩子在部族中被称为"赛勇"，具有巫师的本领，是比孪生子更有力量的孩子。按照传统，当孪生子之间出现矛盾或不平衡的时候，就由"赛勇"为其裁决，而孪生子必须规规矩矩地服从裁决。所以母亲处理棘手问题的能力是与生俱来的，她的裁决经验也使她很早便学会权衡利弊，提升办事能力。对于这种能力的学习使"我"在长大之后面对困难或需要做出决断的时候，更能做出正确的选择。

除了鳄鱼图腾之力和"赛勇"之力，书中还描写了一些具体的生活场景来体现母亲的威信与善良。在部族事务方面，妈妈的办事能力很突出，因为对于许多无法解释的事，妈妈却对它们很熟悉。回忆起妈妈的本领，"我"甚至会感觉很离奇。比如一天黄昏时分，一匹马躺在牧场上，马的主人天黑前要把它带回围场，可是无论马的主人怎样命令它，它就是无动于衷。于是就有人来请求妈妈去帮助。她三言两语就让马乖乖地跟着主人回去了。妈妈还有更奇怪、更神秘的本领，她能识破正在策划中的阴谋活动和揭露肇事者。比如一天清晨，"我"在院子里看到她向某个方向大声呵斥偷偷施法的巫师，喝令其停止在夜间的阴谋活动。妈妈的这些本领使部族的人对她很敬佩，并让人寄予很大的希望，人们认为母亲是一位值得结交的人。

在对待子女方面，妈妈充满了关心却很严格，是家庭秩序的维护者。她勤劳、贤惠、正直。她每天在天空出现熹微的晨光时就起床做饭，当全家人围坐在热气腾腾的餐盘前时，她的辛勤劳作让人"甚至无法判断父亲和母亲谁是席长"（Laye，2017：59）。妈妈对"我"的关怀无微不至却进退有度。每当放假返回库鲁萨度假的时候，

"我"都会发现我的茅屋被重新用高岭土粉刷了一遍，舒适程度甚至与欧洲的房屋接近。她为了修缮茅屋发挥出的创造性和付出的艰苦努力令人感动。而在盛大的节日时，母亲表现得很持重，她只是远远地观察，即使对"我"的状况忐忑担忧，也一点儿都不显露出来。当她来看望许久未见因受割礼需要集中休养的儿子时，虽然充满了对孩子的担心与思念，却谨守礼仪秩序，只是在言语上进行问候，然后便昂首挺胸、态度严肃地走了。如果有违反良好习惯的行为出现，她会不假辞色。每当有举止轻佻、过分放肆或者名声不好的姑娘来"我"的茅屋做客时，她甚至会当场把人轰走。在照管父亲的学徒方面，妈妈对他们的关爱无微不至，面对他们的错误更容易克制自己的情绪。父亲的学徒通常会远离自己的父母，妈妈把他们当作更需要爱抚的孩子，学徒们完全相信"他们同亲儿子一样得到了平等的待遇"（Laye，2017：57）。当"我"和父亲最小的徒弟在茅屋里闲聊到很晚的时候，她不会像对待那些女孩子一样不由分说，而是耐心地等一会儿才会催促我们睡觉。

在《黑孩子》一书中，通过具体的事件详细地介绍了"我"的家庭情况，反映"我"的父母为人处世的原则与家庭成员内部的相处模式。父亲技艺高超、正直且有职业道德；母亲继承了家族图腾，明察秋毫、贤惠而有威信。他们的优秀品质引领"我"像他们一样，做一个有本领、有威信，思想端正、行为正直的人。后来当"我"在科纳克里求学的时候，"我"努力学习，刻苦攻读，名列前茅，成为每学期都上光荣榜的优秀学生。可见父母的优秀品格从早期就奠定了我的成长基调。

四、亲情纽带助力成长

在《黑孩子》一书中，除了详细描写"我"和父母的生活故事，还描写了两方的亲戚关系，"我"和他们有着共同生活的短暂经历。一方是住在丹迪岗的外婆和舅舅们，他们是乡村亲戚的代表，在那里"我"体验到了劳动的乐趣和丰收的喜悦；另一方是在科纳克里工作和生活的叔父们，他们是家族知识分子的代表，有着和父亲截然不同的前进方向，从他们身上"我"找到了不同于父亲的成长途径。

（一）外婆与舅舅：对未来的第一次思考

童年时期，"我"常常去丹迪岗玩，那里是母亲的家乡，是外婆和舅舅们生活的地方。外婆身材高大，热爱劳动，热情洋溢。外婆会仔细地给我洗澡，直到洗得干干净净；"我"不会因为衣服破了而挨训斥，外婆会帮"我"浆洗缝补；她会做美味的肉食、米饭，"我"经常把"肚子胀得溜圆"（Laye，2017：44）。几个舅舅性格各异：浪扎那舅舅继承了外祖父的经营区，终日忙于农活，沉默寡言但善于思考，目光很有洞察力；波舅舅经常出去冒险，富有魅力，特别健谈，讲起话来滔滔不绝，引人入胜；最小的舅舅和蔼可亲，虽然和"我"年纪相仿，却是一位会主动照顾"我"的"小大人"。

在丹迪岗的生活中，最重要的就是水稻收获节。有节奏感的达姆鼓，挥舞的镰刀，赤裸的臂膀，挥洒的汗水，整齐的捆捆稻穗……一大群收获者进入田野尽头，向田野开战。所有的劳动者齐声合唱，一块儿干活，歌声配合着动作，协调一致，"共同的劳动、共同的歌声使他们和睦亲密，共同的心愿把他们联系在一起，结合在一起。人人领略到快乐，领略到共同完成一项任务的真正快乐"（Laye，2017：52）。劳动是多么美好的事情！舅舅却对"我"说，"割稻子不是你干的活，我相信你往后永远不会干这活"。这一席话引导"我"想到除继承父亲的铁匠事业外其他的路。"我"想到有的舅舅走上了其他工作岗位，"我"的叔叔们则到了科纳克里，他们都没有接替自己父亲的工作。和舅舅的对话引发了"我"对未来职业发展的第一次认真思考：是的，也许"我"更喜欢学校（Laye，2017：50）。

（二）叔父：学业导师

虽然在库鲁萨时"我"一直在上学，但是十五岁之后，科纳克里乔治·布瓦雷学校的规范化教育是"我"独自在外求学的起点。在这一阶段，"我"的人际关系逐渐从家庭走向社会，学习的内容从基础知识到工艺技能，并为"我"将来的人生转折定下基调。

在科纳克里，"我"生活在马马杜叔父家。这是一个非常和睦，绝对消除了相互抱怨的家庭。"我"观察到，正是因为马马杜叔叔的威信以及宽厚、不说长道短的性格，才会建立起这种和睦与团结。马马杜叔叔身材高大、健壮，总是衣冠端正、温和而严肃，令人敬畏。他是虔诚的伊斯兰教徒，一丝不苟地奉行《古兰经》，为了能流利地阅读《古兰经》，他借助双语书和词典自学阿拉伯语，达到了精通的水平。人们对他特别尊敬，"我"对马马杜叔叔非常敬佩。塞古则是"我"最小的叔叔，由于年纪上更为接近，"我"和他的关系更为亲近。他热情洋溢，说起话来滔滔不绝，说话的意味耐人琢磨，同时具有出色的说服力。塞古叔叔是第一个正面教导"我"好好学习的人。当"我"对学校的授课水平感到失望而觉得一无所获的时候，是塞古叔叔劝服"我"不要急躁，要看到在学校可以参加实际技术操练的长处。当"我"羡慕卡米易·居的学生可以去达喀尔深造的时候，塞古叔叔却看重乔治·布瓦雷学校的技术特长，他认为有了好手艺可以走得更远，更有发展。"我"接受了他的建议，放下成见，一直努力直到学校改组改建。这次学校改建修建了新教室，任命了新校长，甚至从法国请来了新教师任教。"我"的坚持得到了回报，"我"受到了无可非议的技术教育和足够高深的基础知识教育，这些成了"我"日后得以通过资格证考试、获得奖学金的底气。

在科纳克里学习期间，马马杜叔叔的高尚品德和稳定和睦的家庭让"我"在生活上和精神上都得到了很好的照顾；听了塞古叔叔的建议，"我"坚持学习并明确"我"可以有离开爸爸的作坊和超越他的雄心。这些都对主人公的人格发展和学习进步起到了积极的作用，在人生的关键阶段给予其物质上的帮助和精神上的支持，也成为后来"我"下定决心去法国学习深造的思想起源和现实助力。

五、教育理念决定成长

主人公的教育成长是书中一条极其重要的主线。"我"上学很早，一开始上的是古兰经学校，晚些时候进入法国人办的学校。从库鲁萨到科纳克里，代表着"我"独自求学生活的开始。在科纳克里求学的过程中，虽然有过怀疑和困惑，但当"我"意识到在乔治·布瓦雷学校能够学到真本领的时候，就一直刻苦努力，从未辜负对爸爸、对自己许下的诺言。从篇幅占比上看，在全书十二章中，有两章独立、详细地描述了"我"在库鲁萨和科纳克里的求学生活。从全书的成长矛盾上看，学习还是接班的左右摇摆贯穿全书始终。即使在描述生活故事的时候，也时常穿插着"我"对上学问题的思考以及继续求学抑或接替父亲工作的矛盾。比如，书中在第一章写道："不，我要继续上学！然而，我又多么希望也能用我的手去抚摸蛇……"（Laye，2017：20）；第四章和小舅舅的谈话对心理活动的描写："面对未来捉摸不定的生活，我害怕了。难道接替我爸爸的工作，不是再简单不过了？……是的，我也许更喜欢学校"（Laye，2017：50）。

来到了全书的最终章，更是把这种成长矛盾进一步明朗化，并将自我选择、自我认同的矛盾上升为未来选择与父母期待之间的矛盾。在乔治·布瓦雷学校学习三年之后，"我"获得了专业技术合格证的考试资格，最终顺利通过并且成绩位列全校第一。通过几年的学习和成长，"我"的内心已经完全明白并接受"我"的将来不会在库鲁萨了。当校长问"我"是否愿意去法国深造的时候，"我"十分高兴并立刻给予肯定的回答。这是"我"对自己的人生独立做出的第一个重要决定。但是要真正成行，"我"必须获得父亲的书面同意。按照传统，作为长子的"我"理应留在库鲁萨继承父亲的铁匠事业，但是父亲并没有根据既有人生经验决定儿子的成长之路。书中一共通过两次父亲和"我"的谈话体现了父亲对于子女教育颇具远见的思考。第一次是在"我"还是孩童的时候，他向"我"郑重介绍家族守护神之后却感慨道："我怕，孩子，我怕你不能始终与我频繁接触，你要去上学，总有一天，你会离开这个学校，跨进更高的学府，你将离开我，孩子"（Laye，2017：18）。这句话成了"我"去法国留学这一命运的千里伏线。第二次是在"我"获得了留法深造的机会和他谈话的时候，他说："这事我经常在考虑……我完全知道你某天会离开我们，你上学的第一天，我就知道了。我看见你学得那样津津有味，那样入迷……从那天起，我就知道了；并且渐渐想通了。"（Laye，2017：174）父亲虽然考虑到母亲想留"我"在身边的态度而有所犹豫，但他更认为这是个需要把握的良机。最终他同意"我"去法国留学并和"我"一起劝服妈妈。这是一个能改变孩子命运的机遇，更是为了对国家、对社会有所贡献，他富有深意地说道："在咱们国家，还有许多事情要做……，这需要像你这样的人……只要你不永远离开我们。"（Laye，2017：176）父亲是"我"求学之路最大的支持者和守护者。每当"我"站在人生选择的十字路口时，他总是富有眼光地为"我"选择一条更宽广的路，更有利于成长的路，不拘泥于前人之见的路。

美国教育家、关怀理论的代表人物内尔·诺丁斯认为，家庭教育的关键在于建立关怀关系而不是控制。这种关怀不是"关心"，不是单方面地常放在心上并重视和爱护，而是交互性的。被关怀者作为一个完整的个体，具有独立思想和主观意识。关怀者不是将自己的理念和情感直接投射到对方身上，而是将被关怀者放在对等的位置上，尊重他人，站在他人的立场思考。作为阅历丰富的家长，往往会从理想的角度思考，为孩子制定计划，监督并控制他们的行为，这在诺丁斯看来都是错误的行为。在关怀型关系中，父母应该尊重孩子的需求、想法和选择，尽量体谅孩子的内心感受，不能因父母的意愿或期望而盲目地去关怀。父亲对"我"的理解和关怀是诺丁斯理论照进现实的代表，而"我"也终于带着他们的关怀走向本书最后一段成长之路。

六、结语

综上所述，"黑孩子"在一个积极向上、和睦相处、亲近自然的环境中成长，在不知不觉中拥有了乐观、善良、纯真的品质。父母教育"我"要思想端正、行为正直；外婆和舅舅们让"我"懂得爱与成长；叔父们则用发展的眼光来指引"我"把握前途与未来。体会到人间的真爱、对自然的敬畏，塑造出积极向上的人是一种必然。"我"作为小说的主人公，尽管最终在学习上接受了法国文化，学到了更系统、更先进的知识和技能，但始终保留着自己的文化底色。在面对西方文化时，"我"并没有盲目接受，而是运用自己民族的文化，从中寻找出路，决心回到自己的文化源头，从中汲取更多的精髓，自我价值认同也更加坚定——这一切，也是本书诞生的心理基础和前提。

几内亚资源丰富，自然条件得天独厚，有绵长的海岸线、丰富的淡水资源和富饶的耕地，却沦为世界上最为贫穷的国家之一。几内亚的近现代史是一段充满苦难的历史，自 15 世纪葡萄牙殖民者入侵起，历经殖民、政变和战乱，以至于《黑孩子》出版、获奖以来，一直存在不少反对的声音。一些文学评论家认为这部作品过于美化几内亚的殖民地生活而显得不切实际。但《黑孩子》中描写的库鲁萨、丹迪岗和科纳克里是作者内心的伊甸园，他带着这本书向我们宣告，在爱与知识中成长，是几内亚每一位孩子应该享有的权利。正如"我"在书的最后写道："我肯定会回来的！"小说用这样的结尾来展现作者重建家园的决心，展现出"黑人性"精神为自己的国家和民族向不公的命运抗争的态度，也完成了作者内心最重要的一次成长。

参 考 文 献

［1］LAYE C. L'enfant noir［M］. Paris：Librairie Plon，2017.

［2］莱伊. 黑孩子［M］. 黄新成，译. 重庆：重庆出版社，1984.

［3］田妮娜. 殖民主义与民族身份重构：20 世纪非洲法语文学历史考述［J］. 法语国家与地区研究，2022（1）：74 - 91.

［4］高文惠. 依附与剥离：后殖民文化语境中的黑非洲英语写作［M］. 北京：中国社会科学出版社，2015.

A Study of *The Dark Child*：A Black Youth's Initiation

Abstract：*The Dark Child*，an autobiographical novel，is one of the representative works of Guinean French writer Camara Laye. At the beginning of the 20th century，the "negritude" cultural movement emerged and developed in Europe，and the field of literature became its main battlefield. In the 1950s and the 1960s，a series of novels published with the theme of black cultural identity and construction. *The Dark Child* is one of the masterpieces of this period. This book gives comprehen-

sive and vivid pictures of social life in Guinea. The author restored African society and culture based on the perspective of the "negritude" spirit, and showed us a simple and peaceful Africa from the perspective of a child with his growth process as the main line. Since its publication, *The Dark Child* has been well received by readers and acclaimed by French critics, and is now one of the most studied African French novels in France. By studying the stories between "me" and my parents or relatives, form the initiation as the starting part, this paper explores how family affection, kindred and educational ideas guide the hero's value shaping and destiny.

Key words: Camara Laye, *The Dark Child* (*L'Enfant noir*), negritude, initiation

作者简介: 李亚莎,哈尔滨工程大学外国语学院讲师,主要研究方向为法语语言文学。

非洲文明与艺术

非洲电影史：崛起、传承与创新[*]

北京大学/电子科技大学　李安山

【摘　要】电影于 1896 年开始在非洲放映。非洲电影史可分为六个时期：被殖民时期放映电影使非洲人首次接触电影；外国人于 19 世纪末在非洲拍摄电影并延续至今；非洲移民裔群的电影始于 20 世纪 50 年代，现在正成为新主题；独立后，非洲导演才有可能为非洲人拍摄非洲电影，20 世纪 60—70 年代是非洲电影的先锋时代；非洲电影在 20 世纪 80—90 年代经历了缓慢发展的艰难时期，但才华横溢的非洲导演的创新思维和设计与演员的出色表演逐渐得到国际影评界的认可；21 世纪，以"诺莱坞"为代表的新一代展现了非洲风格，非洲传统文化对电影的重要性得到认可。这六个时期相互联系。目前，非洲电影面临更多挑战：应该创作什么电影？观众有哪些？如何判断是否成功，是赢得奖项还是受大众欢迎？非洲电影值得期待。

【关键词】非洲电影；非洲电影史；非洲移民人群；"诺莱坞"；国际电影节

一、引言

电影于 1896 年开始在非洲放映，时间仅比法国晚一年。早期电影多以宣传和教化为目的，先是为欧洲扩张服务，随后是便于殖民宗主国的奴化。非洲电影史可根据影片的制作和类型大致分为六个阶段：被殖民时代放映的外国电影，这是非洲人初次接触电影；外国人在非洲制作的电影源于 19 世纪末期，至今仍流行；有关非洲移民

　＊本文为国家社科基金重大项目"世界诸文明在印度洋地区的交流交汇研究"（批准号：23&ZD324）阶段性成果。感谢刘少楠、沈晓雷、许亮和王颖等帮忙查找资料，感谢刘天南博士提出的修改意见。

裔群（African diaspora）①的电影始于 20 世纪 50 年代，现今面临新高潮；20 世纪 60—70 年代，非洲人开始独立拍摄电影，这是独立后非洲电影的先驱时代；20 世纪 80—90 年代，这一阶段的非洲电影逐渐获得了国际影评界的认可；21 世纪，以"诺莱坞"为代表的非洲电影新生代诞生，并开始展现非洲自己的制作风格。六个阶段不宜截然分开：不同类型之间既有传承，又有创新。非洲电影史学家迪亚瓦拉指出："很明显，存在多种非洲的形象，期望不同时代、不同国家和不同意识形态倾向的电影制作人在任何地方看到同一个非洲似乎并不重要。"（Diawara，1992：141）更确切地说，这是不可能的。然而，非洲电影人可以决定：必须对殖民者说"不"，非洲必须团结，必须有自己的电影，必须创建自己的电影节。本文试图对非洲电影的发展做一概览，供大家参考，难免挂一漏万，望方家批评指正。

二、早期电影在非洲：影片、影院与制片管理

1895 年，卢米埃尔兄弟（Lumière brothers）发明了电影，第二年电影出现在非洲。1896 年，埃及的开罗和亚历山大已开始放映进口影片。1914 年，开罗有 8 家电影院，亚历山大有 3 家电影院。埃及于 1935 年建立米斯尔制片厂（Misr Studios），"以增强国家身份和反对英国占领者：每年有 50～80 部音乐剧、情节剧和喜剧，使用著名演员"（UNESCO，2021：263）。突尼斯于 1881 年成为法国保护领地。1897 年，阿尔伯特在突尼斯卢米埃尔电影院放映外国影片，第一家影院出现在 1908 年。1946 年，突尼斯电影中心成立，三年后改为非洲电影制片厂。摩洛哥于 1900 年开始放映电影，法国于 1912 年在摩洛哥建立托管制度。1924 年，卡萨布兰卡出现电影院。1939 年，摩洛哥有了制片厂与电影院；1944 年，摩洛哥电影中心成立。法国对阿尔及利亚实施殖民统治后，法语成为当地官方语言。1920 年，阿尔及尔有 7 家剧院，1933 年有了非洲最大的电影院。1939 年，阿尔及利亚有 188 家电影院，摩洛哥有 56 家，突尼斯有 47 家。1947 年，阿尔及利亚殖民政府成立新闻部电影局，长期垄断电影业。1912 年，英王乔治五世访问苏丹时首次在喀土穆放映电影。1924 年，苏丹出现首家电影院；1932 年，苏丹人首次看到阿拉伯电影即埃及有声片《白玫瑰》。1949 年，英国人批准苏丹电影摄制协调局建立，负责拍摄宣传用纪录片（张文建，1992；shafik，2007；陆孝修、陈冬云，2011）。

南非电影源于 1896 年。当时，一位英国魔术师从伦敦阿尔罕布拉宫剧院（the

---

① Citizens and Diaspora Directorate（CIDO）. African Union Handbook 2002［EB/OL］.［2023 – 09 – 26］. https：//au. int/sites/default/files/documents/31829 – doc – 2022_AU_Handbook_ENGLISH. pdf.

Alhambra Palace）偷了一部投影仪并将电影引入南非。1909 年，南非出现第一个电影院，1911 年放映《金伯利钻石大劫案》(*The Great Kimberley Diamond Robbery*) 和《南方之星》(*The Star of the South*)。1916—1922 年，美国商人施莱辛格（I. W. Schlesinger）在南非制作了 37 部电影；1922 年，在约翰内斯堡建立基拉尼电影工作室 (the Killarney Film Studio)，其垄断地位后来被 J. 乌伊斯（Jamie Uys）打破。1903 年，卢米埃尔兄弟在法属西非达喀尔放映《水浇园丁》(*L'Arroseur arrosé*)，移动影院在达喀尔周边放映各种动画片。尼日利亚的拉各斯于 1903 年开始放映外国影片（OLUBOMEHIN，2012）。1939 年，拉各斯成立英国殖民地电影联合公司和电影审查委员会。索马里是法国和意大利的殖民地，放映的影片有《索马里格勒地》(*Somalia：Gheledi*, 1913)、《意大利索马里》(*Italian Somalia*, 1913)、《索马里奈比河的美景》(*Somalia：The Beauties of the River Nebi*, 1913)、《南十字架下的意大利索马里》(*Under the Southern Cross – Italian Somalia*, 1926)、《意大利索马里愿景》(*Visions of Italian Somalia*, 1929）等（和丹，2017）。东非电影起步较晚，1916 年，斯里兰卡人在桑给巴尔建立电影院（Brennan，2005：484）。1936 年，比属刚果成立土著电影管理委员会。1930 年非洲有 755 家电影院，1951 年有 1683 家，1960 年有 2168 家，主要在北非（UNESCO，2021：263；Rouch，1962）。

第二个阶段是在非洲拍摄的电影。1898 年南非开始拍摄纪录片，1912 年开始拍摄新闻片。南非电影公司于 1915 年开始制作无声片。非洲的自然景观吸引了欧洲电影先驱，卢米埃尔兄弟 1905 年的系列风光片记录了十余个非洲风景镜头。1907 年，法国摄影家米兹吉斯将法国军队炮击卡萨布兰卡事件拍成宣传侵略者的纪录片，在摩洛哥引起轩然大波。在摩洛哥于 1912 年成为法国的托管地后，不少欧洲人来此拍片。1919 年，法国人开始拍短故事片，1919—1956 年，欧洲人在此完成 50 余部影片，如英国的《所罗门王的宝藏》(*King Solomon's Mines*, 1937) 和法国的《沙漠婚礼》(*Noces de sable*, 1948) 等（张勇，2015）。1944 年，拉巴特成立摩洛哥电影中心和西尤缓电影制片厂（张文建，1992：251；陆孝修、陈冬云，2011：232）。意大利电影协会于 1913 年拍摄的《东非的索马里人》涉及索马里人的生活习惯与经济活动等，1918 年用当地演员在埃及拍片，第二次世界大战时还制作并放映过有关法西斯的影片。1929 年，英国成立殖民影业委员会尝试审查制。东非电影审查由三部分组成：伦敦殖民部指示、南非种族政策和英属印度的实践（Brennan，2005）。1935 年班图电影实验中心成立，1935—1936 年，诺特克特（L. A. Notcutt）率领团队在坦噶尼喀拍摄了约 35 部短片（Diawara，1992；2）。1948 年，黄金海岸（现加纳）设立制片中心。1950 年，比属刚果建立电影俱乐部。

早期电影一直为宗主国控制，涉及三种类型。一是有关村落、场景、仪式等与"原始文化"关联的人类学纪录片，但是，包括"让我们来看这些野蛮人"的罕见镜头的各种纪录片将非洲描绘成"充满暴力和残忍的大陆"。瑞士人 M. 阿勒格雷特（Marc Alle-gret）拍摄的《刚果之旅》（*Voyage au Congo*，1928）被认为是首部有关非洲的纪录片。法国人类学家 M. 格里奥尔（Marcel Griaule）制作的《在多贡人的土地上》（*Au Pays Dogon*，1938）描述了多贡人的日常生活和宗教，《在黑人面具下》（*Sous les masques noirs*，1938）讲述了今天苏丹共和国班迪亚加拉悬崖村的葬礼和习俗。二是有关冒险或非洲人际关系的影片，如 1935 年由匈牙利人科尔达（Zoltan Korda）导演的《河上的桑得斯》（*Sanders of the River*，1935）描写了尼日利亚的英国殖民官与当地的关系及其作为。法国导演让·鲁奇（Jean Rouch，1917—2004）也是人类学家，第二次世界大战期间他曾在非洲任工程师，对法属殖民地非洲移民的生活非常感兴趣。他拍摄的《我，一个黑人》（*Moi, un noir*，1958）以民族虚构片的形式描写到相邻殖民地科特迪瓦打工的尼日尔移民的生活。另一部影片是通过一个科特迪瓦首都阿比让中学的新学生探讨人类关系的《人类金字塔》（*La pyramide humaine*，1961）（Rouch，1962）。这些早期电影对非洲的描述不客观，非洲被描绘为"一个期待欧洲一切的大陆"，"非洲人变成了需要帮助的孩子"（Niang and Sembene，1993：75 – 76）。三是以非洲为场景的"异国情调"电影。壮美的自然风光至今一直是外国导演所青睐的，如第 16 届奥斯卡最佳影片《卡萨布兰卡》（*Casablanca*，1942）、获第 58 届奥斯卡最佳影片奖和最佳导演奖等多个奖项的《走出非洲》（*Out of Africa*，1985）和被评为第 75 届奥斯卡金像奖最佳外语片的德语片《情陷非洲》（*Nirgendwo in Afrika*，2001）等。

殖民政府有各种法令限制，但仍有非洲人拍摄电影，特别是在北非。当然，殖民影响的存在也是事实（张勇，2015）。突尼斯最早的电影制作人阿尔伯特·萨马玛·奇克利（Albert Samama Chikly，1872—1933）出生于富裕家庭，并与意大利姑娘结婚。他喜欢摄影并在 1908 年拍摄了突尼斯风光，之后完成了不少纪录片。他的首部阿拉伯语短故事片《祖赫拉》（*Zohra*，1922）描写了一位遭遇海难的法国女子的传奇经历。她被北非的贝都因人救起后，在贝都因人部落里生活过一段时间。后来，她又被土匪绑架，但被一名法国飞行员救出，并与家人团聚。贝都因部落的风俗在影片中得到了详细的展现，这部影片因此被视为"神秘东方"电影的典型例子。他的《迦太基姑娘》（*La fille de Carthage*，1924）被有的学者视为第一部非洲的情节片。①殖民政府不希望非洲人拍摄电影。法国资助非洲电影的目的之一是与美国竞争。马达加斯加的

---

① 奇克利孙女表示，奇克利的妻子在突尼斯独立前夕将所有摄影器材及电影档案交给了意大利驻突大使馆。

菲利普·拉贝罗乔（Philippe Raberojo）拍摄的纪录片《拉萨拉马之死》（*The Death of Rasalama*，1937）在马达加斯加新教烈士拉贝拉巴马逝世百年之际发行。1930 年，非洲有 755 家电影院，1951 年增至 1683 家，主要在北非（UNESCO，2021：263；Rouch，1962）。

    埃及首部短故事片《比尔苏姆找工作》（*Birsum yabhath 'an wadifa*，1923）由穆罕默德·贝尤米（Muhammad Bayumi）执导。由埃及电影之母、女编剧和导演阿齐泽·艾米尔（Aziza Amir，1901—1952）与他人合作执导的首部长故事片《莱伊拉》（*Laila*，1927）叙述了一位年轻少女的爱情悲剧。卡迈尔·塞利姆（Kamal Selim，1912—1946）的《意志》（*Al Azima*，1939）是一部关于受经济危机影响的城市中产阶级的作品，其在第 20 届开罗国际电影节上被选为"20 世纪埃及电影史最佳影片"。电影先驱穆罕默德·凯里姆（Muhammad Karim，1896—1972）首次将埃及小说改编为电影《泽娜布》（*Zeinab*)①；首次制作有声故事片《贵族之子》（*Awlad el zawat*，*Sons of Aristocrats*，1931）并使用蒙太奇技术。他拍摄了爱情悲剧片《泽娜布》、《情泪》（*Doumou' el hub*，*Love's Tears*，1935）、《罗密欧与朱丽叶》的埃及版《被禁之爱》（*Mamnou'a el hub*，*Love is Forbidden*，1942）等，还制作了《心中的子弹》（*Russassa fil kalb*，*A Bullet in the Heart*，1944）、《上流社会》（*Ashab el saada*，*The Upper Classes*，1946）等社会伦理片。萨拉赫·艾布·塞伊夫（Salah Abu Saif，1915—1995）和优素夫·夏欣（Youssef Chahine，1926—2008）等导演早期执导的电影占有重要的地位。塞伊夫执导的处女作《常在我心间》（*Dai' iman fi qalbi*，1945）描写了一位姑娘误认为未婚夫已死，自己失去工作并被迫卖淫的经历。塞伊夫的贡献是将纳吉布·马哈福兹（Najib Mahafuz，1911—2006）的 10 余部作品改编为电影。"埃及电影之父"夏欣既是导演、编剧、演员和制片人，又是社会活动家和艺术批判家，共拍摄了 40 余部电影并获得多项荣誉。夏欣在洛杉矶帕萨迪纳剧场学习表演，1948 年回埃及后导演《阿明爸爸》（*Baba Amin*，1950）。描写尼罗河水与传统和现代的矛盾的《尼罗河之子》（*Ibn el Nil*，1951）获第 5 届戛纳国际电影节金棕榈奖最佳电影提名。埃及在 1946 年共拍摄 64 部电影，以爱情片和歌舞片为主，电影成为其产业之一。

三、非洲移民裔群：电影的主体与客体

非洲移民历史悠久，源远流长（李安山，2023）。非洲移民裔群与非洲大陆存在

---

① 他与优素福·瓦赫比（Yusuf Wahbi，1898—1969）合作，将穆罕默德·侯赛因·海克尔的这部小说改编为电影。这是一部以乡村青年恋爱故事为题材的现实主义影片，也是埃及第一部爱情片。该电影的有声版于 1952 年发行。

着亲缘、精神、情感、经济、生活等各种联系。正是这种关联使非洲联盟于 2003 年决定将非洲移民裔群作为非洲大陆东部、南部、西部、北部和中部之外的第六个组成部分。非洲移民裔群拍摄的电影大部分是这个群体的经历。

"……在缓缓的音乐伴奏下，镜头从一个非洲边远村庄展开，慢慢移动到巴黎塞纳河岸边。巴黎既是法国首都，也被称为"黑人世界的首都"；法国人刚结束印度支那战争，仍然做着殖民帝国的美梦，正在准备阿尔及利亚战争，根本预想不到结果是屈辱；镜头出人意料地对准了巴黎街头的一名白人乞丐向黑人行人伸手乞讨……"这是《塞纳河上的非洲》（*Afrique sur Seine*，1955）中的场景。影片以法国社会的复杂性为背景，通过巴黎非洲人的日常生活展示两种文化的差异和碰撞。尽管第二次世界大战前对在殖民地制作和放映电影的审查制度仍有效，但由巴黎非洲电影集团制作的这部影片展现了一位非洲知识分子对非洲文化的自我表达。影片由波林·维埃拉（Paulin Vieyra，1925—1987）执导。"巴黎的街道充满了许多矛盾，只有在与大都市的实际接触中才能看到。"维埃拉从小被送到法国，是高等电影研究院的首位非洲人。他对巴黎文化的复杂性和个人在政治机器下的无能为力深有感受。虽然影片不是在非洲拍摄的，但有人将它称为"非洲电影的开端"（Adesokan，2022）。

"……一名非洲黑人男子和一名法国白人女子牵手走在香榭丽舍大街，不少白人或震惊或厌恶。一位老妇人警惕地盯着这对男女的'禁忌'行为。目瞪口呆的行人没有意识到正在拍电影。"这是 1967 年毛里塔尼亚导演梅德·翁多（Med Hondo，1935—2019）的《噢，太阳》（*Soleil Ô*）中的场景。翁多出生于摩洛哥，在毛里塔尼亚长大，1958 年移民法国。他在学习戏剧艺术之余当厨师、服务员、工人和送货员，配音或出演小角色。影片将街头的戏剧性场景和电影镜头混拍，将纪录片、叙事和超现实元素有机结合，描述一位毛里塔尼亚青年来到"甜蜜的法国"，满怀受欢迎与平等主义的幻想，却被现实当头一棒：黑人从事体力劳动，技术较差的白人得到优惠待遇。这位主人公最终被逼疯，在荒野中号叫。翁多试图维护非洲移民作为法国社会一分子的权利，这是一部人道主义的前卫电影，获洛迦诺国际电影节金豹奖，另一部反映相似主题的《肮脏的"黑鬼"，你的邻人》（*Les Bicots – Nègres vos voisins*，1974）获得迦太基国际电影节金奖（Sanogo，2015）。

冷战时期非洲电影与欧美或苏联的关系通过移民裔群得以体现。他们或在巴黎、好莱坞受过教育，或赞成以黑豹为代表的黑人反种族主义运动。奥斯马内·森贝内（Ousmane Sembène）、穆罕默德·拉赫达尔·哈米纳（Mohammed Lakhdar – Hamina）、苏莱曼·西塞（Souleymane Cissé）在苏联或东欧接受电影培训，几内亚比绍导演弗洛拉·戈麦斯（Flora Gomes）在古巴学习。20 世纪 60 年代被派往法国的阿尔及利亚电影人的作品被称为"新电影"，其创作手法为表达个人意向，与大众对话，取材来自生活，描写妇女或剖析男性，战争、农民、殖民统治、宗教观念成为其主题（陆孝修、陈冬云，2011：534－540）。例如，阿洛维奇（Merzak Allouache）揭露异化问题的《奥马尔·加特拉托》（*Omar Gatlato*，1977）获莫斯科国际电影节银奖，反映宗教问题的《英雄历险记》（*Les aventures d'un héros*，1979）获迦太基塔尼特金奖和柏林国际电影节新论坛奖。

A. 希萨科（Abderrahmane Sissako）出生于毛里塔尼亚，在马里长大，在莫斯科研学电影，在马里和法国之间从事电影制作，其作品充满人文性。其最主要的作品《生命到底是什么》（*La Vie sur Terre*，1998）描写了侨居法国的非洲导演西索科在1999年年底回马里的索科洛看望父亲时触景生情：准备迎接新世纪的巴黎和对此漠不关心的索科洛形成鲜明的对比。西索科在家乡碰到了回家探亲的可爱的娜娜。通过巴黎和索科洛之间、马里和法国之间，以及非洲和欧洲之间的对比，思索从此展开：欢庆2000年到来时，索科洛村民与前辈一样，新千年对他们毫无意义。这部以寻找人生意义为主题的电影获得了10个奖项。《期待幸福》（*Heremakono*，2002）表达了大多数非洲移民在欧美的困境，描述了毛里塔尼亚沙漠小镇上一位年轻移民的生活：希望躲避乡村风俗习惯又难以融入欧洲陌生环境的苦恼，该影片获8个奖项。希萨科享有崇高的国际威望，曾任2003年柏林国际电影节评审团成员、2007年戛纳国际电影节评审团成员、2008年法国国家电影学院入学考试陪审团主席、2015年戛纳国际电影节短片单元评审团主席等。

非洲移民裔群导演的诸多影片讲述的是同一类型的故事，有的久远，有的新近，有的是自身经历，有的是亲眼所见。例如，《桑科法》（*Sankofa*，1993）揭示了一位在非洲工作的美国黑人时尚模特在精神上被带回西印度群岛的种植园，亲身体验了奴隶制对身体和心理的摧残，最终获得寻求自由的反抗力量而得到救赎。"桑科法"原意是加纳阿肯人的一种神鸟，影片由移民美国的埃塞俄比亚导演海尔·格里玛（Haile Gerima）执导，以奴隶叙事的独特方式关注非洲移民人群。一名身上涂着彩绘的黑人男子击鼓开场，伴随着阳光和田野，"呼唤那些在大西洋奴隶贸易中失去生命的黑人灵魂站起来讲述他们的故事"。电影既是对非洲祖先的呼唤，也是对当今观众的警醒，其人文主义情感长存。格里玛在芝加哥的古德曼剧院学习表演和导演，在加州大学洛杉矶分校完成电影学硕士课程，他的电影以探索非洲移民及其历史为主。《沙漏》（*Hour Glass*，1971）探讨了一位被白人领养的黑人的身份认同，《露水》（*Teza*，2008）讲述了一位留学归国的埃塞俄比亚青年幻想破灭的故事。这些故事从非洲人的角度讲述，是对好莱坞关于非洲人刻板印象的修正和批判。

非洲移民裔群的影片有三个特点：一是导演本身属于非洲移民裔群，有些镜头虽在非洲完成，但主要制作过程是在欧美完成；二是导演对类似题材的关注来自不同经历产生的角色模糊性及其影响，力图找回自己的真实身份；三是电影均具有悲剧性。突尼斯导演 N. 克塔利（Naceur Ktari）执导的《使节》（*Les ambassadeurs*, 1976）讲述了巴黎的北非移民与其法国邻居共享一间小公寓的故事，两个群体的关系充满误解和相互冒犯。该影片获迦太基的塔尼特金奖和洛迦诺电影节的普世评审团奖。阿尔及利亚/法国导演拉希德·波查拉（Rachid Bouchareb）的《谢布》（*Cheb*, 1991）描写了在法国成长的阿尔及利亚青年回阿后的困境，影片获包括两项戛纳国际电影节奖在内的 7 个奖项。布基纳法索导演伊德沙·韦德拉奥戈（Idrissa Ouedraogo）的《心灵的哭泣》（*Le cri du coeur*, 1994）的主角是一位生在法国、长在非洲的男孩，与家人分离多年后，他们终于在法国团聚，这名男孩却对法国很不适应，关于鬣狗的幻觉开始出现，而法国不存在鬣狗。影片通过现实和象征的融合来揭示一位受到双重文化影响而产生幻觉的非洲少年及其家人的生活：既有对未知的恐惧，也展现了家庭成员间互相沟通的努力，从而引起观众的共鸣。韦德拉奥戈的电影共获得 12 个奖项和 11 次提名。

《谷子和鲻鱼》（*La graine et le mulet*, 2007）获得了 19 个奖项。谷子和鲻鱼是制作"古斯古斯"（couscous）美食的重要成分，这种美食是北非国家民众的佳肴，也是这些国家历史文化的纽带，已被列入联合国教科文组织非物质文化遗产名录。影片由 A. 柯西胥（Abdellatif Kechiche）执导，他出生在突尼斯，1966 年随家人移民法国，其亲身经历使情节的描写逼真而贴切。影片描写了法国的突尼斯移民贝吉如何在家庭和社会的压力下举步维艰地生活，同时融入了法国人对阿拉伯裔移民的态度。贝吉与妻子离异，老年失业，决定改造一艘旧船开阿拉伯餐厅，主打美食就是古斯古斯。影片展现了贝吉一家人的生活和工作场景，充满现实感和无奈感。影片结尾让人震撼：贝吉拼命奔跑试图追回自己的车，女儿在餐厅酒席间跳着肚皮舞，女人端着古斯古斯走进餐厅，人们似乎看到了生活的希望。然而，贝吉却突然倒在地上……①柯西胥执导的影片共获 62 个奖项。②

《法兰西一季》（*Une saison en France*, 2017）讲述了一位来自非洲的教师带着两个孩子逃离内战来到法国请求避难，他的妻子在逃亡的路上去世，他的移民申请在两年后被驳回而只好开始新一轮难民生涯。另一位男主角的命运相似，他本来是非洲的

---

① 在英语国家，电影名被译成"谷子的秘密"（*The Secret of the Grain*）。
② 有关北非移民的电影，参见马鹏程. 马格里布移民电影研究 [J]. 北京电影学院学报，2023（18）：108 - 114.

一名哲学教师，却只能在巴黎的一家药店当保安，睡在一间空荡荡的木屋里。他们都有自己的女性伴侣，但艰难的处境使这种关系很不稳定。移民的处境令人无法忍受，他们不受欢迎，得不到尊重，但对孩子们而言，这里却是他们的家。移民面临各种困境：恐惧和恐怖、歧视、武装人员的威胁、"毫无灵魂"的制度。无论是演员、情节还是场景，影片都试图从个人扩展到非洲移民裔群。这部电影是由移民法国的乍得导演穆哈默德·萨利赫·哈伦（Mahamat – Saleh Haroun）执导的。正如评论所言："哈伦对移民困境的关注是如此根深蒂固，以至于人们肯定会同情他们。"他的另一部有关非洲移民的电影《再见非洲》（*Bye Bye Africa*，1998）曾获 4 个奖项。

非洲移民女导演莎拉·马尔多罗（Sarah Maldoror）制作了 40 多部电影，被称为"泛非电影的先驱""第一位在非洲拍摄电影的黑人女导演"。她根据自身经历拍摄了多部有关阿尔及利亚和安哥拉民族解放运动的影片，以及关于非洲移民裔群中杰出文化领袖的纪录片。2021 年，巴黎东京宫专门举办了有关她生平的展览并延展到圣但尼的多个博物馆。埃及/美国导演 D. 赫钦斯（Darvin Hutchins）拍摄的《脱逃的艺术》（*Art of Flight*，2005）记录了苏丹难民在开罗的故事。尼日利亚/加拿大导演 L. 恩泽克维（Lonzo Nzekwe）的《靠山宝贝》（*Anchor Baby*，2010）讲述了一对美国非法移民及其未出生孩子的悲惨遭遇。最突出的是移民美国的尼日利亚女导演欣娜泽·安亚恩（Chineze Anyaene）的《旅途》（*Ije：The Journey*，2010），其通过杀人案描写非洲人"美国梦"的破灭。均在伦敦出生的 S. 麦昆（Steve McQueen）和 C. 埃吉奥福（Chiwetel Ejiofor）都是出色的导演，分别获得了 95 个奖项和 59 个奖项。导演阿兰·戈米斯（Alain Gomis）已获得 18 个国际电影节奖项，有关金沙萨歌手的《菲丽希缇》（*Félicité*，2017）已获 13 个奖项。女导演玛缇·迪奥普（Mati Diop）是迪奥普·曼贝提导演的亲戚，她有关达喀尔工人移民西班牙的奇幻片《大西洋》（*Atlantque*，2019）已获 13 个奖项。两人均是非洲移民新导演的典型，作品均获多个奖项，均入围奥斯卡最佳外语片提名，都有塞内加尔血统。非洲移民裔群正成为国际电影新主题。① "索马里坞"的兴起就是索马里移民的贡献（和丹，2017：88 – 89）。

四、"非洲人为非洲人拍摄的非洲电影"

这是联合国教科文组织的《信使》期刊中一篇评论的小标题之一（Rouch，1962），也是非洲人一直期望实现的目标。法国电影历史学家乔治·萨多尔在 20 世纪

---

① 如有关非洲移民裔群神祇的纪录片《六月节》（*Juneteenth：Enter the Deities of the African Diaspora*，2022）。

60 年代初曾认为，没有一部由非洲人表演、拍摄、写作、构思和剪辑并用非洲语言拍摄的电影被制作出来。如果他指的是撒哈拉以南非洲，那么确实如此。非洲国家制作自己的影片只能是在独立后，世界对非洲独立后的电影发展充满期盼。民族主义和泛非情结是这个阶段非洲电影的主调。

北非在电影方面一直处于非洲大陆的领先地位。埃及是非洲制作电影最多的国家。1952 年七月革命成功后，埃及影业发展迅速，1952—1962 年制作故事片 588 部，独立影片公司达 178 家，电影院 389 家（陆孝修、陈冬云，2011：59）。夏欣于 1958 年拍摄的《开罗车站》被认为是最先运用新写实主义，对性别政治与不良传统进行批判的电影。《选择》（*Al – ikhtiyar*，1970）表现了他对知识分子的讽喻和反思，《麻雀》（*Al – asfour*，1972）痛斥了唯利是图的市井现象。《情迷亚历山大》（*Iskanderija... lih?* 1979）描写了一位第二次世界大战时生活在亚历山大的年轻人受美国电影和莎士比亚的启发，渴望成为一名演员的故事。在对中产阶级的向往和对战争的恐惧中，他努力地追求自己的好莱坞梦想。该影片获柏林国际电影节"银熊奖"等奖项。穆罕默德·凯里姆的《爱的疯狂》（*Love's Madness*，1954）获制片、编剧和导演三项国家奖，《达丽拉》（*Dalila*，1956）是第一部埃及彩色音乐故事片。1959 年凯里姆出任开罗高等电影学院第一任院长直到去世，为埃及电影事业培养了大批人才（陆孝修、陈冬云，2011：15 – 21；梁兆才，1985）。导演特菲克·萨利赫（Tewfik Saleh）曾在巴黎接受电影培训，他的影片都涉及社会不公和政治斗争等。其首部电影《愚人巷》（*Fools' Alley*，1955）与纳吉布·马哈福兹联合编剧，讲述了一名智障流浪者幸运中彩后，其他人千方百计想劫财的故事，影片类似于揭露贪婪和物质主义的寓言。《英雄的斗争》（*Struggle of the Heroes*，1962）描写了 20 世纪 30 年代霍乱流行时期一位乡村医生面对疾病、无知的农民和专横的地主仍坚持自身立场的故事。政府的过度干预使萨利赫的多部电影被推迟上映，他于 20 世纪 70 年代初离开埃及后在叙利亚和伊拉克拍摄影片。电影的黄金时代在 1946—1960 年，以现实主义为特点，1972 年取消国有化后，这类影片的数量开始下降。1972 年，埃及已制作电影 1400 余部，撒哈拉以南非洲制作了 50 多部电影（马兹鲁伊，2003：456）。

阿尔及利亚电影多以战争为主题。1957 年，民族解放阵线创立电影培训学校，1959 年成立电影委员会，并赞助电影的早期制作。穆罕默德·拉赫达尔·哈米纳于 1954 年参加民族解放运动后开始拍摄电影。他与同伴合作，于 1960 年制作了其首部电影《我们的阿尔及利亚》（*Our Algeria*），讲述民族主义解放运动的目标。其早期电影包括描述难民女孩经历的《亚斯米娜》（*Yasmina*，1961）、《自由之枪》（*The Guns of Freedom*，1961）和《人民的声音》（*The People's Voice*，1962）。1962 年阿尔及利亚独立后，哈米纳赴布拉格进修两年，其回国后拍摄的《奥雷斯山上的风》（*The Winds of the Aures*，1966）讲述了奥雷斯地区一位母亲的苦难。她的丈夫死于法军空袭，儿子被抓走，她经历千难万险，只是为了再见儿子一次。该影片获戛纳国际电影节"最佳处女作奖"。《烽火岁月志》（*Chronique des Années de Braise*，1973）从农民的角度观察阿尔及利亚革命并展现其胜利的必然性，获 1975 年戛纳国际电影节金棕榈奖，这是阿拉伯及非洲电影首次获此大奖。1964—1974 年的阿尔及利亚电影多与民族独立战争有关。

1957 年，加纳独立后成立电影工业公司。1959 年，尼日利亚开设电视台，1985 年基本设立电视网络，促进了电影业的发展。除埃及外，非洲各国家制作的首部电影多诞生于 20 世纪六七十年代。电影中心、电影学院、电影资料馆在不同的国家建立，如 1961 年马里成立国立电影制片中心，随后是阿尔及利亚（1965 年）、突尼斯（1967 年）等国。1960 年非洲已有 2168 家电影院，主要位于北非。1963 年，非洲一些国家的电影院数量如下：南非 368 家，尼日利亚 82 家，塞内加尔 65 家，科特迪瓦 50 家，坦噶尼喀 45 家，埃塞俄比亚 40 家，利比亚 40 家，莫桑比克 35 家，刚果（布）32 家，刚果（利）即今刚果（金）30 家，索马里 27 家，马达加斯加 27 家，安哥拉 20 家，马里 19 家，乌干达 18 家，喀麦隆 15 家，塞拉利昂 11 家，上沃尔特即今布基纳法索 7 家，乍得 6 家，尼日尔 5 家（UNESCO，2021：263–264）。电影的发展与许多因素相关，如经济、文化、政策及影界等。国际影评的标准和风格受到时代与意识形态的影响。索马里独立后电影业发展较快，出现了侯塞因·马布鲁克（Hussein Mabrouk）的首部长片《爱情不知道障碍》（*Love Does Not Know Obstacles*，1961）、哈吉·穆罕穆德·吉马力（Hadj Mohamed Giumale）的《城镇和村庄》（*Town and Village*，1968）、穆罕穆德·阿里·郭马（Mohammed Ali Goma）的《牧人和城市生活》（*Pastoral and Urban Life*，1969）和艾蒂利斯·哈森·迪列（Idriss Hassan Dirie）的《必要和奢侈》（*Necessity and Extravagance*，1973）（和丹，2017：85）。

塞内加尔的电影在非洲表现相当突出（汪琳，2020）。维埃拉出生在贝宁，回国后得不到重用。即将成为塞内加尔首任总统的桑戈尔于 1956 年聘请他领导塞内加尔的电影学院，并负责国家的广播电视和信息技术工作。维埃拉早已忘记母语约鲁巴语，只会法语，但这并未限制其艺术视野。他对电影制作的立场是非洲的，看问题的角度也是非洲的。他怀着激情拍摄了纪录片《一个国家诞生了》（*Une Nation est née*，1961）。维埃拉的非洲情结和塞内加尔的漫长历史为影片提供了灵感。这是由一位技术精湛的非洲导演拍摄的一部充满自豪感的电影，具有技术自信和真实场景、审美情趣和艺术技巧，以及自然地理和历史叙事的结合，还有非洲传统舞蹈、欧洲统治下的场景和建国时欣欣鼓舞的场面。这部塞内加尔建国历史纪录片被认为"在最佳非洲民族志电影中名列前茅"。另一部纪录片《摔跤》（*Lamb*，1963）在内容、节奏和配乐上完全实现本地化，是维埃拉的首部彩色电影，记录了这一全国性运动的庆祝节日。各种参与者汇集，"为在电影中捕捉社区的精髓创造了肥沃的土壤"（Adesokan，2022）。

塞内加尔导演奥斯曼·森贝是独立后非洲电影崛起的代表人物，被称为"非洲电影之父"（张勇，2015）。当他认识到电影在非洲是一种比文字更有效的载体后，便赴莫斯科修读电影，回国后专注电影创作，并以历史和政治为题材而闻名。他的首部影片《马车夫》（*The Wagoner*，1963）① 仅 22 分钟，用现实主义手法展现了劳动者的贫穷，大部分是主人公抱怨生活像奴隶般的内心独白，有时被认为是首部"由非洲人在非洲拍摄的关于非洲人的电影"。《黑女孩》（*La noire de...*，1966）讲述了一个黑人女仆在白人家庭的悲惨故事，女孩最后以自杀结束一生。影片的隐喻手法表现在女孩抢回代表塞内加尔民族的面具后自杀，象征着付出流血牺牲的代价后国家赢得独立。法国男主人将面具及女孩的遗物带回塞内加尔，但村里的男孩戴着面具将他驱逐，身后聚集的人群暗示着人民在"面具"的带动下进行反抗。电影虽获迦太基国际电影节金奖和法国让·维果奖，却遭到法国政府的抵制。《阳萎》（*Xala*，1973）通过性无能诅咒（"Xala"在沃洛夫语中意为"诅咒"）谴责非洲权贵贪污腐败，获得好评。《局外人》（*Ceddo*，1977）反映了当时的社会矛盾，获柏林国际电影节奖项（Niang and Sembene，1993）。塞内加尔导演迪奥普·曼贝提（Djibril Diop Mambéty）以《反差之城》（*Contras' City*，1968）进入电影界。其短片《巴都男孩》（*Badou Boy*，1970）讲述了一个年轻叛逆者的故事；《鬣狗之路》（*Le voyage de la Hyène*，1973）描绘了年轻人的闯荡，其复杂的叙事风格备受推崇，在 1973 年莫斯科国际电影节上获得两个奖项及金奖提名（Afrikanza，2018）。

值得注意的是，其他非洲国家直到 20 世纪 70 年代才有自己的导演，这些导演大部分是在国外接受的教育，除个别如几内亚的 M. 迪亚基特（Moussa Diakité）在德国留学外，大部分是在法国留学，如加蓬的 P. M. 董（Pierre Marie Dong）与 P. 莫里（Philippe Mory）、刚果的 S. 坎巴（Sebastien Kamba）、喀麦隆的 D. 坎瓦（Daniel Kamwa）等（Wagner and Ondobo，1988）。殖民宗主国的教育背景与客观表达非洲的文化复杂性之间存在着矛盾，这种矛盾可能对他们拍摄电影时的立场产生影响。苏丹导演加达拉·古巴拉（Gadalla Gubara）以谴责割礼陋习的《巴拉卡特·谢赫》（*Barakat*

---

① 该影片的法语名是 *Borom Sarret.*

Al – Sheikh，1998）、描述爱情悲剧的《塔珠伊》（*Tajouj*，1977）和根据非洲观众的特点改编的《悲惨世界》（*Les misérables*，2007）而闻名，曾任泛非电影工作者联合会（the Pan – African Federation of Filmmakers，FEPACI）主席（陆孝修、陈冬云，2011：155）。尼日利亚第一代导演欧拉·巴洛贡（Ola Balogun）主张尼日利亚电影应讲述自己的故事，并创建了非洲崇拜基金电影公司。他在巴黎高等电影研究院完成了有关纪录片的博士论文后在政府的电影处工作。在其首部纪录片《一个尼日利亚》（*One Nigeria*，1969）上映后，他又完成了《巴黎的桥》（*Les Ponts de Paris*，1971）、《雷神》（*Thundergod*，1971）等影片。《阿尔法》（*Alpha*，1972）是他的半自传体影片，《阿玛迪》（*Amadi*，1975）是其首部伊博语电影。其用约鲁巴语拍摄的《阿贾尼·奥贡》（*Ajani Ogun*，1976）经多位明星合作创下票房纪录，具有政治含义的《为自由而战》（*Fight for Freedom*，1979）也是用约鲁巴语拍摄。他善于运用传统情节剧形式和民俗音乐，《黑女神》（*Black Goddess*，1979）讲述了一个跨世纪的故事：18世纪，奥卢约尔王子被俘后被卖往巴西为奴；在当今的尼日利亚，儿子向临终的父亲承诺去巴西寻找祖先的踪迹，他从烛台仪式开始进入梦境，现在与过去、真实与虚幻、话语与错觉交融，重复的音乐加强了催眠气氛。

南非政府一直限制非洲人的文娱生活，对电影的控制尤其严格，有专供白人欣赏的影片，也有专门制作的黑人电影，1975年开始使用经过严格审查的非洲人创作的电影剧本。黑人导演西蒙·萨贝拉（Simon Sabela）先当演员，后执导多部电影，包括用祖鲁语制作的《黑猫》（*Ikati Elimnyama*，1975）。流亡在外的导演玛哈莫（Nana Mahamo）的《丁巴扎的最后一个坟墓》（*Last Grave at Dimbaza*，1973）在1974年曼海姆－海德堡国际电影节上获奖。20世纪60年代末到80年代初，在加州大学洛杉矶分校学习电影的艺术家们发动了被称为"洛杉矶叛乱"的运动，反对好莱坞的刻板印象，呼吁共享创新意识，不少非洲电影艺术家受到这场运动的影响，埃塞俄比亚导演格里玛就是该运动的主要成员之一。

20世纪70年代非洲电影成就突出，主要集中在北非和西非国家。优素福·夏欣的《选择》（*Al – ikhtiyar*，1970）获迦太基电影节的塔尼特金奖，《情迷亚历山大》在1979年柏林国际电影节上获两个奖项。梅德·翁多的多部与现实有关的电影均获国际性奖项：除《噢，太阳》外，讲述西撒哈拉独立运动的《与死亡共眠》（*Nous aurons toute la mort pour dormir*，1977）在柏林国际电影节上获奖。阿尔及利亚导演除阿洛维奇外，穆罕默德·里亚德（Muhammed Riad）的《对阴谋的剖析》（*Autopsie d'un complot*，1978）获卡罗维发利国际电影节评审团奖，女导演A. 吉巴尔（Assia Djebbar）回忆独立战争的《舍努阿山妇女的努巴》（*La nouba des femmes du mont Chen-*

oua，1977）获威尼斯国际电影节费比西奖，揭露殖民统治的《赞美圣歌》（*La zerda ou Les chants de l'oubli*，1979）获柏林国际电影节新电影论坛奖，尼日尔电影先驱奥马鲁·甘达（Oumarou Ganda）的代表作《多妻朝圣者》（*Le wazzou polygame*，1971）获泛非电影电视节大奖。

穆斯塔法·阿拉萨内（Moustapha Alassane）是尼日尔的电影创始人之一，其主要成就集中在民族志电影和动画片领域。他与提出"民族志—虚构"（ethno – fiction）类型的让·鲁奇合作，将民族志电影理念通过动画的视觉表现形式付诸实践。苏莱曼·西塞的多部电影获国际大奖，其中《工作》（*Baara*，*Work*，1978）揭示了普遍存在的个人利益与社会道德之间的矛盾，获四个奖项。塞内加尔女导演萨菲·法耶（Safi Faye）的《家村来信》（*Kaddu Beykat*，1976）和《法贾尔》（*Fad'jal*，1979）分别获柏林国际电影节的两个奖项。桑巴·菲利克斯·恩迪亚耶（Samba Félix Ndiaye）以纪录片闻名，如《变废为宝》（*Trésors des poubelles*，1989）等，其《鼓箱》（*Les malles*，1989）获亚眠国际电影节最佳纪录片金奖，《恩戈尔：地方的精神》（*Ngor，l'esprit des lieux*，1991）获得推广优秀纪录片的法国真实电影节的国际大奖。他被誉为"非洲纪录片之父"。布基纳法索和马里的第一部故事片均于1974年上映。

五、非洲电影的崛起与国际影评界的认可

维埃拉早在1975年就提出用"非洲电影"这一概念来描述非洲新兴的电影传统，他是对的——非洲国家的电影业不够强大，无法承受分散或区别对待。然而，对国际影评界而言，作为一个整体的非洲电影的崛起趋势不可否认。

非洲电影获得国际影评界的认可有两种：主动的迎合和无意的反叛。所谓"主动的迎合"，是指非洲电影界努力从执导、题材、演员、场景、音乐、费用等方面向既定的国际影界标准看齐。绝大部分导演均在国外受过教育或培训，在电影美学甚至价值观等方面也尽量与西方保持一致，虽然也有不同的意见，但大多表达委婉，尽量不直接与国际影界发生冲突。然而，诺莱坞电影的崛起、普通民众的欢迎程度，以及非洲各国的争相效仿让西方影界颇为震惊。"无意的反叛"指诺莱坞并非有意反抗国际影视规矩，亦非故意扰乱世界影界秩序，而是非洲电影在不具备各种正规条件的情况下自发地兴起，从而与已成规矩的国际电影制作形成了反差。诺莱坞这种看似不合规则的制作不仅很快吸引了影界关注，也受到国际学界的重视，其突如其来的影响需要我们深入研究。

国际影界对非洲电影有各种反应：非洲人的电影较优秀，可给予适当的奖励；非

洲电影的崛起是一种趋势，可加以引导；非洲文化有其特殊性，可区别对待；非洲演员的整体水平或潜能令人惊讶，可加以利用……非洲电影的表现和国际影界的态度还可列出多种。非洲经济状况从 20 世纪 70 年代开始遭遇困难，电影的制作受到阻碍，但仍然坚持发展。非洲电影的崛起与国际影界的认可表现在多个方面：非洲电影在国家独立 20 年内发展得很快；非洲电影的机制已建立，特别是泛非电影机构与包括迦太基（1965 年）、瓦加杜古（1969 年）、开罗（1976 年）、德班（1979 年）、马拉喀什（1981 年）等在内的国际电影节吸引的观众日益增多；非洲电影以其特有的历史文化为基础，赢得了不少奖项；不少非洲导演担任各种国际电影评审团成员等重要职务或获终身成就奖，成为国际影评界的重要力量；出现了各种有关非洲著名导演的纪录片、专集或展览（李安山，2023）。非洲电影已成为国际电影不可或缺的一极。

20 世纪八九十年代的非洲电影艰难前行。迪亚瓦拉在其 1992 年出版的著作第十章中指出：非洲电影的叙事模式主要集中在以下三种：反映社会现实、揭示殖民对抗、回归文化本源。"很明显，它们反映了非洲对社会和经济正义（社会现实主义）、身份认同（回归本源）和历史（对抗）的追求。"（Diawara，1992：166）北非和非洲法语地区的优势被逐渐打破。由于新传媒的出现，非洲影视业开始崛起（查姆，2001）。欧拉·巴洛贡的《艾耶》（Aiye，1980）是一部家庭剧，但其原创性、人性化和乐观精神展现了一个只要不放弃必将战胜逆境的神话。《为了自由》（Cry Freedom，1981）讲述了 1960 年独立前后发生的事件：一位游击队领导人为自由而战，反抗英国殖民主义者，他面临诸多困难但坚定不移，直到独立。从影 30 余年来，巴洛贡善于从非洲人的自尊及道德观出发，用民族语言拍摄讲述祖国历史的电影。索马里导演 A. A. 萨义德（Abdulkadir Ahmed Said）的《生命之树》（The Tree of Life，1987）突出人类与环境的主题，成为索马里第一部获奖短片；《海贝》（Sea Shell，1992）探讨了同一主题。索马里于 1992 年设立摩加迪沙电影节（和丹，2017）。

南非的一些白人导演也反对种族隔离制，如 M. 范·伦斯堡（Manie van Rensburg）和达雷尔·鲁德（Darrell Roodt）等。L. 斯蒂芬森（Lynton Stephenson）和伦斯堡合拍的《戈迪默的故事》（The Gordimer Stories，1982）等影片成为研究多元文化背景下白人世界的资料。南非种族隔离制度下的电影管制逐渐放松，商业电影发展迅速。有的影院审时度势，取消种族隔离政策，反种族歧视的黑人电影强势出击，T. 莫戈特莱恩（Thomas Mogotlane）与 O. 施密茨（Oliver Schmitz）合作的《马潘佐拉》（Mapantsula，1988）从黑人的视角表现了白人统治南非的残酷现实，获慕尼黑国际电影节"未来奖"。曾获 4 个奖项的白人导演鲁德的《棍棒》（The Stick，1988）也有反种族歧视的含义。南非白人女导演 E. 普罗克特（Elaine Proctor）的多部反思种族隔离的电影获奖，如《在火线》（*On the Wire*，1990）和《四海姐妹》（*Friends*，1993）等。

有意思的是，鼓吹言论自由的法国在对于有损自身形象的历史事实面前却遮遮掩掩。森贝的《艾米泰》（*Emitaï*，1971）描写了反抗法国殖民统治的迪乌拉妇女在非洲法语国家被禁 5 年的故事，法国的幕后操纵昭然若揭。在威尼斯国际电影节获 6 个奖项的《第阿诺亚营地》（*Camp de Thiaroye*，1988）描绘了 1944 年非洲士兵抗议法国未守承诺而发动兵变却惨遭镇压的事件，此片在法国被禁演 10 年，并在本国受审查时被删减（Pfaff，1984）。森贝多用沃洛夫语拍摄影片，他的电影具有强烈的价值判断和反殖民色彩。他曾表示："我是用魔鬼的钱，但不许魔鬼插手我的电影。"（潘华琼，2010：228）他不断为妇女权利和解放呐喊（Janis，2008）。森贝受到国际电影界的尊重并获得各种荣誉，曾担任 1967 年戛纳国际电影节评审团成员、1977 年柏林国际电影节评审团成员、1983 年威尼斯国际电影节评审团成员，被授予"英国电影学院会员"称号，并获得戛纳国际电影节终身成就奖。由希拉·佩蒂主编的《行动的呼唤：奥斯马内·森贝内的电影》真实地记录了这位天才导演的成就。塞内加尔的 A. S. 马卡拉姆（Ababacar Samb Makharam）导演的《卓姆》（*Jom*，1982）通过体现尊重、勇气和自我价值观的沃洛夫道德概念"Jom"来揭露腐败等不良风气。

阿尔及利亚导演哈米纳执导了《沙暴》（*Sandstorm*，1982）、《最后拍摄的影像》（*La dernière image*，1986）、《影子的黄昏》（*Twilight of Shadows*，2014）等一系列与阿尔及利亚战争、历史和现实相关的影片，主题集中在民族认同和后殖民解放中的自我认同。埃及在 1972 年取消国有化后，其有关现实主义题材的影片数量下滑，直到 1982 年萨达特去世才再次繁荣。埃及的独立电影在 20 世纪 90 年代兴起，这主要是指不以营利为首要目的的电影制作。夏欣的《命运》（*Al massir*，1997）通过 12 世纪穆斯林哲学家伊本·路西德（拉丁名 Averroes，阿威罗伊）在阿拉伯人统治的西班牙的经历，讲述这位人文主义者与原教旨主义者的冲突。影片融合情节剧、音乐和历史，展现了人性的各个方面，获戛纳国际电影节 50 周年特别奖。《别恋》（*El - Akhar*，1999）通过一个家庭成员的不同身份、情感和生活态度，揭露了权力与狂热之间的关系，以及对这些社会现实不容忍所付出的代价。真实性和艺术性的完美结合使该影片获戛纳国际电影节奖项。夏欣获得了 1997 年戛纳国际电影节和 2007 年迪拜国际电影节终身成就奖。

《宫殿的沉默》（*Les Silences du Palais*，1994）讲述了贵族家庭女人在突尼斯独立前夕的命运。国家期待解放的自由，统治者担心自己的命运，但包括妇女在内的普通民众一直被迫保持沉默，其困境并未改变。影片以倒叙的形式讲述了已成为夜总会歌手的艾莉亚（Alia）的童年。当得知王子去世后，她回到自己长大的宫殿以示吊唁之情，从而开始了那些难忘的儿时回忆。影片揭示了男性主导的宫殿的压迫性，既描绘了女性的悲伤，也表现了女人的坚强。歌曲成为被压迫者渴望自由的象征，主人公凭着对音乐的热爱在宫廷中获得了威望。电影由突尼斯女编剧、导演和作家穆菲达·特拉特利执导，她将这部电影献给母亲——她创作灵感的来源。该片获 7 个奖项，包括迦太基电影节金奖和 1994 年戛纳、芝加哥、多伦多，1995 年伊斯坦布尔等国际电影节的奖项。她执导的《男人的季节》（*La Saison des Hommes*，2000）获 4 个奖项，她还执导了《女人的季节》（*Nadia et Sarra*，2004）等影片。

苏莱曼·西塞的《云》（*Finye*，1982）是一部关于独立后西非人际关系的电影，主要反映代沟问题，该片获 1982 年迦太基电影节金奖和 1983 年瓦加杜古泛非电影节大奖。他的《光之翼》（*Yeelen*，1987）是一个有关古代马里的班巴拉文化背景下的迷人故事。年轻人伊西亚卡·凯恩（Issiaka Kane）在母亲和叔叔的帮助下发现科莫（komo）即神的科学，他因此受到父亲的嫉妒和迫害。令人惊叹的画面、具有催眠效果的配乐，以及事实与离奇的结合突出了电影效果，影片获 1987 年戛纳国际电影节评审团奖等 6 个奖项。在有的影片里，西塞会使用班巴拉语。西塞于 1983 年任戛纳国际电影节评审团成员，1996 年任威尼斯国际电影节评审团成员并享有多项荣誉，2010 年获迪拜国际电影节终身成就奖。由柬埔寨导演和制片人潘礼德（Rithy Panh）执导的《我们时代的电影：苏莱曼·西塞》（*Cinéma，de Notre Temps：Souleymane Cissé*，1991）描述了他的职业生涯。马里导演阿达马·德拉博（Adama Drabo）的《山火》（*Ta Dona*，1991）获洛迦诺国际电影节金奖提名，《缠腰布的力量》（*Taafé Fanga*，1997）获泛非、东京和那慕尔三项国际大奖。喀麦隆导演让-皮埃尔·贝柯洛（Jean-Pierre Bekolo，1966）的《莫扎特区》（*Quartier Mozart*，1992）获两项奖，《亚里士多德的阴谋》（*Le Complot d'Aristote*，1996）引发了对非洲两代电影人的区别以及对非洲电影性质的讨论（Dima，2019）。

《鬣狗》（*Hyenas*，1992）被认为是《鬣狗之路》的续集。尽管有人认为这是根据瑞士剧作家弗雷德里奇·杜伦马特（Friedrich Dürrenmatt）的经典戏剧《来访》（*The Visit*，1956）改编的故事，但导演迪奥普·曼贝提将故事从欧洲背景转到一个极度贫困的非洲村庄。非洲动物鬣狗成为权力与疯狂的象征。虽然各种紧张局势加强了剧情，但导演将人性中的正义、背叛、复仇、内疚、贪婪、忠诚和慈善调和在一片灼热且美丽的沙漠之中。影片的非洲特色使观众印象深刻，放映后即成为经典之作，获戛纳国际电影节金棕榈奖提名以及芝加哥国际电影节特别评审团奖。他执导的《卖太阳的小女孩》（*La petite vendeuse de soleil*，1999）获多个奖项，如 1999 年那慕尔国际法语电影节的评审团特别奖以及电影和电视制片人协会的奖项，此片还获得了其他电影节的奖项。他的电影也被认为具有政治导向。然而，迪奥普·曼贝提并非像大多数非洲导演那样善用现实主义手法，而是善于运用梦幻般的技巧，从而将电影寓意留给观众自己解释。曼贝提执导的电影不多，但影片的质量使他赢得了尊重。

反抗殖民侵略的非洲英雄也被搬上了银幕。索马里导演萨义德与萨拉赫合作导演的描写反抗英国殖民统治的著名民族英雄哈桑的《索马里苦行僧》（*The Somali Dervish*，1983）是一部颇具教育意义的历史长片。非洲历史上的 1899 年反法楼沟战役（Battle of Lougou）被搬上银幕，《萨劳乌尼亚》（*Sarraounia*，1986）获泛非电影电视节特等奖。女王萨劳乌尼亚听闻法军入侵后，决定用自己的策略和巫术来对付法军。她邀请所有人保卫领土而不论其宗教和传统，绝不失去尊严而成为奴隶。这部影片由梅德·翁多执导，其传递了两个信息：其一，非洲同样拥有自己的女性领袖，她们表现出非凡的领导才能；其二，非洲人民则要团结起来，完全可以战胜压迫者。莎拉·马尔多罗执导的《艾梅·塞泽尔，文字的面具》（*Aimé Césaire, le masque de mots*，1987）是关于泛非运动黑人领袖和政治家塞泽尔的影片，他因提出"黑人性"而闻名（Markovitz，1969）。《莱昂·G. 达马斯》（*Léon G. Damas*，1995）是有关一名法属圭亚那诗人和黑人文化代言人的记录。达马斯是早期在巴黎发行的《黑人学生》（*L'Etudiant Noir*）的创始人之一，也是《非洲存在》（*Présence Africaine*）的早期撰稿人之一，他一生都在为捍卫黑人的尊严而斗争。

六、无意的反叛：诺莱坞电影与非洲传统文化

21 世纪的非洲电影以自己特有的方式吸引了世界的关注。非洲国家独立以来的电影一直在努力适应西方电影美学的价值观和迎合国际影界的各种标准，实际存在着"身份的焦虑"（张勇，2015）。诺莱坞电影的出现可谓一种"无意的反叛"。"从非洲电影史的角度看，诺莱坞电影第一次在真正意义上摆脱了欧美资本、技术和市场的支持，突破国际电影节和知识分子为'非洲电影'设定的美学趣味和价值框架，并且进入寻常百姓的街巷和家庭，实现了非洲电影长期以来试图'深入非洲观众'的目标。"（程莹、金茜，2022：120）。所谓"无意"，是因为诺莱坞的本意并非反对现有电影秩序，结果是受到国际影界的更多关注。①

"诺莱坞"这一名称可能产生于 2002 年。20 世纪 90 年代，新传媒方式推动非洲

---

① 已有十余部以"诺莱坞"为标题的电影，其中多为外国人拍摄的纪录片，如《这就是诺莱坞》（*This is Nollywood*，2007）、《欢迎来到诺莱坞》（*Welcome to Nollywood*，2007）。

影业发展，诺莱坞电影逐渐兴起（Onishi，2002）。诺莱坞是继印度宝莱坞（Bolly-wood）之后从好莱坞（Hollywood）派生的名字，指尼日利亚电影产业，其本质至今仍被电影评论界所乐道（张勇，2016；程莹、金茜，2022）。[①] 1959 年，伊巴丹开设电视节目，随后电视在非洲大陆开始铺开，非洲各国在 1985 年几乎都设立了电视网络，这为视频电影的普及提供了便利。诺莱坞是 20 世纪 80—90 年代尼日利亚社会转型中各种矛盾的反映，也是本土文化与外来文化的融合，成为 20 世纪末国际影界的一个意外惊喜。诺莱坞电影具有服装、道具、演员、场景和制作方式简易以及高产的特点。C. 奥比·拉普（Chris Obi Rapu）的伊博语电影《活在枷锁中》（*Living in Bond-age*，1992）发行后风靡全国，成为诺莱坞的开山之作。学界对诺莱坞褒贬不一，或贬为"商人的投机"，或称为"民粹主义娱乐"，或斥为"电影人的逐利"，或称为"大众消费行为"。然而，它是一种求实和创新，也从大众视角呈现了社会文化价值（Klaassen and Ibrahimova，2022）。制作一部电影，好莱坞需要一年时间和 6000 万英镑，诺莱坞只需要 7~10 天和 7000~12000 英镑：低成本、高回报、非院线的大众化电影成为世界电影史上的奇迹。有人认为这种电影并非尼日利亚国民精神的展现，而是一种"自我民族志"（丹格姆芭卡，2014）。这是有关非洲电影话语权之争：谁是非洲电影的真正代表？

诺莱坞带动了非洲录像和视频电影的出现（张勇，2016：51 – 56），如英语电影的"戈里坞"（Gollywood）、加纳库马西电影的"库马坞"（Kumawood）、肯尼亚的"河坞"（Riverwood）、坦桑尼亚的"斯瓦希里坞"（Swahiliwood）和"邦戈坞"（Bongowood）、喀麦隆的"喀莱坞"（Collywood、Camwood、Kamwood）、津巴布韦的"津莱坞（Zollywood）"和"索马里坞（Somaliwood）"，以及卢旺达以"千丘之国"特点命名的"山莱坞"（Hillywood）等（UNESCO，2021：269；Overbergh，2015；和丹，2017：85 – 89）。以肯尼亚为例，一部电影可发行 5 万~15 万拷贝（Overbergh，2015）。诺莱坞存在的性别歧视、巫术、拜金和粗制滥造招致批判（Bryce，2012），观众期待优质的电影。视频营销负责人伊曼纽尔·伊斯卡库表示要将年产量减到350~400 部以提高质量（Steinglass，2002）。2010 年以来，一批高预算、高投资、制作精良的电影被称为"新诺莱坞"，并采用院线、DVD、卫星电视、流媒体视频网站、视频点播、航空娱乐等分级发行方式。2010 年前后上映的四部电影，即《雕像》（*The Figurine*，2009）、《旅途》（*Ije：The Journey*，2010）、《伊娜莱》（*Inale*，2010）和《靠山宝贝》（*Anchor Baby*，2010）成为"新诺莱坞"的代表作。K. 阿佛拉扬

---

① 2020 年发行了一部有关诺莱坞产业的纪录片《诺莱坞：电影行业的非洲风格》（Nollywood – Filmbusiness African Style，2020）。

（Kunle Afolayan）、T. 凯拉尼（Tunde Kelani）、J. 阿马塔（Jeta Amata）、L. 恩泽克维、C. 安亚恩等尼日利亚导演因其卓越的贡献，成为"新诺莱坞"电影的开创性人物（Cheng，2020）。

阿佛拉扬是新生代导演的杰出代表，他执导的多部电影荣获了各种奖项。《伊拉帕达》（*Irapada*，2006）和阿马塔的《奇异恩典》（*The Amazing Grace*，2006）以及《雕像》被普遍认为是力图使尼日利亚电影转型的最具代表性的影片。《雕像》描绘了两个朋友在树丛的神龛里发现了一个神秘雕像后将其带回家，原来，从神龛中取下的雕像来自约鲁巴女神阿罗米拉（Araomire），它将带给拥有它的主人 7 年好运和 7 年厄运。阿佛拉扬希望通过这部电影来逐步改变尼日利亚电影低成本的粗制滥造现状，"现在每个人都用《雕像》作为衡量标准"，他说："还有许多其他的电影制作人也在试图提高他们的电影质量。他们称之为'新诺莱坞'。"（Vouroiask，2010）这些电影的拍摄、演员的出色表演、影片的商业价值以及在国际电影节上的受欢迎程度，提高了尼日利亚电影的地位和国际媒体的关注度。《电话诈骗》（*Phone Swap*，2012）描述了时装设计师及其老板在繁忙的机场意外换了手机后发生的各种事情，该片因情节奇特和设计巧妙荣获 3 个奖项。《十月一日》（*October 1*，2014）描述的事件发生在 10 月 1 日尼日利亚独立前，一名警探被派往出事地点侦破连环杀手残杀年轻女性的案件。这部刑侦片情节紧张、描写细腻，获 4 个奖项和 5 项提名。《阿尼库拉波：不死传说》（*Aniku-lapo*，2022）在美国网飞公司上演后广受欢迎（Rice，2012）。

森贝内曾指出，应将传统与现代两种文化融合在一起，只有这样才能避免因对传统的盲目尊重而产生的无知和因现代的错误概念而产生的无力感（Wagner and，Ondobo，1988）。传统文化被非洲电影人用于电影创作，从而使国际电影界重新认识非洲历史的深厚积淀。非洲移民人群中的导演或是直接向欧美输出非洲传统文化，或是借古讽今，或是直击非洲现实。其中，移民瑞典的布基纳法索导演丹尼·库亚特（Dani Kouyaté）比较突出。他的父亲是一位格里奥（griot，说书者、乐师、祭司、史诗吟唱者，古时可为朝廷重臣）。库亚特、塞古·特拉奥雷（Sékou Traoré）和伊萨·特拉奥雷·德·布拉希马（Issa Traoré de Brahima）共同执导了短片《比拉科罗》（*Bilakoro*，1989），三人创立了电影制作公司并导演了多部短片。库亚特从 1990 年开始参与《格里奥之声》（*La Voix du Griot*）节目在美国和欧洲的巡回演出，这是他父亲创办的通过讲故事来普及有关非洲知识的戏剧节目。他执导的著名电影有《凯塔：格里奥的遗产》（*Keïta! L'héritage du griot*，1995）：一个名叫杰利巴（Djeliba）的格里奥来到一个小镇，他向一位小男孩承诺会透露其祖先的起源。影片通过这位格里奥讲述了曼丁哥人马里帝国的创始人、传奇人物松迪亚塔·凯塔（Sundjata，1230—1255 在位）的一生。影片获亚眠国际电影节最佳影片奖等多个奖项。

在这一成功的鼓舞下，他的《西娅：巨蟒之梦》（*Sia, le rêve du python*，2001）改编自 7 世纪索宁克人的神话传说：一个暴君统治着贫穷的村落，为了重新获得繁荣，大祭师建议用最漂亮的处女来祭神，故事围绕西娅（Sia）被选中后的抗争命运而展开。这部电影以村庄为国家的隐喻，对当代政治的神话进行解读，实际上是对国家统治者使用神秘手段的批判和反思。影片在视觉审美效果、传统价值精神和当代政治寓意等方面有突出贡献，获得了包括纳慕尔国际法语电影节最佳剧本奖在内的 4 个奖项。除了《瓦加萨加》（*Ouaga Saga*，2005）这部由瓦加杜古青少年主演的都市喜剧和关于非洲智慧的《太阳》（*Soleils*，2013），他执导的《当我们活着的时候》（*Medan vi lever*，2016）于 2017 年获得非洲电影学院奖中"由海外生活非洲人拍摄的最佳电影"及 3 个提名。影片讲述了全球化世界中的身份问题。①

老一辈电影艺术家仍在精心制作。2001 年美国"9·11"事件发生后，夏欣和其他导演合作的短片集《9·11》对这一事件做出反省，该片获 2001 年欧洲最佳影片荣誉。他与另一位导演制作的《混乱》（*Heya fawda*，2007）是对埃及现行政治体制的深刻批判。夏欣反思社会上的各种不良倾向，批判现代文明中唯利是图的市井现象、拜金主义，反对宗教狂热和极端的伊斯兰教旨主义。在国际上，他指责美国外交政策是导致全球数百万人死亡的原因。他的影片展示了传统与现代的交融。森贝内的最后一部电影《摩拉德》（*Moolaadé*，2003）由多个非洲法语国家合作拍摄，以布基纳法索为背景，探讨女性生殖器切割这一话题，获 2004 年戛纳国际电影节和瓦加杜古泛非电影节奖项。格里玛重温 70 位电影导演的 70 部短片的纪录片《威尼斯 70 周年：重启未来》（*Venice 70：Future Reloaded*，2013）是研究电影史的重要资料，2003 年华盛顿特区独立电影节为他颁发终身成就奖。希萨库反映国际政治与个人生活之间矛盾的《巴马科》（*Bamako*，2006）4 次获奖。《廷巴克图》（*Timbuktu*，2014）再现了马里冲突后当地居民的悲惨，获奖 33 项。他怀着泛非情结，关注现实问题，聚焦人文主义、社会意识、全球化、流离失所以及南北间的复杂关系。塞古·特拉奥雷描写一位律师为非洲内战参加者辩护的《气旋之眼》（*L'oeil du cyclone*，2015）获 12 项奖和 12 项提名。埃及导演 A. 拉什旺（Ahmed Rashwan）作为评审团成员参加短片和纪录片电影节，他的《巴士拉》（*Basra*，2008）获两个奖项，《1 月 25 日出生》（*Born on the 25th of January*，2011）获卢克索非洲电影节最佳艺术贡献奖铜奖和 2013 年开罗埃及电影节最佳纪录片评委奖。

新一批导演也有出色的表现。安哥拉导演弗雷迪克是典型之一，他在美国获得了

---

① Dani Kouyaté［EB/OL］.［2023 - 09 - 26］. https：// www. dani - kouyate. com/en/index. php.

导演学位。《阿兰巴门托》（*Alambamento*，2009）获罗安达国际电影节最佳短片奖，并在温哥华和特内里费等国际电影节获官方评选（Official Selection）。2010 年，他拍摄的第一部关于安哥拉解放斗争的长篇纪录片《独立》（*Independence*，2015）被认为是恢复安哥拉集体记忆的标志，获安哥拉国家电影文化奖和卡梅伦国际电影节最佳纪录片奖。《空调》（*Ar Condicionado*，2020）是一部隐喻片：首都卢旺达的空调纷纷神秘坠落并砸死砸伤行人，超现实主义、物体巫术化和泛灵论的感觉表现出某种政治隐喻。空调噪声、非洲底层的脏乱、背影的长镜头、精心设计的光影效果和梦幻般的场景转换等技巧增加了现实感和神秘感的结合。影片获弗里堡国际电影节大奖等多个奖项及提名。①尼日利亚的 G. 纳吉（Genevieve Nnaji）编剧并出演的《通往昨天之路》（*Road to Yesterday*，2016）取得了成功。她导演的《狮心女孩》（*Lionheart*，2018）获奖并被美国网飞公司购买了全球播放版权。S. 西达特（Shameela Seedat）的纪录片《反腐风云》（*Whispering Truth to Power*，2018）用英语、祖鲁语和科萨语放映，讲述南非公共保护官图利·马登塞拉（Thuli Madonsela）上任后的反腐败斗争，影片取得了巨大的成功。南非裔加拿大导演 N. 布洛姆坎普（Neill Blomkamp）因科幻电影《第九区》（*District 9*，2009）而闻名，该片获 31 项奖，但对非洲的负面描绘使其具有好莱坞电影的特征。布洛姆坎普曾在《时代》期刊评选的"世界 100 位最具影响力的人物"（"艺术家"类别）中获奖。南非导演 G. 胡德（Gavin Hood）执导的《黑帮暴徒》（*Tsotsi*，2005）力图反映约堡的善与恶，该片获第 78 届奥斯卡最佳外语片奖等 23 个奖项。

津巴布韦独立初期电影事业的发展突出，但主要是外国公司的投资。以津巴布韦为基地的南部非洲电影节于 1990 年开始举办。1998 年，津巴布韦国际电影节在首都哈拉雷举办。由于经济不景气，近 20 年观众数量急剧下降。目前导演倾向于低成本的制作（洪圭，2016；UNESCO，2021：256）。由 T. G. 姆蓬戈（Tawanda Gunda Mupengo）导演、描写一位女性自我奋斗的《坦亚拉兹瓦》（*Tanyaradzwa*，2005）获得非洲电影学院奖的 2 个奖项以及 4 项提名。喀麦隆自 2008 年以来已制作超过 300 部电影。充满活力的私人影视团体得益于电影业向传媒影视的转变，与政府形成了一种合作关系。白象影视艺术团体的历史说明了录像电影的制作如何在激烈的竞争和压力下逐渐发展，年产 500 部坦桑尼亚录像电影不仅在本国大受欢迎，在周边邻国甚至欧美非洲移民人群中也广受欢迎（Bohme，2015；张勇，2017）。知名导演 A. 希乌季（Amil Shivji）新拍摄的有关婚姻的《拔河》（*Tug of War*，2022）获 6 项奖。索马里

---

① 有关葡萄牙语非洲的电影，参见 DIAWARA M. Africa cinema：Politics and culture［M］. Bloomington：Indiana University Press，1992：88－103.

导演哈达尔·A. 艾哈迈德（Khadar Ayderus Ahmed）的《掘墓人的妻子》（*Guled & Nasra*，2021）获得泛非电影节以及迦太基、多伦多、奥斯陆等地电影节的 23 项奖项。[①]马拉维在 21 世纪有多部电影获奖，其中最有特点的《驭风男孩》（*The Boy Who Harnessed the Wind*，2019 年）根据马拉维 13 岁男孩威廉·坎宽巴（William Kamkwamba）的真实生活改编，他发明了一种风车发电机，将他生活的村庄从饥荒中拯救了出来，影片获得 4 个奖项。导演埃吉奥福是非洲移民裔群导演。新独立的南苏丹在 2016 年设立了朱巴电影节，重点展示本土的短片（UNESCO，2021：157，226）。

21 世纪的非洲电影开始出现合作的趋势。尼日利亚和南非等国与非洲其他国家或非洲移民裔群在各方面展开合作（张勇、强洪，2020）。一些专业组织和非政府组织积极地介入非洲电影的制作与评审过程。非洲电影学院奖（AMAA）由非洲电影学院主办，旨在为非洲电影提供展现、认可和奖励平台，促进非洲电影的发展。非洲电影学院奖从一天的电视直播发展成一个全年为电影人与观众提供节目的互动平台，并成为非洲同类娱乐行业中最具声望和魅力的活动之一。第一届非洲电影学院奖颁奖典礼于 2005 年 5 月 30 日在尼日利亚的耶纳戈阿（Yenagoa）举行。颁奖典礼从 2015 年起有时在尼日利亚境外举行。奖项种类不断增加，2022 年已达 26 项，还设有涉及非洲移民裔群的奖项，2022 年的重要奖项如下：首部长片导演奖的得主是《黑暗之歌》（*A Song from the Dark*）的导演奥戈·奥克普（Ogo Okpue），最佳导演奖的得主是《幸存的加沙》（*Surviving Gaza*）的导演 V. A. 辛丹恩（Vusi' Africa Sindane），最佳影片奖的得主是坦桑尼亚的《拔河》（*Tug of War*）。非洲电影学院奖的目标是宣传非洲电影，通过电影团结民众，培养年轻的电影制作人，逐步建立农村电影院。[②]

七、结语

马里导演苏莱曼·西塞指出："为什么不为人类建立一个多样性的世界，让每个人都能保护自己的财富？这是我从一开始就坚持的立场，因为我相信存在、人类本性及其生活的普遍性。电影是普遍的，可以为我们指明方向。"（UNESCO，2021：9）非洲电影力图体现多样与普遍的辩证关系，也是非洲文化与外来文化结合的典型。导

---

① Guled & Nasra 2021 [EB/OL]. [2023-02-16]. https：//www.imdb.com/title/tt4440842/? ref_＝nv_sr_srsg_0.

② Africa Movie Academy Awards [EB/OL]. [2023-02-06]. https：//ama-awards.com/about-us/. 中国的四达时代公司（StarTimes）已成为非洲电影学院奖的赞助伙伴。非洲电影学院奖与四达时代尼日利亚子公司合作举办了 2022 年 AMAA-StarTimes 短片电影节（又称为"The Shorts"）。

演多受过多种文化的影响，在国外受过各方面的熏陶，或是从小被送到欧洲接受教育后成才，如维埃拉；或是自己到欧洲进一步发展，如曼贝拉或丹库特；或是因拍摄工作经常在欧洲与非洲之间流动，如希萨科；或是属于非洲移民裔群第二代或第三代，如莎拉·马尔多罗和 C. 埃吉奥福（Chiwetel Ejiofor）。电影的拍摄和发行多与外国公司合作，最后参加国际电影节并希望获奖。电影在内容上表现了多种文化的融合，或表现非洲人在欧洲或其他地方的现实生活，或展现非洲传统与现代的交融，或通过非洲历史映射现实世界……

诺莱坞的独立性不仅体现在制作过程和发行过程上，也表现在主题的选择和对现实的批判上。更重要的是，诺莱坞努力将非洲与非洲移民裔群连接在一起，使全球非洲人加深对自身文化和历史遗产的珍爱与自豪感（Onuzulike，2007；Sawadogo，2017）。然而，有关非洲移民裔群的电影从各方面都表现出人类的不平等。以翁多的《噢，太阳》为例：前殖民宗主国与前殖民地之间的不平等，还有非洲与欧洲、黑人与白人、移民与本土居民以及资本主义制度下不同阶级之间的各种不平等。韦德拉奥戈指出："某些非洲人认为非洲人不应该在欧洲拍片，你失去了一些东西，你在欧洲不是真正的非洲人。就我个人而言，我已经远离了通常所说的'非洲电影'，这已经不再困扰我了。"（Thackway，2018）。"已经不再困扰我了"是一种自宽自解。对非洲移民裔群而言，双重身份是难以摆脱的困境（Nesbitt，2003）。

对非洲电影的研究可以进一步探讨一些被忽略的问题（Swafogo，2018：12）。有志于探索非洲电影的起源并保存非洲电影档案记录的学者与联合国教科文组织于2017年合作创建了"非洲电影遗产项目"，该项目在努力修复和收藏重要的非洲电影。2017 年，项目组修复了梅德·翁多的《噢，太阳》（毛里塔尼亚）；2018 年，修复了阿尔及利亚导演哈米纳首部获金棕榈奖的非洲电影《烽火岁月志》；2019 年修复了科特迪瓦蒂米特·巴索里（Timité Bassori）的《持刀的女人》（*Woman with a Knife*，1969）和喀麦隆让－皮埃尔·迪孔盖·皮帕（Jean－Pierre Dikongué Pipa）的获奖影片《穆娜·莫托》（*Muna Moto*，1975）。这些具有纪念意义的非洲电影被修复并在戛纳或瓦加杜古电影节放映。非洲电影人认识到，不能因为钱而失去自身的立场和观点，需要思考以下问题：应该制作什么电影？谁是观众？另外，非洲电影成功的标志是获奖还是受群众欢迎？这更值得深思。

非洲电影从一无所有到有了自己的导演和演员，有了自己的联合会和档案馆，有了自己的电影节并不断增加，如卢克索非洲电影节（2012 年）和南非国际电影节（2015 年），还有自己的电影公司和奖项。更重要的是，非洲传统文化的丰富内涵已得到认识，新一代非洲电影人可以从中汲取经验并获得灵感。诺莱坞每年拍摄约 2500

部电影具有象征意义：在非洲大陆，电影和视听行业存在巨大的机会和潜力（Klaassen and Ibrahimova，2022），电影同时具有宣传和树立和平愿景的影响力。我们有理由对非洲电影的未来持乐观态度。

参 考 文 献

［1］ DIAWARA. African cinema：Politics and culture ［M］. Bloomington：Indiana University Press，1992.

［2］ UNESCO. The African film industry：Trends，challenges and opportunities for growth ［M］. 2021.

［3］ 张文建. 阿拉伯电影史 ［M］. 北京：中国电影出版社，1992.

［4］ SHAFIK V. Arab cinema：History and cultural identity ［M］. Cairo：The American University in Cairo Press，2007.

［5］ 陆孝修，陈冬云. 阿拉伯电影史 ［M］. 北京：昆仑出版社，2011.

［6］ OLUBOMEHIN O O. Cinema business in Lagos，Nigeria since 1903 ［J］. Historical research letter，2012（1）：1 - 11.

［7］ 和丹. 从殖民时期电影到"索马里坞"：概述索马里电影的崛起 ［J］. 当代电影，2017（4）：84 - 89.

［8］ BRENNAN J. Democratizing cinema and censorship in Tanzania，1920—1980 ［J］. The international journal of African historical studies，2005，38（3）：481 - 511.

［9］ ROUCH J. The awakening of African cinema ［J］. The UNESCO courier，1962：11 - 15.

［10］ 张勇. "电影节的魅惑"：西方电影节与非洲电影的文化身份研究 ［J］. 北京电影学院学报，2015（5）：86 - 93.

［11］ NIANG S，SEMBENE O. An Interview with Ousmane Sembene by Sada Niang ［J］. Contributions in black studies a journal of African and Afro - American studies，1993（11）：75 - 76.

［12］ 张勇. 为非洲电影立言："非洲电影之父"奥斯曼·森贝的电影观念与实践 ［J］. 当代电影，2015（6）：122 - 128.

［13］ 李安山. 论非洲导演的代际与传承 ［J］. 北京电影学院学报，2023（8）：99 - 107.

［14］ ADESOKAN A. Paulin Soumanou Vieyra and the birth of African Cinema ［EB/OL］.（2022 - 09 - 19）［2023 - 04 - 15］. https：//www. criterion. com/current/posts/7923 - paulin - soumanou - vieyra - and - the - birth - of - african - cinema.

［15］ 马鹏程. 马格里布移民电影研究 ［J］. 北京电影学院学报，2023（8）：108 - 114.

［16］ 梁兆才. 埃及电影的开拓者：穆罕默德·凯里姆 ［J］. 阿拉伯世界研究，1985（4）：

131 – 133.

[17] 马兹鲁伊. 非洲通史（第八卷）：一九三五年以后的非洲 [M]. 屠尔康，等译. 北京：中国对外翻译出版公司，联合国教科文组织，2003.

[18] 汪琳. 从"黄金时代"到"末日危机"?：塞内加尔电影六十年 [J]. 北京电影学院学报，2020 (10)：77 – 88.

[19] SANOGO A. The indocile image：Cinema and history in Med Hondo's Soleil O and Les Bicots – Nègres, Vos Voisins [J]. Rethinking history, 2015, 19 (4)：548 – 568.

[20] Afrikanza. Top 10 African movie directors [EB/OL]. (2018 – 06 – 12) [2023 – 04 – 15]. https：//afrikanza. com/blogs/celebrity/top – 10 – african – movie – directors.

[21] WAGNER T, ONDOBO C. African cinema：A young and relatively unknown art [J]. The UNESCO courier, 1988 (3).

[22] 毕斯考夫. 东非地区电影产业的发展现状与研究进展 [J]. 郑连忠，徐佩馨，译. 当代电影，2017 (4)：76 – 89.

[23] 李安山. 从初史的迁徙到移民裔群的定位非洲移民史探源 [J]. 世界民族，2023 (4)：24 – 39.

[24] 查姆. 九十年代非洲电影 [J]. 古小倩，译. 电影艺术. 2001 (4)：116 – 119.

[25] PFAFF F. The Cinema of Ousmane Sembène, A pioneer of African film [M]. New York：Greenwood Press, 1984.

[26] 潘华琼. 非洲影像：非洲人文研究的新视角 [J]. 非洲研究，2010 (1)：223 – 234, 408.

[27] JANIS M. Remembering Sembne：The grandfather of African feminism [J]. CLA journal, 2008, 51 (3)：248 – 264.

[28] DIMA V. Waiting for (African) cinema：Jean – Pierre Bekolo's quest [J]. African studies review, 2019, 62 (1)：49 – 66.

[29] MARKOVITZ I L. Senghor and the politics of Negritude [M]. London：Heinemann, 1969.

[30] 程莹，金茜. 诺莱坞电影的兴起与尼日利亚公共文化的转型 [J]. 电影艺术，2022 (5)：118 – 125.

[31] ONISHI N. Step aside, L. A. and Bombay, for Nollywood [N]. New York times, 2002 – 09 – 16.

[32] 张勇. 从诺莱坞到非莱坞：非洲录像电影产业的崛起 [J]. 电影艺术，2016 (2)：51 – 56.

[33] 丹格姆芭卡. 非洲电影创作实践面面观：前景、希望、成就、努力和挫折 [J]. 谭慧，王晓彤，译. 北京电影学院学报，2014 (1)：56 – 62.

[34] OVERBERGH A. Kenya's Riverwood：Market structure, power relations, and future outlooks [J]. Journal of African cinemas, 2015, 7 (2)：97 – 115.

[35] BRYCE J. Signs of femininity, symptoms of Malaise：Contextualizing figurations of 'woman' in Nollywood [J]. Research in african literatures, 2012, 43 (4)：71 – 87.

[36] STEINGLASS M. Film：When there's too much of a not – very – good thing [N]. New York Times,

2002 – 05 – 26.

[37] CHENG Y. Yorùbá? Ronú: Tradition, youth and cultural citizenship in Túndé Kèlání's films [J]. *Journal of african cultural studies*, 2020, 32 (4): 382 – 399.

[38] RICE A. A scorsese in Lagos: The making of Nigeria's film industry [N]. New York Times, 2012 – 02 – 26.

[39] 洪圭. 叙事与意识形态: 津巴布韦电影制作 50 年 [J]. 朱嫣然, 谢温柔, 译. 北京电影学院学报, 2016 (2): 89 – 97.

[40] BOHME C. Film production as a 'mirror of society': The history of a video film art group in Dar es Salaam, Tanzania [J]. Journal of African cinemas, 2015, 7 (2): 117 – 135.

[41] 张勇. 电影作为教育: 对坦桑尼亚电影发展的一种观察 [J]. 当代电影, 2017 (4): 80 – 84.

[42] 张勇, 强洪. "非洲十年": 2010—2019 年撒哈拉以南的非洲电影发展 [J]. 北京电影学院学报, 2020 (3): 92 – 100.

[43] ONUZULIKE U. Nollywood: The influence of the Nigerian movie industry on African culture [J]. Human communication, 2007, 10 (3): 231 – 242.

[44] SAWADOGO B. African film distribution in the United States: Assessment and prospective analysis [J]. Journal of African arts, media and cultures, 2017, 2 (1): 18 – 22.

[45] THACKWAY M. The world should be open to film: An interview with Idrissa Ouedraogo [J]. African studies review, 2018, 61 (3).

[46] NESBITT N. African intellectuals in the Belly of the Beast: Migration, identity, and the politics of Exile [J]. African issues, 2003, 30 (1): 70 – 75.

[47] KLAASSEN L, IBRAHIMOVA M. African Film: A booming industry [J]. The UNESCO courier, 2022 (1): 46 – 49.

[48] ARMES R A. African filmmaking: North and south of the Sahara [M]. Edinburgh: Edinburgh University Press, 2006.

[49] ADESOKAN A. Practising 'democracy' in Nigerian films [J]. African affairs, 2009, 108 (433): 599 – 619.

History of African Cinema: Beginning, Succession and Innovation

Abstract: Film started to release in Africa in 1896. The history of African cinema can be divided into six periods. Foreign films screened during the colonial era, which was the first time when the Africans came into contact with films. Movies made by foreigners in Africa originated in the late 19th century and are still in fashion. Afri-

265

can diaspora shooting film about themselves/Africans began in the 1950s and is now facing a new climax. The film made in Africa by African directors for the Africans can be possible only after the independence, which started the fourth period, thus the pioneer era (1960s—1970s). The African cinema witnessed a difficult time during the fifth period (1980s—1990s), yet the achievement with its original thinking and design by talented directors and excellent performance by Africans has been gradually acknowledged by international film circles. The new generation (21st century) represented by "Nollywood" has demonstrated Africa's own working style, African cultural tradition remerged and its importance to film is recognized by filmmakers. The six periods are connected and interacted. At present, more challenges are facing African filmmakers, such as what kind of films should they make? which audience group they aim at? and how to judge the success—to win awards or to be welcomed by the mass? However, African film is worth expecting

Key words: African film, history of Africa cinema, African diaspora, Nollywood, international film festival

作者简介: 李安山,北京大学/电子科技大学教授,中国非洲史研究会名誉会长、中国亚非学会副会长、中国非洲问题研究会副会长、华侨历史学会副会长等;联合国教科文组织《非洲通史(9~11卷)》国际科学委员会副主席和摩洛哥皇家学院外籍院士。主要研究方向为世界史、非洲史、中非关系和华侨华人史。

非洲优秀儿童绘本的插画设计探析

——以《索苏的呼唤》为例*

丽 水 学 院 松 阳 校 区　吴大海

浙江师范大学外国语学院　赖丽华

【摘　要】儿童绘本是文字和图画的有机结合，优秀的绘本作品不仅可以激发青少年读者的学习兴趣、提升语言表达能力、促进人格成长，还能培养其艺术欣赏、审美和创造能力。本文通过研究联合国教科文组织"儿童文学宣传宽容奖"金奖绘本作品《索苏的呼唤》（*Sosu's Call*）的插画设计，了解和把握其插画创作在色彩、色调、线条、细节、造型、构图等方面如何与故事内容相融合、契合绘本主题价值观念，以期为我国儿童绘本插画创作及其教育应用、儿童绘本产业开发和儿童绘本国际化等方面带来启示并提出建议。

【关键词】儿童绘本；《索苏的呼唤》；插画设计

一、引言

教育部发布的《3—6岁儿童学习与发展指南》强调："每个幼儿心里都有一颗美的种子。幼儿艺术领域学习的关键在于充分创造条件和机会，在大自然和社会文化生活中萌发幼儿对美的感受和体验，丰富其想象力和创造力，引导幼儿学会用心灵去感受和发现美，用自己的方式去表现和创造美。"（教育部，2012）《幼儿园教育指导纲要（试行）》指出："艺术是实施美育的主要途径，应充分发挥艺术的情感教育功能，

＊ 本文为以下项目的阶段性成果：浙江省丽水市"儿童教育研究"专项课题"联合国教科文组织金奖绘本作品插画研究"（课题编号：ETYJ202209）。

促进幼儿健全人格的形成"，要"利用图书、绘画和其他多种方式，引发幼儿对书籍、阅读和书写的兴趣，培养前阅读和前书写技能"（教育部，2001）。儿童绘本是文字和图画的有机结合，通过优美的图画表现内容，受到世界各国儿童的喜爱。"绘本内容涵盖了语言、社会、健康、科学、艺术与人文等领域，因此具有多元性的特点，使其成为幼儿园整合课程的最佳媒介。"（柴林丽，2010：3）优秀的儿童绘本作品不仅可以激发青少年读者的学习兴趣、提升语言表达能力、促进人格成长，还能培养其艺术欣赏、审美和创造能力。因此，儿童绘本不仅在语言和认知教育方面具有重要的价值，其蕴含的艺术与文化情感教育功能也应受到重视。本文关注联合国教科文组织金奖绘本作品的插画设计，拟通过学习借鉴国际优秀绘本作品的插画创作理念、方法和特点，促进国内儿童绘本产业及其在幼儿教育领域的开发和应用。

本文通过研究联合国教科文组织"儿童文学宣传宽容"奖金奖绘本作品《索苏的呼唤》（*Sosu's Call*）的插画设计，了解和把握其插画创作在色彩、色调、线条、细节、造型、构图等方面如何与故事内容相融合、契合绘本主题价值观念。为此，本文将重点关注以下主要问题：一是《索苏的呼唤》插画设计如何展现非洲本土风貌；二是《索苏的呼唤》插画设计如何融合故事情节发展；三是《索苏的呼唤》插画设计如何刻画人物形象、传达情感立场；四是《索苏的呼唤》插画设计对我国的儿童绘本创作及幼儿教育实践有何启示。

通过探讨国际优秀绘本作品《索苏的呼唤》的插画创作，可为我国儿童绘本教育实践提供借鉴和参考。重视和发挥艺术在幼儿成长过程中的积极作用，对于促进我国儿童德、智、体、美、劳全面发展，促进全社会树立科学的儿童发展理念，推动新时代我国幼儿教育的高质量发展具有现实和深远的意义。与此同时，笔者拟对《索苏的呼唤》的插画设计进行全面、系统的细致分析，以期为我国本土儿童绘本插画创作及其教育应用、儿童绘本产业开发和儿童绘本国际化等方面带来启示并提出建议。

二、国内外有关儿童绘本插画的研究现状和趋势

长期以来，国际学界普遍重视儿童绘本的插画创作研究。日本"图画书之父"松居直通过对经典图画书作品进行分析，提出诸多图画书及其插画设计的建议（松居直，2009）。英国的马丁·萨利斯伯瑞系统地介绍了插画历史，并对儿童插画设计的构思和创作过程进行了解析（萨利斯伯瑞，2005）。美国的凯西·玛考尔蒂就如何通过儿童绘画促进儿童对自我和家庭的认知、帮助解决儿童情感与人际问题等进行了阐述（玛考尔蒂，2005）。国际儿童绘本的插画创作研究给我国的相关研究带来了诸多

影响和启示。

我国除引进介绍国际插画研究的著作外，21 世纪以来开始日益关注这一研究领域。陈敏对儿童读物中插图的艺术性进行了分析（陈敏，2006）。袁晓峰、王林等将图画书融入课堂内外，记录和探讨了图画书在我国小学校园的应用教育实践及其价值（袁晓峰、王林等，2007）。李全华、李莉和朱良对儿童读物的插画概念进行了界定，并结合儿童身心发展特点对儿童图画书阅读能力进行了探讨（李全华、李莉、朱良，2008）。黄若涛则针对儿童的绘本书阅读行为本身开展了研究（黄若涛，2009）。郝广才对经典绘本作品的制作和插画设计进行评析，并提出了新的想法（郝广才，2009）。朱自强结合绘本创作理论与实践，解读绘本的图文关系及其对儿童心理成长的作用（朱自强，2016）。梁斌、杨心怡分析了美国著名儿童文学家和教育家苏斯博士创作的儿童图画书的美学风格、语言运用、主题思想以及叙事手法，认为图画书对于发展儿童的基本品质、生命哲思和社会关怀具有重要价值（梁斌、杨心怡，2022）。顾月鑫通过开展美术教育实践，探索在具体教学活动中如何灵活运用绘本教学资源并充分发挥其作用（顾月鑫，2022）。

综观国内外关于儿童绘本插画的已有研究，近年来倾向与心理学、语言学、美学、教育学等其他学科领域相结合，形成跨学科研究趋势，目前处于逐步发展阶段。当前，我国学界对优秀绘本尤其是国际优秀绘本的具体插画设计进行客观、全面分析的实证研究尚且较少，基于此，本文将在国内外现有研究的基础上，以非洲优秀绘本作品《索苏的呼唤》为研究范本，探讨其插画设计及理念，以期对当前国内该领域理论研究和现实应用方面作一初步探索和有益补充。

三、《索苏的呼唤》绘本简介

《索苏的呼唤》（*Sosu's Call*）是加纳首屈一指的儿童文学作家米沙克·阿萨尔（Meshack Asare）的众多知名儿童绘本之一，1997 年由位于阿克拉的撒哈拉以南出版社出版发行。《索苏的呼唤》一经出版，即在海内外引起广泛的关注，先后荣膺众多奖项和荣誉，曾荣获联合国教科文组织"儿童文学宣传宽容奖"金奖、国际儿童读物联盟残疾青年杰出读物奖、非洲研究协会荣誉图书奖、美国国会图书馆荣誉图书奖、国际儿童读物联盟荣誉作品奖。同时，这部作品还被列入"20 世纪非洲百部经典作品"榜单，并被组委会评选为"20 世纪最伟大的 12 部非洲作品"之一，与享誉国际的钦努阿·阿契贝、沃尔·索因卡、桑戈尔、纳吉布·马哈福兹等非洲文学作家的作品一起闪耀全球。《索苏的呼唤》除英语版本外，目前已被译成西班牙语和加泰罗尼亚语、捷克语、德语、葡萄牙语、法语、斯瓦希里语、意大利语和丹麦语等，2019 年被译成中文，目前已在中国、美国以及非洲和欧洲的多个国家出版发行。

《索苏的呼唤》作者米沙克·阿萨尔不仅是一位著作颇丰的儿童文学作家，还是一位颇有造诣的插画家，他的诸多作品都是自己创作插图，受到广大少年儿童的喜爱。《魔法山羊》（*The Magic Goat*）是由米沙克·阿萨尔创作故事兼插画的作品，1999 年荣获丰田儿童文学绘本故事书最佳插画家奖；同样由他自己创作插图的《塔韦亚出海》（*Tawia Goes to Sea*），曾获得联合国教科文组织颁发的非洲最佳绘本奖。米沙克·阿萨尔在《索苏的呼唤》中运用他纯熟的绘画技艺，展现了加纳儿童生活的真实画面和独具特色的人文风貌，让读者对遥远的非洲少年索苏的英勇故事留下了深刻的印象。

《索苏的呼唤》是一部赞颂英勇和决心的儿童绘本（赖丽华，2016：96）。故事发生在一个坐落于环礁湖的渔村。村里的残疾小男孩索苏（Sosu）由于无法自己行走，既去不了学校上学，也不能参加孩子们的游戏。一个周一的早上，大人们如同往常一样各自出门捕鱼、种庄稼，孩子们也去隔壁的村子上学了，只有一些老人、幼儿还有索苏留在家里。天气突变，一时间狂风大作、暴雨来临，旋转的巨浪竟然淌过环礁湖扎进了院子，海水不断地在村子里上涌。在千钧一发的时刻，索苏敲鼓及时发出警报，在村子外的青壮年听到鼓声意识到村里一定发生了险情，全都飞奔回村，挽救了困在洪水中的老人和孩子。这是一本关于差异、接纳，以及什么才是真正"健全"的书，反映了非洲少年儿童积极向上、阳光健康的心态（赖丽华，2016：96）。

《索苏的呼唤》中文译本的出版发行让我们不仅可以了解发生在遥远非洲大陆的儿童故事，而且可以充分领略国际优秀绘本插画展现的异域风情和精神风貌，探索世界的多元化和统一性。米沙克·阿萨尔创作《索苏的呼唤》时亲自绘图，将绘本的故事和插画完美地融合在一起，使绘本的感染力更强，进而充分地发挥绘本的教育功能。本文将通过探讨和学习在《索苏的呼唤》中插画如何表现绘本人物和情节，如何更好地激发儿童的阅读兴趣，如何引导幼儿去感受和发现蕴含在故事中的自然、社会、生活之美，为我国儿童绘本插画创作和教育应用，以及本土绘本的产业化和国际化提供有益的参考。

四、《索苏的呼唤》插画设计探析

故事和插画是儿童绘本不可或缺的两个组成部分。故事情节往往蕴含寓意，能激发小读者的艺术想象和情感共鸣；而绘本插画使故事叙述更流畅、更生动，让信息传达变得更具体、更形象。因此，有趣的故事和独特的插画缺一不可，两者的结合使儿童绘本更具创造力和吸引力。米沙克·阿萨尔不仅创作了索苏的故事，而且亲自画图，使《索苏的呼唤》成为优秀儿童绘本的典范。艺术可以跨越时代和地域，作家本人绘就的精美绝伦的插画助力《索苏的呼唤》故事不仅仅停留在非洲，而且走向了世界。在《索苏的呼唤》中共有插画 18 幅，米沙克·阿萨尔运用水彩写意、分镜构图、细节刻画、对比画面等插画设计手法，使故事的叙述更加贴近非洲少年儿童的日常生活，形象地展现了非洲国家的社会经济和道德环境现实。

（一）运用水彩的灵动写意呈现非洲风貌

周明扬认为，水彩画独有"透明清澈的特质"，"不以厚涂却能追求空间、质感、量感和绘画上变幻的语言和节奏"（周明扬，2007：75），水彩独具的绘画优势为其在绘本插画中的广泛应用提供了可能性。米沙克·阿萨尔充分发挥水彩细腻通透的特征和灵动鲜活的表现力，用简洁明快的线条、朴素明亮的色彩、打动人心的构图，展现了非洲大陆古朴的社会风貌。画家注重贴近非洲本土人民的生产和生活，不仅描绘了优美的村庄环境、渔家温馨的生活场景，也画出了小巧的独木舟、明艳的服饰、结实的非洲鼓、圆锥顶的小房子等富有地域特色的非洲元素，这些独特的元素随着故事的发展进程出现在各幅画面中，充分表现了非洲小渔村恬静又生动的意境。

"水的流动性、色的透明性、水色交融的偶然性，由此而产生透明、流畅、轻快、滋润等艺术情趣，既是水彩画独特魅力之所在，也是水彩画语言的首要因素。"（周明扬，2007：76－77）画家发挥水彩的水色韵律感，运用流动的色彩、线条和构图描绘故事发生的环境，烘托情节发展的氛围，带给读者水彩画特有的审美体验。《索苏的呼唤》中简洁、流畅、柔和的水平构图成为绘本第 1 幅插画（见图 1）的基本形式，而水彩的透明性和偶然性特质充分呈现了渔村优美的空间。海滩的海岸线由幅度很小的曲线连成；就连海滩边停泊的一条条船只，也以与海平线形成差别不大的角度斜靠在岸边；与海岸线平行的还有两排椰子树，两者之间是一排排圆屋子。画家用微微起伏的、连续的波浪组合画房子的屋顶，使一排排房屋组成的村庄看起来安宁、祥和；另一边的环礁湖则使用了长长的平行式水彩线条，使湖面看上去平静而安定。船只、海岸线、渔村、椰子林、环礁湖、绿树形成了相对平行的构图，既有层层叠出的层次感，又有向画面两边延伸的空间感。画家还综合运用多种色彩，形成水色交融的画面，具有流动感的黄色、棕色的土地和沙滩，浅蓝色的湖面和嫩绿色的堤岸，错落有致的浅黑色的圆房子上是浅黄色的圆锥形屋顶，还有一排排棕色枝干、绿色叶子的椰子树，描绘了具有美丽自然风光和浓郁乡土气息、人与自然和谐相处的非洲渔村风貌。

图 1 《索苏的呼唤》第 1 幅插画①

在第 8 幅画中，米沙克·阿萨尔用水彩特有的绘画语言快速、精准地记录了天气突变的瞬间，表现了海岛渔村某一视野中各个事物的形态和动态，采用仰视的构图和垂直的线条组合，将高矮不同的椰子树、门和房子、索苏和小狗同时展现在读者面前，呈现了多层次、流动性、兼具一定反差性和压迫感的画面空间。图中索苏坐在偏左侧的地面上，简单的构图使这位故事的主要形象在院子有限的空间里占据画面的突出地位。从索苏的视角看，眼前竖立着的圆形的房子和厚实的木门、院子里平整的泥地和低矮的土墙，给人以质朴、平稳的印象。画家用阳光的颜色——黄色画门、房子的墙和木椽，让人感到温暖；用热烈的橙色画索苏的短袖和他坐着的那块地面，使人产生积极、活跃、强有力的感觉。然而，在院外则是另一幅画面：高大的椰子树被吹弯了腰，叶子都朝着一个方向，表明海岛的天气突然有变，大风正刮得猛烈。而深浅不一的蓝色使天空显得较为清冷；众多的椰树枝干只有一枝还是令人感到轻松的碧绿色，其他枝叶都已呈现出褐绿色、棕黄色、暗棕色，还有深棕色、棕褐色和黑褐色的椰树树干，给人紧迫、被动、沉重的感受。画家用水彩写意轻重缓急的着色和笔法、严谨的构图等技巧烘托了紧张、危险的故事氛围，使即将遭受暴雨袭击的弱小渔村画面跃然纸上。

（二）利用画面的分镜构图对应情节发展

儿童阅读绘本时，往往可以通过观看一幅幅前后连贯的画面，想象事件发生的场

---

① 文中插画均选自米沙克·阿萨尔. 索苏的呼唤［M］. 赖丽华，译. 杭州：浙江工商大学出版社，2019.

景，跟上情节的连续发展，理解绘本故事的内容。松居直就曾指出，"优秀的插图会将故事充分地表现出来，所以孩子们确实能够通过阅读图画书的插图来理解故事内容。"（松居直，2009：7）那么，在《索苏的呼唤》中，插画是如何做到一步步吸引读者充分阅读和理解索苏的故事的呢？米沙克·阿萨尔通过分镜构图选取了特定的场景、人物、光线、色彩来"叙述"故事内容，并根据情节的发展需要构思不同的画面，使各幅插画之间既相互关联又呈现出流动性的变化，从而推动绘本故事情节不断向前发展。

首先，米沙克·阿萨尔在《索苏的呼唤》中的 18 幅插画构图设计充分地反映了故事的主题和内容。画家根据故事内容构思了一幅幅连续的现场分镜画面，清晰地展现了故事的发展脉络。小读者通过观看插画，就可以猜测出故事是围绕一个非洲村子里的黑人小朋友展开的：第 1 幅插画里是一个美丽的海边村庄；第 2、第 3 幅插画中的小朋友看起来走不了路，白天也只能坐在一个院子的地上；第 4、第 5 幅插画表明当他尝试外出时，总有人对他指指点点，还有人对着他尖叫；第 6、第 7 幅插画中可以看到他的家人对他很照顾，姐姐和弟弟与他分享，而他的小狗也和他形影不离；第 8、第 9 幅插画描绘了天气突变，瞬间刮起大风、下起暴雨，椰子树被吹弯了腰；第 10、第 11、第 12、第 13 幅插画中的他严肃、认真地挠头思考，然后开始艰难地在风雨里爬行，并在小狗的帮助下坚定地敲响了非洲鼓；第 14、第 15 幅插画里描述的是听到鼓声的大人们飞奔回村，救出了老人和孩子；第 16、第 17、第 18 幅插画里的小朋友被高高地扛在大人的肩膀上，大家围着他，记者们来采访他，所有人都很开心。18 幅插画不仅生动地描述了故事主人公索苏如何通过自己的行动和智慧及时地挽救了村庄的故事，也充分地反映了《索苏的呼唤》所蕴含的思想主题：思想的独立、人格的健全才是真正意义上的"健全"，残疾人也一样坚强、勇敢、乐于助人，社会需要人与人之间相互尊重、理解和包容。

其次，18 幅插画之间有着紧密的内在逻辑联系，不同的分镜画面体现了故事情节的深入发展和变化。第 1 幅插画交代故事发生的地点与环境——有着一幢幢房子、被美丽的环礁湖围绕的小渔村。第 2、第 3 幅插画描绘了故事的主人公索苏的情况，身体残疾使他行动受限，白天就剩下他和小狗法沙留在家里。第 4、第 5、第 6、第 7 幅插画聚焦故事的社会背景——周围的人如何对待残疾人，一方面，残疾使索苏受到了部分村民的歧视和伤害；另一方面，他的家人和小狗则给予他温暖和关爱。第 8、第 9 幅插画描绘了故事发生的起因，即天气突变及其即将带来的挑战，使读者体会到索苏的担忧和恐惧。第 10、第 11、第 12、第 13 幅插画呈现了故事中面对突发事件时人物所采取的行动，画面中呈现出索苏在面对村庄潜在危险时的挣扎和思考，以及他在

困难面前选择迎难而上、坚韧不拔，展现了索苏的勇气和智慧。第14、第15幅插画描绘了故事中主人公的英勇行为带来的结果：索苏敲响的鼓声及时地召回了其他村民，大家奔回村子开展搜救行动。第16、第17、第18幅插画则表现了故事的结局：村庄得到挽救，索苏的行为受到村民和媒体的赞誉，索苏终于露出了笑脸，他的身心都得到了救赎。《索苏的呼唤》插画设计与故事本身形成了很好的关联互动，各个分镜画面环环相扣，构成了一个完整的故事，清晰地反映了索苏的自我成长经历，以及这个小渔村的居民们如何逐渐接纳和包容残疾少年的全过程。

（三）善用传神的细节刻画塑造人物形象

人物是一部绘本作品的核心要素，成功的人物形象刻画可以帮助儿童认识自己、认识他人、认识社会，一个人童年时期喜爱的绘本人物形象有可能对其一生产生影响。绘本通过插画与文本的文字描述相呼应，可以生动地表现人物的表情、神态、动作、行为、服饰、外貌、心理等特征，进而给读者留下深刻的印象。因此，插画人物的构图设计对绘本人物形象的成功塑造显得尤为重要。米沙克·阿萨尔在《索苏的呼唤》中非常注重对局部特征、视觉构图的细致处理，让读者通过插画的传神刻画更好地把握主人公的个性特点、道德情感，以及其家人、村民和社会大众等其他个体和群像的多元特征。

以画家在《索苏的呼唤》插画中对"手"这一人物局部特征的刻画为例，从中可以反映其对生活的细致观察能力和对形象刻画的强大表征能力。第4幅插画（见图2）描绘了当索苏的父亲带着他在礁湖上划独木舟捕鱼时，不期而遇的陌生人向他们靠近，这位男子告诫应该让这个孩子待在自家的房子里，不要出现在礁湖上惹"礁湖之神"不高兴，以免给村子带来不幸。画家画了其用手指指着索苏，表现出咄咄逼人的蛮横态度，体现了非洲社会某些人对残疾儿童根深蒂固的偏见。从画面中可以看到索苏父亲的手臂肌肉凸起、双手紧紧地握着船桨，表现了他对无端指责的愤怒和保护孩子的决心。在第5幅插画（见图3）里，夜色中一位穿着长裙的女孩右手手臂伸开，似乎正指向对面坐在地上的索苏，又似乎在阻挡索苏靠近，而她的左手放在嘴边，可以看出她正在惊骇地大声尖叫，反映了其无法接纳索苏并把他归为异类的瞬间表现。在第9、第10、第11、第12、第13幅插画中，索苏的手先是挠后脑勺和前额，然后撑在地上冒着风雨爬行、双手接过小狗拱下来的鼓、最后紧握鼓槌奋力敲打的过程，传神地表现了索苏在面临挑战时从最初的惊惧无助到勇敢行动的整个心路历程。而第16幅插画展现的是一位叔叔双手紧紧地握住索苏的小腿，把他高高地扛在肩膀上，另一位叔叔正向他竖起大拇指，表现了村民们对索苏的喜爱和赞许。在第18

插画中，一位长者向索苏伸出他的右手，坐在轮椅中的索苏也伸出了自己的右手，两只手紧紧地握在了一起，他们的心也靠在了一起。画家通过对"手"的局部刻画，表现了人物在当下的动作行为和心理活动，有助于在读者心目中建立更为真实、立体的主人公和其他人物形象。

图 2 《索苏的呼唤》第 4 幅插画

图 3 《索苏的呼唤》第 5 幅插画

米沙克·阿萨尔在插画设计中还非常注重对绘本人物眼睛和视图的细致刻画。在第 3 幅插画中，索苏的头微微上扬，双眼正望向天空，他的眼睛轮廓很大，黑白分明，可以清晰地看到上眼睑的眼睫毛，表现了他对院子之外的广阔世界的向往。在第 4 幅插画里，当陌生人严肃地对爸爸说不能让索苏到礁湖上来的时候，索苏没有面向正在交谈的三位成年人，虽然听到面前的大人们正在谈论自己，但画家却画出了他的眼睛微微向下看向湖面而没有望向大人，目光略显呆滞、眼神胆小柔弱，表现了索苏在这种情境下的卑微和无助。在第 9 幅插画中，画家描绘了索苏睁着大眼睛抬头望向天空，似乎正震惊地观察着院墙外在狂风中不断摇摆的椰子树，努力地辨听风雨中村里不时传来的物体碰撞声，认真判断风雨的大小，担心是否会给渔村带来巨大的危险。第 10 幅插画中的索苏正严肃地看向前方，他的前面没有画上任何具体的人或物，他似乎在看什么，又似乎什么也没看，表现了索苏正全神贯注地进行快速的思考。第 13 幅插画（见图 4）里坐在地上的索苏下颌上扬，眼睛望向高远处，眼光从容不迫，画家在虹膜上画上了黑黑的瞳孔和反射光，读者可以看到正在敲鼓的索苏的眼神既刚毅，又充满神采。第 17 幅插画里，记者们围着索苏采访，画家将上下眼睑都设计画成高光的部分，画出了抱着小狗的索苏开心地微笑着，柔和的眼神里充满了笑意。画家传神的眼部刻画表现了人物情绪微妙的动态变化，体现了索苏沉着、果敢、坚毅的性格特征，建立了内心丰盈、勇于承担和无私奉献的非洲残疾少年形象。

图 4 《索苏的呼唤》第 13 幅插画

（四）采用鲜明的对比画面传达情感立场

《索苏的呼唤》通过采用对比鲜明的色彩、色调、场景等构图设计，表现作家的情感立场，引发读者的思考和共鸣，助力孩子建构道德精神世界。米沙克·阿萨尔根据故事情节发展，使用了丰富而富有变化的色彩色调，描绘了诸多故事发生的不同场景，创作了各种典型的人物形象，增强了作品的趣味性和吸引力，有助于读者更好地理解和领悟作品的深刻内涵。

　　色彩是形象传达绘本故事内容、形成丰富视觉效果的要素，在绘本中发挥着重要作用。彭懿认为，绘本中的颜色可以引发联想，是与孩子沟通的特殊语言，而色调的变化可以表现意境（彭懿，2008：49）。《索苏的呼唤》中运用了冷暖色彩和色调描绘出具有对比性的画面，表现人物的各种心情，烘托故事发生的不同氛围。在第1幅插画中，画家大量运用黄色、棕色等暖色调，给人以温暖、朴实的感受，浅绿色、浅蓝色和浅黄色让人放松，绿色的运用令人感到清新舒适、环保安全，作家用明亮的色彩和温暖的色调表现了温馨美好、充满朝气的小渔村，让读者对这里的人们和他们的生活充满期待与向往。在第5幅插画中，画家采用了较为单一的冷色系：黑色和墨蓝色，运用水彩的流动性和透明性特征，使色彩的深浅浓淡与夜幕下的地面、人物、夜空相宜。蓝色通常被认为是最冷色，在这幅画中，幽暗的夜幕下，画家运用了大面积的深蓝色，给人压抑、冷漠的感受，画家并未画出尖叫女孩和她身后人群的五官，惊异、模糊的脸孔更能营造一种毛骨悚然的故事氛围，体现了某些人对残疾儿童的偏见和淡漠。而在第18幅插画（见图5）中，画面变得五彩缤纷，暖色彩和色调的应用体现了人们内心的喜悦以及对索苏的接纳与赞誉。

图5　《索苏的呼唤》第18幅插画

　　同时，《索苏的呼唤》中画家运用光线和色彩的明暗处理，根据绘本故事的发展描绘了各种相应的对比场景，更好地彰显了绘本的情节性和叙事性。绘画作品善于表现各种场景，"可包罗万象，涵盖人们生活、生产、休憩中的方方面面"（陈树中，2015：42）。在绘本前半部分的故事中，作者向我们描述了主人公成长的环境，运用细节丰富的场景画卷表现了索苏的日常生活。第2幅插画呈现了渔家小院富有生活气息的日常片段，索苏正在和小狗玩耍，爸爸在修补渔网，姐姐在教弟弟功课，妈妈在喂鸡，一家人安静和谐、其乐融融。而第 5 幅插画描绘的是索苏外出时的场景，画家运用了相对阴暗的色彩和光线处理，黑蓝色阴影占据整幅画面的 3/4 以上，营造出恐怖的视觉效果，与故事中的戏剧冲突画面——索苏受到误会和歧视的社会场景对应。紧接着第 6 幅插画又呈现了索苏在院子里喂鸡、调皮的小狗跳起来接住玉米棒子的生动瞬间场景，背景是符号化的非洲地域特色的渔村民居，这个充满爱和欢乐的场景让读者产生了与第 5 幅画面截然不同的情感体验。在绘本后半部分的故事中，作家讲述了索苏勇敢行动帮助挽救村庄、得到大家赞誉的情节，与故事发展相对应，画家在第17、第 18 幅插画的背景中都画了留白的天空，使故事发生的环境更加敞亮、轻松。同时，作家充分运用橙、黄、红、绿、蓝、紫等缤纷的色彩，在村子的广场上，人们穿上了彩色的服装，黄色、红色、紫色的大太阳伞撑了起来，画家创作了全村集会感谢索苏的欢庆场景，营造了一种和谐友爱的欢乐、祥和气氛。画家通过描绘个人、家庭、村集体等不同的社会场景，展示了个人成长与非洲家庭、社会环境之间的冲突与融合，也表明了作家自身所持的情感立场，即"揭示了非洲社会环境中依然存在着不利于青少年成长的负面因素，间接地批评了非洲国家残存的社会弊端和不良风气"（赖丽华，2018：211）。

五、启示和建议

米沙克·阿萨尔在《索苏的呼唤》中运用水彩的灵动写意呈现非洲风貌，利用画面的分镜构图对应情节发展，善用传神的细节刻画塑造人物形象，并采用鲜明的对比画面传达情感立场，独到的插画设计和精湛的绘画技能使作品具有卓越的艺术表现力，给读者带来了深刻的阅读享受和真切的审美体验，也为我国儿童绘本插画创作、产业开发和国际化等方面带来了诸多启示。笔者结合我国当前绘本产业的现实状况提出以下建议。

首先，充分重视开发我国儿童绘本产业，尤其要重视插画设计的迭代升级。绘本是内容和插画的互动融合，目前市场上部分绘本的插画设计不尽如人意，对绘本的整体质量有所影响。我国有庞大的幼儿及青少年群体，优秀绘本的市场需求量大，20 世纪我国的连环画曾经长期在青少年读者中风靡，值得我们总结分析并发扬光大。一方面，要加强引进包括发达国家和发展中国家在内的世界各地区的优秀儿童绘本作品，比如非洲地区除《索苏的呼唤》外还有很多其他优秀绘本，其故事和插画创作经验值得借鉴。另一方面，也是更为重要的，要为本土儿童绘本产业发展，尤其是我国自主插画创作的升级创造条件，如国家相关部门加大对出版社绘本出版和发行的政策与资金支持力度，培育专门出版包括绘本在内的幼儿图书出版和发行机构品牌，推动绘本的电影、动画等媒介转化，创设和培育具有国际知名度的绘本相关奖项，评选优秀的儿童绘本插画家，等等。

其次，进一步开发绘本在幼儿教育领域的多元化应用，尤其是绘本插画设计的情感教育功能有待挖掘。《索苏的呼唤》形象生动的插画设计与引人入胜的故事情节相得益彰，尽管字里行间没有直白的说教，却蕴含丰富的生活哲理和道德情感，"有力地抨击了歧视残疾人的社会现象，引导青少年儿童要自信自强"（赖丽华，2018：212），作品形神兼备，助力全世界儿童建构道德精神世界。因此，优秀的绘本不仅有打动人心的故事，更有栩栩如生的画面，幼小的儿童甚至在不阅读文字的情况下，就能根据图片读懂和喜爱上绘本作品。绘本对儿童的语言、认知、情感、思维等多元能力的发展以及文学素养和艺术情趣的提升、价值观念和理想信念的树立都具有重要的意义，在幼儿的阅读、口语、写作、音乐、表演、绘画等教学领域的应用都有很大的潜在空间，其中插画设计起到了举足轻重的作用。插画是绘本不可分割的关键要素，优良的绘本插画设计可以给儿童插上想象的翅膀，给予读者以美的体验和享受，使绘本更具吸引力和感染力，其对儿童的影响力是其他读物不可比拟的。因此，对绘本尤其是绘本插画的教育应用开发应给予足够的重视，努力提升幼儿教师的绘本应用综合教学能力，严格筛选国内外优秀绘本作为幼儿园教材，并积极地促进园本幼儿园精品绘本课程开发等。

最后，大力推动优秀本土绘本的国际传播，尤其要增强中国绘本典型形象的传播力和影响力。《索苏的呼唤》的文字与插画浑然一体，生动地讲述了超越种族和地域的绘本故事，在世界各地出版发行并荣获国际大奖，其国际传播和世界影响给我们以深刻的启示。我国拥有五千多年的历史文化底蕴，中国文学和艺术的海外传播由来已久，孙悟空、花木兰等经典文学形象在国际上广泛传播并深入人心。与此同时，国际上一些儿童绘本的经典形象也在中国和世界各地受到小朋友的喜爱，如由英国女性作家兼插画家毕翠克丝·波特（Helen Beatrix Potter）创作的彼得兔（Peter Rabbit），绘本作品本身以及与彼得兔形象相关的电影和动画 100 多年来畅销全球，经久不衰。因此，一方面，我国应学习借鉴国际优秀儿童绘本的创作和传播经验；另一方面，要加强创作优质的本土儿童绘本，为国际社会提供图文并茂、独具创意的中国特色绘本，增强中华文化和艺术的传播力、影响力和感召力。

六、结语

本文在回顾国内外儿童绘本插画已有研究的基础上，以非洲优秀儿童绘本《索苏的呼唤》中的 18 幅插画为例，探讨和分析了出色的插画创作设计如何增强绘本趣味性、多元性和感染力，以及促进作品发挥潜移默化、春风化雨的教育功能，并在此基础上就我国的绘本插画创作应用和产业开发升级提出了相应建议。相信未来我国儿童绘本产业发展将更加重视插画设计创作及其情感教育功能，为全球青少年读者提供更多兼具文学享受和审美体验、引发思考和共鸣的优质中国绘本。

参 考 文 献

[1] 教育部. 教育部关于印发《3—6 岁儿童学习与发展指南》的通知［EB/OL］.（2012 – 10 – 09）［2023 – 06 – 30］http：//www. moe. gov. cn/srcsite/A06/s3327/201210/t20121009_143254. html.

[2] 教育部. 教育部关于印发《幼儿园教育指导纲要（试行)》的通知［EB/OL］.（2001 – 07 – 02）［2023 – 06 – 30］. http：//www. moe. gov. cn/srcsite/A06/s3327/200107/t20010702_81984. html.

[3] 柴林丽. 儿童绘本在幼儿园艺术领域教学中的开发与应用研究［D］. 西安：陕西师范大学，2010：33.

[4] MESHACK A. Sosu's Call［M］. Accra：Sub – Saharan Publishers，1997.

[5] 阿萨尔. 索苏的呼唤［M］. 赖丽华，译. 杭州：浙江工商大学出版社，2019.

[6] 松居直. 我的图画书论［M］. 郭雯霞，徐小洁，译. 上海：上海人民美术出版社，2009.

[7] 萨利斯伯瑞. 英国儿童读物插画完全教程［M］. 谢冬梅，译. 上海：上海人民美术出版社，2005.

[8] 玛考尔蒂. 儿童绘画与心理治疗：解读儿童画［M］. 李苏，李晓庆，译. 北京：中国轻工业出版社，2005.

[9] 陈敏. 儿童书籍插图［M］. 杭州：浙江大学出版社，2006.

[10] 袁晓峰，王林，等. 图画书阅读：引领孩子快乐成长［M］. 海口：海南出版社，2007.

[11] 李全华，李莉，朱良. 儿童读物插画艺术［M］. 杭州：浙江大学出版社，2008.

[12] 黄若涛. 儿童的绘本书阅读行为研究［J］. 中国图书评论，2009（7）：83 – 85.

[13] 郝广才. 好绘本如何好［M］. 南昌：二十一世纪出版社. 2009.

[14] 朱自强. 亲近图画书［M］. 济南：明天出版社，2016.

[15] 梁斌，杨心怡. 为儿童创作：美国苏斯博士图画书的形态特征与教育价值［J］. 学前教育研

究，2022（11）：79-82.

[16] 顾月鑫. 绘本与幼儿美术教育活动整合的实践探索 [J]. 山西教育·教学，2022（7）：91—92.

[17] 赖丽华. 米沙克·阿萨尔：非洲首屈一指的儿童文学作家 [C] //鲍秀文，汪琳. 20 世纪非洲名家名著导论. 杭州：浙江人民出版社，2016：96.

[18] 周明扬. 论当代水彩画审美特征的多元性 [J]. 艺术百家，2007（A2）：75-77.

[19] 彭懿. 图画书阅读与经典 [M]. 南昌：二十一世纪出版社，2008：49.

[20] 陈树中. 宏大场景 极致入微：评陈树中绘画里的日常注视 [J]. 美术观察，2015（3）：62-65.

[21] 赖丽华. 《索苏的呼唤》中伦理思想的表达策略 [J]. 非洲研究，2018（1）：210-219.

Analysis of Illustration Design of Excellent African Children's Picture Books

——Taking *Sosu's Call* as an Example

Abstract：Children's picture books are an organic combination of text and pictures, which can not only arouse young readers' interest in learning, improve their language expression, promote their personality growth, but also cultivate their artistic appreciation, aesthetics and creative ability. By studying the illustration design of *Sosu's Call*, a picture book awarded by UNESCO Gold Prize for Promoting Tolerance in Children's Literature, this paper aims to understand and grasp how its illustration works integrate with the story content and the values of the picture book in terms of color, hue, line, detail, modeling, and composition. It is expected to bring enlightenment and suggestions for the creation and educational application of children's picture books, the development of children's picture book industry and the internationalization of Chinese children's picture books.

Key words：Children's picture books，*Sosu's Call*，Illustration design

作者简介：吴大海，丽水学院松阳校区讲师，主要从事油画创作、幼师教育研究。

赖丽华，浙江师范大学外国语学院讲师，主要从事话语理论与话语分析、非洲教育与社会发展研究。

喀麦隆草地文化民间故事传承研究

济南大学外国语学院　彭　静

【摘　要】草地文化是中非国家喀麦隆的独特文化之一。通过对草地文化内涵以及相
　　　　　关民间故事的文本分析，初步厘清草地文化的历史、现状、保存及发展状
　　　　　况。草地文化民间故事的收集整理重现了喀麦隆历史，折射出喀麦隆的现
　　　　　实问题，同时也是喀麦隆守护传统文化、建立文化自信的必然。

【关键词】喀麦隆；草地文化；民间故事；文化自信

一、引言

　　位于非洲中部的喀麦隆属于非洲法语区国家之一，其历史悠久、文化丰富。由巴米累克人创造的草地文化独树一帜，体现了传统文化与现代文明的碰撞和共生。"文化是一个国家、一个民族的灵魂"（习近平，2017：349）。传统文化是建立文化自信的基础和根本，需要守护；传统文化又是一个时代的产物，需要鉴别。在草地文化的保护和传承举措中，民间故事的整理和编撰是重要举措之一。同时，民间故事不仅是记载草地人民历史和传统的文学瑰宝，也折射出喀麦隆社会现实中的矛盾与冲突，需要有鉴别地对待。只有以民间故事的文本分析为基础，有鉴别地对待草地文化，才能实现喀麦隆传统文化的创造性转化、创新性发展，实现与现实文化的和谐共生，并为非洲人民文化自信和自我认同的建立提供借鉴。

二、草地文化的追根溯源

　　草地文化是一种独特的、极具代表性的古老文化，其地域范围主要分布在喀麦隆西部省北部和西北省南部两省交界处。由西部省的巴富萨姆市（Bafoussam）向北一直延伸到西北省的巴门达市（Bamenda）的广袤地区被称作"草地"（Grassfields）。在巴门达，铺着红色土壤的"环形公路"蜿蜒360千米，穿梭于草地地区，梯田、森林和草原尽收眼底，西部草地风情一览无余。草地地区的独特不仅在于其地质地貌，更在于与其紧密相连的巴米累克人的社会结构和文化语言。

喀麦隆的主要民族有苏丹族、班图族和半班图族，巴米累克人属于半班图族，讲班图语。半班图族起源于16世纪，居住在喀麦隆西北部，实行草原酋长国制度，主宰着西北部以及来自各个地方的巴米累克族。17世纪初，巴米累克人定居喀麦隆的西部，成为喀麦隆最大的、经济最发达的部族集团；少数巴米累克人则散居在喀麦隆南部和西南部，尤其是雅温得、杜阿拉等城市。经过历史的沉淀，巴米累克人形成了自己鲜明的草地文化。

三、草地文化的保存现状

草地文化最鲜明的特征之一是部分古代酋长制王国的完好保存以及酋长制与现代国家制度的和谐共生。西部省巴富萨姆市北部的巴棱（Baleng）酋长制王国是喀麦隆最古老的王国，14世纪末由酋长弗恩（Foun）创立。巴富萨姆市南部20千米处的班祖恩存有最大的巴米累克王国以及西非和中非最具代表性的传统宫殿建筑群。在班祖恩的西南部巴哈姆（Baham）小镇也保留了17世纪建立的传统酋长王国。酋长是司法、宗教的首领，也是全部土地的所有者，酋长之下是贵族、自由人及奴隶。尽管这种等级制度、社会结构形态已被消除，但与酋长制相关的许多组织、社团以及管理制度仍然保存了下来。比如，西部省重要的城镇丰班是酋长制巴蒙王国的所在地。巴蒙王国被称作"国中国"，在保留自己的文化传统和社会管理制度的同时，其积极地适应国家现代化进程，与喀麦隆国家政治体制和谐共存。

规模不等的博物馆是草地文化得以传承的另一有效途径。巴棱王国的酋长宫殿中陈列着大量独特的巴米累克艺术品；班祖恩博物馆内保存着100多件重要的文化和艺术瑰宝，国王宝座、面具、木雕、雕塑、纺织品、家具、乐器等珍贵的艺术杰作彰显了班祖恩王国的盛世宏大、君主至高的权力以及国家结构的稳固；建于1917年具有巴洛克及罗马风格的中世纪城堡的王宫向世人展示着国王的长袍、皇位、武器、珠宝以及有关1889—1933年统治巴蒙的国王恩乔亚的事迹；巴蒙艺术与传统博物馆（Museum of Bamoun Arts and Traditions）、姜镇文明博物馆（Musée des Civilisations du Cameroun à Dschang）、巴哈姆（Baham）博物馆、巴布戈（Babungo）博物馆、曼科（Mankon）博物馆以及巴门达北部的曼孔（Mankon）博物馆等成为了解草地文化的窗口。同时，传统节日的保留和庆祝又推动了文化的传播。两年一度的盛大仪式 Ngoun、一年一度的割草节等以赛马、游行等庆典活动的形式展现了传统舞蹈、音乐、服饰等极具地域特色的草地文化。除了酋长王国的延续、博物馆的设立以及传统节日的庆祝，民间故事以其独特的语言形式成为传播草地文化又一重要的、不可或缺的路径。

四、草地文化的文字承载——民间故事

在非洲，口口相传的民间故事是历史文化的重要载体，对它们的收集、整理、研究是实现、传承其历史文化价值的必然。民间故事往往集合了前人和自身的经验，蕴含着古代圣贤们的智慧和卓见，承载着古人对自然、社会、人的认知和感悟，跨越了时空，记录了一幕幕真实的历史，是对后辈子孙的谆谆教诲，是民族的集体记忆。彼得·乌特·瓦昆塔（Peter Wuteh Vakunta）的《喀麦隆草地民间故事》一书用文字记载了与草地文化紧密相连的民间故事，为了解草地文化提供了独特而轻松的视角。

（一）语言文学的瑰宝

草地文化民间故事是喀麦隆乃至非洲文学的瑰宝，尤其是其中的谚语及传说。谚语和民间传说被认为是"撒哈拉以南非洲传统社会的精英文化"（李保平，1996：37）。在非洲历史上，由于经济的落后以及文字的缺乏，使非洲文化呈现的方式多以口传文化为主。口口相传具有"暂时性、易逝性，不利于文化的横向传播和纵向传承；但是在精英文化不发达的情况下，谚语和民间故事是人们的社会经验和智慧的体现，是人生信念和准则的重要来源"（李保平，1996：37），是大众文化的缩影和精髓。"查加族有这样的谚语：'查加人有四宝，土地、水、牛和谚语'；约鲁巴人说：'谚语是解决问题的快马'。"（李保平，1996：37）谚语俨然在非洲的社会生活中起到举足轻重的作用，"有的学者认为谚语已经构成了非洲的部落法，直接阐述了非洲社会总的或部分的行为规范"（李保平，1996：37）。

谚语往往出现在民间故事和传说中，起到画龙点睛的作用，这些故事和传说又以谚语为主题，不断地被创作，继而流传普及开来。将喀麦隆有趣的谚语按照其含义分类，会看到由于历史文化、生产方式以及生活习惯的不同，相同的含义却有大相径庭的表达方式。比如，只看到别人的缺点而无视自己的缺点，富拉尼人会说："不能只看到虱子爬过别人的头顶，看不到大象爬过自己的头顶。"巴乌勒人会说："没有牛的地方，羊就自大起来。"（李保平，1996：39）

草地文化民间故事中多数谚语与生活相关，"香蕉、蝴蝶、猴面包树、豹子、刀

具"等词语常出现在谚语中,如"丈夫上蹿下跳,像胃里有许多蝴蝶一样(Jumping around as if he had butterflies in his stomach)"(Vakunta,2008：51),如同汉语中的"热锅上的蚂蚁";"无论鸟儿在猴面包树上栖息多久,它都不会忘了自己孵化的窝是在树下的灌木丛里(No matter how long a bird perches in the baobab,it doesn't forget that the nest it hatched in is down in the bush)"(Vakunta,2008：62),同汉语中的"树高百尺,叶落归根";"猎豹藏不住自己身上的花纹(A leopard will never lose all its spots)"(Vakunta,2008：66),同汉语中的"江山易改,本性难移";"自己腰间的刀刺中了自己的髋就不要哭喊(You do not cry for help when the knife that you have on your belt pierces you on your hip)"(Vakunta,2008：66),同汉语中的"自作自受"等。

此外,表现"非洲人民追求真理与正义,善良、勤奋、求知、团结","个人与群体关系,强调非洲伦理道德的社会性,个人与集体相互依赖帮助、团结合作、重视族人","繁衍使生命在尘世间得以延续"的谚语也比比皆是(李保平,1996：40),如"同族人就是亲兄弟"(A tribesman is a brother)(Vakunta,2008：3)等。马里作家阿马杜·昂帕泰·巴(Amadou Hampâté Bâ)在1960年联合国教科文组织会议上讲道,"在非洲,一位老人的逝去犹如烧毁了一座图书馆(In Africa,when an old man dies,it's a library burning)",体现了德高望重的老人对传统文化传承的重要性,以及精英文化稀缺的社会往往崇尚经验、尊重传统的社会现象。

(二)历史文化的承载

口头传说是人们对于自己过去的记忆,是历史编纂学作为"社会"或"集体"的记忆,这种记忆理解是历史学中值得赞赏的行为。文字社会的历史反映在文本记载中,没有文字的非洲社会的历史则反映在他们口耳相传的口头传说中,正如加纳阿坎人的谚语所说的那样——"古老的事情停留在耳边(Old things linger in ears)"。

1. 祖先、神灵信仰的体现

喀麦隆的传统宗教同非洲其他传统宗教相似,拥有许多崇拜对象,如自然、祖先、图腾、部落神和至高神。布莱恩·费根认为在世界的许多地区人们仍然过着传统部落式的生活,信奉当地的土著宗教(费根,2017)。他们尊敬神灵的世界,那是一个看不见的、超自然的存在,是神、死去的祖先的灵魂,是隐藏在自然界每一个角落里的生命。信仰者相信他们祖先的灵魂会鼓励神灵关心活着的人,向活着的人施予恩惠。因此,许多人创作了诗歌、音乐、绘画或者雕塑以表达对祖先的崇敬。

自然崇拜、祖先崇拜、图腾崇拜、部落神崇拜以及至高神崇拜构成了非洲传统宗教的内容。至高神通常来自部落神话，是全知全能、有求必应的神，创造了天地万物以及部落祖先。"在非洲，祖先被认为是世界万物的保护神。他们的祖先作为超自然的存在，在无形之中保护着自然万物。因此，除基督教和伊斯兰教外，非洲人信仰的传统宗教如同他们的语言、文化和民族一样，种类繁多。几乎每个民族都有自己的祖先和崇拜物、保护神，以及与众不同的宗教仪式、祈祷方式和祭祀仪式。每个民族往往信奉很多神祇，这些神祇互有血亲关系，但只有一个至高之神，被认为是天地万物的创造者，有时对神祇的信奉会和敬拜部落祖先结合在一起"（凯瑟琳，2018：88）。

草地文化地区仍然保持着传统的社会结构，依靠祖先的遗规和酋长的威信维持秩序，成为非洲传统宗教保存最好的地方。民间故事中就提及被视为部落的守护神、供奉在酋长宫殿中的祖先雕像，还提到天空之神等，体现了喀麦隆构筑传统宗教的多神体系。非洲传统宗教没有任何历史记载与经文结集，但传统宗教并未失散，并带给非洲人民持续深远的影响，原因在于所有的传说、故事、规仪均以口口相传的民间故事方式流传了下来。

2. 传统服饰、配饰、面具及社会含义的体现

民间故事中有关草地人民头饰的描述体现了饰品颜色、材质所代表的社会权力。非洲头饰"往往不拘一格，十分夸张，有的高耸如塔，有的蓬松如灌木丛；有些头饰十分庞大，横亘在头顶之上的装饰甚至可以长达 1 米。在色彩搭配上，通常十分绚丽，使用鲜艳的颜色，如大红、土黄、翠绿以及钴蓝等，给人一种强烈的视觉冲击。在材质上，非洲头饰还大量使用老鹰、公鸡等色彩艳丽的羽毛，巨大的牛角，阴森的兽骨，尖利的獠牙，宝石、贝壳、树枝、树叶、花草等，体现了繁复、原始和野性，给人一种回归自然的感觉"（吕夏乔，2015：5）。在不同的场合，不同身份、不同年龄的人会佩戴不同的头饰，妇女可以通过配饰表明自己的婚姻状况和养育子女的数量；较富裕、地位较高的人通常会以宝石、象牙等珍贵之物为装饰，而非树枝或贝壳等易于得到的物品。民间故事中，酋长配饰的独特性以及酋长任命的大臣的配饰特点体现了社会权力的分层，也反映了配饰同草地人们的生活、生存环境、大自然的紧密联系，如贝壳、紫木、小葫芦、象牙、狒狒的牙齿、巨蚺的皮、公鸡的羽毛和羊皮袋子等。

此外，故事中酋长在派遣卫戍执行命令的时候，卫戍会佩戴面具。在非洲，面具除了可以遮挡面部，以便在传达酋长命令的时候代表不可撼动的权威，或是在对犯罪者或行为不端者进行惩罚时防止被惩罚者认出而遭到报复，还被用于宗教场合和娱乐场合。拜物教、图腾崇拜和万物有灵的思想使面具多以狮子、蛇、鹰、牛、大象作为图案，用于祈风求雨、迎神驱鬼、纳福避凶等祭祀活动。娱乐场合下，人们也会佩戴面具，载歌载舞，轻松欢快的氛围加上夸张的面具让人们感受到崇尚自然、无拘无束

的个性。

3. 宗教仪式、巫术、艺术的体现

大多数草地居民相信神灵生活在自然界当中。一些神灵会祸害人类，然而大多数神灵对人是友好的，而且他们相信神灵能为他们提供生活必需品。当部落酋长和众人遇到无法解决的棘手问题时，他们会诉诸"巫术"，请求"巫师"的帮助。民间故事中不乏"巫术""巫医""巫师"等字样。"巫术"的存在是因为"在经济困难的社会里，更容易观察到对神秘力量和超自然现象的崇拜膨胀。在非洲，它（巫术信仰）受到贫穷、情感剥夺、自信缺失和恐惧的激发。当人们的物质财富没能使他们从想象中摆脱贫困时，他们仍然要借巫术来寻求宽慰和逃避厄运"（孟加，2016：135 –137）。

草地民间故事中有许多宗教仪式，人们聚在一起，颂扬他们的信仰。宗教仪式渗入日常生活中，被赋予许多含义。人们通过宗教仪式纪念生活中的重大事件，如出生和死亡。这些仪式包括歌唱、舞蹈、列队、阅读、祈祷、冥想等，营造了一种浓郁的宗教氛围。音乐、舞蹈、面具在大多数宗教仪式中被使用，强化仪式过程中身体和精神的统一，凸显出举行仪式地点的神圣感。

（三）社会行为规约

1. 习惯法、酋长制、酋长权力的体现

"'非洲习惯法'这一概念是同西方的欧洲诸法相应而生的，带有明显的西方殖民色彩，指非洲殖民时期之前已存在于非洲大陆的行为准则。其中一种是从远古流传下来的祖先法，主要在撒哈拉沙漠以南的非洲地区盛行，其内容涉及家庭生活、部落内部关系的调整、贸易往来以及祭祀等。"（于丽娟、李亮，2010：159）酋长是部落的首领，拥有至高无上的权力；每个部落拥有自己的习惯法，在日常生活矛盾纷争的处理解决过程中起到决定性作用。民间故事中，当村民发生矛盾时，酋长是人们求助的对象，而酋长有权力召唤村民、解决矛盾或对罪行进行审判，并实施惩罚措施或定罪等。酋长任命部落大臣，大臣往往出于同一姓氏，有着血缘关系，并对酋长保持忠诚，履行自己的责任。酋长拥有许多妻子，一夫多妻制在草地部落中十分普遍。

2. 继承法、继承人、妇女地位的体现

根据习惯法，村落里通常由男孩继承土地和财产。妇女会欣然接受一夫多妻制，她们视照顾好丈夫为己任。农耕时妇女一同到田间耕种，她们每人都有独立的房屋和厨房。草地文化中重男轻女的思想较为盛行。如果妇女被丈夫抛弃或离婚后，那么所

有的孩子必须由母亲抚养，父亲无须承担任何责任，这是由血统决定的，因为每个妇女生育的孩子必须归属母性所在的氏族。因此，在传承财产和职位的时候，父亲不仅要传给男孩，而且男孩必须是自己姐姐或妹妹的儿子，也就是自己的外甥。但是，在一个部落中，每一代都有大量的男童和女童需要抚养，自己的子嗣和外甥的财产与土地的继承牵扯到不同谱系，选择继承人的过程纷繁复杂，由此引起了各种纷争与冲突。民间故事中，一位草地男性因没有男孩而导致的夫妻矛盾、继承矛盾被刻画得淋漓尽致。"后来，在殖民统治时期，曾经为了便于投资、避免财产纷争，各大部落在殖民当局的推动下逐渐实行父系继承。"（凯瑟琳，2018：98）

3. 现实矛盾的折射

作为群体历史记忆的民间故事是巴米累克民族的智慧结晶和宝贵财富。但同时，民间故事也是时代的产物，在形成和发展过程中，会受到时代、社会制度和人们的认知水平的制约与影响。民间故事在传承优秀传统文化的同时，也是社会现实矛盾的根源之一，应当"有鉴别地对待，有扬弃地继承"。

民间故事中混合语言的广泛使用，如班图语、洋泾浜语、混合语等，体现了欧洲奴隶贸易和殖民主义对喀麦隆的影响，尤其是故事中人们对法语和法国文化的崇尚，体现了法国文化殖民的深远影响。喀麦隆拥有200多种本土语言，语言的多样性造成了语言问题的复杂性，殖民主义统治时期的英语、法语、洋泾浜语又加重了问题的复杂化，是当前英语、法语区冲突升级的原因之一。

喀麦隆实行双语政策有其历史和政治原因。"早在1960年喀麦隆独立之初，面临众多的本土语言，为避免语言矛盾和冲突而选择了中立的外来语；同时为维护国家统一，团结英属西喀麦隆而选择了法语和英语同为官方语言，并在1961年、1972年、1996年的宪法中确立两种语言的官方地位"。"1996年的宪法第一部分第三款规定：'喀麦隆共和国的官方语言是英语和法语，二者有同等地位。国家保证在全国范围内促进双语，国家将致力于保护和促进民族语言。'在1998年4月14日的第98/004法令中规定：'国家将在所有层次的教育中设立双语，以此促进民族的团结与融合。'法律条文不断强调英语和法语的平等性以及对团结和融合的作用，显而易见，其语言政策有其维护统一、反对分裂的政治目的，也有促进文化发展，通过教育使喀麦隆民众流利使用双语的语言目的。但作为一种政治选择，官方双语政策不但没有成为促进国家政治一体化与社会融合的工具，反而构成导致社会不满与疏离的重要因素之一。"（郑崧，2010：39）西南省和西北省是喀麦隆的两个英语区。近些年来，英语区的人们要求获得同法语区人们同等地位和权利的呼声越来越高，使西南省的两个重要城市布埃亚和林贝等成为暴力事件频发的中心。双语政策的语言目的并未实现，同时其维护团结统一的初衷也面临冲突的挑战。

英语区和法语区产生矛盾冲突的原因之一在于英语和法语在喀麦隆的地位不同。尽管政府一再强调两种语言的平等性，但在现实生活中不公平的现象仍然存在。不仅在教育体系中，在就业、工作中也存在不公平的现象。草地人们在西部省和西北省交界处，更加深刻地体会到英语与法语的冲突、英语区与法语区的矛盾。《民间故事》中讲到一位年轻人刚刚大学毕业，全家为他感到高兴，"你已经读了白人的书籍，现在能讲白人的语言，真了不起……"年轻人立刻动身去雅温得找工作，赚钱养家，回报家人。但在这一过程中他面临的最大问题是因不会讲法语而被拒绝。故事里有这样一段对话：

——你会讲法语吗？

——不会。

——那真是太糟糕了。

——为什么？

——所有的人都讲法语。这里可是法语区。

——那又怎样？

——那你在这里就是不受欢迎的人，他们会称呼你"愚蠢的巴门达人"，或者喊你"英国佬"。

——真的吗？

——当然，你最好快快娶个来自法语区的姑娘，哈哈！

故事的结尾令人伤感，年轻人无论多么努力，最终还是无法找到工作。他回到家中悬梁自尽，并留下了一封信，信中写道："亲爱的父亲，我知道你无法原谅我的不辞而别，但我无法再承受这样的羞辱了，我只有死路一条。您含辛茹苦送我上学为的是将来有一日我可以养活你，可现在我连自己都无法养活。我不会说法语，所以我一无是处。社会抛弃了我，我是社会的最底层，它吞噬了我的生命，我成了受害者。我亲爱的父亲，永别了！"

这则民间故事从一个侧面反映出英、法两种语言社会地位的差别，折射了现实中英、法语言区的宿怨和语言隔阂问题。如果不加以鉴别，民间故事所传递的文化信息和意识导向将加剧喀麦隆不断升级的矛盾与暴力事件的频发，以及英语区要求独立和自治的"英语区问题"。

由此可见，草地文化民间故事是文学的瑰宝、历史的再现、民族的记忆，规约着人们的行为，也触发了社会现实矛盾。只有对民间故事有鉴别地对待、有扬弃地传承，才能更好地守护、发扬草地传统文化。

五、传统文化的守护，文化自信的源泉

批判地继承和发扬传统文化是建立文化自信的源泉。非裔人民的文化寻根过程中总有这样的疑问：非洲有无自己的文化？非洲的文化是什么？非洲人民如何建立文化认同感？草地文化的守护和传承为非洲文化认同、文化自信的建立带来了启示。

从宏观角度看，文化认同由两部分构成：对自己所属民族的认同即民族认同和对自己所属国家的认同即国家认同；从微观角度看，文化认同包含对特定群体的态度、认知、情感等心理过程。文化认同与地域族群、民族认同、国家政治生活息息相关。一个民族只有与其他的民族和国家有所交往后，才会感觉到自己的族群特征及与其他民族的差异性，而文化认同的建立即为寻求生存方式同一性的过程。寻求文化认同是在不断地思考"我是谁""我存在的意义""我的信仰"等问题的过程中寻求自己的文化归宿，继而传承和发展优秀传统文化。非洲人民文化认同的建立更有利于自身的政治经济发展，更有利于消除种族主义和殖民主义的残余影响。

只有立足传统，审视自己的历史和文化，承认本土文化的独特性和独立性，才能避免采用西方的评判标准给自己的历史和文化贴上标签。历史上，由于地理位置的特殊性及撒哈拉沙漠的阻断，使北非和撒哈拉沙漠以南的非洲一直被区别对待，而古埃及、伊斯兰文明、阿拉伯文明以及来自欧洲和西亚的贸易往来，使这两个同属非洲大陆的地区差别日益增大，西方承认存在的非洲文化也只是"白非洲文化"，只存在于北非。然而，北非是非洲大陆不可或缺的一部分，北非的文明、经济、政治发展无疑是非洲历史的组成部分；同时，北非和撒哈拉沙漠以南的非洲并非没有经济往来和文化交流，西非、东非以及南非也曾创造出灿烂的古代文明，这些没有文字记载的历史传统以口头文学和民间故事的形式流传了下来，成为研究非洲历史和文化的宝贵资料。

草地文化的守护和传承提供了建立文化认同和文化自信的良好范式。只有积极有效地发掘、批判地继承、创新地发展民族文化，建立文化自信，才能在文化碰撞中实现平等的对话。发掘传统文化是树立文化自信、实现文化认同的前提，传承辉煌灿烂的本土文化是树立文化自信、实现文化认同的出发点，而创新发展并维护本土文化与多种文化的融合是树立文化自信、实现文化认同的有力保障。非洲传统文化可以像喀麦隆草地文化一样，通过社会结构的维持、博物馆的宣传、口头文学书面化等有效手段得到保护和传承。文化的相互交流与融合是不可避免的，非洲文化能以音乐、舞蹈、雕塑、绘画、文学、宗教等形式保存、流传并影响世界，足以展现出非洲文化的"生命力和坚韧性"（刘鸿武、杨慧，2015：73 – 93）。

六、结语

五千年的文化融合使非洲人民积累了传承、发扬本土文化的宝贵经验，喀麦隆草地文化及民间故事是有力的证明。文化要扎根于自己的土地，文化交流要以尊重和平等为前提，才能在世界文化之林立足。良好的生态环境、多元的部落文化不仅是非洲人民的财富，更是人类的财富。对非洲文化的认同、保护和发展为非洲人民树立文化自信创造了良好的环境。拥有辉煌的古代文明的非洲人民将在平等的基础上与其他文明交流对话，在守护、继承和弘扬自己本土优秀传统文化的过程中不断地增强民族凝聚力和文化认同感。非洲文化认同的实现任重而道远，但正如霍顿所说"无论在什么地方，非洲人民只要能够自我发现，就会走向兴盛"。

参 考 文 献

[1] 习近平. 习近平谈治国理政：第二卷 [M]. 北京：外文出版社，2017.

[2] 李保平. 非洲谚语体现的文化传统论析 [J]. 西亚非洲，1996 (3)：37 – 43.

[3] VAKUNTA P W. Grassfields stories from Cameroon [M]. Bamenda：Langaa research & publishing CIG，2008.

[4] 费根. 世界史前史 [M]. 杨宁，周幸，冯国雄，译. 北京：北京联合出版公司，2017.

[5] 凯瑟琳. 非洲简史 [M]. 金海波，译. 北京：民主与建设出版社，2018.

[6] 吕夏乔. 非洲常识 [M]. 哈尔滨：哈尔滨出版社，2015.

[7] 孟加. 非洲的生活哲学 [M]. 李安山，译. 北京：北京大学出版社，2016.

[8] 于丽娟，李亮. 从非洲习惯法的现代化看非洲传统社会的现代转型 [J]. 法制与社会，2010 (5)：158 – 159.

[9] 郑崧. 喀麦隆官方双语政策的性质及失败原因 [J]. 西亚非洲，2010 (3)：39 – 43.

[10] 刘鸿武，杨慧. 非洲一体化历史进程之百年审视及其理论辨析 [J]. 西亚非洲，2015 (2)：73 – 93.

The Study of Cameroon's Grassfield Folk Tales

Abstract：Grassfield culture is a characteristic folk culture in Cameroon, a country in Mid-

dle – Africa. The origin, features, preservation, development of this culture are summarized with the help of Grassfield folk tales. The collection of Grassfield folk tales is an effective way to reveal the history of Cameroon, reflect social issues, such as languages and religions, and meanwhile preserve local cultures to consequently establish cultural confidence.

Key words: Cameroon, Grassfield culture, folk tale, cultural confidence

作者简介：彭静，济南大学外国语学院副教授，主要从事功能语言学、英语国家文化研究。

后 记

2024 年是中法建交 60 周年，第九届中非合作论坛会议也即将举行，由国际关系学院主办的《外语学界》（第 8 卷）经过紧张的组稿、编辑，即将与读者见面，可谓恰逢其时。

"各美其美，美人之美，美美与共，天下大同。"本卷依然秉持百家争鸣之精神，尽可能展现非洲研究学界新的精彩的研究成果。第 8 卷内容丰富，包括中非合作展望、非洲区域国别荟萃、非洲文学争鸣和非洲文明与艺术等板块，既涉及中非在经贸、教育、农业、医疗等方面的双边合作，也进一步突出了区域国别研究的热潮，南非、加蓬、马达加斯加、马拉维、喀麦隆等国成为重点关注的国别对象，研究者对非洲安全、非洲对外关系也有所跟踪、分析，非洲的文学、艺术更是得到极大的关注。本卷得到了李安山教授、刘成富教授等非洲研究领域著名专家的鼎力支持，国内广大中青年学者踊跃投稿，部分在华非洲青年学者也展示了他们独到的研究，真正体现了当前非洲研究领域包容并蓄与继往开来的态势，展现了新时代非洲研究的多元视角和深刻观察，为持续研究非洲提供了最新趋势及相关学者观点，进一步推动非洲研究和中非合作研究走向深入，同时也为推动中非合作发展启迪明智。

第 8 卷得以成功出版，离不开国际关系学院外语学院非洲研究所全体同志的辛勤工作与付出，同时还要感谢知识产权出版社的严谨与高效。今后，国际关系学院外语学院非洲研究所将进一步加强与非洲研究学界的交流合作，进一步凝聚共识，为推动新时代中非命运共同体研究的高质量发展贡献应有的力量。

孙圣英

2024 年 4 月